Revisão Final

MP-SP

Com base no Edital 2/2022

• Revisão ponto a ponto •

Oficial de Promotoria I

Revisão Final

MP-SP

Com base no Edital 2/2022

• Revisão ponto a ponto •

Oficial de Promotoria I

COORDENAÇÃO

Henrique Correia

AUTORES

Danilo da Cunha Sousa, Duda Nogueira, Emannuelle Gouveia, Leandro Bortoleto, Luciano Alves Rossato, Marcelo Sbicca, Paulo Lépore

TODAS AS DISCIPLINAS

Língua Portuguesa • Matemática e Raciocínio Lógico • Noções de Informática • Direito Constitucional e Ministério Público • Direito Administrativo • Direito Processual Civil • Direito Penal • Direito Processual Penal

2023

EDITORA JusPODIVM

www.editorajuspodivm.com.br

EDITORA *Jus*PODIVM
www.editorajuspodivm.com.br

Rua Canuto Saraiva, 131 – Mooca – CEP: 03113-010 – São Paulo – São Paulo
Tel: (11) 3582.5757
• Contato: https://www.editorajuspodivm.com.br/central-de-relacionamento

Diagramação: Equipe *Jus*PODIVM

Capa: Ana Caquetti

R454 Revisão Final - Oficial de Promotoria I - MP-SP / coordenado por Henrique Correia. – São Paulo: JusPodivm, 2023.
416 p. (Coleção Revisão Final)

Vários autores.
Inclui bibliografia.
ISBN: 978-85-442-4239-1.

1. Concursos. 2. Provas de Seleção. I. Correia, Henrique. II. Título.

CDD 341.33312

Bibliotecária responsável:

Ana Carolina Ribeiro Mois – CRB7 – RJ 007348/0

Apresentação da Coleção

A *Coleção* ***REVISÃO FINAL*** tem o propósito de preparar o concurseiro para provas de concursos públicos. Seu diferencial é a organização e a estruturação do conteúdo com base nos temas especificados no edital. É uma verdadeira revisão do conteúdo, ponto a ponto.

São diversos concursos, em cada um deles o edital é detalhadamente analisado e o conteúdo elaborado por autores especializados na preparação para provas. Essa preparação direcionada garante a otimização do estudo e a revisão completa das matérias, com **destaques aos pontos mais relevantes** que costumam ser cobrados nos certames.

Os conteúdos são apresentados por meio de recursos diferenciados para facilitar a assimilação e consolidação da matéria estudada, como **dicas, esquemas e quadrinhos**. Assim, é possível aprofundar o conhecimento nos assuntos exigidos ao mesmo tempo em que se oferece um rápido panorama sobre temas complementares ao programa do edital.

Os autores também são responsáveis pela elaboração de **dicas**, pensadas de acordo com o que tem sido exigido com mais frequência **nas últimas provas** realizadas.

Tudo isso para oferecer uma revisão de qualidade, que facilitará muito o planejamento e o percurso rumo à sua aprovação.

Ricardo Didier

Editora Juspodivm

Apresentação do Revisão Final – Oficial de Promotoria I – MP-SP

Caro concurseiro, tudo bem? Como você já sabe, esse material é especialmente elaborado para o concurso de OFICIAL DE PROMOTORIA I do Ministério Público do Estado de São Paulo. Dessa forma, tentamos sempre personalizar o material às exigências do edital para que você tenha uma preparação rápida, estratégica e completa.

Diante disso, em atenção ao item 11.6 do edital nº 02/2022 de Abertura de Inscrições[1], notamos que a legislação com entrada em vigor após a data de publicação do edital (14 de dezembro de 2022), bem como alterações em dispositivos de lei e atos normativos a ele posteriores, não serão objeto de avaliação nas provas do Concurso Público.

Levando em conta a intensa produção legislativa e as novidades jurisprudenciais nos últimos anos, principalmente em tempos de pandemia, já elaboramos as dicas com base nessas mudanças.

Professor, então, com essas dicas eu vou gabaritar a prova? Eu não posso dizer que sim!! A matéria é e sempre será infinita. Você nunca conseguirá "fechar o edital". Sempre haverá um autor que você não leu, um ponto de vista que não considerou, um ato normativo que deixou passar, uma atualização jurisprudencial que não viu... O que oferecemos nesta obra são comentários selecionados sobre cada ponto que esse TIMAÇO de autores, extremamente qualificado, julga importantes para seu concurso.

Fique atento às novidades!!

---

1 *Disponível em: https://conhecimento.fgv.br/sites/default/files/concursos/mpsp_-_edital_de_abertura_de_oficial_de_promotoria_publicado_13_12_2022_versao_mpsp_pdf.pdf. Acesso em 20.01.2023.*

Sobre os Autores

DANILO DA CUNHA SOUSA

Oficial de Justiça Avaliador Federal (TRF/3). Mestre em Direito pela Unesp Franca. Coautor em diversos livros das coleções Revisaço e Reta Final da Editora Juspodivm. Autor do livro Processo Penal para Concursos.

DUDA NOGUEIRA

Professora de Língua Portuguesa para concursos públicos. Autora de vários livros das Coleções Tribunais e MPU, Revisaço, Revisão Final, Carreiras Policiais, Sinopses Carreiras Fiscais, Como se Preparar. Coordenadora de Coleções na Editora JusPodivm. Pós-graduada em Linguística e Graduada em Letras.

Cursos – Carreiras de Tribunais, Carreiras Policiais e Receita Federal (JusAulas).

Telegram e Instagram – DudaProfe

EMANNUELLE GOUVEIA

Bacharel em Ciência da Computação. Especialista em Gerência de Projetos, em Criptografia e Segurança da Informação e em Segurança Digital, Gestão e Governança de Dados. Servidora Pública. Atua na área acadêmica, em cursos de Graduação em Ciência da Computação e em cursinhos para concursos, on-line e presenciais, em vários estados do país.

Facebook: Emannuelle Gouveia

Instagram: @emannuellegouveia

Twitter: @manurolimf

E-mail: mentoriadamanu@yahoo.com

LEANDRO BORTOLETO

Mestre e bacharel em direito pela Universidade Estadual Paulista – UNESP. Analista Judiciário (OJAF) na Justiça Federal. Autor e coordenador de livros jurídicos na Editora Juspodivm. Coordenador no curso de especialização em Direito Público da Escola Superior de Direito – ESD, em Ribeirão Preto. Professor convidado no curso de especialização em Direito Administrativo na USP/FDRP/FADEP. Professor na especialização em Direito Constitucional e Administrativo no curso Ênfase. Professor no curso preparatório para carreira jurídica no Curso Verbo Jurídico. Professor no Complexo de Ensino Renato Saraiva – Cers. Professor no Jus Aulas na Editora Juspodivm. Ex-oficial de justiça no TJ SP.

@profbortoleto

LUCIANO ALVES ROSSATO

Procurador do Estado. Doutor em Direito pela PUC/SP. Professor de cursos preparatórios para concursos e de pós-graduação. Autor de livros e de artigos jurídicos.

MARCELO SBICCA

Auditor Fiscal da Receita Estadual do Estado de São Paulo. Graduado em Administração de Empresas com especializações em Marketing e Auditoria em Organizações do Setor Público. Professor de curso preparatório para concursos nas disciplinas de Matemática, Estatística e Raciocínio Lógico. Coautor de várias obras publicadas pela Editora Juspodivm.

Contato: prof.sbicca@gmail.com

PAULO LÉPORE

Pós-doutor em Direito pela Universidade Federal de Santa Catarina.

Sumário

PARTE III – SINTAXE

1. ANÁLISE SINTÁTICA

2. PERÍODO COMPOSTO

PARTE IV – COESÃO, COERÊNCIA E REESCRITA DE FRASES

PARTE V – INTERPRETAÇÃO E COMPREENSÃO TEXTUAL

MATEMÁTICA E RACIOCÍNIO LÓGICO

Marcelo Sbicca

EDITAL SISTEMATIZADO

DIREITO CONSTITUCIONAL E MINISTÉRIO PÚBLICO

Paulo Lépore

EDITAL X CONTEÚDO DA REVISÃO

DIREITO ADMINISTRATIVO

Leandro Bortoleto

DIREITO PROCESSUAL CIVIL

Luciano Alves Rossato

DIREITO PENAL

Danilo da Cunha Sousa

DIREITO PROCESSUAL PENAL

Danilo da Cunha Sousa

LÍNGUA PORTUGUESA

Duda Nogueira

EDITAL SISTEMATIZADO

CARGO: OFICIAL DE PROMOTORIA I

Itens do edital	No livro
1. Interpretação e Compreensão de texto. Organização estrutural dos textos. 3. Modos de organização discursiva: descrição, narração, exposição, argumentação e injunção; características específicas de cada modo. 4. Tipos textuais: informativo, publicitário, propagandístico, normativo, didático e divinatório; características específicas de cada tipo. Textos literários e não literários. 7. Tipos de discurso. 8. Registros de linguagem. Funções da linguagem. 9. Elementos dos atos de comunicação.	PARTE V
2. Marcas de textualidade: coesão, coerência e intertextualidade.	PARTE IV Capítulos 1 e 2
5. Tipologia da frase portuguesa.	PARTE III Capítulo 1
6. Estrutura da frase portuguesa: operações de deslocamento, substituição, modificação e correção. Problemas estruturais das frases. Norma culta.	PARTE III Capítulos 1, 2, 3, 4 PARTE IV Capítulos 1 e 2
Pontuação e sinais gráficos.	PARTE III Capítulo 6
Organização sintática das frases: termos e orações. Ordem direta e inversa.	PARTE III Capítulos 1 e 2
10. Estrutura e formação de palavras. Formas de abreviação.	PARTE II Capítulo 1
11. Classes de palavras; os aspectos morfológicos, sintáticos, semânticos e textuais de substantivos, adjetivos, artigos, numerais, pronomes, verbos, advérbios, conjunções e interjeições; os modalizadores.	PARTE II Capítulos 1, 2, 3, 4
12. Semântica: sentido próprio e figurado; antônimos, sinônimos, parônimos e hiperônimos. Polissemia e ambiguidade. Os dicionários: tipos; a organização de verbetes. 13. Vocabulário: neologismos, arcaísmos, estrangeirismos; latinismos.	PARTE I Capítulo 3

14. Ortografia e acentuação gráfica.	PARTE I Capítulos 1 e 2
A crase	PARTE III Capítulo 5

Observações:

1. É indispensável, didaticamente, seguir a ordem do sumário, não a ordem do edital;
2. Para entender a banca, é preciso resolver questões de provas anteriores (2022 e 2021). A Fundação Getúlio Vargas exige muito treino e raciocínio.

PARTE I – ORTOGRAFIA, ACENTUAÇÃO E SEMÂNTICA

1. ORTOGRAFIA

1. INTRODUÇÃO

Denomina-se ortografia a parte da gramática que estuda a exata figuração dos sons, ou seja, a correta escrita dos vocábulos. Nela se estudam: os sistemas ortográficos, as notações léxicas, a partição dos vocábulos, o emprego das maiúsculas e as abreviaturas.[1]

2. EM CONCURSOS

2.1. Emprego dos porquês

	Regras	Exemplos
Por que	equivale a **pelo qual**	Este é o caminho **por que** passo.
	vem acompanhado pela palavra **razão**(-*mesmo que subentendida)*	**Por que** você foi embora logo?
Porque	é uma explicação, equivale a **pois.**	Fui embora logo **porque** estava muito cansado.
Porquê	é um substantivo, ou seja, nomeia.	Não sei o **porquê** de sua demora.
	Admite PLURAL	O estudo da palavra **porquê**.
Por quê	Segue a regra da palavra **que**: quando utilizada no fim de uma frase, será sempre acentuada.	Ele faltou, mas não sei **por quê.**

Em concursos: Faltou ontem e não sabemos **por quê.** Regra: final de frase.

Faltou ontem e não sabemos o **porquê**. Regra: admite plural = não sabemos **os porquês**.

2.2. Mal e mau

	Regras	Exemplos
Mal	**substantivo** (nomeia)	O **mal** que a televisão me fez.
	advérbio (indica circunstância)	Dormi **mal** a semana toda.
Mau	é um **adjetivo** (qualifica)	Ele é um **mau** aluno.

1. ALMEIDA, Napoleão Mendes de. *Gramática metódica da língua portuguesa.* 27 ed. São Paulo: Saraiva, 1978. p. 68.

Facilitando: em provas fáceis, pode pensar na antiga dica de antônimos.

Mal	x	Bem
Mau	x	Bom

2.3. Viagem e viajem

	Regras	Exemplos
Viagem	**substantivo** (nomeia)	A **viagem** que farão.
Viajem	**verbo** (pode ser conjugado)	Que eles **viajem** bem.

2.4. Cessão, sessão e seção (ou secção)

	Regras	Exemplos
Cessão	Ato de **ceder**	A **cessão** de terras não será feita pelo governo.
Sessão	reunião	A **sessão** de cinema começará às oito horas.
Seção ou secção	parte, divisão	Li a notícia na **seção** (ou **secção**) de esportes.

2.5. Onde e aonde

	Regras	Exemplos
Onde	Significa **no lugar** e equivale a em que, no(a) qual	O bairro **onde** fica a editora. = A editora fica **no** bairro.
Aonde	Significa **ao lugar**	A casa **aonde** iremos. = Iremos a casa.

2.6. Se não e senão

	Regras	Exemplos
Se não	Equivale a **caso não, quando não** ou no caso de o **se** ser conjunção integrante.	**Se não** fossem meus amigos, não seria quem sou. Perguntei aos alunos **se não** gostariam de estudar.
Senão	Equivale a **caso contrário, do contrário, de outro modo, a não ser, mas sim**	Estude bastante, **senão** não conseguirá aprender o suficiente.

2.7. Tão pouco e tampouco

	Regras	Exemplos
Tão pouco	muito pouco, curto, pouca coisa, algo pequeno, escasso	Estudei **tão pouco** que nem vou fazer a prova.
Tampouco	**também não** ou **nem**	Não estudou, **tampouco** trabalhou.

2.8. De encontro a e ao encontro de

	Regras	Exemplos
De encontro a	contra, em oposição a, para chocar-se com	A decisão foi **de encontro a** nossos ideais.
Ao encontro de	estar de acordo com, em direção a, favorável a, para junto de	Minha nota veio **ao encontro do** que desejava.

2.9. Em vez de e ao invés de

	Regras	Exemplos
Em vez de	Em lugar de	**Em vez de** estudar, foi ao cinema.
Ao invés de	**Ao contrário de, lado oposto**. Utilizada para indicar ideias opostas, ideias contrárias.	**Ao invés de** rir, chorou muito.

2.10. Acerca de, a cerca de e há cerca de

	Regras	Exemplos
Acerca de	**a respeito de** ou **sobre**	**Acerca do** fato, não darei minha opinião.
A cerca de	perto de, aproximadamente, próximo de	O mar fica **a cerca de** 50 metros da pousada.
Há cerca de	tempo decorrido	**Há cerca de** 10 anos, foi aprovado.

2.11. Mas e mais

	Regras	Exemplos
Mas	• **substantivo comum** = um defeito, um senão • **conjunção** = adversativa tem sentido de uma oposição ou limitação, podendo ser substituído por porém, todavia, contudo • **advérbio** = enfatiza uma afirmação	• Nem **mas** nem meio mas, faça já o que mandaram. • Não estudou, **mas** foi aprovado. • Ele é bom aluno, **mas** tão bom aluno que tem sempre nota máxima nas provas.
Mais	Pode ser **substantivo, conjunção, advérbio de intensidade, preposição, pronome indefinido** indicando noção de maior quantidade ou intensidade. Significa também **ainda os outros, os demais, os restantes**.	• Ela é a menina **mais** inteligente da turma. • Dois **mais** dois são quatro. • Isto é o **mais** que ele consegue fazer. • Não faço **mais** nada do que pensar. • Vou embora, os **mais** que se decidam.

2.12. A fim e afim

	Regras	Exemplos
A fim	Locução de finalidade, equivale a **para**	Estudou **a fim de** ter salário fixo.
Afim	**Semelhante**, que tem afinidade	Nossos valores sempre foram **afins**.

2.13. Se quer e sequer

	Regras	Exemplos
Se quer	Conjunção **se** + verbo **querer** = se desejar	**Se quer** ter sucesso, trabalhe.
Sequer	Ao menos = advérbio	Estava doente e **sequer** tinha remédio em casa.

3. SUGESTÃO

É viável relembrar o emprego do hífen após a Reforma Ortográfica de 2009.

Site sugerido – Brasil Escola: https://brasilescola.uol.com.br/gramatica/emprego-do-hifen.htm

2. ACENTUAÇÃO

1. INTRODUÇÃO

Entende-se por acento a maior força expiratória com que uma sílaba se opõe às que lhe ficam contíguas no corpo dos vocábulos.[2]

1.1. Vogal e semivogal

Vogal é o fonema sonoro produzido por uma corrente de ar que passa livremente pela boca. São elas: a, e, i, o, u.

Em toda sílaba, há uma vogal. Isso significa que o número de sílaba é o mesmo que o número de vogal: país = duas vogais (a,i) = duas sílabas (pa-ís). As vogais são pronunciadas fortemente.

Semivogal são os sons de /i/ e /u/ pronunciados fracamente. Estará sempre acompanhada por uma vogal.

As letras "e" e "o" podem ser semivogais de possuírem som de /i/ e /u/: mã**e**, pã**o**.

1.2. Ditongo crescente, decrescente e hiato

Ditongo crescente: formado por semivogal + vogal na mesma sílaba = glór**ia**.

Ditongo decrescente: formado por vogal + semivogal na mesma sílaba = p**ai**.

Hiato: ocorre quando uma sílaba termina com vogal e a outra sílaba inicia-se também com vogal = p**a**-**í**s, h**i**-**a**-to.

2. LIMA, Rocha. *Gramática normativa da língua portuguesa.* 15 ed. Rio de Janeiro: J. Olympio, 1972. p.24.

2. REGRAS DE ACENTUAÇÃO GRÁFICA

2.1. Proparoxítonas: a sílaba tônica é a antepenúltima

Regra: todas as proparoxítonas são acentuadas. Exemplos: **trá**-gi-co; pa-**té**-ti-co, **ár**-vo-re.

Para facilitar, insira os vocábulos na tabela. A última sílaba deverá estar sempre na última coluna.

	Proparoxítona	Paroxítona	Oxítona
	trá	gi	co
pa	**té**	ti	co
	ár	vo	re

2.1.1. Proparoxítona eventual ou acidental

As palavras paroxítonas terminadas em ditongo oral crescente (semivogal + vogal) podem ser consideradas **proparoxítonas eventuais** ou **relativas** ou **acidentais**.

paroxítona terminada em ditongo crescente	re	si	dên	**cia**	
proparoxítona eventual	re	si	dên	**ci**	**a**

paroxítona terminada em ditongo crescente	me	mó	**ria**	
proparoxítona eventual	me	mó	**ri**	**a**

2.2. Paroxítonas: a sílaba tônica é a penúltima

Acentuam-se as PAROXÍTONAS terminadas em	Exemplos
l	**fá**cil
n	**pó**len
r	ca**dá**ver
ps	**bí**ceps
x	**tó**rax
us	**ví**rus
i, is	**jú**ri, **lá**pis
om, ons	**iân**dom, **í**ons
um, uns	**ál**bum, **ál**buns
ã(s), ão(s)	**ór**fã, **ór**fãs, **ór**fão, **ór**fãos
ditongo oral (seguido ou não de s)	**jó**quei, **tú**neis

Observações:

a. As paroxítonas terminadas em **n** são acentuadas (hífen), mas as que terminam em **ens**, não: **hifens**.

b. Não são acentuados os prefixos terminados em **i** e **r**: semi, super.

Acentuam-se as paroxítonas terminadas em ditongos crescentes: **ea(s), oa(s), eo(s), ua(s), ia(s), ue(s), ie(s), uo(s), io(s)**: mágoa, óleo, régua, férias, tênue, cárie, ingênuo, início.

2.3. Oxítonas: a sílaba tônica é a última

Acentuam-se as OXÍTONAS terminadas em	Exemplos
a(s)	sof**á**, sof**ás**
e(s)	jacar**é**, voc**ês**
o(s)	palet**ó**, av**ós**
em, ens	ningu**ém**, armaz**éns**

2.4. Monossílabas

São palavras que possuem apenas uma sílaba, ou seja, uma vogal. Acentuam-se as monossílabas tônicas – com autonomia fonética.

Acentuam-se os MONOSSÍLABOS terminados em	Exemplos
a(s)	lá, cá
e(s)	pé, mês
o(s)	só, pó, nós, pôs
éu, éus	céu, véus
éi, éis	réis
ói, óis	dói, sóis

3. ACENTUAÇÃO DOS HIATOS

REGRA	Exemplos
Acentuam-se o **i** e **u** tônicos quando formam hiato com a vogal anterior, estando eles sozinhos na sílaba ou acompanhados apenas de **"s"**, desde que não sejam seguidos por **–nh.**	sa – **í** – da e – go – **ís** –mo sa – **ú** – de
Não se acentuam, portanto, hiatos como os das palavras seguintes. →	ju –**iz**, ra – **iz**, ru – **im**, ca – **ir**
Motivo: **–i** ou **–u** não estão sozinhos nem acompanhados de **–s** na sílaba.	

Observação: cabe esclarecer que existem hiatos acentuados não por serem hiatos, mas por outras razões: po-é-ti-co = proparoxítona; bo-ê-mio = paroxítona terminada em ditongo crescente; ja-ó = oxítona terminada em "o".

4. ACENTOS DIFERENCIAIS

Os acentos diferenciais servem para diferenciar as palavras. Sofreram alterações com a Reforma Ortográfica de 2009, por isso é importante relembrar.

Não se usa mais o **acento diferencial** nos "pares": pára – para, péla(s) – pela(s), pêlo(s) – pelo(s), pólo(s) – polo(s) e pêra – pera.	Ele não **para** de falar. Foram **para** Londres
Permanece o acento diferencial em **pôde** e **pode.**	Ontem, ele não **pôde** sair mais cedo, mas hoje ele **pode**.
Permanece o acento diferencial em **pôr** (verbo) e **por** (preposição).	Vou **pôr** o livro na estante que foi feita **por** mim.
Permanecem os acentos que diferenciam o singular do plural dos verbos **ter** e **vir**, assim como de seus derivados (manter, deter, reter, conter, convir, intervir, advir etc.).	Ele **tem** - Eles **têm;** Ele **vem** - Eles **vêm;** Ele **mantém** - Eles **mantêm;** Ele **convém** - Eles **convêm.**
Acento facultativo – o uso do acento circunflexo para diferenciar as palavras **forma** e **fôrma**. Em alguns casos, o uso do acento deixa a frase mais clara.	Qual é a **forma** da **fôrma** do bolo?

5. REGRAS ESPECIAIS

Os ditongos **éi, éu** e **ói**, sempre que tiverem pronúncia aberta em palavras **oxítonas** (éi e não êi), são acentuados.	**éi (s):**an**éi**s, fi**éi**s, pap**éi**s **éu (s):**trof**éu**, c**éu**s **ói (s):** her**ói,** constr**ói**, caub**ói**s
Os ditongos abertos ocorridos em palavras paroxítonas NÃO são acentuados.	assembleia, boia, colmeia, Coreia, estreia, heroico, ideia, jiboia, joia, paranoia, plateia, etc.
Nos verbos compostos de **ter** e **vir**, o acento ocorre obrigatoriamente, mesmo no singular. Distingue-se o plural do singular mudando o acento de agudo para circunflexo.	ele detém –eles detêm ele advém –eles advêm

Observação: a palavra **destróier** é acentuada por ser uma paroxítona terminada em "r" (e não por possuir ditongo aberto **oi).**

6. MUDANÇAS NAS REGRAS[3]

O que mudou	Exemplos	Exceções
Não se usa mais o acento dos **ditongos abertos éi** e **ói** das palavras paroxítonas (palavras que têm acento tônico na penúltima sílaba).	alcaloide, alcateia, androide, apoia (verbo apoiar), apoio (verbo apoiar), asteroide, boia, celuloide, claraboia, colmeia, Coreia	Essa regra é válida somente para palavras paroxítonas. Continuam a ser acentuadas as palavras oxítonas e os monossílabos tônicos terminados em **éis** e **ói(s)**: papéis, herói, heróis, dói (verbo doer), sóis.

3. TUFANO, Douglas. *Guia prático da nova ortografia.* São Paulo: Melhoramentos, 2009.

O que mudou	Exemplos	Exceções
Nas palavras **paroxítonas**, não se usa mais o acento no **i** e no **u** tônicos quando vierem depois de um ditongo.	baiuca, bocaiuva (tipo de palmeira), cauila (avarento).	1. se a palavra for oxítona e o **i** ou o **u** estiverem em posição final (ou seguidos de **s**), o acento permanece: tuiuiú, tuiuiús, Piauí. 2. se o **i** ou o **u** forem precedidos de ditongo crescente, o acento permanece: guaíba, Guaíra.
Não se usa mais o acento das palavras terminadas em **eem** e **oo(s)**.	abençoo, creem, deem, doo, enjoo.	
Não se usa mais o acento agudo no **u** tônico das formas (tu) arguis, (ele) argui, (eles) arguem, do presente do indicativo dos verbos **arguir** e **redarguir**.	João argui Pedro sobre sua ausência na reunião. Pedro redargui: Por acaso isso te interessa?	

3. SEMÂNTICA

1. INTRODUÇÃO

Semântica é a parte da gramática que estuda o significado das palavras. É subdividida em sinônimos, antônimos, parônimos e homônimos.[4]

2. SINÔNIMO E ANTÔNIMO

2.1. Sinônimo

É o vocábulo que apresenta **sentido igual ou semelhante**; relação semântica de sinonímia quer dizer aproximação de sentido.

Cômico: burlesco, comediante, engraçado. Economizar: poupar, amealhar, forrar.

2.2. Antônimo

É o vocábulo que apresente **sentido oposto**; relação semântica de antonímia implica oposição de sentido.

Cômico: grave, trágico, sério. Mal: bem. Mau: bom.

3. HOMÔNIMO E PARÔNIMO

3.1. Homônimo

É o vocábulo que possui **a mesma grafia, a mesma pronúncia** ou as duas iguais. Subdivide-se em:

---

4. GRAMÁTICA.NET.BR, *Semântica*. Disponível em <https://www.gramatica.net.br/semantica/>. Acesso em: 16 dez. 2021.

Homófono apresenta a **mesma pronúncia**, mas a grafia diferente.

Sessão = reunião; seção = divisão; cessão = doação.

Homógrafo apresenta a **mesma grafia**, mas a pronúncia diferente.

Governo (ê) = substantivo; governo (é) = verbo / olho (ô) = substantivo; olho (ó) = verbo.

Homônimo perfeito possui a **mesma grafia e** a **mesma pronúncia**, mas o sentido é diferente.

Caminho (substantivo); caminho (verbo) / livre (adjetivo); livre (verbo).

3.2. Parônimo

Parônimo é o **vocábulo parecido** tanto na grafia quanto na pronúncia.

Ratificar = confirmar; retificar = corrigir / Intemerato = puro, íntegro; intimorato = intrépido, resoluto.

4. POLISSEMIA

É a propriedade que uma mesma palavra tem de apresentar **vários significados**.

Ele ocupa um alto **posto** na empresa. Abasteci meu carro no **posto** da esquina.

5. HIPONÍMIA E HIPERONÍMIA[5]

5.1. Hiponímia

Representa cada parte, cada item de um todo.

Maçã, goiaba, melão, morango, banana = hipônimas de frutas (o todo).

5.2. Hiperonímia

Possui a ideia de um todo.

Frutas é hiperonímia de maçã, goiaba, melão, morango, banana (partes).

6. DENOTAÇÃO E CONOTAÇÃO

6.1. Denotação

É o uso da palavra com o seu **sentido original**.

Pedra é um corpo duro e sólido, da natureza das rochas. A construção de um muro de **pedras**.

6.2. Conotação

É o uso da palavra com um significado diferente do original, criado pelo contexto. Esse sentido é usado comumente em poesias e textos literários.

Você tem um coração de **pedra**.

5. MUNDO EDUAÇÃO, *Hiperonímia e Hiponímia*. Disponível em <https://mundoeducacao.bol.uol.com.br/gramatica/hiperonimia-hiponimia.htm>. Acesso em 17 dez. 2021.

7. AMBIGUIDADE

É a qualidade ou estado do que é ambíguo, ou seja, aquilo que pode ter mais do que um sentido ou significado. Pode apresentar a sensação de indecisão, hesitação, imprecisão, incerteza e indeterminação. Ambiguidade é obscuridade; dúvida.[6]

Casos	Exemplos	Ambiguidade	Eliminando a ambiguidade
Má colocação do Adjunto Adverbial	Crianças que recebem leite materno frequentemente são mais sadias.	As crianças são mais sadias porque recebem leite frequentemente ou são frequentemente mais sadias porque recebem leite?	Crianças que **recebem frequentemente** leite materno são mais sadias. Crianças que recebem leite materno **são frequentemente** mais sadias.
Uso Incorreto do Pronome Relativo	Gabriela pegou o estojo vazio da aliança de diamantes que estava sobre a cama.	O que estava sobre a cama: o estojo vazio ou a aliança de diamantes?	Gabriela pegou o estojo vazio da **aliança** de diamantes **a qual** estava sobre a cama. Gabriela pegou **o estojo** vazio da aliança de diamantes **o qual** estava sobre a cama.
Má Colocação de Pronomes, Termos, Orações ou Frases	Aquela velha senhora encontrou o garotinho em seu quarto.	O garotinho estava no quarto dele ou da senhora?	Aquela **velha** senhora encontrou o garotinho no quarto **dela**. Aquela velha senhora encontrou o **garotinho** no quarto **dele**.
	Sentado na varanda, o menino avistou um mendigo.	Quem estava sentado na varanda: o menino ou o mendigo?	O menino avistou um **mendigo** que estava **sentado** na varanda. O **menino** que estava **sentado** na varanda avistou o mendigo.[7]

8. VOCABULÁRIO: NEOLOGISMOS, ARCAÍSMOS, ESTRANGEIRISMOS; LATINISMOS

8.1. Neologismo

É o processo de criação de uma nova palavra na língua devido à necessidade de designar novos objetos ou novos conceitos ligados às diversas áreas.

6. BUENO, Francisco da Silveira. *Minidicionário da Língua Portuguesa*. Edição atualizada. São Paulo: FTD S.A. p. 46.
7. AMBIGUIDADE GERAL. Disponível em <http://ambiguidade-geral.blogspot.com/2014/04/ambiguidade.html>. Acesso em: 16 dez. 2021. (adaptado)

Tipos	Definição	Exemplos
Semântico	O vocábulo já existe, mas é atribuído a ele um novo significado.	Laranja: falso proprietário Gato: roubo de energia
Lexical	Criação de um novo vocábulo.	Deletar: eliminar Clicar: pressionar o botão do mouse
Científico ou técnico	Vocábulos criados para nomear novos equipamentos, procedimentos, invenções etc.	Smartphone, cupcake
Popular	Vocábulos usados por pessoas que falam a mesma língua.	Apê, refri
Completo	Representa um vocábulo que foi completamente criado, seja em relação à forma ou sentido.	**Cardápio, microfone**
Incompleto	Vocábulo já existente na língua, mas que recebe uma nova definição.	**Picareta, papudo**

8.2. Arcaísmo

É uma palavra ou uma expressão antiga que já caiu em desuso. Pode ser linguístico ou literário.

Exemplos: uso do pronome "vós", vosmecê (você), à guisa de (à maneira de), magote (grande quantidade).

8.3. Estrangeirismo

Palavras vindas de outras línguas que se integram ao português.

Exemplos: abajur (abat-jour); baguete (baguette); balé (ballet); batom (bâton); bege (beige); bibelô (bibelot); bufê (buffet); buquê (bouquet); cabaré (cabaret); crochê (crochet); croissant; gafe (gaffe); garçom (garçon).

8.4. Latinismo

É o uso de palavras, locuções, construções gramaticais, frases ou expressões latinas podendo ser utilizadas para fins etimológicos, escrita técnica ou criação de neologismos, pela Ciência Convencional e pela Conscienciologia[8].

Exemplos: ***ab absurdum:*** por absurdo**;** ***ab alio expectes, alteri quod feceris:*** espera dos outros aquilo feito a outrem**;** ***aberratio delicti ou ictus:*** erro de delito ou de golpe**.**

8 Enciclopédia da Conscienciologia. Disponível em <http://www.projetarium.com/enciclopedia>. Acesso em 17 dezembro 2022.

PARTE II – MORFOLOGIA

1. PROCESSOS DE FORMAÇÃO DAS PALAVRAS

1. DERIVAÇÃO

É o processo de formação de novas palavras através da adição ou subtração de itens a uma palavra primitiva, ou seja, deriva de outra. Possui um radical.

Derivação Prefixal: ocorre quando a palavra nova é obtida por acréscimo de prefixo.

expor- **ex** + por; impor- **im** + por; percorrer – **per** + correr.

Derivação Sufixal: ocorre quando a palavra nova é obtida por acréscimo de sufixo.

dentista – dent + **ista**; amoroso – amor + **oso**.

Derivação Prefixal e Sufixal: ocorre quando a palavra nova é obtida por acréscimo de prefixo e sufixo.

Observação: o prefixo ou o sufixo pode ser retirado e uma nova palavra será formada.

	prefixo	radical	sufixo	novas palavras
deslealdade	des	leal	dade	desleal, lealdade
infelizmente	in	feliz	mente	infeliz, felizmente
Inutilizar	in	util	izar	inútil, utilizar

Derivação Parassintética: ocorre quando a palavra nova é obtida pelo acréscimo simultâneo de prefixo e sufixo. Por parassíntese formam-se, principalmente, verbos.

Observação: o prefixo ou o sufixo **não** pode ser retirado.

	prefixo	radical	sufixo	
entristecer	en	trist	ecer	**não há novas palavras**
entardecer	en	tard	ecer	
esquentar	es	quent	ar	

Derivação Regressiva: a palavra reduz, ou seja, diminui.

botequim – **boteco**; português – **portuga**; barracão – **barraco**; sarampão – **sarampo**

Derivação Imprópria: ocorre mudança na classe gramatical, por isso o nome **imprópria**.

O **jantar**: substantivo derivado do verbo *jantar.* / Mulher **aranha**: adjetivo derivado do substantivo.

2. COMPOSIÇÃO

É o processo que forma palavras compostas, a partir da junção de dois ou mais radicais.

Composição por justaposição

Ao unirmos os radicais, **não** ocorre alteração fonética, ou seja, o som não muda.

Passatempo = passa + tempo; varapau = vara + pau; obra-prima = obra + prima.

Composição por aglutinação

Ao unirmos dois ou mais vocábulos ou radicais, **ocorre supressão** de um ou mais de seus elementos fonéticos.

Aguardente = água + ardente; planalto = plano + alto; embora = em + boa + hora.

3. HIBRIDISMO

Palavra formada por elementos de línguas distintas.

burocracia	buro: francês	cracia: grego
automóvel	auto: grego	móvel: latim
monocultura	mono: grego	cultura: latim
sambódromo	samba: português	dromo: grego

4. ONOMATOPEIA

São vocábulos que reproduzem aproximadamente os sons e as vozes dos seres.

Tique-taque, pingue-pongue, mugir, miar, piar, rosnar, latir, bumm!

5. NEOLOGISMOS E GÍRIAS

Os **neologismos** podem ser criados a partir de palavras da própria língua do país (como as palavras "presidenciável" e "carreata", por exemplo) ou a partir de palavras estrangeiras ("roqueiro" e "deletar", por exemplo). No processo de criação de palavras novas, merecem destaque as gírias, que surgem num determinado grupo social e, por sua expressividade, acabam sendo incorporadas à linguagem coloquial de outras camadas sociais.

A **gíria** é um fenômeno de linguagem especial que consiste no uso de uma palavra não convencional para designar outras palavras formais da língua. Pode ser empregada no intuito de fazer segredo, humor ou distinguir o grupo que a adota dos demais, muitas vezes criando um jargão próprio. Assim, como uma expressão idiomática, é uma palavra que se caracteriza por não permitir a identificação do seu significado através de seu sentido literal. Por essa razão, também não é possível traduzi-la para outra língua de modo literal. As gírias geralmente se originam de acordo com a cultura e peculiaridades de cada região. As gírias podem comprometer a clareza, bem como a permanência do texto escrito, gerando complicações.

Gíria	Explicação
13 ou 22	Cara louco, doido, maluco.
38 (lê-se trinta-e-oito ou três-oitão)	Arma de fogo bastante comum no Brasil, principalmente de forma ilegal.
171 (lê-se um-sete-um)	Estelionatário. Refere-se ao artigo número 171, que versa sobre estelionato.
Abraçar jacaré	Dar-se mal, encontrar-se em situação controversa.
Alcaguete ou Alcagueta	Pessoa dedo-duro, delatora.
Animal	Muito legal, radical.[9]

2. CLASSES GRAMATICAIS VARIÁVEIS – FLEXÃO NOMINAL

1. SUBSTANTIVO

1.1. Definição

Substantivo é toda a palavra que especifica substância, ou seja, coisa que possua existência ou animada (homem, cachorro, laranjeira) ou inanimada (casa, lápis, pedra), quer real (sol, automóvel), quer imaginária (Júpiter, sereia), quer concreta (casa), quer abstrata (pureza).[10]

1.2. Flexão de número

Número é o acidente gramatical que indica se o ser nomeado é um ou mais de um. São dois números: o singular, que se refere a um ente ou grupo de entes, como – a criança, o peixe, o rebanho; o plural, que denota mais de um ente ou grupo de entes: as crianças, os peixes, os rebanhos.[11]

9. SÓ PORTUGUÊS. Disponível em <https://www.soportugues.com.br/secoes/girias/>. Acesso em: 16 dez. 2021. (com adaptações)
10. ALMEIDA, Napoleão Mendes de. *Gramática metódica da língua portuguesa.* 27 ed. São Paulo: Saraiva, 1978. p.80.
11. LIMA, Rocha. *Gramática normativa da língua portuguesa.* 15 ed. Rio de Janeiro: J. Olympio, 1972. p. 73.

1.2.1. Plural dos substantivos simples

<table>
<tr><td rowspan="13">Os substantivos terminados em</td><td>vogal, ditongo oral e n fazem o plural pelo acréscimo de s.</td><td colspan="2">pai – pais / ímã – ímãs
hífen – hifens (sem acento, no plural)
Exceção: cânon – cânones.</td></tr>
<tr><td>m fazem o plural em ns.</td><td colspan="2">homem – homens</td></tr>
<tr><td>r e z fazem o plural pelo acréscimo de es.</td><td colspan="2">revólver – revólveres / raiz – raízes
Atenção: O plural de caráter é caracteres.</td></tr>
<tr><td>al, el, ol, ul flexionam-se no plural, trocando o l por is.</td><td colspan="2">quintal – quintais / caracol – caracóis / hotel – hotéis
Exceções: mal e males, cônsul e cônsules.</td></tr>
<tr><td rowspan="3">il fazem o plural de duas maneiras:</td><td>Quando oxítonos, em is.</td><td>canil – canis</td></tr>
<tr><td>Quando paroxítonos, em eis.</td><td>míssil – mísseis.</td></tr>
<tr><td colspan="2">Obs.: a palavra réptil pode formar seu plural de duas maneiras: répteis ou reptis (pouco usada).</td></tr>
<tr><td rowspan="2">s fazem o plural de duas maneiras:</td><td>Quando monossilábicos ou oxítonos, mediante o acréscimo de es.</td><td>ás – ases
retrós – retroses</td></tr>
<tr><td>Quando paroxítonos ou proparoxítonos, ficam invariáveis.</td><td>o lápis – os lápis
o ônibus – os ônibus.</td></tr>
<tr><td rowspan="3">ão fazem o plural de três maneiras:</td><td>substituindo o -ão por –ões</td><td>ação – ações</td></tr>
<tr><td>substituindo o -ão por –ães</td><td>cão – cães</td></tr>
<tr><td>substituindo o -ão por –ãos</td><td>grão – grãos</td></tr>
<tr><td>x ficam invariáveis.</td><td colspan="2">o látex – os látex.</td></tr>
</table>

1.2.2. Plural dos substantivos compostos

A formação do plural dos substantivos compostos depende da forma como são grafados, do tipo de palavras que formam o composto e da relação que estabelecem entre si. Aqueles que são grafados sem hífen comportam-se como os substantivos simples.

aguardente aguardentes	pontapé pontapés	girassol girassóis	malmequer malmequeres

O plural dos substantivos compostos cujos elementos são ligados por hífen costuma provocar muitas dúvidas e discussões. Vamos a elas.

<table>
<tr><td rowspan="4">Flexionam-se os dois elementos, quando formados de</td><td>substantivo + substantivo</td><td>couve-flor e couves-flores</td></tr>
<tr><td>substantivo + adjetivo</td><td>amor-perfeito e amores-perfeitos</td></tr>
<tr><td>adjetivo + substantivo</td><td>gentil-homem e gentis-homens</td></tr>
<tr><td>numeral + substantivo</td><td>quinta-feira e quintas-feiras</td></tr>
</table>

<table>
<tr><td rowspan="3">Flexiona-se somente o segundo elemento, quando formados de</td><td>verbo + substantivo</td><td>guarda-roupa e guarda-roupas</td></tr>
<tr><td>palavra invariável + palavra variável</td><td>alto-falante e alto-falantes</td></tr>
<tr><td>palavras repetidas ou imitativas</td><td>reco-reco e reco-recos</td></tr>
<tr><td rowspan="3">Flexiona-se somente o primeiro elemento, quando formados de</td><td>substantivo + preposição clara + substantivo</td><td>água-de-colônia e águas-de-colônia</td></tr>
<tr><td>substantivo + preposição oculta + substantivo</td><td>cavalo-vapor e cavalos-vapor</td></tr>
<tr><td>substantivo + substantivo que funciona como determinante do primeiro, ou seja, especifica a função ou o tipo do termo anterior.</td><td>palavra-chave – palavras-chave
bomba-relógio – bombas-relógio
notícia-bomba – notícias-bomba
homem-rã – homens-rã
peixe-espada – peixes-espada</td></tr>
<tr><td rowspan="2">Permanecem invariáveis, quando formados de</td><td>verbo + advérbio</td><td>o bota-fora e os bota-fora</td></tr>
<tr><td>verbo + substantivo no plural</td><td>o saca-rolhas e os saca-rolhas</td></tr>
<tr><td>Casos Especiais</td><td colspan="2">o louva-a-deus e os louva-a-deus
o bem-te-vi e os bem-te-vis
o bem-me-quer e os bem-me-queres
o joão-ninguém e os joões-ninguém[12]</td></tr>
</table>

2. ADJETIVO

2.1. Definição

Adjetivo é a palavra que expressa qualidade ou propriedade ou estado do ser. Dividem-se em: **adjetivo explicativo**, que diz qualidade essencial do ser (pedra **dura**, gelo **frio**, leite **branco**) e **adjetivo restritivo**, que expressa qualidade, propriedade ou estado acidental do ser (pedra **preciosa**, gelo **útil**, leite **caro**, livro **velho**, **bela** casa, **alto** muro).[13]

2.1.1. Locução adjetiva

Locução é o conjunto de duas ou mais palavras que portam significado distinto daquele que advém da consideração das palavras isoladamente, isto é, locução adjetiva é mais de uma palavra com valor de adjetivo. Normalmente é formada por preposição + substantivo:

---

12. SÓ PORTUGUÊS. Disponível em <https://www.soportugues.com.br/secoes/morf/morf28.php>. Acesso em: 30 março 2014.

13. ANDRÉ, Hildebrando Afonso de. *Gramática ilustrada*. 2 ed. São Paulo: Moderna, 1978. p. 122.

de águia = aquilino; de esmeralda = esmeraldino; de orelha = auricular; de ano = anual; de farinha = farináceo.

2.2. Flexão de número

2.2.1. Plural dos Adjetivos Simples

Os adjetivos simples flexionam-se no plural de acordo com as regras estabelecidas para a flexão numérica dos substantivos simples.

mau maus	feliz felizes	ruim ruins	boa boas

Observação: caso o adjetivo seja uma palavra que também exerça função de substantivo, ficará invariável, ou seja, se a palavra que estiver qualificando um elemento for, originalmente, um substantivo, ela manterá sua forma primitiva.

A palavra **violeta** é um substantivo, porém, se estiver qualificando um elemento, funcionará como adjetivo. Ficará invariável. Exemplo: camisas **violeta**, ternos **violeta.**

2.2.2. Plural dos Adjetivos Compostos

Adjetivo composto é formado por dois ou mais elementos. Normalmente, esses elementos são ligados por hífen.

Regra: apenas o último elemento concorda com o substantivo a que se refere; os demais ficam na forma masculina, singular.	camisas **verde-claras**

Observações:

- Caso o adjetivo seja uma palavra que também exerça função de substantivo, ficará invariável. Facilitando: se a palavra que qualifica um elemento for, originalmente, um substantivo, ela manterá sua forma primitiva (singular).

As palavras **ouro e café** são originalmente substantivos, porém, se estiverem qualificando um elemento, funcionarão como adjetivos. Caso se ligue a outra palavra por hífen, formará um adjetivo composto; como é um substantivo adjetivado, o adjetivo composto inteiro ficará invariável. Exemplos: camisas **amarelo-ouro,** telhados **marrom-café.**

- **Azul-marinho, azul-celeste, ultravioleta e qualquer adjetivo composto iniciado por cor-de-**... são sempre invariáveis: blusas **azul-marinho**, blusas **azul-celeste**, blusas **cor-de-rosa**.
- Os adjetivos compostos **surdo-mudo e pele-vermelha** têm os dois elementos flexionados: meninos **surdos-mudos**, crianças **peles-vermelhas.**

2.3. Sugestão

Raramente os graus do adjetivo são exigidos. Caso queira relembrar, segue o link: www.todamateria.com.br/flexao-dos-adjetivos/

3. ARTIGO

3.1. Definição

Artigo é a palavra que antepomos ao substantivo para determiná-lo. Ao mesmo tempo, o artigo indica o gênero e o número do substantivo ao qual se antepõe.[14]

3.2. Classificação

3.2.1. Artigos definidos

Determinam o substantivo de modo particular e preciso. São eles: o, a, os, as.

3.2.2. Artigos indefinidos

Determinam o substantivo de modo vago, geral. São eles: um, uma, uns, umas.

3.3. Emprego do artigo

3.3.1. Não se usa o artigo definido

Em **provérbios e comparações.**	Cão que ladra não morde. Amor com amor se paga. Amor e tosse não dá para esconder.
Depois de ***cujo*** e o substantivo imediato.	Era o homem cujo pai procurávamos. Há animais cujo pelo é liso.
Antes de palavras que designam **matérias de estudo**, usadas com os verbos ensinar, aprender, estudar e equivalentes.	Estudava Literatura. Lecionava Português. Já não se estuda Latim nas escolas.
Antes de **nomes de sentido generalizado** – antes de substantivos usados de uma maneira geral.	Amor é sacrifício. Avareza não é economia. Escrever certo é difícil. Sal, pimenta e açúcar devem ser usados em quantidades moderadas.
Antes de palavras que se referem à **mesma pessoa**.	Diretor da empresa e funcionário público.
Antes de **pronomes tratamento**.	Sua Alteza casou com Dona Teresa Cristina. Espero não ter interrompido Vossa Excelência.
EXCEÇÃO: senhor, senhora e senhorita admitem artigo.	Falei com a senhorita Ana. O senhor João morreu ontem.
Atenção! Não quando nos dirigimos à própria pessoa.	Adeus, senhor Antônio.
Antes dos adjetivos **São, Santo e Santa**, quando acompanhados de nome próprio, assim como Nosso Senhor e Nossa Senhora.	Santo Antônio é seu padroeiro e confidente

14. ANDRÉ, Hildebrando Afonso de. *Gramática ilustrada*. 2 ed. São Paulo: Moderna, 1978. p. 216.

Antes de **pronome possessivo** usado em expressões com o valor de alguns.	Quem não tem suas (algumas) dificuldades?
Com **nomes próprios de pessoas** usados por inteiro.	João Figueiredo pediu para ser esquecido.
Observações: Com nomes de pessoas, geralmente, não se usa artigo	Rita não compareceu à cerimônia.
Atenção! Na linguagem coloquial de alguns Estados brasileiros, é frequente a anteposição de artigo a nomes de pessoas, a fim de indicar afetividade ou familiaridade	O Édson é meu irmão. A Sandra não quis sair comigo.
Antes das palavras **Casa e Terra,** quando não especificadas.	Eles estavam em casa. Voltou para casa mais tarde do que de hábito. Os marinheiros permaneciam em terra.
Atenção! Usa-se artigo antes das palavras **Casa e Terra**, quando especificadas.	Ele estava na casa do amigo. Voltou para a casa dos pais. Os marinheiros permaneceram na terra dos anões.
Antes de **outro** em sentido indeterminado.	Uns estavam atentos, outros não. Um entrou no banco, outro no carro.
Com **ambos (ambas)** é obrigatório o emprego do artigo definido. Coloque-o entre o numeral ambos e o substantivo a que se refere.	O juiz solicitou a presença de ambos os cônjuges. Ambas as partes chegaram a um acordo.
Com **cujo** (e flexões) não usamos artigo.	Este é o homem cujo amigo desapareceu. Este é o autor cuja obra conheço.
Não se combina com preposição o artigo que faz parte do nome de revistas, jornais e obras literárias.	Li a notícia em O Estado de São Paulo. A notícia foi publicada em O Globo.[15]

3.3.2. Usa-se o artigo definido

Nomes próprios geográficos. Dica: use **voltei do, da** = com artigo.	A Bahia = voltei da O Rio de Janeiro = voltei do A Amazônia = voltei da
Qualificando o lugar, haverá também o artigo.	O velho Portugal = voltei do A Atenas de Péricles = voltei da A antiga Grécia = voltei da
Voltei de = sem artigo	Portugal = voltei de Roma = voltei de Atenas = voltei de Curitiba = voltei de São Paulo = voltei de Paris = voltei de
Uso facultativo antes de pronomes possessivos.	Foi rápida a sua entrevista. Foi rápida sua entrevista.

15. RECANTO DAS LETRAS, *Emprego do artigo*. Disponível em <http://www.recantodasletras.com.br/gramatica/1408194>. Acesso em 15 dez. 2021.

3.3.3. Emprego do artigo indefinido

Transmite ao substantivo grande força expressiva.	*Estou com* **uma sede**! O artigo indefinido denota a grande intensidade da sede que o emissor da frase sente.
Antepõe-se ao numeral quando não se pode precisá-lo.	*Ela deve ter* **uns 15** *anos.*
Antes de nomes próprios para acentuar a semelhança de alguém com um personagem célebre. Nesse caso o nome próprio passa a ser um nome comum.	*Revelou-se* **um Pavarotti**. (um grande cantor)

4. NUMERAL

4.1. Definição

Numeral é a palavra que designa uma quantidade determinada de seres ou um ser em determinada ordem, ou ainda fração ou múltiplo.[16]

4.2. Classificação

De acordo com suas funções, os numerais são classificados em:

4.2.1. Cardinais

Indicam uma quantidade determinada de seres: um, dois, três etc.

4.2.2. Ordinais

Indicam a ordem que o ser ocupa numa série: primeiro, segundo, terceiro etc.

4.2.3. Multiplicativos

Expressam a ideia de que um número é multiplicativo de outro: duplo, triplo etc.

4.2.4. Fracionários

Indicam que um número representa fração de outro: meio, terço, quarto etc.

4.2.5. Coletivos

Referem-se aos numerais que, no singular, se referem ao conjunto de algo, indicando o número exato de seres que compõem esse conjunto. Não são flexionados em gênero, mas são flexionados em número: uma dúzia, quatro dúzias, uma novena.[17]

---

16. ANDRÉ, Hildebrando Afonso de. *Gramática ilustrada*. 2 ed. São Paulo: Moderna, 1978. p. 220.
17. NETO, Pasquale Cipro & INFANTE, Ulisses. *Gramática da Língua Portuguesa*. 1 ed. São Paulo: Scipione, 1999. p. 308.

4.3. Leitura dos numerais

Separando os números em centenas, de trás para frente, obtêm-se conjuntos numéricos, em forma de centenas e, no início, também de dezenas ou unidades. Entre esses conjuntos usa-se vírgula; as unidades ligam-se pela conjunção **e**.

1.203.726	um milhão, duzentos **e** três mil, setecentos **e** vinte **e** seis.
45.520	quarenta **e** cinco mil, quinhentos **e** vinte.[18]

4.3.1. Emprego dos numerais

<table>
<tr><td>Não se deve usar o numeral um antes de mil.</td><td colspan="2">Ganhei mil reais.</td></tr>
<tr><td>Em relação ao primeiro dia do mês.</td><td colspan="2">Fortaleza, 1º de dezembro de 2022.
Com relação ao primeiro dia, há gramáticos respeitados, como Evanildo Bechara, que defendem tanto o uso do ordinal como do cardinal. O emprego do ordinal, todavia, parece ter maior aceitação e, portanto, deve receber prioridade.</td></tr>
<tr><td>Com relação às datas
– Uso de AOS, A e EM</td><td>É facultativo.
Assim, posso empregar qualquer uma das três opções.</td><td>– Aos 18 dias de março foi prolatada a sentença.
– A 18 de março foi prolatada a sentença.
– Em 18 de março foi prolatada a sentença.
– No dia 23 de março foi prolatada a sentença.</td></tr>
<tr><td>Os numerais milhares, milhões e bilhões exigem o artigo no masculino.</td><td colspan="2">– Os milhares de mulheres compareceram à passeata.
– Os três milhões de árvores plantadas cresceram devagar.
– Não há oferta de trabalho para os dois bilhões de pessoas ociosas.</td></tr>
<tr><td>Na designação de artigos, capítulos e parágrafos, usam-se os ordinais de um a nove e os cardinais de dez em diante.</td><td colspan="2">– Capítulo VII (sétimo)
– Capítulo X (dez)
– Artigo IX (nono)
– Artigo X (dez)
– Parágrafo X (dez)
– Parágrafo XI (onze)</td></tr>
<tr><td rowspan="2">Na designação de papas, séculos e reis, usam-se os ordinais de um a dez e os cardinais de onze em diante.</td><td colspan="2">– Oficialmente o fim do Império Romano se deu no século V. (século quinto)
– A Reforma Protestante e a Contrarreforma ocorreram no século XVI. (século dezesseis)
– Pio X e Pio XII foram dois papas da Igreja Católica.
– Pio décimo e Pio doze.
– Dom Pedro II era maçom. (Pedro Segundo)</td></tr>
<tr><td>Observação:
usar-se-ão, todavia, os ordinais em frases como:</td><td>No décimo quarto século depois do fim do Império Romano nasceu Nietzsche, o filósofo que mais perseguiu o cristianismo.</td></tr>
</table>

18. SÓ PORTUGUÊS, *Classificação dos Numerais, Leitura dos Numerais*. Tecnologia da Informação, 2007-2018. Disponível em <*https://www.soportugues.com.br/secoes/morf/morf40_2.php*>. Acesso em: 9 ago. 2018.

Na designação de páginas de um livro e nos endereços de apartamentos e casas de uma vila usam-se os cardinais.	Carla abriu o livro na página 5. (cinco) Carla mora no apartamento 203. Casa 3. (três)	
	Observação: Se o numeral anteceder o substantivo, o ordinal deve ser usado.	– Carla abriu o livro na 5ª página. (quinta) – Carla abriu o livro na quinta página.
Não se usa o ponto entre os numerais, quando estes designam datas.	Hoje é dia 18 de dezembro de 2021.	
	Observação: Nos demais casos, o ponto deve ser colocado entre as centenas e milhares.	– Ele ganhou R$ 1.250.350,18 de prêmio. – O juiz de Direito fez menção ao art. 1.184 do Código de Processo Civil.
Uso de sinais gráficos entre as datas: três opções, sendo a primeira mais aceita.	– / 12 / 2013 – .12.2013 – – 12 – 2013	
Quantidade de dígitos em relação aos dias, meses e anos.	– Escrita: 18/01/2014 – No preenchimento de campos, seja em papéis, seja nos meios eletrônicos: 18/01/2014 ou 18/01/14 – no computador: O fato aconteceu a 20 de dezembro de 2013. – O fato aconteceu a 20/12/2013. – Ribeirão Preto, 26 de janeiro de 2014. (por causa do nome geográfico, no caso Ribeirão Preto)	
Uso de sinais gráficos entre a data, o nome geográfico e entre este e a sigla correspondente ao estado ou país.	– Mococa, SP, 16 de dezembro de 2021. – Mococa-SP, 16 de dezembro de 2021. – Mococa (SP), 16 de dezembro de 2021.[19]	

5. PRONOME

5.1. Definição

Pronome é a palavra que denota o ente ou a ele se refere, considerando-o apenas como pessoa do discurso. [20]

Pessoas do discurso se chamam o indivíduo que fala, o indivíduo com quem se fala e o indivíduo ou a coisa de que se fala.[21]

Em provas: os mais exigidos em provas são **os pessoais, os relativos e os demonstrativos.** Atente-se também às regras de **colocação pronominal,** incluindo nas locuções verbais, e à **coesão textual – pronomes** que retomam ou que se referem a outros termos, expressões ou ideias.

19. PORTUGUÊS UOL. *O emprego que se atribui aos numerais*. Disponível em <http://portugues.uol.com.br/gramatica/o-emprego-que-se-atribui-aos-numerais.html>. Acesso em: 8 de jun. 2016. (com adaptações).
20. SAID, Ali. *Gramática Secundária da Língua Portuguesa*. 1 ed. São Paulo: Melhoramentos, 1964.
21. LIMA, Rocha. *Gramática normativa da língua portuguesa*. 15 ed. Rio de Janeiro: J. Olympio, 1972.

5.2. Classificação dos pronomes

5.2.1. Pronome pessoal

Substitui os substantivos, indicando diretamente as pessoas do discurso. O emissor (quem fala ou escreve) assume os pronomes **eu** ou **nós**, usam-se os pronomes **tu, vós, você** ou **vocês** para designar o receptor (a quem se dirige) e **ele, ela, eles** ou **elas** para designar o referente (pessoa(s) ou coisa(s) de que(m) fala).

5.2.1.1. Emprego dos Pronomes Pessoais

Pronomes	Funções	Exemplos	Perguntas	Respostas
Retos	sujeito	**Nós** viajaremos no fim de semana.	quem?	Nós
		Eles estudaram para a prova.	quem?	Eles

Pronomes	Funções	Quando é usado	Dica	São eles
Oblíquos	Objeto Direto	vem após um verbo transitivo direto, ou seja, **<u>não</u>** pede preposição.	**sem** preposição	o, a, os, as
	Objeto Indireto	vem após verbo transitivo indireto, ou seja, pede preposição.	**com** preposição	lhe, lhes

- **Uso de MIM e EU**

Usa-se EU apenas quando o pronome possuir função de **sujeito**. Para que isso aconteça, é necessário haver um verbo posposto ao pronome:

Este exercício é para EU resolver.

quem irá resolver? <u>Eu</u> ***é*** o sujeito do verbo posposto. Assim sendo, usamos a forma reta.

Este exercício é para MIM.

Não houve intrigas entre MIM e TI (você, ele, ela).

<u>É</u> difícil para mim <u>acreditar</u> no Brasil.

Temos aqui um caso típico de inversão e uma grande "pegadinha" de concurso.

Oração iniciada por VERBO SER (ou qualquer verbo de ligação) + ________ + PARA = MIM.

- **Uso de SE, SI, CONSIGO**

Usamos em voz reflexiva, ou seja, quando o sujeito praticar e sofrer a ação. Exemplos:

Ele feriu-se com a faca.

O aluno trouxe o livro consigo.

Dica: pense em **ele mesmo**, **ele próprio**.

5.2.2. *Pronomes de tratamento*

Chamados também de segunda pessoa indireta. O pronome de tratamento faz parte da divisão dos pronomes pessoais por fazerem referência a pessoas que são consideradas como autoridades. São usados para o Poder Executivo, Legislativo, Judiciário e em outros casos. Os mais pedidos são estes:

Pronome	Abreviaturas		Utilização
	Singular	**Plural**	
Senhor(es) e Senhora(s)	sr. e sra.	srs. e sras.	Tratamento formal.
Você(s)	v.	v.	Tratamento informal.
Vossa(s) Alteza(s)	V.A.	VV. AA.	Príncipes e princesas, duques e duquesas.
Vossa(s) Eminência(s)	V. Ema., V. Em.a ou V. Em.a	V. Emas., V. Em.as ou V. Em.as	Cardeais.
Vossa(s) Excelência(s)	V. Ex.a ou V. Ex.a	V. Ex.as ou V. Ex.as	Altas autoridades: Presidente da República, ministros, deputados, embaixadores.
Vossa Excelentíssima Reverendíssima	V. Ex.a Rev.ma	V. Ex.as Rev.mas	Bispos e arcebispos.
Vossa(s) Magnificência(s)	V. Mag.a. ou V. Mag.a	V. Mag.as ou V. Mag.as	Reitores de universidades.
Vossa(s)Majestade(s)	V. M.	VV. MM.	Reis e rainhas, imperadores e imperatrizes.
Vossa Reverência	V. Rev.a	V. Rev.as	Sacerdotes e outras autoridades religiosas do mesmo nível.
Vossa(s) Reverendíssima(s)	V. Revma., V. Rev.ma ou V. Rev.ma	V. Revma., V. Rev.mas ou Rev.mas	Sacerdotes e outras autoridades religiosas do mesmo nível.
Vossa Santidade	V. S.	-	Papa.
Vossa(s) Senhoria(s)	V. S.a ou V.S.a	V. S.as ou V.S.as	Oficiais, funcionários graduados e tratamento comercial.

5.2.2.1. Em concursos

O senhor, a senhora e você, vocês são pronomes de tratamento. "O senhor" e **"a senhora"** são empregados no tratamento cerimonioso; **"você"** e **"vocês"**, no tratamento familiar. **Você** e **vocês** são empregados no português do Brasil; em algumas regiões, a forma **tu** é de uso frequente, em outras, é muito pouco empregada. Já a forma **vós** tem uso restrito à linguagem litúrgica ou literária.

Vossa Excelência e **Sua Excelência:** os pronomes de tratamento que possuem "Vossa (s)" são empregados em relação à pessoa **a quem** nos dirigimos**.**

3ª pessoa: a concordância deve ser feita com a 3ª pessoa. Assim, os verbos, os pronomes possessivos e os pronomes oblíquos empregados em relação a eles devem ficar na 3ª pessoa.

Uniformidade de Tratamento: quando escrevemos ou nos dirigimos a alguém, não é permitido mudar, ao longo do texto, a pessoa do tratamento escolhida inicialmente. Se usa a terceira pessoa (você), não pode usar oblíquos **te**, **ti, contigo**, nem os possessivos **teu, tua**, por exemplo.

5.2.3. Pronome possessivo

Indica posse das pessoas do discurso.

Pessoa	Número	Pronome
Primeira	singular	meu(s), minha(s)
	plural	nosso(s), nossa(s)
Segunda	singular	teu(s), tua(s)
	plural	vosso(a), vossos(as)
Terceira	singular	seu(s), sua(s)
	plural	seu(s), sua(s)

5.2.3.1. Em Concursos

Pronomes possessivos que possuem outros valores	Afetividade	Não faça assim, **minha** criança.
	Proximidade	Ele tem **seus** quarenta anos.
	Hábito	Vai começar com **sua** tosse?
	Desprezo	Ela está namorando **aquilo**?
	Surpresa	Esta é **aquela**?
	Intensidade	Aonde você vai com **essa** pose?
Não é pronome possessivo quando possui sentido de Senhor	Obrigada, **Seu** Jorge. = Obrigada, Senhor Jorge.	
Em frases com pronome de tratamento, o pronome possessivo concorda com a terceira pessoa.	Vossa Excelência leu todo o **seu** livro?	
Pronomes pessoais oblíquos podem assumir valor de posse.	Ajeitou-**lhe** a coberta. = Ajeitou **sua** coberta.	

5.2.4. Pronome demonstrativo

O pronome demonstrativo é utilizado em três situações. Pode se referir a espaço, ideias ou elementos. São eles:

Pessoa	Variáveis	Invariáveis
primeira	este, esta, estes, estas	isto
segunda	esse, essa, esses, essas	isso
terceira	aquele, aquela, aqueles, aquelas	aquilo

5.2.4.1. Emprego do Pronome Demonstrativo

Para demonstrar no espaço		
pronome	**usado para**	**dica**
Este(s), esta(s), isto	o que está próximo a mim	AQUI
Esse(s), essa(s), isso	o que está próximo a você	AÍ
Aquele(s), aquela(s), aquilo	o que está distante	LÁ

Este livro em minhas mãos foi escrito por **aquele** autor sentado na sexta fileira.

Essa aliança é de qual casamento seu?

Para retomar elementos (pessoas ou coisas)	
pronome	**usado para**
Este(s), esta(s)	retomar o elemento mais próximo do pronome
Aquele(s), aquela(s)	retomar o elemento mais distante do pronome

Matemática e **literatura** me agradam: **esta** desenvolve a sensibilidade; **aquela**, o raciocínio.

Observação: para retomar três elementos, usam-se os numerais ordinais. A banca FGV segue essa regra. FCC também poderá exigir.

Para ideias		
pronome	**usado para**	**dica**
Esse (a), isso	para retomar ideia	anáfora
Este (a), isto	para citar ideia	catáfora

Espero sinceramente **isto**: que se procedam as reformas.

Que as reformas sejam efetuadas logo; é **isso** que desejo.

Pronomes	Tempo
Este(s), esta(s) e isto	indicam o tempo presente em relação à pessoa que fala.
Esse(s), essa(s) e isso	indicam o tempo passado próximo ao momento da fala.
Aquele(s), aquela(s) e aquilo	indicam um afastamento no tempo, tempo remoto.

5.2.5. Pronome relativo

Representa nomes já mencionados anteriormente e com os quais se relaciona. Inicia as orações subordinadas adjetivas. São eles:

Variáveis	Invariáveis
o qual, a qual, os quais, as quais	que
cujo, cuja, cujos, cujas	quem
quanto, quanta, quantos, quantas	onde

Observações importantes:

- Os vocábulos **como** e **quanto**, quando retomam termos anteriormente mencionados, possuem função de pronome relativo.
- Para evitar erros, ao aparecer a palavra **que**, tente substituí-la por **o qual, a qual, os quais, as quais.**

5.2.5.1. Emprego do Pronome Relativo

Um dos assuntos mais pedidos em concursos por fazer, também, de regência. Muitas teorias não valem a pena ser mencionadas porque as instituições pedem o emprego da mesma forma.

Atenção, em primeiro lugar, ao quadro-resumo a seguir.

Quem	Cujo	Onde
usado apenas para pessoas.	concorda com o termo posterior e indica posse da anterior e não admite artigo, apenas preposição.	usado para retomar lugar e pode ser substituído por **em que, na qual, no qual, nas quais, nos quais**.

Siga o passo a passo:

1) Encontre o pronome relativo;
2) Veja a qual termo o pronome relativo se refere;
3) Construa outra oração com os termos posteriores ao pronome relativo e encaixe o vocábulo que o relativo retoma.

Sempre mantenha a informação, atente-se aos exemplos a seguir.

- **Não conheço o lugar onde você mora.**

1) Onde	2) Retoma **lugar**	3) Você mora **no** lugar

*Quem mora, mora **em** algum lugar.*

A preposição **em *é pedida.***

Assim, teremos:

Não conheço o lugar **em que** você mora.

Não conheço o lugar **no qual** você mora.

- **Conheço a garota de quem você falou.**

1) Quem	2) Retoma **garota**	3) Você falou **da** garota

Quem fala, fala **de** alguém.

A preposição **de *é pedida.***

Assim, teremos:

Conheço a garota **da qual** você falou.

Conheço a garota **de que** você falou.

- **Este é o autor a cuja obra me referi.**

1) Cuja	2) Refere-se a **autor**	3) Eu me referi à obra do autor (posse do anterior)

Quem se refere, refere-se **a** algo.

A preposição **a** foi pedida.

Atenção: não existem as formas "cujo o", "cuja a" e "o cujo", mas **a cujo(a)** existe = preposição e não artigo.

5.2.6. Pronome indefinido

Designa o referente, isto é, a terceira pessoa do discurso e possui sentido vago.

Classificam-se em:

Pronomes Indefinidos Substantivos: assumem o lugar do ser ou da quantidade aproximada de seres na frase. São eles: **algo, alguém, fulano, sicrano, beltrano, nada, ninguém, outrem, quem, tudo.**

Pronomes Indefinidos Adjetivos: qualificam um ser expresso na frase, conferindo-lhe a noção de quantidade aproximada. São eles: **cada, certo(s), certa(s).**

VARIÁVEIS				INVARIÁVEIS
SINGULAR		PLURAL		
MASCULINO	FEMININO	MASCULINO	FEMININO	
algum nenhum todo muito pouco vário tanto outro quanto	alguma nenhuma toda muita pouca vária tanta outra quanta	alguns nenhuns todos muitos poucos vários tantos outros quantos	algumas nenhumas todas muitas poucas várias tantas outras quantas	alguém ninguém outrem tudo nada algo cada
qualquer		quaisquer		

Locuções pronominais indefinidas: cada qual, cada um, qualquer um, quantos quer(-que), quem quer(que), seja quem for, seja qual for, todo aquele(que), tal qual (= certo), tal e qual, tal ou qual, um ou outro, uma ou outra etc.

5.2.7. Pronome interrogativo

Os pronomes **que, quem, qual e quanto**, na teoria indefinidos, são classificados particularmente como interrogativos porque são empregados para formular interrogações diretas ou indiretas:

Que *foi isso? Quero saber* **que** *foi isso.* **Quem** *é esse rapaz?*

5.3. Colocação pronominal

Os pronomes oblíquos átonos (**o, a, os, as, lhe, lhes, me, te, se, nos, vos**) podem ocupar três posições diferentes em relação ao verbo: **próclise, mesóclise e ênclise.**

Dica: a fonética (a sonoridade) ajuda a resolver as questões. Pronuncie e perceba se a dicção está perfeita. Em casos de colocação errada, a fala soa mal.

5.3.1. Próclise

O pronome oblíquo surge **antes do verbo**, isto é, **proclítico**. Ocorre em orações nas quais antes do verbo haja:

Palavra ou expressão de **valor negativo**.	**Nunca me** revelaram os motivos. **Não me** conte seus problemas.
Advérbios e pronomes indefinidos, sem que haja pontuação.	**Tudo se** acaba um dia. **Assim se** resolveram as questões. Havendo pontuação, ocorrerá ênclise: Assim, **resolvem-se** os problemas.
Pronomes e advérbios interrogativos.	**Quem te** chamou aqui? **Por que a** avisaram apenas agora?
Orações exclamativas e optativas (indicam desejo).	**Deus te** abençoe. **Como a** admiro!
Conjunções subordinativas.	**É necessário que se** faça a reforma. Comprei o livro **que me** será útil.
Gerúndio + em (preposição)	**Em se tratando** de provas, é melhor fazer muitos exercícios.
Advérbio só e conjunção coordenada alternativa.	**Só me** lembrou disso hoje. = só: somente **Ou se** afaste, **ou me** ame.
Pronome relativo	Foi o seu irmão **que me** ensinou a matéria.

5.3.2. Mesóclise

O pronome oblíquo surge **no meio do verbo**, ou seja, **mesoclítico**. É empregada, exclusivamente na linguagem culta ou literária. Ocorrências:

Verbo no futuro do presente ou futuro do pretérito do indicativo.	**Convidar-me-ão** para a festa. **Convidar-te-ia** para a reunião.
NÃO OCORRERÁ se houver justificativa para próclise, como estudamos no tópico anterior:	**Amanhã o** convidarão para a festa. **Todos te** convidariam para a reunião.

5.3.3. Ênclise

O pronome oblíquo surge **depois do verbo**, isto é, **enclítico**. É a colocação básica do pronome, a mais utilizada e ocorre quando não há palavras que atraem o oblíquo. Utilizada em:

Verbo no início da frase.	Comenta-se que ele foi aprovado.
Verbo no imperativo afirmativo.	Alunos, apressem-se.
Verbo no gerúndio.	Mudou o texto, acrescentando-lhe explicação.
Verbo no infinitivo impessoal.	Leia os testes antes de resolvê-los.

5.3.4. Em locuções verbais

<table>
<tr><td rowspan="4">Verbo principal no infinitivo ou gerúndio</td><td>Pronome depois do verbo auxiliar ou do verbo principal</td><td>Quero-lhe apresentar a meus amigos.
Quero apresentar-lhe a meus amigos.
Ia-lhe dizendo o gabarito inteiro.
Ia dizendo-lhe o gabarito inteiro.</td></tr>
<tr><td>Com palavra que exija próclise: pronome antes do verbo auxiliar ou depois do principal</td><td>Não lhe quero apresentar a meus amigos.
Não quero apresentar-lhe a meus amigos.
Alguém lhe ia dizendo o gabarito.
Alguém ia dizendo-lhe o gabarito.</td></tr>
<tr><td>Preposição entre o verbo auxiliar e o infinitivo: duas formas.</td><td>Seu artigo há de encontrar-se no jornal de ontem.
Seu artigo há de se encontrar no jornal de ontem.</td></tr>
<tr><td>Preposição a e o pronome oblíquo o = pronome depois do infinitivo.</td><td>Voltou a cumprimentá-los pela aprovação.</td></tr>
<tr><td rowspan="2">Verbo Principal no Particípio</td><td>O pronome oblíquo átono não poderá vir depois dele.</td><td>Os poemas tinham-se perdido no vazio do tempo.</td></tr>
<tr><td>Havendo fator que justifique a próclise, o pronome ficará antes da locução.</td><td>Não me haviam consultado sobre a data da prova.</td></tr>
</table>

5.3.5. Pegadinhas das bancas

- Quando há verbo no **infinitivo** pessoal regido de preposição, exceto "a", **a colocação pronominal é facultativa**, podendo ocorrer tanto ênclise quanto próclise:

  *Estava para **lhe** dizer a verdade.* (próclise)

  *Estava para **dizer-lhe** a verdade.* (ênclise)

- Nas locuções verbais, caso não haja palavra atrativa que exija a próclise, **o pronome oblíquo** deverá ficar depois do verbo auxiliar, **nunca depois do verbo principal no particípio**: Haviam-me convidado.

- **Próclise facultativa**: nas situações em que não existe uma palavra atrativa que obrigue ao adiantamento do pronome ou em que não haja a proibição do adiantamento do pronome, o uso da próclise se torna facultativo:

  O antigo juiz **me ligou** ontem.

O antigo juiz **ligou-me** ontem.

A Luna **se esqueceu** do encontro?

A Luna **esqueceu-se** do encontro?

- É **facultativo** o uso da **próclise** ou da **ênclise**, caso o verbo não se encontre no início da frase, nem haja situações que justifiquem o uso específico de uma forma de colocação pronominal.

6. VERBO

6.1. Definição

Verbo é palavra variável que indica ação (caminhar), estado (ser), fenômeno da natureza (amanhecer), processos naturais (morrer), processos mentais (estudar) etc.

Em provas: tempos e modos, correlação dos tempos verbais e vozes verbais.

6.2. Modo verbal

Modo são as formas assumidas pelo verbo na expressão de um fato. Há três:

Indicativo	certeza	estudo, estudei, estudarei.
Subjuntivo	dúvida, hipótese	que eu estude, se ele estudasse, quando você estudar.
Imperativo	ordem, desejo	estuda tu, estude você, estudemos nós, estudai vós, estudem vocês.

6.2.1. Formas Nominais

São formas que não possuem noção de tempo, mas sim de nomes – substantivo, adjetivo e advérbio.

Infinitivo	exprime a significação do verbo de modo vago e indefinido, podendo ter valor e função de **substantivo**.	cantar, fazer, partir
Gerúndio	o gerúndio pode funcionar como adjetivo ou **advérbio**.	**Saindo** da escola, encontrei alguns amigos. (função de advérbio) No parque, havia crianças **vendendo** doces. (função adjetivo)
Particípio	se não for empregado na formação dos tempos compostos, o particípio indicará ação terminada.	cantado, feito, partido

6.3. Tempos verbais

6.3.1. Presente

- **do indicativo**: indica ação que acontece no momento da fala; hábito.

  Ele estuda de manhã e trabalha à tarde.

  Canto, cantas, canta, cantamos, cantais, cantam

- **do subjuntivo**: indica hipótese, dúvida.

  Que nós estudemos todas as manhãs.

  Que eu cante, cantes, cante, cantemos, canteis, cantem

6.3.2. *Futuro*

- **do presente do indicativo**: ação futura certa (amanhã)

  Estarei no local marcado à tarde.

  Cantarei, cantarás, cantará, cantaremos, cantareis, cantarão

- **do pretérito do indicativo**: tempo condicional

  Nós *cantaríamos* se houvesse público.

  Cantaria, cantarias, cantaria, cantaríamos, cantaríeis, cantariam

- **do subjuntivo**: ação futura duvidosa

  Quando *fizer* o trabalho, darei os parabéns.

  (quando/se) eu cantar, cantares, cantar, cantarmos, cantardes, cantarem

6.3.3. *Pretérito*

- **Perfeito do indicativo**: ação concluída (ontem)

  Fizemos tudo certo naquele dia.

  Cantei, cantaste, cantou, cantamos, cantastes, cantaram

- **Imperfeito do indicativo**: ação prolongada, contínua

  Passeava de moto quando o guarda o multou.

  Cantava, cantavas, cantava, cantávamos, cantáveis, cantavam

- **Mais-que-perfeito do indicativo**: ação passada em relação a outra ação também passada.

  Fez os exercícios e **aprendera** toda a matéria.

  Cantara, cantaras, cantara, cantáramos, cantáreis, cantaram

  Perceba que para ter o mais-que-perfeito é necessário o perfeito.

- **Imperfeito do subjuntivo**: tempo condicional

  Se fizesse todas as tarefas, poderia viajar.

  Se cantasse, cantasses, cantasse, cantássemos, cantásseis, cantassem

  Normalmente usado junto com o futuro do pretérito para enfatizar a condição.

6.3.4. *Imperativo*

Imperativo Afirmativo

Tira-se do presente do indicativo a 2ª pessoa do singular (tu) e a segunda pessoa do plural (vós) eliminando-se o "S" final. As demais pessoas são retiradas, sem alteração, do presente do subjuntivo.

Presente do Indicativo	Imperativo Afirmativo	Presente do Subjuntivo
Eu canto	–	Que eu cante
Tu cantas	**CantA tu**	Que tu cantes
Ele canta	Cante você	Que ele cante
Nós cantamos	Cantemos nós	Que nós cantemos
Vós cantais	**CantAI vós**	Que vós canteis
Eles cantam	Cantem vocês	Que eles cantem

Imperativo Negativo

Forma-se o imperativo negativo, inserindo a negação às formas do presente do subjuntivo. Muito simples.

Presente do Subjuntivo	Imperativo Negativo
Que eu cante	–
Que tu cantes	Não cantes tu
Que ele cante	Não cante você
Que nós cantemos	Não cantemos nós
Que vós canteis	Não canteis vós
Que eles cantem	Não cantem eles

Importante:

O verbo SER, no imperativo (segundas pessoas) = sê (tu), sede (vós).

6.3.5. Tempos compostos

Composto por haver mais de um verbo. Os tempos compostos são formados por locuções verbais: verbo auxiliar **ter** ou **haver + verbo principal** (particípio). Vamos, agora, aos tempos.

Tempo	formação	exemplo	valor
Pretérito Perfeito Composto do Indicativo	auxiliar **ter** ou **haver** no Presente do Indicativo e o principal no particípio,	tenho estudado	indica uma ação repetida que tem ocorrido no passado, prolongando-se até ao presente.
Pretérito Perfeito Composto do Subjuntivo	auxiliar **ter** ou **haver** no **Presente do Subjuntivo** e o principal no particípio	tenha estudado	indica uma ação anterior já concluída, podendo se referir a um fato passado ou futuro.
Pretérito Mais-que-perfeito Composto do Indicativo	auxiliar **ter** ou **haver** no **Pretérito Imperfeito do Indicativo** e o principal no particípio	tinha estudado	indica uma ação que ocorreu antes de outra ação passada. Pode indicar também um acontecimento situado de forma incerta no passado.

Tempo	formação	exemplo	valor
Pretérito Mais-que--perfeito Composto do Subjuntivo	auxiliar **ter** ou **haver** no **Pretérito Imperfeito do Subjuntivo** e o principal no particípio	tivesse estudado	indica um fato anterior a outro fato passado. Pode se referir também a acontecimentos irreais do passado.
Futuro do Presente Composto do Indicativo	auxiliar **ter** ou **haver** no **Futuro do Presente simples do Indicativo** e o principal no particípio	terei estudado	refere-se a um fato futuro que estará terminado antes de outro fato futuro. Pode expressar tanto certeza como incerteza.
Futuro do Pretérito Composto do Indicativo	auxiliar **ter** ou **haver** no **Futuro do Pretérito simples do Indicativo** e o principal no particípio	teria estudado	indica uma ação que poderia ter acontecido posteriormente a uma situação passada, encontrando-se condicionada. Indica também a possibilidade de uma ação passada e transmite incerteza, surpresa e indignação.
Futuro Composto do Subjuntivo	auxiliar **ter** ou **haver** no **Futuro do Subjuntivo simples** e o principal no particípio	tiver estudado	ação futura que estará terminada antes de outra ação futura.
Infinitivo Pessoal Composto	auxiliar **ter** ou **haver** no **Infinitivo Pessoal simples** e o principal no particípio	ter estudado	fato passado já concluído.

6.4. Correlação de tempos verbais

Por ser um assunto comum em várias provas, segue a lista das correlações mais exigidas.

Presente do indicativo + Presente do subjuntivo
Pretérito perfeito do indicativo + Pretérito imperfeito do subjuntivo
Presente do indicativo + Pretérito perfeito composto do subjuntivo
Pretérito imperfeito do indicativo + Mais-que-perfeito composto do subjuntivo
Futuro do subjuntivo + Futuro do presente do indicativo
Pretérito imperfeito do subjuntivo + Futuro do pretérito do indicativo
Pretérito mais-que-perfeito composto do subjuntivo + Futuro do pretérito composto do indicativo
Futuro do subjuntivo + Futuro do presente do indicativo
Futuro do subjuntivo + Futuro do presente composto do indicativo

6.5. Voz verbal

Refere-se à forma como o agente e o paciente de uma oração são enquadrados nas funções gramaticais – sujeito e complementos verbais (especialmente o objeto direto).

Há duas vozes verbais principais, **voz ativa** e **voz passiva**. A diferença principal é que o sujeito da voz passiva tem o mesmo papel em relação ao verbo principal que o objeto da voz ativa. Há algumas variantes dessas duas vozes principais, como a **voz** (**ativa**) **reflexiva**

(Eles se prepararam) e a **voz passiva sintética**. Há ainda uma outra voz na Língua Portuguesa, a **voz reflexiva**, na qual o sujeito sofre e efetua a ação ao mesmo tempo.

6.5.1. Voz ativa

O sujeito pratica a ação. Exemplo:

V.A. =	Todos os alunos	ouviram	aquela música
	sujeito	*V.T.D.*	*objeto direto*

Para passar uma oração da voz ativa para a passiva, o objeto direto é obrigatório.

6.5.2. Voz passiva

o sujeito sofre a ação.

Há dois tipos de voz passiva:

6.5.2.1. Passiva analítica – ser + particípio

V.P. =	Aquela música	foi ouvida	por todos os alunos
	sujeito paciente	*ser + particípio*	*agente da passiva*

6.5.2.2. Passiva sintética – V.T.D.(I.) + SE = V.P. (sujeito)

Verbo transitivo direto ou transitivo direto e indireto + se = voz passiva e possui sujeito. O **se** é pronome aPASSIVAdor.

Vende- se livro. = V.P. sintética

V.T.D. + se = VP sujeito		
Entregou-se	**o prêmio ao vencedor.**	**= V.P. sintética**
V.T.D.I. + se = VP sujeito O.I.		

Equivalem a:

- Livro é vendido. = V.P. analítica
- O prêmio foi entregue ao vencedor. = V.P. analítica

Por isso, as formas corretas são:

- Vendem- se livros. Entregaram-se os prêmios aos vencedores.

Dica 1: Sujeito no plural = verbo no plural

Dica 2: Atente-se ao número de verbo.

Voz Ativa	Voz Passiva = + SER		Voz Passiva	Voz Ativa = - SER
1 verbo	1 verbo + SER = 2 verbos		2 verbos	2 verbos - SER = 1 verbos
2 verbos	2 verbos + SER = 3 verbos		3 verbos	3 verbos - SER = 2 verbos

3. CLASSES GRAMATICAIS INVARIÁVEIS

1. ADVÉRBIO

1.1. Definição

Advérbio é a palavra que modifica o verbo, o adjetivo ou o próprio advérbio, exprimindo circunstância.[22]

Exemplos: ali, ontem, sempre, jamais, certamente, felizmente.

1.2. Locuções adverbiais

As locuções adverbiais são duas ou mais palavras que possuem valor de advérbio. Normalmente, são formadas por preposição e substantivo ou por preposição e advérbio.

Exemplos: sem dúvida, de modo algum, em excesso, além disso, de repente, às vezes.

Observação: aprofundaremos o estudo em análise sintática – adjunto adverbial.

1.2.1. Lista dos principais Advérbios, Locuções Adverbiais e Palavras Denotativas

Como pedido nas últimas provas, houve acréscimo das **palavras denotativas** (palavras que, embora, em alguns aspectos (ser invariável, por exemplo), assemelhem-se a advérbios, não possuem, segundo a Nomenclatura Gramatical Brasileira, classificação especial. Do ponto de vista sintático, são expletivas, isto é, não assumem nenhuma função; do ponto de vista morfológico, são invariáveis (muitas delas vindas de outras classes gramaticais); do ponto de vista semântico, são inegavelmente importantes no contexto em que se encontram) à lista.

Modo	Bem, mal, assim, adrede, melhor, pior, depressa, acinte, debalde, devagar, ás pressas, às claras, às cegas, à toa, à vontade, às escondas, aos poucos, desse jeito, desse modo, dessa maneira, em geral, frente a frente, lado a lado, a pé, de cor, em vão e a maior parte dos que terminam em –mente: calmamente, tristemente, propositadamente, pacientemente, amorosamente, docemente, escandalosamente, bondosamente, generosamente.
Intensidade	Muito, demais, pouco, tão, menos, em excesso, bastante, pouco, mais, menos, demasiado, quanto, quão, tanto, assaz, que (equivale a quão), tudo, nada, todo, quase, de todo, de muito, por completo, bem (quando aplicado a propriedades graduáveis).
Tempo	Hoje, logo, primeiro, ontem, tarde outrora, amanhã, cedo, dantes, depois, ainda, antigamente, antes, doravante, nunca, então, ora, jamais, agora, sempre, já, enfim, afinal, amiúde, breve, constantemente, entrementes, imediatamente, primeiramente, provisoriamente, sucessivamente, às vezes, à tarde, à noite, de manhã, de repente, de vez em quando, de quando em quando, a qualquer momento, de tempos em tempos, em breve, hoje em dia.

22. ANDRÉ, Hildebrando Afonso de. *Gramática ilustrada.* 2 ed. São Paulo: Moderna, 1978. p. 225.

Lugar	Aqui, antes, dentro, ali, adiante, fora, acolá, atrás, além, lá, detrás, aquém, cá, acima, onde, perto, aí, abaixo, aonde, longe, debaixo, algures, defronte, nenhures, adentro, afora, alhures, nenhures, aquém, embaixo, externamente, a distancia, à distancia de, de longe, de perto, em cima, à direita, à esquerda, ao lado, em volta.
Negação	Não, nem, nunca, jamais, de modo algum, de forma nenhuma, tampouco, de jeito nenhum.
Dúvida	Acaso, porventura, possivelmente, provavelmente, quiçá, talvez, casualmente, por certo, quem sabe.
Afirmação	Sim, certamente, realmente, decerto, efetivamente, certo, decididamente, realmente, deveras, indubitavelmente.
Exclusão	apesar, somente, só, salvo, unicamente, exclusive, exceto, senão, sequer, apenas etc.
Inclusão	Ainda, até, mesmo, inclusivamente, também.
Ordem	Depois, primeiramente, ultimamente.
Designação	Eis.
Afastamento	Embora.
Adição	ainda, além disso etc.
Afetividade	ainda bem, felizmente, infelizmente
Aproximação	quase, lá por, bem, uns, cerca de, por volta de etc.
Explicação	isto é, por exemplo, a saber etc.
Limitação	só, somente, unicamente, apenas etc.
Realce	é que, cá, lá, não, mas, é porque etc.
Retificação	aliás, isto é, ou melhor, ou antes etc.
Situação	então, mas, se, agora, afinal etc.

2. PREPOSIÇÃO

2.1. Definição

Preposições são palavras que subordinam um termo da frase a outro – o que vale dizer que tornam o segundo dependente do primeiro.

Livro **de** Pedro. Obediente **a** seus pais. Moro **em** São Paulo.

As palavras **de**, **a**, **em** ligam entre si os dois termos da frase, que vêm respectivamente antes delas. Essas palavras se denominam preposição. Os termos que precedem as preposições (livro, obediente, moro) chamam-se antecedentes; os que as seguem (Pedro, seus pais, São Paulo) chamam-se consequentes. A preposição mostra que entre o antecedente e o consequente há uma relação, de tal modo que o sentido do primeiro é explicado ou completado pelo segundo.[23]

23. LIMA, Rocha. *Gramática normativa da língua portuguesa.* 15 ed. Rio de Janeiro: J. Olympio, 1972. p. 157.

2.2. Classificação das preposições

Essenciais	desempenham apenas o papel de preposição	a, ante, após, até, com, contra, de, desde, em, entre, para, per, perante, por, sem, sob, sobre, trás
Acidentais	palavras de outras classes gramaticais que são usadas como preposição	• como (= na qualidade de), • conforme (= de acordo com), • segundo (= conforme), • consoante (= conforme), • durante, salvo, fora, mediante, tirante, exceto, senão, • visto (=por)

2.3. Relações das preposições

As preposições podem indicar relações. Faça, como no advérbio, a pergunta e encontre a relação.

Observação: se estiver ligada ao verbo, a relação da preposição será a mesma circunstância da locução adverbial. A diferença entre preposição e locução adverbial é o fato de poder haver preposição que não faça parte da locução adverbial.

Caneta **de** Maria	posse	de quem?
Ver **de** perto	lugar	de onde?
Mesa **de** trabalho	finalidade	para que a mesa?
Morreu **de** felicidade	causa	morreu de quê?
Falava **de** amor	assunto	falava de quê?
Saiu **com** os amigos	companhia	saiu com quem?
Sou **de** Ribeirão	lugar (origem)	de onde?
Bola **de** couro	matéria	de que é feita a bola?
A música é **de** Caetano Veloso	autoria	de quem?
A escolha será **por** sorteio	modo ou conformidade	como?
Andaremos **a** cavalo	meio	de quê?
Palmeiras jogou **contra** Corinthians	oposição	contra quem?
Tomei um copo **de** vinho	conteúdo	de quê?
Vendeu o livro **(a)por** R$ 50,00	preço	por quanto?
Formou-se **em** medicina	especialidade	em quê?
Olhe **para** frente sempre	destino ou direção	para onde?
Foi **até** o fim	limite	
Está **sem** paciência	ausência, falta	
Saiu do palco **sob** muitos aplausos	**lugar conotativo** (sentido figurado)	

3. CONJUNÇÃO

3.1. Definição

Conjunções são palavras que relacionam entre si: dois elementos da mesma natureza (substantivo + substantivo, adjetivo + adjetivo, advérbio + advérbio, oração + oração etc.); duas orações de natureza diversa, das quais a que começa pela conjunção completa a outra ou lhe junta uma determinação. As conjunções do primeiro tipo chamam-se **coordenativas**; as do segundo, **subordinativas.**[24]

3.2. Classificação

As conjunções podem ser coordenativas ou subordinativas. Coordenadas ligam orações independentes sintaticamente e subordinadas ligam orações que possuem dependência sintática.

3.3. Coordenativas

Ligam orações de sentido completo e independente ou termos da oração que têm a mesma função gramatical. São elas:

Aditivas	Relacionam pensamentos similares.	e, nem, mas também, como também, além de (disso, disto, aquilo), quanto (depois de tanto, bem como etc.
Adversativas	Relacionam pensamentos contrastantes.	mas, porém, todavia, entretanto, no entanto, senão, não obstante, contudo etc. Antes dos nexos adversativos a vírgula é obrigatória.
Alternativas	Relacionam pensamentos que se excluem.	ou...ou, ou, ora...ora, já...já, quer...quer etc.
Conclusivas	Relacionam pensamentos tais, que o segundo encerra a conclusão do enunciado no primeiro.	pois, logo, portanto, então, por isso, por conseguinte, por isto, assim etc.
Explicativas	Relacionam pensamentos em sequência justificativa, de tal forma que a segunda frase explica a razão de ser da primeira.	que, porque, porquanto, pois[25]

3.4. Subordinativas

Ligam orações que possuem dependência sintática.

3.4.1. Integrantes

Usa-se a conjunção **que** para afirmação certa, e **se** para a incerteza.

Indicam que a oração subordinada por elas introduzida completa ou integra o sentido da principal. Introduzem orações que equivalem a substantivos.

24. LIMA, Rocha. *Gramática normativa da língua portuguesa.* 15 ed. Rio de Janeiro: J. Olympio, 1972. p. 160.

25. LIMA, Rocha. *Gramática normativa da língua portuguesa.* 15 ed. Rio de Janeiro: J. Olympio, 1972. p. 160.

Facilitando: encaixe o pronome demonstrativo catafórico **isto** antes da conjunção para se certificar. Exemplo: Espero que seja convocado em breve = Espero isto - perceba que algo será mencionado.

3.4.2. Adverbiais

A oração subordinada por elas introduzida exerce a função de adjunto adverbial da principal, de acordo com a circunstância que expressam. São elas:

Causais	Indicam causa da oração principal. - Faz-se a pergunta **por quê**?	porque, que, como (= porque, no início da frase), pois que, visto que, uma vez que, porquanto, já que, desde que etc.
Concessivas	Indicam ideia contrária, ideia oposta. - Encaixar a conjunção **embora.**	embora, ainda que, apesar de que, se bem que, mesmo que, por mais que, posto que, conquanto etc.
Condicionais	Indicam hipótese, condição. - Encaixar a conjunção caso ou se.	se, caso, contanto que, salvo se, a não ser que, desde que, a menos que, sem que etc.
Conformativas	Indicam regra, conformidade. - Encaixar a conjunção **conforme.**	conforme, como (= conforme), segundo, consoante etc.
Finais	Expressam a finalidade ou o objetivo. - Faz-se a pergunta **para quê**?	para que, a fim de que, que, porque (= para que), que etc.
Proporcionais	Indicam proporção, ações simultâneas (acontecem ao mesmo tempo). - Encaixar: à medida que.	à medida que, à proporção que, ao passo que e as combinações quanto mais...(mais), quanto menos...(menos), quanto menos. ..(mais), quanto menos...(menos) etc.
Temporais	Indicam tempo. - Faz-se a pergunta **quando**?	quando, enquanto, antes que, depois que, logo que, todas as vezes que, desde que, sempre que, assim que, agora que, mal (= assim que) etc.
Comparativas	Ocorre comparação entre as orações. - Encaixar a conjunção **como.**	como, assim como, tal como, como se, (tão)...como, tanto como, tanto quanto, do que, quanto, tal, qual, tal qual, que nem, que (combinado com menos ou mais) etc.
Consecutivas	Indicam a consequência da oração principal, o efeito. - Encaixar a locução **de modo que**.	de sorte que, de modo que, sem que (= que não), de forma que, de jeito que, que (tendo como antecedente na oração principal uma palavra como tal, tão, cada, tanto, tamanho) etc.

3.4.3. Interjeição

3.4.3.1. Definição

Interjeição é a expressão que transmite emoções súbitas. O próprio tom da voz, ascendente ou descendente, com que são ditas as interjeições, revela as mais variadas emoções ou sentimentos. Exemplos: oh!, cuidado!, devagar!, sai!, calma![26]

---

26. ANDRÉ, Hildebrando Afonso de. *Gramática ilustrada.* 2 ed. São Paulo: Moderna, 1978. p. 241.

3.4.3.2. Locução interjetiva

É um grupo de palavras com valor de interjeição: ai de mim!, ó de casa!, bem feito!, ainda bem!, quem me dera!, valha-me Deus! etc.

3.4.3.3. Classificação

Podem indicar: advertência, afugentamento, alegria ou satisfação, alívio, animação ou estímulo, aplauso ou aprovação, concordância, repulsa ou desaprovação, desejo ou intenção, desculpa, dor ou tristeza, dúvida ou incredulidade, espanto ou admiração, impaciência ou contrariedade, pedido de auxílio, saudação, chamamento ou invocação, silêncio, terror ou medo, afetividade.

4. MODALIZADORES

Um modalizador é um elemento gramatical ou lexical – palavra ou expressão – por meio do qual o enunciador revela alguma atitude relativo ao conteúdo daquilo que ele mesmo enuncia.

Tipos	Definição	Exemplos
Asseverativos	conferem certeza a um discurso, podendo ser afirmativos ou negativos	evidentemente, certamente, de forma alguma, de jeito nenhum
Dubitáveis	colocam o discurso em dúvida	talvez, possivelmente, é provável etc.
Delimitadores	estabelecem restrição ou limite	quase, tipo de, espécie de etc.
Deontológicos	indicam obrigatoriedades, proibições e permissões	necessariamente, obrigatoriamente, não deve fazer etc.
Afetivos	apresentam as emoções do enunciador diante do conteúdo do discurso, bem como posicionamentos de princípio ou predileções	infelizmente, sinceramente, curiosamente etc.[27]

27. ProEnem. Dipsonível em <www.proenem.com.br>. Acesso em 17 dezembro 2022, com adaptações.

PARTE III – SINTAXE

1. ANÁLISE SINTÁTICA

1. FRASE, ORAÇÃO E PERÍODO

1.1. Frase

É a expressão verbal de um pensamento. Pode ser brevíssima, constituída às vezes por uma só palavra, ou longa e acidentada, englobando vários e complexos elementos. Às vezes, a simples situação em que é proferido um vocábulo faz que ele se torne uma frase. É o caso, por exemplo, da exclamação – Fogo!, pronunciada diante de um prédio em chamas; ou da advertência – Silêncio!, feita a alguém num corredor de hospital.[28]

As frases podem ser interrogativas, imperativas, exclamativas, declarativas ou optativas. Quanto à construção pode ser nominal (sem verbo) ou verbal (com verbo).

1.2. Oração

É a frase – ou membro da frase – que se biparte normalmente em sujeito e predicado. Em certo tipo de oração, pode, todavia, faltar o sujeito.[29]

1.3. Período

É o enunciado que se constitui de duas ou mais orações. Período simples é formado por uma só oração; a oração é denominada absoluta. O período propriamente dito possui duas ou mais orações; chamamos de período composto.[30]

2. TERMOS ESSENCIAIS DA ORAÇÃO

2.1. Sujeito

O sujeito é expresso por substantivo, ou equivalente de substantivo. Às vezes, um substantivo sozinho exprime o sujeito da oração: **Deus** é perfeito!

Casos há, no entanto, em que sentimos necessidade de precisar ou ampliar a significação do substantivo: **<u>Pombas</u> brancas castíssimas** voavam. O sujeito, neste exemplo,

---

28. LIMA, Rocha. *Gramática normativa da língua portuguesa.* 15 ed. Rio de Janeiro: J. Olympio, 1972. p. 203.
29. LIMA, Rocha. *Gramática normativa da língua portuguesa.* 15 ed. Rio de Janeiro: J. Olympio, 1972. p. 203.
30. ANDRÉ, Hildebrando Afonso de. *Gramática ilustrada.* 2 ed. São Paulo: Moderna, 1978. p. 243.

compõe- se de um substantivo acompanhado de outros elementos que lhe precisam ou ampliam o sentido fundamental. Diz-se, então, que o substantivo é o núcleo do sujeito.[31]

Para encontrar o sujeito, faz-se a pergunta **o quê?** (para coisa) e **quem?** (para pessoa). Classificam-se em:

<table>
<tr><td>Simples</td><td>um núcleo</td><td colspan="2">Muitos fatos estranhos ocorriam naquela situação.
= o que ocorriam?</td></tr>
<tr><td>Oracional</td><td>existe um verbo no sujeito, ou seja, o sujeito é uma oração.</td><td colspan="2">Convém que você entenda esta matéria.</td></tr>
<tr><td>Composto</td><td>mais de um núcleo</td><td colspan="2">Música e literatura fazem bem à alma.
= o que fazem bem?</td></tr>
<tr><td>Simples e implícito ou elíptico ou desinencial ou oculto</td><td>não está explícito na oração</td><td colspan="2">Fez o texto ontem.
= quem fez? Ele, mas o pronome não está explícito.</td></tr>
<tr><td>Indeterminado</td><td>não se sabe quem é o sujeito. Pode ocorrer em duas situações:</td><td>Verbo na terceira pessoa do plural;

2. Verbo na terceira pessoa do singular + se)índice de indeterminação do sujeito)</td><td>Fizeram ótima prova.
= quem fizeram? Não se sabe.
Necessita-se de silêncio.
= necessita de algo (V.T.I.) – de silêncio é O.I.</td></tr>
<tr><td>Oração sem sujeito</td><td>não há sujeito e pode ocorrer em três situações:</td><td>1. Verbo haver no sentido de existir ou ocorrer;

2. Verbos ser, estar e fazer indicando tempo ou fenômeno meteorológico;

3. Verbos que indicam fenômenos da natureza.</td><td>Havia pessoas.
= existiam

São duas horas.
= ser indicando tempo
Está muito calor.
= estar indicando fenômeno meteorológico
Faz três anos que não a vejo.
= fazer indicando tempo decorrido
Ontem choveu demais.
= fenômeno da natureza</td></tr>
</table>

31. LIMA, Rocha. *Gramática normativa da língua portuguesa.* 15 ed. Rio de Janeiro: J. Olympio, 1972. p. 205.

Observações:

1. sempre é muito pedida a diferença entre o **se** – índice de indeterminação do sujeito e pronome apassivador.

Índice de indeterminação do sujeito	Verbo no singular + se.	intransitivo, transitivo indireto e verbo de ligação.	Dormiu-se bem. Precisa-se de livros.
Pronome apassivador	Verbo no singular ou no plural + se. Admite plural porque possui sujeito.	transitivo direto + se ou transitivo direto e indireto + se	Encontrou-se o local da prova = encontraram-se os locais da prova. Dão-se aulas aos necessitados = aulas são dadas aos necessitados.

2. Indicam também que a oração não possui sujeito os verbos **bastar** e **chegar + de**: Basta de hipocrisia. Chega de fazer barulho!

3. Concordância do verbo **haver:**

ORAÇÃO SEM SUJEITO verbo no **singular**	**SUJEITO** verbo admite **plural**
Havia alunos.	**Existiam** alunos.
Devia haver alunos.	**Deviam** existir alunos.
Havia de haver alunos.	**Haviam** de existir alunos.
Alunos: **objeto direto**	Alunos: **sujeito** *Por isso o verbo admite plural

4. Concordância do verbo **fazer**: indicando tempos decorrido: singular. **Faz** dois anos. **Vai** fazer dois anos.

5. Em: **O dia amanheceu calmo**, embora o verbo indique fenômeno da natureza, **o dia** possui função de sujeito.

2.2. Predicado

É a parte da oração que contém a informação, a declaração a respeito do sujeito. Quando se classifica o predicado, quer-se verificar o que é essencial na informação relativa ao sujeito. Basicamente, pode-se informar a respeito do sujeito uma ideia de ação, praticada ou sofrida, ou uma ideia de estado.[32]

São classificados em **verbal, nominal e verbo-nominal.** Para classificá-los, é necessário estudarmos os termos que fazem parte do predicado. Siga o passo a passo para evitar erros.

32. NETO, Pasquale Cipro & INFANTE, Ulisses. *Gramática da Língua Portuguesa*. 1 ed. São Paulo: Scipione, 1999. p. 356.

2.2.1. Predicação verbal

Predicação é a classificação do verbo.

Classificação	Teoria	Exemplo	Dica
Intransitivo	o verbo não exige complemento, por isso o prefixo IN.	O vulto desapareceu na planície.	Nunca caberão as palavras algo e alguém após o intransitivo.
Transitivo direto	o verbo exige complemento SEM preposição.	"Tenho duas mãos e o sentimento do mundo."	quem tem tem **algo**
Transitivo indireto	o verbo exige complemento COM preposição.	Todos precisam de felicidade.	quem precisa precisa **DE algo**
Transitivo direto e indireto	o verbo exige dois complementos: com e sem preposição	Alguém ofereceu flor à Iemanjá.	quem oferece oferece **algo a alguém**
Verbo de ligação	liga o sujeito ao predicativo (termo que qualifica) e **não indica ação. Indica estado.**	Todos ficaram felizes.	Para haver verbo de ligação, é preciso haver **predicativo**.

- **Estados do verbo de ligação**

Por não indicar ação (movimento), o verbo de ligação pode expressar diferentes estados.

Estado	Verbo	Exemplo
permanente	ser, viver	Ele é alegre. Ele vive alegre.
transitório	estar, andar, achar-se, encontrar-se	Nós estamos felizes. Eles andam felizes.
mutatório	ficar, virar, tornar-se, fazer-se	Ficaram cansados. Tornaram-se exaustos.
continuidade de estado	continuar, permanecer	Todos continuam desconfiados. Alguém permanece desatento.
estado aparente	parecer	Ela parece satisfeita.

2.2.2. Predicativo

Predicativo é o termo que qualifica o sujeito ou o objeto.

2.3. Classificação do predicado

O predicado pode ser verbal, nominal ou verbo-nominal.

PREDICADO	Teoria	Exemplo	Dica
Verbal	o núcleo é o verbo.	Todos **CAMINHAVAM tranquilamente pela praia.**	menos o verbo de ligação
Nominal	o núcleo é o predicativo.	Alguns **estavam FELIZES.**	há verbo de ligação
Verbo-nominal	há dois núcleos: verbo e predicativo .	Todos **CAMINHAVAM FELIZES pela praia.**	verbo (+ verbo de ligação implícito) + predicativo
		Todos **CAMINHAVAM (e estavam) FELIZES pela praia.**	

Confira a tabela a seguir para não haver dúvida.

predicados	verbo significativo	verbo de ligação	predicativo
P.V.	sim	não	não
P.N.	não	sim	sim
P.V.N.	sim	não explícito	sim

Observação: verbos significativos são os intransitivos, transitivos diretos, transitivos indiretos, transitivos diretos e indiretos.

3. TERMOS INTEGRANTES DA ORAÇÃO

3.1. Objeto direto

Completa a significação de **verbos transitivos diretos** sem acompanhamento de preposição obrigatória. Dentro do objeto direto pode haver, também, o adjunto adnominal.

As mãos cálidas	encontram	**o estático olhar.**
sujeito	V.T.D.	**O.D.**

O estático olhar: objeto direto. / Núcleo: olhar (substantivo) / Adjuntos adnominais: o, estático.

3.1.1. Objeto direto preposicionado

Completa o sentido de um **verbo transitivo direto** (não exige preposição) e a preposição pode ser retirada sem que prejudique a estrutura. Pode ser preposicionado em algumas situações:

O pronome pessoal oblíquo tônico é objeto direto.	Ela amava **a si** mesma. Enganaram **a ti**.
Pronome relativo quem.	Era a moça **a quem** amava.
Evitar ambiguidade.	**Ao dono**, nenhum cão abandona.
Numeral ambos.	Aprovou **a ambos**.
Nomes próprios ou comuns.	Ele traiu **ao pai**.
Pronomes substantivos indefinidos ou demonstrativos.	Aprecio **a este**.
Reciprocidade.	Todos se odiavam uns **aos outros**.
Ênfase.	Pegou **da viola**. Bebeu **do vinho**. Comeu **do bolo**.

3.1.2. Objeto direto pleonástico

Ocorre repetição do objeto direto através de um pronome oblíquo átono. O pronome tem de se referir ao objeto direto.

Estes livros, já **os** li. A mim, ninguém **me** engana.

3.2. Objeto indireto

Completa a significação de verbos transitivos indiretos, com acompanhamento de preposição obrigatória. Dentro do objeto direto pode haver, também, o adjunto adnominal e, claro, a preposição que é obrigatória nesse caso.

Desobedeço	**a meus patrões.**
V.T.I.	**O.I.** a: preposição meus: adjunto adnominal

Desobedece **a** alguém.

Precisamos	**de silêncio**	para estudar.
V.T.I.	**O.I.**	

Precisamos **de** algo.

3.2.1. Objeto indireto pleonástico

Ocorre repetição do objeto indireto através de um pronome oblíquo átono. O pronome tem de se referir ao objeto indireto.

Aos pobres, nega-**lhes** tudo. Ao estudante relapso, nenhuma disciplina **lhe** interessa.

3.3. Complemento nominal

Complemento nominal é o termo que integra a significação transitiva do núcleo substantivo (e, às vezes, do adjetivo e do advérbio, os quais, então, se equiparam ao substantivo na sintaxe de regência). Para facilitar-lhe a identificação, convém ter presente a seguinte prática: tratando-se de adjetivo, ou de advérbio, não há a menor dúvida: o termo que a eles se liga por preposição é, sempre, complemento nominal.[33]

O novo projeto	é	acessível	**aos membros do grupo.**
sujeito	verbo de ligação	predicativo do sujeito	**C.N.**

Faz-se a pergunta ao nome (regência nominal): é acessível **a algo** = completa adjetivo acessível.

Alguns	tinham	medo	**do futuro.**
sujeito	verbo transitivo direto	objeto direto	**C.N.**

Quem tem medo, tem medo **de algo** = completa substantivo medo.

3.4. Agente da passiva

É o complemento que, na voz passiva com auxiliar (também chamada de voz passiva analítica), representa o ser que praticou a ação verbal. Sendo este complemento verdadeiro agente, ou seja, aquele que exerce a ação, podemos transformar a construção passiva em ativa, e, neste caso, ele figurará o sujeito.[34]

A prova	foi adiada	**pela banca.**
sujeito paciente	ser + particípio	**agente da passiva**

Note que o agente da passiva passa a ser sujeito na voz ativa e que o sujeito paciente passa a objeto direto:

A banca	adiou	a prova.
sujeito ativo	V.T.D.	O.D.

Por isso **é necessário o objeto direto para haver transposição da voz ativa** para a passiva.

Exemplo com três verbos:

Os gabaritos	tinham sido encontrados	no pátio da escola	**pelos candidatos.**
sujeito paciente	ser particípio	adj. adverbial de lugar	**agente da passiva**

Se na voz passiva há três verbos, na ativa haverá dois: retira-se o **ser**.

Os candidatos	tinham encontrado	no pátio da escola	os gabaritos.
sujeito	= encontraram: V.T.D.	adj. adverbial de lugar	O.D.

33. LIMA, Rocha. *Gramática normativa da língua portuguesa.* 15 ed. Rio de Janeiro: J. Olympio, 1972. p. 210.
34. LIMA, Rocha. *Gramática normativa da língua portuguesa.* 15 ed. Rio de Janeiro: J. Olympio, 1972. p. 223.

4. TERMOS ACESSÓRIOS DA ORAÇÃO

4.1. Adjunto adnominal

É o termo que **determina**, **especifica** ou **explica** um substantivo. Possui função adjetiva na oração, a qual pode ser desempenhada por adjetivos, locuções adjetivas, artigos, pronomes adjetivos enumerais adjetivos.

Agrupam-se ao redor dos substantivos dentro de qualquer termo da oração – essencial, integrante ou mesmo acessório (adjunto adverbial).

Aqueles dois rapazes **interessados**	estudaram	**toda a** matéria.
Sujeito. Núcleo: rapazes (substantivo)	V.T.D.	O.D. Núcleo: matéria (substantivo)
Aqueles, dois e interessados: adjunto adnominal		**Toda e a:** adjunto adnominal

4.2. Adjunto adverbial

É o termo que modifica o verbo, exprimindo as particularidades que cercam ou precisam o fato por este indicado.[35]

Pode intensificar um verbo, um adjetivo ou o advérbio. A classificação do adjunto adverbial depende basicamente da circunstância que expressa.

Exemplos:

Chegou **cedo**. = quando? Adjunto adverbial de tempo.

Leram o livro **na biblioteca**. = onde? Adjunto adverbial de lugar.

Ele estava **muito** atrasado. = Adjunto adverbial de intensidade – intensifica o adjetivo "atrasado".

Observação: atrasado é predicativo do sujeito, ou seja, é variável: eles **atrasados**, ela **atrasada.** Para ser predicativo, precisa-se do verbo de ligação (mesmo que implícito) e para ser adjunto adverbial, deve-se fazer pergunta ao verbo para saber a circunstância ou deve indicar intensidade do adjetivo ou advérbio.

predicativo	varia
adjunto adverbial	não varia

4.2.1. Classificação do adjunto adverbial

Circunstância	Exemplo	Dica
Acréscimo	**Além da alegria**, sentia cansaço.	+
Afirmação	**Certamente** será aprovado.	Não é necessário fazer pergunta.

35. LIMA, Rocha. *Gramática normativa da língua portuguesa.* 15 ed. Rio de Janeiro: J. Olympio, 1972. p. 227.

Circunstância	Exemplo	Dica
Assunto	Falávamos **sobre política**.	Sobre o quê?
Causa	**Com o frio**, os animais morreram.	Por quê?
Companhia	**Com quem** você saiu ontem?	Com quem?
Concessão	**Apesar do nervosismo**, fez boa prova.	Embora, apesar de.
Condição	**Sem a autorização do fiscal**, você não poderá sair.	Se, caso.
Conformidade	Fez tudo **conforme o combinado.**	Regra.
Dúvida	**Quiça** acertemos todas as questões.	Não é necessário fazer pergunta.
Fim, finalidade	Eles vivem **para estudar.**	Para quê?
Frequência	**Sempre** vêm aqui.	Quando?
Instrumento	Desenhava **a lápis.**	Com o quê?
Intensidade	Todos corriam **bastante.**	Não é necessário fazer pergunta.
Limite	Estudava **até cansar.**	Até.
Lugar	Nasceu **em Ribeirão Preto.**	Onde?
Matéria	Era feito **de ferro.**	De quê?
Meio	Foi **de avião.**	De quê?
Modo	Ficamos **à vontade.**	Como?
Negação	**Não** pode haver enganos.	Não é necessário fazer pergunta.
Preço	Os livros são vendidos **a preços baixos.**	Quanto?
Substituição ou troca	Abandonou os estudos **por trabalhos rentáveis.**	Por o quê?
Tempo	**Ontem à noite** saiu com amigos.	Quando?

4.3. Aposto

Aposto é um termo que amplia, explica, desenvolve ou resume o conteúdo de outro termo. O termo a que refere o aposto pode desempenhar qualquer função sintática. Sintaticamente, o aposto equivale ao termo com que relaciona.

Nossa terra, **o Brasil**, carece de políticas sociais sérias.

Nossa terra = sujeito

O Brasil = aposto do sujeito, pois amplia e especifica o conteúdo do termo a que se refere.

Para perceber como sintaticamente "o Brasil" é equivalente ao sujeito, basta eliminar "nossa terra".

O Brasil carece de políticas sociais sérias.

"O Brasil" passa a exercer a função de sujeito, antes exercida pelo termo do qual era aposto.

Recentemente, o mais pedido em provas é o aposto especificativo – não possui sinal de pontuação. Compare:

Carlos Drummond de Andrade	**, grande poeta mineiro,**	escrevia sobre a arte de escrever.
	Aposto explicativo = com pontuação	

O poeta **Carlos Drummond de Andrade**	escrevia sobre a arte de escrever.
Aposto especificativo = sem pontuação	

4.3.1. Classificação do aposto

Explicativo	Traduz, ou seja, dá significado a uma frase, geralmente vem entre vírgulas, dois pontos ou parênteses.	Foi aqui, **neste lugar tranquilo**, que o encontrei.
Enumerativo	É representado por dois pontos e estabelece uma sequência de elementos que são usados para complementar a ideia fundamental da frase.	À tarde, irei à casa de dois amigos: **Fernando e Júnior**.
Resumidor ou Recapitulativo	É representado por um pronome que resume tudo o que foi expresso anteriormente.	Henrique, Adilson, Sten, Paulo, **todos** foram aprovados.
Comparativo	É usado para comparar.	Seus olhos, **lindos oceanos**, fazem-me acreditar no amor.
Distributivo	Distribui as informações de termos separadamente.	Marcelo e Adriano são amigos. **Este** é um baiano divertido, **aquele**, carioca.
Aposto de Oração	Usado para resumir termos anteriores.	Ele tem um único desejo: **que todos os candidatos sejam aprovados no concurso.**
Especificativo	Individualiza um substantivo de sentido genérico.	A rua **Garibaldi** está muito longe do bairro **Irajá**.

5. VOCATIVO

Vocativo é o nome do termo sintático que serve para nomear um interlocutor a que se dirige a palavra. É um termo independente: não faz parte nem do sujeito nem do predicado.

Possui função de chamar ou interpelar o interlocutor (é com quem se fala). Vem, sempre, separado por sinal de pontuação.

Espera, **meu amor**, que estou chegando!

Venha, **amigo**, está na hora de partir.

Não estude com muita pressa, **criança**!

Ah, **Pedro**, pare de reclamar da vida!

2. PERÍODO COMPOSTO

1. COORDENAÇÃO

1.1. Assindéticas

As orações coordenadas assindéticas não possuem conjunção.

Importante: é preciso haver verbo em toda oração.

Acordou, estudou, viajou depois.

1.2. Sindéticas

Possuem conjunção e são classificadas em:

Aditivas	Expressam ideia de **adição, acrescentamento**.	e, nem, não só... mas também, não só... como, assim... como.	Não só cantou como também dançou. Nem comprei o livro, nem estudei.
Adversativas	Exprimem fatos ou conceitos que se opõem ao que se declara na oração coordenada anterior, estabelecendo **contraste** ou **compensação**.	mas, contudo, todavia, entretanto, porém, no entanto, ainda, assim, senão.	Ficou muito cansada, contudo se divertiu. Não comprei o estudei, mas trabalhei.
Alternativas	Expressam ideia de **alternância de fatos** ou **escolha**.	**ou... ou; ora...ora; quer...quer; seja... seja.**	Ou usa o protetor solar, ou usa o óleo bronzeador. Quer eu durma quer eu fique acordada, estarei no quarto.

Conclusivas	Exprimem **conclusão** ou **consequência** referentes à oração anterior.	logo, portanto, por fim, por conseguinte, consequentemente.	Passou no concurso, portanto irá comemorar. Tomou muito sol, consequentemente ficou adoentado.
Explicativas	Indicam uma **justificativa** ou uma **explicação** referente ao fato expresso na declaração anterior.	que, porque, pois, isto é, ou seja, a saber, na verdade.	Passei na prova porque me esforcei. Não fui à aula pois merecia uma folga à noite.

2. SUBORDINAÇÃO

As orações subordinadas possuem estrutura distinta das orações coordenadas assindética e sindética. Veja:

Todos sabem	que é necessário ter coragem.
Oração principal	*Oração subordinada*

A oração principal rege a oração subordinada (possui conjunção ou verbo na forma nominal).

As orações subordinadas são divididas em três tipos:

Tipos	Definição	Dica
Substantivas	Possuem valor de **substantivo** e vêm introduzidas por conjunção integrante.	Encaixa-se **isto** ou **disto** antes da conjunção.
Adjetivas	Possui valor e função de **adjetivo** e vêm introduzidas por pronome relativo.	Que = **o qual** Cujo
Adverbiais	Exercem função de **adjunto adverbial** do verbo da oração principal e exprimem circunstâncias. São introduzidas por conjunções subordinativas – exceto as integrantes.	Indicam circunstâncias.

2.1. Subordinada substantiva

A oração substantiva possui função de substantivo e dependendo da função sintática que exerce, classifica-se em:

Subjetiva	Exerce a função sintática de **sujeito** do verbo da oração principal.	
	É preciso	que o grupo estude.
	V.L. + predicativo	**sujeito**
	Oração principal	*oração subordinada substantiva subjetiva*
Objetiva Direta	Exerce função de objeto direto do verbo da oração principal – que termina com V.T.D.	
	Os candidatos pediram	**que a prova fosse adiada.**
	Sujeito + V.T.D	objeto direto
	Oração principal	*oração subordinada substantiva objetiva direta*

<table>
<tr><td rowspan="4">Objetiva Indireta</td><td colspan="2">É objeto indireto do verbo da oração principal e vem precedida de preposição.
– a oração principal termina em V.T.I.</td></tr>
<tr><td>O autor precisa</td><td>de que alguém a ajude.</td></tr>
<tr><td>Sujeito + V.T.I.</td><td>Objeto indireto</td></tr>
<tr><td>Oração principal</td><td>oração subordinada substantiva objetiva indireta</td></tr>
<tr><td rowspan="4">Completiva Nominal</td><td colspan="2">Completa um nome que pertence à oração principal e possui preposição.
– a oração principal termina em NOME.</td></tr>
<tr><td>Tenho vontade</td><td>de que aconteça algo inesperado.</td></tr>
<tr><td>(eu) + V.T.D. + O.D.</td><td>Complemento nominal</td></tr>
<tr><td>Oração principal</td><td>oração subordinada substantiva completiva nominal</td></tr>
<tr><td rowspan="4">Predicativa</td><td colspan="2">Exerce papel de predicativo do sujeito do verbo da oração principal.
– a oração principal termina em VERBO DE LIGAÇÃO.</td></tr>
<tr><td>A verdade é</td><td>que você não virá.</td></tr>
<tr><td>Sujeito + V.L.</td><td>Predicativo do sujeito</td></tr>
<tr><td>Oração principal</td><td>oração subordinada substantiva predicativa</td></tr>
<tr><td rowspan="3">Apositiva</td><td colspan="2">Exerce função de aposto de algum termo da oração principal.
– normalmente há dois-pontos.</td></tr>
<tr><td>Toda a turma tem o mesmo objetivo:</td><td>que ele seja aprovado.</td></tr>
<tr><td>Oração principal</td><td>oração subordinada substantiva apositiva</td></tr>
</table>

Em concursos

- Certifique-se de que a oração é subordinada substantiva apenas encaixando o pronome demonstrativo **isto**. A conjunção que liga as orações é **conjunção integrante**.
- Expressões na voz passiva na oração principal = oração subjetiva: **Sabe-se, Soube-se, Conta-se, Diz-se, Comenta-se, É sabido, Foi anunciado, Ficou provado.**

2.2. Subordinada adjetiva

As orações adjetivas exercem função sintática de adjunto adnominal do adjetivo. Relacionam-se a um nome da oração principal e são introduzidas por pronome relativo. Tópico muito exigido em questões de pontuação.

<table>
<tr><th>Conversei ontem com alunos</th><th>que estudam português.</th></tr>
<tr><td rowspan="3">Oração Principal</td><td>que = os quais</td></tr>
<tr><td>que estudam = estudiosos – adjetivo</td></tr>
<tr><td>oração subordinada adjetiva</td></tr>
</table>

<table>
<tr><th>Os escritores</th><th>que fizeram um ótimo trabalho</th><th>serão homenageados.</th></tr>
<tr><td rowspan="2">Oração Principal</td><td>que = os quais</td><td rowspan="2">Oração Principal</td></tr>
<tr><td>oração subordinada adjetiva</td></tr>
</table>

CLASSIFICAÇÃO DAS SUBORDINADAS ADJETIVAS

Classificação	Teoria	Dica
Explicativa	Explica, isto é, atribui característica própria e pode ser retirada do período sem que haja alteração no sentido.	Atente-se ao SENTIDO. Possui pontuação.
Restritiva	Restringe, ou seja, limita a significação do nome a que se refere e se retirada do período, altera o sentido, perde-se informação.	Atente-se ao SENTIDO. Não possui pontuação.

<table>
<tr><td rowspan="2">Explicativa</td><td>Capitu, que é uma personagem de Machado de Assis, tinha olhos de ressaca.</td><td>= a qual
A informação generaliza (Capitu é personagem)e pode ser retirada, explica.</td></tr>
<tr><td>O irmão dela, que era advogado, prestou <u>serviços</u> ao réu.</td><td>= o qual
A informação generaliza (o irmão era advogado) e pode ser retirada, explica.</td></tr>
<tr><td rowspan="2">Restritiva</td><td>Você é um dos poucos autores que conheço.</td><td>= os quais
Conheço alguns autores e não todos.
Não se pode retirar a informação da oração adjetiva.</td></tr>
<tr><td>Eles são um dos alunos que falaram conosco ontem.</td><td>= os quais
Conversamos com alguns alunos e não com todos.
Não se pode retirar a informação da oração adjetiva.</td></tr>
</table>

Em concursos

A pontuação, nas orações adjetivas explicativas, pode ser através de vírgula(s), travessão (final de frase) ou travessões (no meio da oração principal), ou parênteses.

2.2.1. Funções sintáticas do pronome relativo

Nas orações adjetivas, o pronome relativo desempenha função sintática. Vamos às dicas.

<table>
<tr><td>SUJEITO</td><td>Os políticos que representaram o Brasil.
= Os políticos representaram o Brasil: sujeito</td></tr>
<tr><td>OBJETO DIRETO</td><td>Entreguei o material que você pediu.
Você pediu o material = O.D.
Fernanda, a quem admiro, influenciou-me na decisão.
Admiro Fernanda: a preposição pode ser retirada = objeto direto preposicionado.</td></tr>
</table>

OBJETO INDIRETO	O livro de **que** necessito hoje é este. Necessito **do livro** = O.I.
COMPLEMENTO NOMINAL	Eis as informações de **que** tem necessidade. Tem necessidade **das informações**. = C.N.
PREDICATIVO DO SUJEITO	Ele é o funcionário público **que** a maioria quer ser. A maioria quer ser **funcionário público**. = predicativo
AGENTE DA PASSIVA	Ele é o diretor por **quem** fui criticado. Fui criticado **pelo diretor**. = agente da passiva
ADJUNTO ADVERBIAL	Os fatos aconteceram no mês em **que** fez aniversário. Fez aniversário **no mês**. = adj. adverbial de tempo
ADJUNTO ADNOMINAL	Apenas o relativo **cujo** e suas variações podem possuir função de adjunto adnominal. Ele não consegue conviver com chefes **cujas** aspirações sejam apenas materiais. = Não conseguem conviver com chefes = As aspirações dos chefes são apenas materiais.

2.3. Subordinada adverbial

A oração subordinada adverbial exerce a função de **adjunto adverbial** do verbo da oração principal. Indica circunstância.

CLASSIFICAÇÃO

Iniciam-se pelas conjunções subordinativas, exceto as integrantes, que fazem parte apenas das orações subordinadas substantivas. São elas:

	Definição	Conjunções	Exemplo	Dica
Causal	É a causa, o motivo da oração principal.	**porque, como, pois, pois que, já que, uma vez que, visto que.**	Ela foi aprovada **porque se dedicou aos estudos.**	Faz-se a pergunta **por quê?** À oração principal
Consecutiva	Indica a consequência da oração principal	**que, de forma que, de sorte que, tanto que** etc., e pelas estruturas **tão... que, tanto...que, tamanho...que.**	Fiz o trabalho tão concentrada **que nem percebi sua presença.**	Encaixa-se sempre a expressão **de modo que.**
Condicional	Algo que se impõe como necessário para a realização ou não de um fato.	**se, caso, contanto que, desde que, salvo se, exceto se, a não ser que, a menos que, sem que, uma vez que** – acompanhada de verbo no subjuntivo.	**Caso não se prepare com antecedência**, será difícil ser aprovado.	Substitua por **caso** e **se**.

	Definição	Conjunções	Exemplo	Dica
Concessiva	Indica concessão em relação à oração principal, contraste, ideias opostas.	embora, conquanto, ainda que, ainda quando, mesmo que, se bem que, posto que, apesar de que.	**Embora a prova estivesse dificílima**, fui aprovado e convocado.	Encaixe **embora** e **apesar de**.
Comparativa	É uma comparação.	**como, tão...como** (quanto), **mais** (do) **que, menos** (do) **que.**	Estudou **como um louco.**	Normalmente há verbo implícito. No exemplo citado: como um louco (estuda).
Conformativa	Indica conformidade, regra.	**conforme, como, consoante** e **segundo**	**Conforme foi previsto**, houve atraso na entrega dos documentos.	Encaixe **conforme.**
Final	Indica finalidade da oração principal.	**a fim de que, que, porque** (= para que) e **para que.**	Estudaram de manhã **para depois irem ao cinema.**	Pergunta: **para quê?**
Proporcional	Indica proporcionalidade, ações simultâneas, acontecem ao mesmo tempo.	à proporção que, **à medida que**, **ao passo que, quanto maior...**(maior), **quanto maior...** (menor), **quanto menor...**(maior), **quanto menor...** (menor), **quanto mais...**(mais), **quanto mais...** (menos), **quanto menos...**(mais), **quanto menos...** (menos).	À medida que estuda, aprende mais.	Encaixe: à medida que.
Temporal	Indica o tempo da oração principal.	**quando, enquanto, mal, assim que, logo que, todas as vezes que, antes que, depois que, sempre que, desde que,** etc.	"**Quando você foi embora**, fez-se noite em meu viver..."	Pergunta: **quando?**

2.4. Orações reduzidas

Orações reduzidas, como o próprio nome indica, são menores. Possuem duas características:

1. Apresentam o verbo em uma forma nominal.	gerúndio, particípio, infinitivo.
2. Não possuem conectivo.	conectivos: conjunções subordinativas ou pronomes relativas.

Classificação

1. Subordinada Reduzida de Infinitivo	2. Subordinada Reduzida de Gerúndio	3. Subordinada Reduzida de Particípio

ORAÇÕES REDUZIDAS		
1 INFINITIVO	É necessário **estudar todas as matérias.** = que estude todas as matérias.	**Oração subordinada substantiva** (isto) **subjetiva** (possui função de sujeito) **reduzida de infinitivo**
	Ele assegurou **serem de boa qualidade as máquinas.** = que eram de boa qualidade as máquinas.	**Oração subordinada substantiva** (isto) **objetiva direta reduzida de infinitivo**
2 GERÚNDIO	Encontrei Fernanda, **saindo do hotel**. = que saía do hotel – a qual saía.	**Oração subordinada adjetiva** (cabe pronome relativo) **explicativa** (com pontuação) **reduzida de gerúndio**
	Gosto de bichos **correndo pelo quintal**. = que correm pelo quinta.	**Oração subordinada adjetiva** (cabe pronome relativo) **restritiva** (sem pontuação) **reduzida de gerúndio**
3 PARTICÍPIO	Fiquei surpresa com a escultura, **pintada de amarelo**. = que pintaram de amarelo – a qual	**Oração subordinada adjetiva** (cabe pronome relativo) **explicativa** (com pontuação) **reduzida de particípio**
	Têm apenas um livro **comprado**. = que comprou – que comprou	**Oração subordinada adjetiva** (cabe pronome relativo) **restritiva** (sem pontuação) **reduzida de particípio**

3. CONCORDÂNCIA

1. CONCORDÂNCIA VERBAL

REGRA GERAL

O verbo concorda com o sujeito em número e pessoa.

"Você	me	faz	feliz."
sujeito		*verbo*	
pronome terceira pessoa singular		***verbo terceira pessoa singular***	

Música e literatura	fazem	bem à alma.
sujeito composto	*verbo*	
dois núcleos: terceira pessoa do plural	***verbo terceira pessoa plural***	

CASOS PARTICULARES

<table>
<tr><td rowspan="2">Expressão partitiva
= parte de, uma porção de, o grosso de, metade de, a maioria de, a maior parte de, grande parte de...
+ substantivo ou pronome no plural</td><td>o verbo pode ficar no singular ou no plural.</td><td>A maioria dos alunos aprovou (aprovaram) a equipe.</td></tr>
<tr><td colspan="2">Coletivos: Um bando de vândalos destruiu (destruíram) o jardim.</td></tr>
<tr><td rowspan="2">Expressão que indica quantidade aproximada
= cerca de, mais de, menos de, perto de...
+ numeral e substantivo</td><td>o verbo concorda com o substantivo.</td><td>Cerca de mil pessoas participaram da manifestação.</td></tr>
<tr><td colspan="2">mais de um + verbos que exprimem reciprocidade, o plural é obrigatório: Mais de um colega se abraçaram.</td></tr>
<tr><td>Nomes que só existem no plural, o artigo manda na concordância</td><td>Sem artigo: verbo no singular. Comartigo no plural: verbo no plural.</td><td>As Minas Gerais fazem sonhos.
Minas Gerais faz poesia e bons sons.</td></tr>
<tr><td rowspan="2">Pronome interrogativo ou indefinido plural
= quais, quantos, alguns, poucos, muitos, quaisquer, vários
+ de nós ou de vós</td><td>verbo concorda com o primeiro pronome –na terceira pessoa do plural– ou com o pronome pessoal.</td><td>Quais de vós são (sois) capazes?</td></tr>
<tr><td colspan="2">Interrogativo ou indefinido estiver no singular: verbo no singular: Qual de nós é capaz?</td></tr>
<tr><td rowspan="3">Expressão que indica porcentagem + substantivo</td><td>Sem modificador da porcentagem: facultativamente o verbo pode concordar com o substantivo ou com o número referente à porcentagem.</td><td>30% do orçamento da empresa deve (ou devem) destinar-se à Educação.
1% dos alunos faltaram (ou faltou) à prova.</td></tr>
<tr><td>Com modificador da porcentagem: o verbo concorda com o modificador que pode ser pronome demonstrativo, possessivo ou artigo.</td><td>Os 10% da classe estudam muito.
Este 1% dos alunos estuda mais.</td></tr>
<tr><td colspan="2">Expressão que indica porcentagem não é seguida de substantivo = verbo concorda com o número: 40% precisam de mudança.</td></tr>
<tr><td>Pronome relativo QUE</td><td>concordância em número e pessoa com o antecedente do pronome.</td><td>Fui eu que paguei o livro.
És tu que me fazes ver o sentido da vida.</td></tr>
<tr><td rowspan="2">Um dos que</td><td>verbo plural.</td><td>Você é um dos que admiram o livro.</td></tr>
<tr><td colspan="2">Ele foi um dos escritores que mais fez sucesso.
Ela é uma das alunas mais brilhante da sala.</td></tr>
<tr><td>Quem</td><td>verbo na terceira pessoa do singular ou concordando com o antecedente do pronome.</td><td>Fui eu quem pagou o livro. Fui eu quem paguei o livro.</td></tr>
</table>

Pronome de tratamento	verbo na 3ª pessoa do singular ou plural.	Vossa Excelência **é** casado? Vossas Excelências vão escrever?
Bater, dar e soar	verbo concorda com o numeral.	**Deu uma** hora no relógio da sala. Deram cinco horas no relógio da sala.
	sujeito da oração = relógio, sino, torre, etc., o verbo concorda com o sujeito: O tradicional relógio da praça matriz dá nove horas.	
Verbos Impessoais: **Haver no sentido de existir;** **Fazer indicando tempo;** **Indicam fenômenos da natureza.**	verbo na 3ª pessoa do singular	**Havia** muitos alunos na sala. **Faz** três anos que não viajamos. **Chovia** ontem à tarde.

SUJEITO COMPOSTO

Sujeito é composto e **anteposto** ao verbo	verbo **plural** **Pai e filho conversavam.**
Sujeitos compostos formados por **pessoas gramaticais diferentes**: a primeira pessoa do plural prevalece sobre a segunda pessoa, que por sua vez, prevalece sobre a terceira.	Teus irmãos, tu e eu **tomaremos** a decisão. = nós Tu e teus irmãos **tomareis (tomarão)** a decisão. = vós (ou vocês)* *sujeito é composto, formado por um elemento da segunda pessoa e um da terceira, é possível empregar o verbo na terceira pessoa do plural. Pais e filhos **precisam** respeitar-se. = eles
Sujeito composto **posposto** ao verbo: em vez de concordar no plural com a totalidade do sujeito, o verbo pode estabelecer concordância com o **núcleo do sujeito mais próximo**. É uma opção, e não uma obrigação.	**Faltaram coragem e competência.** **Faltou coragem** e competência.
Quando ocorre ideia de **reciprocidade**, no entanto, a concordância é feita obrigatoriamente no **plural**.	Abraçaram-**se** vencedor e vencido. **Ofenderam-se** o jogador e o árbitro.

CASOS PARTICULARES COM SUJEITO COMPOSTO

Sujeito composto por **núcleos sinônimos** ou quase sinônimos	verbo no **plural** ou no **singular**.	Descaso e desprezo **marcam (marca)** seu comportamento.
Sujeito composto por **núcleos dispostos em gradação**	verbo no **plural** ou concorda com o **último núcleo do sujeito**.	Com você, meu amor, uma hora, um minuto, um segundo me **satisfazem (satisfaz).**
Núcleos do sujeito composto são unidos por **ou** ou **nem**	verbo no **plural** se a declaração contida no predicado puder ser atribuída a todos os núcleos.	Drummond **ou** Bandeira **representam** a essência da poesia brasileira. **Nem** o professor **nem** o aluno **acertaram** a resposta.
	núcleos excludentes: verbo **singular**.	Roma ou Buenos Aires será a sede da próxima Olimpíada. Você ou ele será escolhido.

Um e outro	verbo no singular ou no plural.	Um e outro **compareceu (compareceram)** à festa. Nem um nem outro **saiu (saíram)** do colégio.
Núcleos do sujeito são unidos por **com**	o verbo pode ficar no **plural:** com = e.	O pai **com** o filho **montaram** o brinquedo. O governador **com** o secretariado **traçaram** os planos para o próximo semestre.
Núcleos do sujeito são unidos por **expressões correlativas: não só...mas ainda, não somente..., não apenas...mas também, tanto...quanto**	verbo no **plural**.	**Não só** a seca, **mas também** o pouco caso **castigam** o Nordeste. **Tanto** a mãe **quanto** o filho **ficaram** surpresos com a notícia.
Elementos do sujeito composto resumidos por **aposto recapitulativo**	a concordância é feita com o termo resumidor.	Filmes, novelas, boas conversas, **nada** o **tirava** da apatia. Trabalho, diversão, descanso, **tudo é** muito importante na vida das pessoas.

Verbo + SE

Precisa-se de funcionários.

Alugam-se apartamentos à beira-mar.

Índice de indeterminação do sujeito	o **"se"** acompanha os verbos **intransitivos, transitivos indiretos** e de **ligação** = singular.	**Precisa-se** de governantes interessados em civilizar o país. **Confia-se** em teses absurdas. **Era-se** mais feliz no passado.
Pronome apassivador	acompanha verbos **transitivos diretos** e **indiretos** na formação da voz passiva sintética. O verbo deve concordar com o sujeito da oração.	**Construiu-se um posto** de saúde. **Construíram-se novos postos** de saúde. **Não se pouparam** esforços para despoluir o rio. **Não se devem poupar** esforços para despoluir o rio.

Verbo SER

O futuro	**é**	esperanças.
Sujeito	*Verbo **ser** concorda com o sujeito*	

O futuro	**são**	esperanças.
	*Verbo **ser** concorda com o predicativo do sujeito.*	*predicativo*

O VERBO SER CONCORDA COM O PREDICATIVO DO SUJEITO	
Sujeito representado pelos pronomes – isto, isso, aquilo, tudo, o – e o predicativo estiver no plural.	**Isso são lembranças** inesquecíveis. **Aquilo eram problemas** gravíssimos. **O** que eu admiro em você **são** os seus **cabelos** compridos.
Sujeito no singular – referindo-se a coisas – e o predicativo substantivo no plural.	**Nosso piquenique foram** só **guloseimas.** **Sua rotina eram só alegrias.**
Sujeito indicar pessoa, o verbo concorda com o sujeito.	Gustavo era só decepções. Minhas alegrias é esta criança. Admite-se a **concordância no singular** quando se deseja fazer prevalecer um elemento sobre o outro: **A vida é** ilusões.
Sujeito for pronome interrogativo que ou quem.	**Que são** esses papéis? **Quem são** aquelas crianças?
Impessoal na indicação de horas, dias e distâncias, o verbo ser concorda com o numeral.	**É uma** hora. **São três** da manhã. **Eram25** de julho quando partimos. Daqui até a padaria **são dois** quarteirões. Hoje **é dia** quatro de março. Hoje **são quatro** de março.
Sujeito indicando peso, medida, quantidade + pouco, muito, menos de, mais de, etc. = verbo ser no singular.	Cinco quilos de açúcar **é mais do** que preciso. Três metros de tecido **é pouco** para fazer seu vestido. Duas semanas de férias **é muito** para mim.
Sujeito ou predicativo for pronome pessoal do caso reto, com este concordará o verbo.	No meu setor, **eu sou** a única mulher. Aqui os adultos **somos nós**.
	Ambos os termos representados por pronomes pessoais = verbo concorda com o pronome sujeito: Eu não sou ela. Ela não é eu.
Sujeito com sentido partitivo ou coletivo e o predicativo no plural = verbo ser concorda com o predicativo.	A grande maioria no protesto **eram jovens**. O resto **foram atitudes** imaturas.

Verbo PARECER

Ocorre variação do verbo parecer e não se flexiona o infinitivo.	Alguns colegas **pareciam chorar** naquele momento.
A variação do verbo parecer não ocorre, o infinitivo sofre flexão.	Alguns colegas **parecia chorarem** naquele momento.

Haja vista

A expressão é invariável.	**Haja vista** as lições dadas por ele. = tendo em vista **Haja vista** aos fatos explicados por esta teoria. = tendo em vista
O verbo haver pode variar = se não seguido de preposição, considerando-se o termo posposto como sujeito.	**Hajam vista** os exemplos de sua dedicação. = vejam-se

2. CONCORDÂNCIA NOMINAL

<table>
<tr><th colspan="4">Regras gerais</th></tr>
<tr><td>O adjetivo concorda em gênero e número com o substantivo.</td><td colspan="3">As mãos trêmulas denunciavam o que sentia.</td></tr>
<tr><td rowspan="2">Adjetivo referindo-se a vários substantivos, a concordância varia</td><td rowspan="2">Adjetivo anteposto aos substantivos:</td><td>O adjetivo concorda em gênero e número com o substantivo mais próximo.</td><td>Encontramos caídas as roupas e os prendedores.
Encontramos caída a roupa e os prendedores.
Encontramos caído o prendedor e a roupa.</td></tr>
<tr><td>Substantivos como nomes próprios, adjetivo plural.</td><td>As adoráveis Fernanda e Cláudia vieram me visitar.
Encontrei os divertidos primos e primas na festa.</td></tr>
<tr><td rowspan="2">Adjetivo posposto aos substantivos</td><td colspan="2">O adjetivo concorda com o substantivo mais próximo ou com todos eles.</td><td>A indústria oferece localização e atendimento perfeito.
A indústria oferece atendimento e localização perfeita.
A indústria oferece atendimento e localização perfeitos.</td></tr>
<tr><td colspan="2">Substantivos possuindo mesmo gênero, adjetivo no singular ou plural.</td><td>A beleza e a inteligência feminina(s).
O carro e o iate novo(s).</td></tr>
<tr><td rowspan="2">Expressões formadas pelo verbo SER + adjetivo</td><td colspan="2">O adjetivo fica no masculino singular, se o substantivo não for acompanhado de nenhum modificador.</td><td>Água é bom para saúde.</td></tr>
<tr><td colspan="2">O adjetivo concorda com o substantivo, se este for modificado por um artigo ou qualquer outro determinativo.</td><td>Esta água é boa para saúde.</td></tr>
</table>

<table>
<tr><td rowspan="1">O adjetivo concorda em gênero e número com os pronomes pessoais a que se refere.</td><td colspan="2">Juliana as viu ontem muito felizes.</td></tr>
<tr><td>Nas expressões formadas por pronome indefinido neutro (nada, algo, muito, tanto, etc.) + preposição DE + adjetivo = adjetivo masculino singular.</td><td colspan="2">Os jovens tinham algo de misterioso.</td></tr>
<tr><td rowspan="2">A palavra só, quando equivale a “sozinho”, tem função adjetiva e concorda com o nome a que se refere.</td><td colspan="2">Cristina saiu só.
Cristina e Débora saíram sós.</td></tr>
<tr><td colspan="2">só = somente ou apenas – função adverbial: invariável.
Eles só desejam uma palavra.</td></tr>
<tr><td rowspan="2">Um único substantivo modificado por dois ou mais adjetivos no singular</td><td>O substantivo permanece no singular e coloca-se o artigo antes do último adjetivo.</td><td>Admiro a cultura espanhola e a portuguesa.</td></tr>
<tr><td>O substantivo vai para o plural e o artigo antes do adjetivo é omitido.</td><td>Admiro as culturas espanhola e portuguesa.</td></tr>
</table>

CASOS PARTICULARES

<table>
<tr><th colspan="2">É proibido – É necessário – É bom – É preciso – É permitido</th></tr>
<tr><td>Formadas por verbo + adjetivo, ficam invariáveis se o substantivo a que se referem possuir sentido genérico (não vier precedido de artigo).</td><td>É proibido entrada de crianças.
Em certos momentos, é necessário atenção.
No verão, melancia é bom.
É preciso cidadania.
Não é permitido saída pelas portas laterais.</td></tr>
<tr><td>Sujeito dessas expressões estiver determinado por artigos, pronomes ou adjetivos, tanto o verbo como o adjetivo concordam com ele.</td><td>É proibida a entrada de crianças.
Esta salada é ótima.
A educação é necessária.
São precisas várias medidas na educação.</td></tr>
<tr><th colspan="2">Anexo – Obrigado – Mesmo – Próprio – Incluso – Quite</th></tr>
<tr><td>Concordam em gênero e número com o substantivo ou pronome a que se referem.

São expressões adjetivas.</td><td>Seguem anexas as documentações requeridas.
A menina agradeceu:
– Muito obrigada.
Muito obrigadas, disseram as senhoras, nós mesmas faremos isso.
Seguem inclusos os papéis solicitados.
Já lhe paguei o que estava devendo: estamos quites.</td></tr>
</table>

<table>
<tr><th colspan="2">Bastante – Caro – Barato – Longe</th></tr>
<tr><td rowspan="1">Invariáveis quando advérbios.

Concordam com o nome a que se referem quando funcionam como adjetivos, pronomes adjetivos, ou numerais.</td><td>As jogadoras estavam bastante cansadas. = advérbio
Há bastantes pessoas insatisfeitas com o trabalho. = pronome adjetivo (muitos)
Nunca pensei que o estudo fosse tão caro. = advérbio
As casas estão caras. = adjetivo
Achei barato este casaco. = advérbio
Hoje as frutas estão baratas. = adjetivo
"Vais ficando longe de mim como o sono, nas alvoradas." (Cecília Meireles) = advérbio
"Levai-me a esses longes verdes, cavalos de vento!" (Cecília Meireles) = adjetivo)</td></tr>
<tr><th colspan="2">Meio – Meia</th></tr>
<tr><td>Quando adjetivo (metade), concorda com o nome a que se refere.</td><td>Pedi meia cerveja e meia porção de polentas.</td></tr>
<tr><td>Quando advérbio (modificando um adjetivo, sentido de um pouco) permanece invariável.</td><td>A noiva está meio nervosa.</td></tr>
<tr><th colspan="2">Alerta – Menos</th></tr>
<tr><td>Essas palavras, normalmente, são advérbios e permanecem invariáveis.</td><td>Os escoteiros estão sempre alerta.
Carolina tem menos bonecas que sua amiga.</td></tr>
</table>

4. REGÊNCIA

1. REGÊNCIA VERBAL

VERBOS QUE APRESENTAM USO POPULAR EM DESACORDO COM A NORMA CULTA

<table>
<tr><th>Verbo</th><th>Sentido</th><th>Regência</th><th>Exemplo</th></tr>
<tr><td>Custar</td><td>ser difícil</td><td>V.T.I.</td><td>Custou ao candidato aceitar a nota.</td></tr>
<tr><td>Implicar</td><td>acarretar</td><td>V.T.D.</td><td>Sua atitude implicará demissão.</td></tr>
<tr><td>Namorar</td><td>–</td><td>V.T.D.</td><td>Ela namora o advogado há alguns meses.</td></tr>
<tr><td>Obedecer e desobeceder</td><td>–</td><td>V.T.I.</td><td>Ele obedece ao patrão.
Ela desobedece ao pai.</td></tr>
<tr><td colspan="4">Admitem voz passiva, embora sejam transitivos indiretos:
O patrão é obedecido por ele. O pai era desobedecido por ela.</td></tr>
<tr><td>Pedir</td><td>–</td><td>V.T.D. (coisa)
V.T.I. (pessoa)</td><td>Pediu licença e saiu.
Pediu ao professor que lhe entregasse o gabarito.</td></tr>
</table>

<table>
<tr><th>Verbo</th><th>Sentido</th><th>Regência</th><th>Exemplo</th></tr>
<tr><td colspan="2">Pede a preposição para quando subentendida a palavra licença</td><td>V.T.D.</td><td>Pediu (licença) para sair.</td></tr>
<tr><td>Preferir</td><td>–</td><td>V.T.D.I. (algo a algo)</td><td>Prefere cinema a teatro.</td></tr>
<tr><td rowspan="2">Responder</td><td>quando declaração da resposta</td><td>V.T.D.</td><td>Respondeu que não sabia o segredo.</td></tr>
<tr><td>quando nomeia a coisa ou a pessoa a quem se dá a resposta</td><td>V.T.I.</td><td>Ele respondeu a todas as perguntas.</td></tr>
<tr><td>Simpatizar e antipatizar</td><td>–</td><td>V.T.I.</td><td>Simpatiza com ela.</td></tr>
<tr><td colspan="4">Não admite o pronome oblíquo, por não ser pronominal.</td></tr>
</table>

VERBOS QUE POSSUEM MAIS DE UMA REGÊNCIA

<table>
<tr><th>Verbo</th><th>Sentido</th><th>Regência</th><th>Exemplo</th></tr>
<tr><td rowspan="3">Aspirar</td><td>respirar, sorver (perfume, ar)</td><td>V.T.D.</td><td>Aspirou um ar venenoso.</td></tr>
<tr><td>pretender/ desejar</td><td>V.T.I. (a)</td><td>Os candidatos aspiram a aprovações.</td></tr>
<tr><td colspan="3">O verbo aspirar não aceita os pronomes lhe, lhes como objeto indireto, por isso devemos substituí-los por a ele, a ela, a eles, a elas.</td></tr>
<tr><td rowspan="4">Assistir</td><td>ver</td><td>V.T.I. (a)</td><td>Assistiu ao jogo.</td></tr>
<tr><td colspan="3">Usado nesse sentido, "assistir" não aceita lhe, lhes, como objeto indireto; por isso, quando necessário, deveremos trocá-lo por a ele, a ela, a eles, a elas.</td></tr>
<tr><td>socorrer, ajudar</td><td>V.T.D.</td><td>O amigo assistiu o doente.</td></tr>
<tr><td>caber, pertencer</td><td>V.T.I. (a)</td><td>O poder de resolver assiste a ele apenas.</td></tr>
<tr><td rowspan="2">Chamar</td><td>mandar vir, solicitar a presença</td><td>V.T.D.</td><td>A professora chamou os alunos.</td></tr>
<tr><td>chamar pelo nome, apelidar</td><td>há quatro constru-ções</td><td>Chamaram a menina de balão. Chamaram a menina balão. Chamaram à menina de balão. Chamaram à menina balão.</td></tr>
<tr><td rowspan="3">Esquecer e lembrar</td><td>não pronominais: sem preposição</td><td colspan="2">Esqueceu o caderno.</td></tr>
<tr><td>pronominais: com preposição (de)</td><td colspan="2">Ele se esqueceu do caderno.</td></tr>
<tr><td colspan="3">Se a coisa esquecida possuir função de sujeito, sofre alteração:
Esqueceu-me o ocorrido. Lembrou-me o assunto.</td></tr>
<tr><td>Informar</td><td>Admite duas construções</td><td>V.T.D.I.</td><td>Informei a data ao aluno
(algo a alguém).
Informei o aluno da data (alguém de algo).</td></tr>
<tr><td rowspan="2">Pagar e perdoar</td><td>Para coisa</td><td>V.T.D.</td><td>Paguei o DVD. Perdoei seus erros.</td></tr>
<tr><td>Para pessoa</td><td>V.T.I.</td><td>Paguei a você. Perdoei a você.</td></tr>
</table>

Verbo	Sentido	Regência	Exemplo
Proceder	ter fundamento	I.	Os boatos não procediam.
	executar	V.T.I. (a)	Procederemos **a**o inquérito.
Querer	desejar	V.T.D.	"A gente quer dinheiro e felicidade."
	estimar	V.T.I. (a)	Quero **a** meus amigos.
Visar	mirar	V.T.D.	Visou o alvo.
	vistar	V.T.D.	Visou o cheque.
	ter em vista	V.T.I. (a)	Visam **a** aprovações.
	O verbo visar **não aceita os pronomes lhe, lhes** como objeto indireto, por isso devemos substituí-los por a ele, a ela, a eles, a elas.		

LISTA DE VERBOS NOTÁVEIS

Verbo	Sentido	Regência	Exemplo
Abraçar	cingir com os braços, *ocupar-se de*, seguir	V.T.D.	Muitos abraçam as ideias comunistas.
	adotar como sua	V.T.D.	Abraçou nossa causa.
Agradar	fazer agrados, *mimar*, acaricia	V.T.D.	Ele agrada seu cão.
	ser agradável, *contentar*, satisfazer, sendo o sujeito da oração nome de **coisa**.	V.T.I. (a)	A música agradou **a**o público.
	ser agradável, *contentar*, satisfazer, quando o sujeito é nome de **pessoa**.	V.T.D.	Ela não consegue agradar o chefe.
	ser agradável, *contentar*, satisfazer	I.	A apresentação não agradou.
	gostar: pronominal	V.T.I. (de)	Agradou-**se** muito **d**o rapaz.
Agradecer	objeto direto de coisa e indireto de pessoa	V.T.I. (a)	Agradeci o presente **a** meu pai.
Ajudar	transitivo direto ou indireto	V.T.D. ou V.T.I. (a)	Ajudei este homem nos seus estudos. Ajudei **a** este homem nos seus estudos.
	Seguido de infinitivo	V.T.D.I.	Ajudei este homem **a** estudar.
Atender	acolher ou receber alguém com atenção, responder a alguém que se dirige a nós, ouvir, conceder, deferir um pedido	V.T.D.	O diretor atendeu os alunos. Deus atendeu a súplica de seu servo.
	dar atenção a alguém, ouvir-lhe os conselhos, levar em consideração, atentar, prestar atenção a, satisfazer	V.T.I. (a)	A mãe não atendia **a**os apelos do filho. Atenderemos **ao** chamado do cliente.

Verbo	Sentido	Regência	Exemplo
Chegar	aparece modificado por adjunto adverbial de lugar (rege a preposição **a**)	I.	Chegamos **a** São Paulo pela manhã.
Ensinar	objeto direto de coisa e indireto de pessoa ou objeto direto de pessoa e indireto no infinitivo (rege a preposição **a**)	V.T.D.I.	Ensino a dança **a** João. Ensina-o a converter cada espinho em flor.
Residir	aparece modificado por adjunto. Rege a preposição **em**	I.	Reside **n**a rua Garibaldi.

2. REGÊNCIA NOMINAL

É a relação existente entre um **nome** (substantivo, adjetivo ou advérbio) e os termos regidos por esse nome. Essa relação é sempre intermediada por uma **preposição.**

– alheio **a, de**	– liberal **com**
– ambicioso **de**	– apto **a, para**
– análogo **a**	– grato **a**
– bacharel **em**	– indeciso **em**
– capacidade **de, para**	– natural **de**
– contemporâneo **a, de**	– nocivo **a**
– contíguo **a**	– paralelo **a**
– curioso **a, de**	– propício **a**
– falto **de**	– sensível **a**
– incompatível **com**	– próximo **a, de**
– inepto **para**	– satisfeito **com, de, em, por**
– misericordioso **com, para com**	– suspeito **de**
– preferível **a**	– longe **de**
– propenso **a, para**	– perto **de**
– hábil **em**	

5. CRASE

A palavra *crase* significa fusão, junção, mistura. Ocorre com vogais idênticas e o primeiro **a** sempre será uma preposição.

1. REGRA GERAL

Haverá crase quando o termo regente exigir a preposição **a** e o tremo regido admitir o artigo **a** ou **as.**

Referi-me	**à autora.**
Referi-me **a** (preposição)	+ **a** (artigo) = **à**

Ficou insensível	**à dor.**
Insensível **a** algo (preposição)	+ **a** (artigo) = **à**

Chegamos	**às sete horas.**
Chegamos **a** (preposição)	+ **as** (artigo) = **às**

Dica

Nos casos mencionados, basta trocar a o regido por um masculino correlato, ou seja, que pertença à mesma classe gramatical. Se obtiver a combinação **ao (preposição a + artigo o)**, haverá crase.

Referi-me	à autora. (substantivo feminino)
	ao autor. (substantivo masculino) = à

Ficou insensível	à dor. (substantivo feminino)
	ao sofrimento. (substantivo masculino) = à

Chegamos	à**s** sete horas. (numeral indicando hora)
	ao meio-dia. (substitua por meio-dia) = às

2. CASOS EM QUE SEMPRE HAVERÁ CRASE DIANTE DE PALAVRAS FEMININAS – SUBSTITUA SEMPRE POR UMA MASCULINA

• Sou grata **à** aluna. • Álcool é prejudicial **à** saúde. • Este texto é posterior **à** invenção do conto.	• Sou grata **ao aluno**. • Álcool é prejudicial **ao organismo**. • Este texto é posterior **ao problema** do conto.
Diante da palavra moda = à moda de **(mesmo que a expressão *moda de* fique subentendida)**	
• O jogador fez um gol **à** (moda de) Romarinho. • Usava sapatos **à** (moda de) Luís XV.	
Na indicação de horas	
• Acordamos **às** seis horas. = **ao** meio-dia • Elas chegaram **às** dez horas. = **ao** meio-dia • Foram dormir **à** meia-noite. = **ao** meio-dia	

Em locuções adverbiais, prepositivas e conjuntivas formadas por palavras femininas.
• à tarde, às ocultas, às pressas, à medida que, • à noite, às claras, às escondidas, à força, • à vontade, à beça, à larga, à escuta, às avessas, à revelia, à exceção de, à imitação de, à esquerda, às turras, às vezes, à chave, • à direita, à procura, à deriva, à toa, à luz, • à sombra de, à frente de, à proporção que, • à semelhança de, às ordens, à beira de

3. DIANTE DE NOMES DE LUGAR

Substitua o termo regente por um verbo que peça a preposição **de.**

Resultando na contração **da** significa que esse nome de lugar aceita o artigo e haverá crase.

- Vou **à** França. = Vim **da** França.
- Cheguei **à** Grécia. = Vim **da** Grécia.
- Retornarei **à** Itália. = Vim **da** Itália.

Observação: **Se especificar o nome do lugar, haverá crase**.

- Retornarei **à** São Paulo dos bandeirantes. = Vim **da** São Paulo dos bandeirantes.
- Irei **à** Salvador de Jorge Amado. = Vim **da** Salvador de Jorge Amado.

4. DIANTE DE PRONOME DEMONSTRATIVO

Haverá crase diante desses pronomes sempre que o termo regente exigir a preposição a.

Refiro-me	**a aquele**	livro
	Preposição a + pronome demonstrativo aquele = àquele	
Dediquei	**a aquele**	aluno o meu livro.

Dediquei algo	**a alguém**
	Preposição a + pronome demonstrativo aquele = à alguém

Não haverá crase	
Se o termo regente não pedir preposição	Aluguei aquele apartamento. = Aluguei algo

5. COM PRONOME RELATIVO

A QUAL	
Dependerá da regência do verbo – se exige ou não a preposição –, mas trabalharemos com dicas para que não ocorra erro.	A apostila **à qual** me referi. 1. O relativo retoma um substantivo feminino (apostila); 2. Substitua-o por um substantivo masculino: **O livro ao qual** me referi. Resultou em **ao**, há crase.
	A sessão à qual assisti foi muito rápida. 1. O relativo retoma um substantivo feminino (sessão); 2. Substitua-o por um substantivo masculino: **O filme ao qual** assisti. Resultou em ao, há crase.
Não resultando em **ao**, não há crase.	A propaganda **a qual** vi. = O filme **o qual** vi.

QUE	
Algumas gramáticas alegam não haver o acento indicativo de crase antes do **que**, mas há exceção e é pedido em concursos (comparação que está ligada ao pronome demonstrativo – estudaremos abaixo).	Sua caneta é igual à que comprei. 1. O relativo retoma um substantivo feminino (caneta); 2. Substitua-o por um substantivo masculino: Seu lápis é igual **ao que comprei**. Resultou em ao, há crase.

QUEM e CUJO	
Não há crase anteposta a quem e cujo por repelirem o artigo. Em caso de dúvida, substitua.	A mulher **a quem** obedeço. = O homem a quem obedeço. A autora **a cuja** obra me referi. = A autora a cujo livro me referi. *O **a** que acompanha o relativo *cujo* é preposição e não artigo: refiro-me à obra.

6. COM PRONOME DEMONSTRATIVO

Façamos, mais uma vez a substituição.

Sua ideia é ligada **à** de seus professores.	= Sua ideia é ligada àquela. = Seu dever é ligado **ao** de seus professores.

7. ANTES DA PALAVRA DISTÂNCIA

Se especificada, haverá crase.	A rua fica **à** distância de 50 Km daqui. Fiquem **à** distância de 100 metros do palco.	= Determina-se a distância. = A palavra distância está especificada.
Sem especificar = sem crase.	Ficaram a distância. Ensinou a distância. Foi reconhecido a distância.	
Observação: para evitar ambiguidade, pode-se usar a crase. Ensinou à distância. Ela o curou à distância.		

8. CRASE FACULTATIVA

Diante de nomes próprios femininos	Enviei o e-mail **a** Fernanda. Enviei o e-mail à Fernanda.	Facultativo porque o artigo pode ou não acompanhar o nome próprio.
Diante de pronome possessivo feminino	Referi-me **a** sua ideia. Referi-me à sua ideia.	Facultativo porque o artigo pode ou não acompanhar o pronome possessivo.
Após preposição até	Fui até **a** esquina. Fui até à esquina. O curso vai até **as** oito horas. O curso vai até à**s** oito horas.	

9. NÃO SE USA CRASE

Diante de substantivos masculinos	Fizeram o teste **a** lápis. Comprei o carro **a** prazo.
Diante de verbos	Estavam **a** estudar. Nada tem **a** dizer.
Diante de pronomes e das expressões de tratamento	Fez referência **a** Vossa Excelência. Peço **a** Vossa Senhoria que entenda.
	Exceção: diante de pronomes de tratamento que se referem à mulher: **senhora, dona, senhorita e madame**. Entregou o livro à senhorita (à madame) (à senhora) (à dona)
Diante de numerais cardinais	Chegou a cinquenta o número de aprovados. Daqui **a** duas semanas será a avaliação.
Singular + plural	Não vou **a** festas. Não se pode usar crase porque o **a** é apenas uma preposição.
Entre palavras repetidas dentro do adjunto adverbial	Ficaram frente **a** frente. Exceção: em palavras que façam parte de complemento verbal (objeto indireto) = Prefere guerra à guerra.

6. PONTUAÇÃO

São sinais gráficos da linguagem escrita que indicam a entoação da leitura. Servem para compor a coesão e a coerência textual além de ressaltar especificidades semânticas e pragmáticas.

1. VÍRGULA

A vírgula é empregada para separar termos de uma oração, ou orações de um período. É uma questão de sintaxe – período simples e período composto – e por esse motivo separaremos nosso estudo em dois tópicos: vírgula dentro da oração e vírgula entre as orações.

O poder da vírgula

"Se o homem soubesse o valor
que tem a mulher andaria
de quatro a sua procura"

Se você for mulher, certamente colocou
a vírgula depois de mulher.
Se for homem, certamente colocou
a vírgula depois de tem.

1.1. Vírgula no interior da oração

Iniciemos pela **ordem direta** da oração: **sujeito + verbo + complemento verbal + adjunto adverbial ou predicativo ou complemento nominal**.

Se a oração estiver na ordem apresentada, não se usa a vírgula.

Os poetas	escreveram	os textos	com entusiasmo.
sujeito	*V.T.D.*	*O.D.*	*adj. adv. modo*

A vírgula é usada para separar:

	Exemplo	Dica
Termos intercalados	Trabalharam muito, **logo,** merecem descansar.	Intercala conjunção
	Nossos alunos, **certamente,** serão aprovados.	Intercala adjunto adverbial
	Estudem, concurseiros, pois chegou a hora.	Intercala vocativo
	Mary, **aluna da turma top,** foi empossada.	Intercala aposto
	A música, **isto é,** o alimento da alma encanta a humanidade há séculos.	Intercala expressões explicativas: **isto é, a saber, por exemplo, ou melhor, ou antes, etc.**
Termos deslocados = normalmente, a oração não se inicia com o sujeito.	**Naquele dia,** muitos faltaram.	Adjunto adverbial anteposto. Em locução adverbial, a vírgula é obrigatória.
	Hoje, muitos faltaram.	Em advérbio anteposto, a vírgula é dispensável.
	Este assunto, já o li em uma revista.	Objeto direto pleonástico anteposto.
Palavras omitidas	A turma 1 estudou português e a turma 2, informática.	Zeugma ou elipse
Vocativo **= a quem se dirige**	**Alunos**, estudem mais. "**Deus! ó Deus!** onde estás que não respondes?" (Castro Alves)	Pode estar no início, meio ou final da frase.

	Exemplo	Dica
Termos coordenados ligados por e, ou, nem	E o namorado**, e** os amigos**, e** os irmãos magoaram-no. Não andou por montanhas**, ou** florestas, **ou** cavernas.	Repetindo a conjunção coordenada indica ênfase (polissíndeto).
Datas	**Ribeirão Preto,** 26 de janeiro de 2014.	Separa o local.
Advérbios sim ou não	- Você leu o livro? - **Sim,** inteiro.	Usados como resposta.
Saudação	Com muito amor, Respeitosamente,	Em correspondência comercial ou social.
Termos de mesma função sintática	Leu o livros**, a apostila, os contos** e as poesias.	Objeto direto
Elementos paralelos	Tal pai, tal filho.	Em provérbios.

Para **FGV**, a inversão só exigirá vírgula se houver três palavras ou mais na locução adverbial.

1.2. Vírgula entre as orações

As orações, compondo um período, podem possuir vírgula ou não. Estudemos os casos.

	Exemplo	Dica
Orações subordinadas adjetivas explicativas	O homem**, que é um ser racional,** aprende com os erros.	Sempre possuirão vírgula, ou travessão ou parênteses.
Orações subordinadas adjetivas restritivas	O aluno **que estuda** é aprovado.	Restringe (apenas o que estuda): sem pontuação.
	Observação: com verbos seguidos, pode-se inserir a vírgula. O homem que **fuma, adoece** rápido.	
Orações subordinadas adverbiais	**Quando entrou na sala de aula,** todos aplaudiram.	Oração deslocada: não se inicia com a oração principal.
Orações subordinadas substantivas	Espero **que me telefone logo**. O remédio era **esperar**.	Não se separa da principal, exceto a apositiva.
Orações coordenadas	**Chegou, ficou em silêncio, aguardou alguns minutos** e aplicou a prova.	Separam-se por vírgula. Exceto as aditivas.
	Os ignorantes falam muito**, e os sábios** se calam.	Sujeitos distintos: com vírgula.
	E estuda, e enlouquece**, e** fica bravo**, e** será aprovado.	Polissíndeto (a conjunção indica ênfase): com vírgula.
	Não estudou**, e foi aprovado.**	Conjunção **e** com valor adversativo: com vírgula.
Orações intercaladas	Eu**, disse o candidato,** preciso do voto de vocês.	Sempre serão separadas por vírgulas, travessões ou parênteses.

2. PONTO E VÍRGULA

É um sinal intermediário entre a vírgula e o ponto e não indica o término do período. Usa-se para separar:

- **Orações coordenadas não unidas por conjunção.**

  Ex.: Ele saiu tarde; chegou atrasado.

- **Orações coordenadas, quando pelo menos uma delas possui elementos separados por vírgula.**

  Ex.: O resultado foi: dois alunos foram a favor; quinze, contra.

- **Itens de uma enumeração.**

  Ex.: Considerando: 1) A alta taxa de desemprego; 2) A elevação da taxa de juros; 3) A recessão; solicitamos atenção.

- **Substituir a vírgula em conjunções adversativas.**

  Ex.: Gostaria de encontrar você hoje**;** todavia, a vida impede.

- **Orações coordenadas adversativas quando a conjunção aparecer no meio da oração**

  Ex.: Esperava receber todos os livros**;** recebi, porém, apenas dois.

3. DOIS-PONTOS

Introduzem algo importante. Utilizam-se:

para anunciar a fala de personagens nas histórias de ficção	"A porta abriu-se, um brado ressoou: – Até que enfim, meu rapaz!" (Eça de Queirós)
para anunciar uma citação	Assim escreveu Vinícius de Moraes**:** "Tristeza não tem fim, Felicidade sim."
para anunciar uma enumeração	Os alunos aprovados são**:** Júlia, Renata, Paulo e Marcos.
antes de orações apositivas	Só aceito com esta condição**:** *Irá casar comigo.*
para indicar um esclarecimento, resultado ou resumo do que se disse	Em síntese**:** estudou, foi aprovado e viajou em férias.
em invocação das correspondências	Prezados Senhores**:**

4. PONTO FINAL

Usado para fechar o período de frases declarativas e imperativas e em abreviaturas.

5. PONTO DE INTERROGAÇÃO

O ponto de interrogação é usado ao final de qualquer interrogação direta, ainda que a pergunta não exija resposta. Exemplos:

- Onde você comprou este curso?
- Quais seriam as causas de tantas discussões?

6. PONTO DE EXCLAMAÇÃO

O ponto de exclamação é utilizado após as interjeições, frases exclamativas e imperativas. Pode exprimir surpresa, espanto, susto, indignação, piedade, ordem, súplica, etc. Possui entoação descendente. Exemplos:

- "Como as mulheres são lindas!" (Manuel Bandeira)
- Pare, por favor!

7. RETICÊNCIAS

As reticências marcam uma interrupção da sequência lógica da frase. Podem ser usadas para:

indicar continuidade de uma ação ou fato	A vida passa...
indicar suspensão ou interrupção do pensamento	Acreditei que...
representar, na escrita, hesitações comuns na língua falada	Não vou estudar agora...porque...porque não consigo pensar.
realçar uma palavra ou expressão	Para que tanto...desespero?
realizar citações incompletas	"No meio do caminho tinha uma pedra, tinha..."
transmitir mais emoção e subjetividade para quem lê	(...) 'Stamos em pleno mar... Dois infinitos Ali se estreitam num abraço insano, Azuis, dourados, plácidos, sublimes... Qual dos dous é o céu? qual o oceano?... 'Stamos em pleno mar... Abrindo as velas Ao quente arfar das virações marinhas, Veleiro brigue corre à flor dos mares, Como roçam na vaga as andorinhas... (...) (Navio Negreiro – Castro Alves)

8. PARÊNTESES

Isolam explicações, indicações, orações de caráter explicativo, palavras ou comentários acessórios.

Podem ser substituídos por vírgulas ou travessões.

9. TRAVESSÃO

O travessão simples (–) serve para dar início à fala de um personagem; indicar mudança do interlocutor nos diálogos; unir grupos de palavras que indicam itinerário.

O duplo travessão (– –) pode substituir dupla vírgula ou parênteses.

10. ASPAS

Destacam uma parte do texto. São usadas:

antes e depois de citações ou transcrições textuais	para representar nomes de livros ou legendas	para assinalar estrangeirismos, neologismos, gírias, expressões populares, ironia	para realçar uma palavra ou expressão
"Ia viajar! Viajei. Trinta e quatro vezes, às pressas, bufando, com todo o sangue na face, desfiz e refiz a mala". *(O prazer de viajar – Eça de Queirós)*	*Machado escreveu "Dom Casmurro".*	*Conversando com meu superior, dei a ele um "feedback" do serviço a mim requerido.*	*Você foi o "esperto" que respondeu a questão?*

11. COLCHETES

Os colchetes, assim como os parênteses, isolam explicações, indicações, orações de caráter explicativo, palavras ou comentários acessórios. Seu uso normalmente se restringe aos escritos de cunho didático, filológico, científico.

12. ASTERISCO

O asterisco (*) é usado nas remissões a notas ou explicações contidas em pé de páginas ou ao final de capítulos e nas substituições de nomes próprios não mencionados.

PARTE IV – COESÃO, COERÊNCIA E REESCRITA DE FRASES

1. COESÃO, COERÊNCIA E REESCRITA DE FRASES

Introdução

Coesão relaciona-se com o microtexto, ou seja, com as palavras que estabelecem as ligações das ideias. É importante para estabelecer a coerência do texto.

Coerência textual é a relação lógica entre as ideias, pois essas devem se complementar, é o resultado da não contradição entre as partes do texto. Inclui fatores como o conhecimento que o produtor e o receptor têm do assunto abordado no texto, conhecimento de mundo, o conhecimento que esses têm da língua que usam e intertextualidade. Por isso, refere-se ao nível semântico e cognitivo, isto é, as informações de um texto possuem um fundo de verdade em relação ao próprio texto e em relação ao mundo real.

Em provas de concursos, ocorre junção de toda a teoria gramatical que até aqui estudamos mais noções das teorias a seguir. As questões exigem várias avalições. Fundamental saber as funções das palavras "que", "se" e "como".

1.1. TIPOS DE COESÃO TEXTUAL

1.1.1. Coesão referencial: cria um sistema de relações entre as palavras e expressões de um texto, permitindo ao leitor identificar os termos a que se referem. O termo referente é aquele que indica a entidade ou situação a que o falante se refere.

Os candidatos ao cargo *foram visitar o MP.* ***Eles*** *foram acompanhados pelos Promotores.*

1.1.2. Coesão sequencial: cria nos textos as condições para sua progressão. As diversas flexões de tempo e de modo dos verbos e as conjunções são os responsáveis pelo estabelecimento e manutenção da coesão sequencial nos textos. **Os** mecanismos de coesão sequencial **são utilizados para garantir a** articulação entre as partes do texto **e para estabelecer** relações entre as informações.

- Alguns termos responsáveis pela coesão sequencial:

Adição/inclusão	Oposição	Afirmação/igualdade	Exclusão
Além disso; também; vale lembrar; pois; outrossim; agora; de modo geral; por iguais razões; inclusive; até; é certo que; é inegável; em outras palavras; além desse fator...	Embora; não obstante; entretanto; mas; no entanto; porém; ao contrário; diferentemente; por outro lado...	Felizmente; infelizmente; obviamente; na verdade; realmente; de igual forma; do mesmo modo que; nesse sentido; semelhantemente...	Somente; só; sequer; senão; exceto; excluindo; tão somente; apenas...
Enumeração	**Explicação**	**Conclusão**	**Continuação**
Em primeiro lugar; a princípio...	Como se nota; com efeito; como vimos; portanto; pois; é óbvio que; isto é; por exemplo; a saber; de fato; aliás...	Em suma; por conseguinte; um última análise; por fim; concluindo; finalmente; por tudo isso; em síntese, posto isso; assim; consequentemente...	Em seguida; depois; no geral; em termos gerais; por sua vez; outrossim...

1.1.3. Coesão por substituição: são empregadas palavras e expressões que retomam termos já enunciados através da **anáfora.**

Os coordenadores *foram advertidos pelo* ***mau comportamento.*** *Caso isso volte a acontecer, eles serão demitidos.*

1.1.4. Coesão por elipse: ocorre por meio da omissão de uma ou mais palavras sem que isso comprometa a clareza de ideias da oração:

Luna *escreve o texto e ao mesmo tempo* ***conversa*** *com a amiga.*

1.1.5. Coesão por conjunção: possibilita relações entre os termos do texto através do emprego adequado de conjunções:

Como *não consegui ingressos, não fui ao espetáculo, contudo, consegui vê-lo pela televisão.*

1.1.6. Coesão lexical ocorre através de reiteração ou substituição lexical.

- **Reiteração:** repetição da mesma palavra ou expressão =

Elas *são quatro milhões, o dia nasce,* ***elas*** *acendem o lume.* ***Elas*** *cortam o pão e aquecem o café.* ***Elas*** *picam cebolas e descascam batatas.*[36]

- **Substituição:** substituição de uma unidade lexical por outras que com ela mantêm relações de sentido

· por **sinonímia**: substituição de palavras ou expressões por sinônimos:

O teu ***gato*** *é bonito. Onde arranjaste o* ***felino****?*

36. Mundo Educação. Disponível em <Tipos de coesão. Estruturando o texto: Tipos de coesão – Mundo Educação (uol.com.br)>. Escrito por Luana Castro Alves Perez. Acesso em 7 julho 2022, com adaptações.

· por **antonímia**: substituição de palavras ou expressões por antônimos:

*Carlos Cruz fala **verdade**? Ou terá optado pela **mentira**?*

· por **hiperonímia / hiponímia**:

*Quero os teus **brinquedos**, sobretudo o **palhaço** e **comboio**.*

(hiperônimo/hipônimo)

*Eu adoro **ovelhas** e **vacas**. Estes **herbívoros** são simpáticos.*

(hipônimo/hiperônimo)

· por **holonímia / meronímia**:

*A minha **casa** é fria. Os **quartos**, a **cozinha** e a **sala** não têm isolamento.*

1.1.7. Complemento – Entenda a diferença entre holonímia e meronímia.

✓ **Holonímia**: há uma relação entre palavras em que o significado de uma (holônimo) refere-se a um todo do qual a outra (merônimo) é parte constituinte = carro x para-brisa; casa x quarto.

✓ **Meronímia**: há uma relação entre termos em que o significado de um (merônimo) remete para uma parte constituinte de outro (holônimo) = parabrisa x carro, quarto x casa.

1.2. Paráfrase

A Paráfrase é um texto que procura tornar mais claro e objetivo aquilo que se disse em outro texto. Portanto, é sempre a reescritura de um texto já existente, uma espécie de *tradução* dentro da própria língua.

O autor da paráfrase deve demonstrar que entendeu claramente a ideia do texto. Além disso, são exigências de uma boa paráfrase:

1) Utilizar a mesma ordem de ideias que aparece no texto original.
2) Não omitir nenhuma informação essencial.
3) Não fazer qualquer comentário acerca do que se diz no texto original.
4) Utilizar construções que não sejam uma simples repetição daquelas que estão no original e, sempre que possível, um vocabulário também diferente.

1.3. Perífrase

Trata-se de uma expressão que designa um ser através de alguma de suas características ou atributos, ou de um fato que o celebrizou.

Exemplo: A Cidade Maravilhosa (= Rio de Janeiro) continua atraindo visitantes do mundo todo.

Observação: quando a perífrase indica uma pessoa, recebe o nome de *antonomásia*. Exemplos:

- O Divino Mestre (= Jesus Cristo) passou a vida praticando o bem.
- O Poeta dos Escravos (= Castro Alves) morreu muito jovem.
- O Poeta da Vila (= Noel Rosa) compôs lindas canções.

1.4. Tipos de incoerência

Semântica	O significado das palavras não se completa.	"A televisão **transmite** lazer." O verbo transmitir significa "fazer passar de um lugar a outro, comunicar". Nesse sentido, o lazer não é algo que venha de um ponto para outro, mas algo que é "proporcionado".
Sintática	Não são utilizados corretamente os meios sintáticos para expressar a coerência semântica, ou seja, empregam-se conectivos, pronomes (etc.) inadequadamente.	Pessoas ricas procuram o ensino particular. **Onde** os métodos, equipamentos e professores são melhores.
Incoerência Estilística	Ocorre quando se misturam registros linguísticos.	Observe a mudança "de tom" no discurso que se segue: "Venho diante de vossa Magnificência manifestar meu repúdio ao fato de uma instituição pública querer subtrair da população um espaço de lazer. Francamente, achei *a* **maior sujeira, sacanagem, nada a ver**."
Pragmática	O sentido de uma sequência de atos de fala é quebrado.	A: "Achei difícil compreender o tópico dois do capítulo três." B: "**O céu está maravilhoso com as nuvens escuras de chuva**."

2. AS PALAVRAS QUE, SE E COMO

2.1. A palavra QUE

Interjeição	exprime espanto, admiração, surpresa	**Quê!** Você ainda não está pronto?
Substantivo	equivale a **alguma coisa**	Ele tem certo **quê** misterioso.
Preposição	liga dois verbos de uma locução verbal em que o auxiliar é o verbo **ter**. Equivale a **de**	Tenho **que** sair agora. = Tenho de sair.
Partícula expletiva ou de realce	pode ser retirada da frase, sem prejuízo algum para o sentido.	Quase **que** não consigo chegar a tempo.
Advérbio	modifica um adjetivo ou um advérbio. Equivale a **quão**.	**Que** lindas flores!

Pronome	pronome relativo	retoma um termo e **o qual** e flexões. Não encontramos as pessoas **que** saíram.
	pronome indefinido	pode funcionar como pronome substantivo ou pronome adjetivo.
	pronome substantivo	equivale a **que coisa.** **Que** aconteceu com você?
	pronome adjetivo	determina um substantivo – função sintática: adjunto adnominal. **Que** vida é essa?
Conjunção	relaciona entre si duas orações	Quando funciona como conjunção coordenativa ou subordinativa, a palavra **que** recebe o nome da oração que introduz. Venha logo, **que** é tarde. = conjunção coordenativa explicativa Falou tanto **que** ficou rouco. = conjunção subordinativa consecutiva
		Quando inicia uma oração subordinada substantiva, a palavra **que** recebe o nome de **conjunção subordinativa integrante**. Desejo **que** você venha logo.

2.2. A palavra SE

Conjunção	a conjunção relaciona entre si duas orações.	
	conjunção subordinativa integrante: inicia uma oração subordinada substantiva.	Perguntei **se** ele estava feliz.
	conjunção subordinativa condicional: inicia uma oração adverbial condicional (equivale a **caso**).	**Se** todos tivessem estudado, as notas seriam boas.
Partícula expletiva ou de realce	pode ser retirada da frase sem prejuízo algum para o sentido.	Passavam-**se** os dias e nada acontecia.
Pronome apassivador	ligada a verbo que pede objeto direto, caracteriza as orações que estão na voz passiva sintética. É também chamada de pronome apassivador.	Vendem-**se** livros. Aluga-**se** piano.
Índice de indeterminação do sujeito	vem ligando a um verbo que não é transitivo direto ou transitivo direto e indireto, tornando o sujeito indeterminado. O verbo deverá estar na terceira pessoa do singular.	Trabalha-**se** de dia. Precisa-**se** se apoio.

<table>
<tr><td rowspan="4">Pronome reflexivo</td><td colspan="2">quando a palavra se é pronome pessoal, ela deverá estar sempre na mesma pessoa do sujeito da oração de que faz parte. Por isso o pronome oblíquo se sempre será reflexivo (equivalendo a a si mesmo), podendo assumir as seguintes funções sintáticas:</td></tr>
<tr><td>objeto direto</td><td>Ele cortou-se com o facão.</td></tr>
<tr><td>objeto indireto</td><td>Ele se atribui muito valor.</td></tr>
<tr><td>sujeito de um infinitivo</td><td>"Sofia deixou-se estar à janela."</td></tr>
</table>

2.3. A palavra COMO

<table>
<tr><td>Substantivo</td><td>aparece antecedido de um determinante ou especificando outro termo.</td><td>Estamos analisando a palavra "como".</td></tr>
<tr><td>Interjeição</td><td>expressa um espanto ou admiração.</td><td>Como! Não sabia que iríamos viajar?!</td></tr>
<tr><td>Preposição</td><td>Ocorre quando houver a possibilidade de se subentender o gerúndio (sendo) depois do termo em estudo, ou ainda se puder ser substituído pela locução "na qualidade de".</td><td>Na maioria dos concursos, ele atua como fiscal.
= na qualidade de</td></tr>
<tr><td>Advérbio</td><td>Relaciona-se a um verbo ou a um adjetivo, exprimindo circunstância de intensidade ou modo.
Sintaticamente: adjunto adverbial de intensidade ou modo.</td><td>Como suporta conviver com essa angústia?</td></tr>
<tr><td rowspan="4">Conjunção</td><td colspan="2">introduz uma oração subordinada adverbial, levando-se em conta as respectivas circunstâncias expressas pelo fato verbal. Assim classificadas:</td></tr>
<tr><td>Causal - equivale-se a "porque", "já que", "uma vez que".</td><td>Como não tinha interesse, nem olhou a mercadoria.</td></tr>
<tr><td>Conformativa - apresenta-se passível de ser substituída por "conforme", "segundo".</td><td>Como já imaginávamos, não concluiu o trabalho.</td></tr>
<tr><td>Comparativa - pode ser substituída pela expressão "tal qual", representando o segundo elemento da comparação.</td><td>Dormia como um anjo. = tal qual um anjo</td></tr>
<tr><td>Pronome relativo</td><td>Assumindo tal função, aparece sempre antecedida de um substantivo, equivalendo-se a "com o(a) qual, pelo(a) qual" e demais variações. Nesse caso, exerce a função de adjunto adverbial de modo.</td><td>Esse foi o modo como fui recebido.
= pelo qual</td></tr>
</table>

PARTE V – INTERPRETAÇÃO E COMPREENSÃO TEXTUAL

1. INTERPRETAÇÃO E COMPREENSÃO TEXTUAL

Interpretar	consiste em saber a conclusão do que está escrito.	Nas questões: depreende-se/infere-se/conclui-se do texto; o texto permite deduzir; é possível subentender a partir do texto; qual a intenção do autor quando afirma; o texto possibilita o entendimento; com o apoio do texto, infere-se; o texto encaminha o leitor para; pretende o texto mostrar que o leitor...; o texto possibilita deduzir.
Compreender	consiste em analisar o que realmente está escrito, é necessário coletar dados do texto.	Nas questões: segundo o texto; o autor/narrador do texto diz; o texto informa; no texto; tendo em vista o texto; de acordo com o texto; o autor sugere; o autor afirma; na opinião do autor do texto.

Dica: **IN**terpretar = **IN**ferir.

Para obter domínio sobre a leitura, precisamos, esclarecer algumas definições.

Texto	É um **conjunto de palavras e frases** encadeadas que permitem interpretação e **transmite uma mensagem**. É qualquer obra escrita em versão original e que constitui um livro ou um documento escrito. Um texto é uma unidade linguística de extensão superior à frase.
Contexto	É a relação entre o texto e a situação em que ele ocorre dentro do texto. É o conjunto de circunstâncias em que se produz a mensagem que se deseja emitir– lugar e tempo, cultura do emissor e do receptor etc. – e que permitem sua correta compreensão.
Intertexto	Os textos podem apresentar referências diretas ou indiretas a outros autores através de citações. É um texto dentro de outro texto.
Interpretação de texto	A primeira leitura deve ser feita cuidadosamente por ser o primeiro contato com o texto, extraindo-se informações e se preparando para a leitura interpretativa. Sublinhe palavras-chave e ideias importantes; encontre a ideia central de cada parágrafo. O segundo nível de leitura concentra-se nas perguntas e opções de respostas. Atente-se às palavras NÃO, EXCETO, RESPECTIVAMENTE, INCORRETO, SEMPRE, TODOS, NUNCA etc., pois fazem diferença na escolha adequada. Retorne ao texto sempre que necessário. Leia a frase anterior e posterior para ter ideia do sentido global proposto pelo autor. A banca nos oferece um texto completo e, nas questões, extrai uma parte do texto para pedir a análise. O segredo é voltar ao texto e ler as informações anteriores e posteriores à parte mencionada. Se fosse para analisar apenas o trecho, não haveria motivo para mencionar o texto completo. Aqui mora o grande segredo.

1.1. Tipologia textual

TIPOS	DEFINIÇÃO	EXEMPLOS
Narração	Modalidade em que se conta um fato, fictício ou não, que ocorreu num determinado tempo e lugar, envolvendo certos personagens. Refere-se a objetos do mundo real. Há uma relação de anterioridade e posterioridade. **O tempo verbal predominante é o passado**.	Conto, fábula, crônica, romance, novela, depoimento, piada, relato etc.
Descrição	Um texto em que se faz um retrato por escrito de um lugar, uma pessoa, um animal ou um objeto. **A classe de palavras mais utilizada nessa produção é o adjetivo**, pela sua função caracterizadora. Numa abordagem mais abstrata, pode-se até descrever sensações ou sentimentos. Não há relação de anterioridade e posterioridade. Significa "criar" com palavras a imagem do objeto descrito. É fazer uma descrição minuciosa do objeto ou da personagem a que o texto se Pega. É um tipo textual que se agrega facilmente aos outros tipos em diversos gêneros textuais.	Cardápio, folheto turístico, anúncio classificado etc.
Dissertação	Dissertar é o mesmo que **desenvolver ou explicar um assunto**, discorrer sobre ele. Dependendo do objetivo do autor, pode ter caráter expositivo ou argumentativo.	
	Dissertação-Exposição: Apresenta um saber já construído e legitimado, ou um saber teórico. Apresenta informações sobre assuntos, expõe, reflete, explica e avalia ideias de modo objetivo. O texto expositivo apenas expõe ideias sobre um determinado assunto. A intenção é informar, esclarecer.	Aula, resumo, textos científicos, enciclopédia, textos expositivos de revistas e jornais, etc.
	Dissertação-Argumentação: Um texto dissertativo-argumentativo faz a defesa de ideias ou um ponto de vista do autor. O texto, além de explicar, também persuade o interlocutor, objetivando convencê-lo de algo. Caracteriza-se pela progressão lógica de ideias. Geralmente utiliza linguagem denotativa.	Sermão, ensaio, monografia, dissertação, tese, ensaio, manifesto, crítica, editorial de jornais e revistas.
Outros Tipos Textuais	Dialogal / Conversacional	Entrevista, conversa telefônica, chat etc.
	Injunção/Instrucional	Ordens; pedidos; súplica; desejo; manuais e instruções para montagem ou uso de aparelhos e instrumentos; textos com regras de comportamento; textos de orientação; receitas, cartões com votos e desejos.
	Predição	Previsões astrológicas, previsões meteorológicas, previsões escatológicas/apocalípticas.

1.2. Gêneros textuais

Os Gêneros textuais são as estruturas com que se compõem os textos, sejam orais ou escritos. Essas estruturas são muito parecidas, com características comuns, procuram atingir intenções comunicativas semelhantes e ocorrem em situações específicas. São variadas formas de linguagem que circulam na sociedade, formais ou informais. Cada gênero textual tem seu estilo próprio, podendo ser identificado e diferenciado dos demais através de suas características.

Informativo	Expõe um tema, um fato ou uma circunstância. É uma produção textual objetiva. Possui o objetivo de transmitir informação sobre algo, estando isento de duplas interpretações.
Publicitário	Texto veiculado em campanhas publicitárias e podem ser textos de natureza escrita, oral e visual. Possui o objetivo de convencer o leitor para a compra de produtos e/ou serviços.
Propagandístico	Através da propaganda, anuncia-se um determinado produto, ideia, benefício, movimento social, partido, entre outros. Possui o objetivo de convencer e a função é apelativa.
Normativo	Regula as normas de funcionamento de uma Instituição, a comunidade, as igrejas, entre outras Instituições: Constituição da República de Moçambique, Código Penal, Estatuto Geral dos Funcionários e Agentes do Estado etc.
Didático	Possui objetivos pedagógicos. Trata-se de um texto utilitário.
Divinatório	Texto relativo a adivinhações, previsões, suposições ou crenças.
Notícia	Possui características narrativas: o fato ocorrido que se deu em um determinado momento e em um determinado lugar, envolvendo determinadas personagens. Características do lugar, bem como dos personagens envolvidos são, muitas vezes, minuciosamente descritos.
Reportagem	Gênero textual jornalístico de caráter dissertativo-expositivo. A reportagem tem, por objetivo, informar e levar os fatos ao leitor de uma maneira clara, com linguagem direta.
Carta ao leitor	Gênero dissertativo-argumentativo e possui linguagem pessoal e leve.
Propaganda	Gênero textual dissertativo-expositivo. Há o intuito de propagar informações sobre algo, buscando sempre atingir e influenciar o leitor apresentando, na maioria das vezes, mensagens que despertam as emoções e a sensibilidade do mesmo.
Bula de remédio	Gênero textual descritivo, dissertativo-expositivo e injuntivo. Fornece as informações necessárias para o correto uso do medicamento.
Receita	Gênero textual descritivo e injuntivo. Objetivo: informar a fórmula para preparar tal comida, descrevendo os ingredientes e o preparo destes, com verbos no imperativo, dado o sentido de ordem, para que o leitor siga corretamente as instruções.
Editorial	Gênero textual dissertativo-argumentativo. Expressa o posicionamento da empresa sobre determinado assunto, sem a obrigação da presença da objetividade.
Tutorial	Gênero injuntivo. É um guia que tem por finalidade explicar ao leitor, passo a passo e de maneira simplificada, como fazer algo.
Entrevista	Gênero textual dialogal e dissertativo-expositivo. Representado pela conversação de duas ou mais pessoas, o entrevistador e o(s) entrevistado(s), para obter informações sobre ou do entrevistado ou de algum outro assunto.
História em quadrinhos	Gênero narrativo. Consiste em enredos contados em pequenos quadros através de diálogos diretos entre seus personagens, gerando uma espécie de conversação.
Charge	Gênero textual narrativo onde se faz uma espécie de ilustração cômica, através de caricaturas, com o objetivo de realizar uma sátira, crítica ou comentário sobre algum acontecimento atual, em sua grande maioria.

1.3. Argumentação[37]

A argumentação é um recurso que tem o propósito de convencer alguém, alterando sua opinião ou seu comportamento.

Os argumentos, na construção textual, são essenciais.

Há diferentes tipos de argumentos e a escolha certa consolida o texto.

1.3.1. Argumentação por citação

Sempre que queremos defender uma ideia, procuramos pessoas 'consagradas', que pensam como nós acerca do tema em evidência.

Apresentamos no corpo de nosso texto a menção de uma informação extraída de outra fonte.

A citação pode ser apresentada assim:

Assim parece ser porque, para Piaget, "toda moral consiste num sistema de regras e a essência de toda moralidade deve ser procurada no respeito que o indivíduo adquire por essas regras" (Piaget, 1994, p.11). A essência da moral é o respeito às regras. A capacidade intelectual de compreender que a regra expressa uma racionalidade em si mesma equilibrada.

O trecho citado deve estar de acordo com as ideias do texto, assim, tal estratégia poderá funcionar bem.

1.3.2. Argumentação por comprovação

A sustentação da argumentação se dará a partir das informações apresentadas (dados, estatísticas, percentuais) que a acompanham. Esse recurso é explorado quando o objetivo é contestar um ponto de vista equivocado.

O ministro da Educação, Cristovam Buarque, lança hoje o Mapa da Exclusão Educacional. O estudo do Inep, feito a partir de dados do IBGE e do Censo Educacional do Ministério da Educação, mostra o número de crianças de sete a catorze anos que estão fora das escolas em cada estado. Segundo o mapa, no Brasil, 1,4 milhão de crianças, ou 5,5 % da população nessa faixa etária (sete a catorze anos), para a qual o ensino é obrigatório, não frequentam as salas de aula. O pior índice é do Amazonas: 16,8% das crianças do estado, ou 92,8 mil, estão fora da escola. O melhor, o Distrito Federal, com apenas 2,3% (7 200) de crianças excluídas, seguido por Rio Grande do Sul, com 2,7% (39 mil) e São Paulo, com 3,2% (168,7 mil). (Mônica Bergamo. Folha de S. Paulo, 3.12.2003)

Nesse tipo de citação o autor precisa de dados que demonstrem sua tese.

---

37. CABRAL, Marina. Brasil Escola. Disponível em <http://brasilescola.uol.com.br/redacao/a-argumentacao.htm>. Com alterações. Acesso em 14 agosto 2017.

1.3.3. Argumentação por raciocínio lógico

A criação de relações de causa e efeito é um recurso utilizado para demonstrar que uma conclusão (afirmada no texto) é necessária, e não fruto de uma interpretação pessoal que pode ser contestada.

"O fumo é o mais grave problema de saúde pública no Brasil. Assim como não admitimos que os comerciantes de maconha, crack ou heroína façam propaganda para os nossos filhos na TV, todas as formas de publicidade do cigarro deveriam ser proibidas terminantemente. Para os desobedientes, cadeia."

VARELLA, Drauzio. In: Folha de S. Paulo, 20 de maio de 2000.

Para a construção de um bom texto argumentativo faz-se necessário o conhecimento sobre a questão proposta, fundamentação para que seja realizado com sucesso.

1.4. Pressupostos e subentendidos[38]

Pressupostos e subentendidos são informações implícitas num texto, não expressas formalmente, apenas sugeridas por marcas linguísticas ou pelo contexto. Cabe ao leitor, numa leitura proficiente, ir além da informação que se encontra explícita, identificando e compreendendo as informações implícitas, ou seja, lendo nas entrelinhas.

Os pressupostos são de mais fácil identificação, estando sugeridos no texto. Os subentendidos são deduzidos pelo leitor, sendo da sua responsabilidade.

Entenda melhor:

- Heloísa está cansada de ser professora.

  Pressuposto: Heloísa é professora.

  Subentendido: Talvez porque o salário é baixo ou há muita indisciplina.

- Infelizmente, meu marido continua trabalhando fora do país.

  Pressuposto: O marido está trabalhando fora do país e a mulher não está satisfeita com essa situação.

  Subentendido: Talvez por ter melhor salário fora do país ou por não encontrar trabalho no seu país.

1.4.1. Pressupostos

Os pressupostos são informações implícitas adicionais, facilmente compreendidas devido a palavras ou expressões presentes na frase que permitem ao leitor compreender essa informação implícita. O enunciado depende dessa pressuposição para que faça sentido. Assim, o pressuposto é verdadeiro e irrefutável.

38. NORMA CULTA. Disponível em <https://www.normaculta.com.br/pressuposto-e-subentendido/>. Acesso em 14 agosto 2017.

Exemplos de pressupostos:

- Decidi deixar de comer carne.

  Pressuposto: A pessoa comia carne antes.

- Finalmente acabei minha monografia.

  Pressuposto: Demorou algum tempo para terminar a monografia.

- Alunos que estudam de manhã costumam ter melhor rendimento.

  Pressuposto: Há alunos que não estudam de manhã.

- Desde que ela mudou de casa, nunca mais a vi.

  Pressuposto: Costumava vê-la antes dela mudar de casa.

  Marcas linguísticas que facilitam a identificação de pressupostos:

  Verbos que indicam fim, continuidade, mudança e implicações: começar, continuar, parar, deixar, acabar, conseguir, ...

  Advérbios: felizmente, finalmente, ainda, já, depois, antes, ...

  Pronome introdutório de orações subordinadas adjetivas: que

  Locuções que indicam circunstâncias: depois que, antes que, desde que, visto que, ...

1.4.2. Subentendidos

Os subentendidos são insinuações, informações escondidas, dependentes da interpretação do leitor. Não possuem marca linguística, sendo deduzidos através do contexto comunicacional e do conhecimento que os destinatários têm do mundo. Podem ser ou não verdadeiros e podem ser facilmente negados, visto serem unicamente da responsabilidade de quem interpreta a frase.

Exemplos de subentendidos:

- Quando sair de casa, não se esqueça de levar um casaco.

  Subentendido: Está frio lá fora.

- Já tenho a garganta seca de tanto falar.

  Subentendidos: Quero beber um copo de água ou quero parar de falar neste momento.

- Você vai a pé para casa agora?

  Subentendidos: Eu posso lhe dar uma carona ou é perigoso andar a pé na rua a estas horas.

1.5. Discurso direto, indireto e direto livre[39]

Discurso direto é a transcrição exata da fala das personagens, sem participação do narrador.

Discurso indireto é a intervenção do narrador no discurso ao utilizar as suas próprias palavras para reproduzir as falas das personagens.

Discurso indireto livre mescla o direto e o indireto. É a apresentação das falas exatas das personagens inseridas dentro do discurso do narrador.

Exemplo: *Cotejava o passado com o presente. Que era, há um ano? Professor. Que é agora? Capitalista.*

DICAS de transposição do discurso direto para o indireto

1. Mudança das pessoas do discurso:

Discurso direto	Discurso indireto
primeira pessoa	terceira pessoa
eu, me, mim, comigo	ele, ela, se, si, consigo, o, a, lhe
nós, nos, conosco	eles, elas, os, as, lhes
meu, meus, minha, minhas, nosso, nossos, nossa, nossas	seu, seus, sua e suas

2. Mudança de tempos verbais:

<table>
<tr><th>Discurso direto</th><th>Discurso indireto</th></tr>
<tr><td>Presente do indicativo</td><td>pretérito imperfeito do indicativo</td></tr>
<tr><td>Pretérito perfeito do indicativo</td><td>pretérito mais-que-perfeito do indicativo</td></tr>
<tr><td>Futuro do presente do indicativo</td><td>futuro do pretérito do indicativo</td></tr>
<tr><td>Presente do subjuntivo</td><td rowspan="3">pretérito imperfeito do subjuntivo</td></tr>
<tr><td>Futuro do subjuntivo</td></tr>
<tr><td>Imperativo</td></tr>
</table>

3. Mudança na pontuação das frases:

Discurso direto	Discurso indireto
Frases interrogativas, exclamativas e imperativas	*frases declarativas* (o emissor constata um fato – informa ou declara alguma coisa)

39. NORMA CULTA. Disponível em <https://www.normaculta.com.br/discurso-direto-e-indireto/>. Acesso em 14 agosto 2017.

4. Mudança dos advérbios e adjuntos adverbiais:

Discurso direto	Discurso indireto
Ontem	*no dia anterior*
Hoje	*naquele dia e naquele momento*
Amanhã	*no dia seguinte*
Aqui, aí, cá	*ali e lá*
Este, esta e isto	*aquele, aquela, aquilo*

1.6. Funções da linguagem

As funções da linguagem são formas de utilização da linguagem segundo a intenção do falante.

Elas são classificadas em seis tipos: função referencial, função emotiva, função poética, função fática, função conativa e função metalinguística.

Referencial	Também chamada de função informativa, a função referencial **tem como objetivo principal informar**, referenciar algo.	materiais didáticos, textos jornalísticos e científicos
Emotiva	Também chamada de função expressiva, na função emotiva o emissor **tem como objetivo principal transmitir suas emoções**, sentimentos e subjetividades por meio da própria opinião.	textos poéticos, as cartas, os diários
Poética	É característica das obras literárias que possui como marca a utilização do sentido conotativo das palavras. Nessa função, **o emissor preocupa-se de que maneira a mensagem será transmitida** por meio da escolha das palavras, das expressões, das figuras de linguagem.	provérbios, anedotas, trocadilhos, músicas
Fática	**Possui o objetivo de estabelecer ou de interromper a comunicação** de modo que o mais importante é a relação entre o emissor e o receptor da mensagem. Aqui, o foco reside no canal de comunicação.	utilizada nos diálogos, nas expressões de cumprimento, saudações, discursos ao telefone etc.
Conativa	Também chamada de apelativa, a função conativa é caracterizada por uma linguagem persuasiva que tem o **intuito de convencer o leitor**. Por isso, o grande foco é no receptor da mensagem.	utilizada em propagandas, publicidades e discursos políticos
Metalinguística	É caracterizada pelo uso da metalinguagem, ou seja, **a linguagem que se refere a ela mesma**. Dessa forma, o emissor explica um código utilizando o próprio código.	Um texto que descreva sobre a linguagem textual ou um documentário cinematográfico que fala sobre a linguagem do cinema

1.7. Elementos dos atos de comunicação

A comunicação está associada à linguagem e interação, de forma que representa a transmissão de mensagens entre um emissor e um receptor.

Derivada do latim, o termo comunicação significa **partilhar, participar de algo, tornar comum**, sendo, portanto, um elemento essencial da interação social humana.

Os elementos que compõem a comunicação são:

Emissor	é aquele que emite a mensagem para um ou mais receptores.
Receptor	é quem recebe a mensagem emitida pelo emissor.
Mensagem	é o objeto utilizado na comunicação, de forma que representa o conteúdo, o conjunto de informações transmitidas pelo locutor.
Código	representa o conjunto de signos que serão utilizados na mensagem.
Canal de comunicação	corresponde ao local (meio) onde a mensagem será transmitida, por exemplo, jornal, livro, revista, televisão etc.
Contexto	trata-se da situação comunicativa em que estão inseridos o emissor e receptor.
Ruído na comunicação	ele ocorre quando a mensagem não é decodificada de forma correta pelo interlocutor: o código utilizado pelo locutor, desconhecido pelo interlocutor, barulho do local, voz baixa etc.

REFERÊNCIAS

CONTEÚDO GRAMATICAL

NOGUEIRA, Duda. Língua Portuguesa para concursos. 8ª.ed. Salvador, Editora Juspodivm, 2021.

ALI, M. Said. Gramática secundária da língua portuguesa. 7.ª ed. São Paulo: Editora Melhoramentos, 1966.

ALMEIDA, Napoleão Mendes de. Gramática metódica da língua portuguesa. 46.ª ed. revista. São Paulo: Saraiva, 2009.

BAGNO, Marcos. A norma oculta: língua e poder na sociedade brasileira. São Paulo: Parábola Editorial, 2003.

BECHARA, Evanildo. Moderna Gramática Portuguesa. 32ª edição, São Paulo, Companhia Editora Nacional, 1988.

BECHARA, Evanildo. Lições de Português pela Análise Sintática. Editora Lucema. Rio de Janeiro, RJ. 2001.

CARVALHO, José Augusto. Gramática superior da língua portuguesa. 2.ª ed. Brasília: Centro Editorial / Thesaurus, 2011.

CEGALLA, Domingos Paschoal. Novíssima Gramática da Língua Portuguesa. 48.ª ed. São Paulo: Companhia Editora Nacional, 2008.

CIPRO NETO, Pasquale e INFANTE, Ulisses. Gramática da Língua Portuguesa. Editora Scipione. São Paulo, SP. 2003.

CUNHA, Celso e CINTRA, Luiz F. Lingley. Nova Gramática do Português Contemporâneo. Editora Nova Fronteira. Rio de Janeiro, RJ. 2001.

FARACO&MOURA. Gramática Nova. São Paulo: Ática, 1993.

GARCIA, Othon M. Comunicação em prosa moderna: aprenda a escrever, aprendendo a pensar. 13ª edição, Rio de Janeiro, Ed. da Fundação Getúlio Vargas, 1986.

HENRIQUES, Claudio Cezar. Morfologia: usos, normas e exercícios com respostas. 2.ª ed. Rio de Janeiro: Elsevier, 2007 - 2.ª reimpressão.

HILDEBRANDO, André A de. Gramática ilustrada. 4. ed. São Paulo: Moderna, 1990.

INFANTE, Ulisses. Curso de gramática aplicadas aos textos. São Paulo: Ed. Scipione, 1997.

INFANTE, Ulisses; CIPRO Neto, Pasquale. Gramática da Língua Portuguesa. São Paulo: Ed. Scipione, 2010.

JORDÃO, Rose e OLIVEIRA, Clenir Bellezi de. Linguagens, estrutura e arte. São Paulo: Moderna, 1999.

KOCH, Ingedore G.V. A coesão textual. 2ª edição. São Paulo, Contexto, 1990.

KOCH, Ingedore G. V. e TRAVAGLIA, Luiz C. Texto e coerência. São Paulo, Cortex, 1989.

KURY, Adriano da Gama. Novas lições de análise sintática. 9.ª ed. São Paulo: Editora Ática, 2000.

LIMA, Carlos Henrique da Rocha. Gramática normativa da língua portuguesa. 42ªed. Rio de Janeiro, José Olympio, 2002.

LUFT, Celso Pedro. Grande manual de ortografia globo. 5ª edição, São Paulo, Globo, 1997.

MOREIRA, A., ARAÚJO, D, 1977, *Português e Literatura – Visão Atual*, 2 ed., Record Cultural, Rio de Janeiro, RJ.

PERINI, A. Mário. Sofrendo a gramática. São Paulo: Ática, 1997.

ROCHA LIMA, C. H., 1999, *Gramática Normativa da Língua Portuguesa*, 37 ed., José Olympio Editora, Rio de Janeiro, RJ.

TERRA, Ernani. Gramática de Hoje /Ernani&Nicola. São Paulo: Scipione, 1999.

TRAVAGLIA, Luiz Carlos. Gramática e interação: uma proposta para o ensino de gramática. 9.ª ed. revista. São Paulo: Cortez Editora, 2003.

TUFANO, Douglas. Estudos da Língua Portuguesa: Gramática – São Paulo: Moderna, 1995.

VASCONCELOS, Viveiros de. Verbos portugueses e rudimentos de análise léxica. 113ª ed. Rio de Janeiro: Editores e Distribuidores, 1994.

DICIONÁRIOS

HOLANDA, A. B., 1988, *Dicionário Aurélio Escolar da Língua Portuguesa*, 1 ed., Editora Nova Fronteira, Rio de Janeiro, RJ.

NASCENTES, Antenor. Dicionário Etimológico da Língua Portuguesa. Rio de Janeiro, Francisco Alves, Acadêmicos, São José e Livros de Portugal, 1955.

SARAIVA, F. R. dos Santos. Novíssimo Dicionário Latino-Português. 10ª edição, Rio de Janeiro, Livraria Garnier, 1993.

FERREIRA, Aurélio Buarque de Holanda. Novo dicionário da língua portuguesa. 2ªed. Rio de Janeiro: Nova Fronteira, 1986.

HOUAISS, Antônio. Dicionário Houaiss da língua portuguesa. Rio de Janeiro: Objetiva, 200l – 1ª edição.

SITES – TEORIA E DICIONÁRIO

Acessos: de janeiro de 2011 a dezembro de 2022

BRASIL ESCOLA Exercício. Disponível em <http://exercicios.brasilescola.com>

BRASIL ESCOLA. Disponível em <http://www.brasilescola.com>

CASA CIVIL. Disponível em <http://www.casacivil.pr.gov.br/modules/conteudo>

DICIONÁRIO AULETE. Disponível em <http://aulete.uol.com.br>

EDUCAÇÃO UOL. Disponível em <http://educacao.uol.com.br>

FATIMA LP. Disponível em <http://fatimalp.blogspot.com.br>

INFO ESCOLA. Disponível em <http://www.infoescola.com>

NA LÍNGUA PORTUGUESA. Disponível em <http://nalinguaportuguesa.wordpress.com>

PORTAL 3. Disponível em <http://www.portal3.com.br>

PORTUGUÊS CONCURSO. Disponível em <http://www.portuguesconcurso.com>

PORTUGUÊS X CONCURSOS. Disponível em <http://portuguesxconcursos.blogspot.com.br>

PRIBERAM. Disponível em <http://www.priberam.pt>

RECANTO DAS LETRAS. Disponível em <http://www.recantodasletras.com.br>

SIMPLESMENTE PORTUGUÊS. Disponível em <http://www.simplesmenteportugues.com.br>

SÓ LINGUAGEM. Disponível em <http://solinguagem.blogspot.com.br>

SÓ PORTUGUÊS. Disponível em <http://www.soportugues.com.br>

TUDO DE CONCURSOS E VESTIBULARES. Disponível em <http://tudodeconcursosevestibulares.blogspot.com.br>

UM PORTUGUÊS. Disponível em <http://umportugues.com>

Matemática e Raciocínio Lógico

Marcelo Sbicca

EDITAL SISTEMATIZADO

OFICIAL DE PROMOTORIA I – MPSP		
Itens do edital	**No livro**	**Item**
1. Lógica: proposições, conectivos, equivalências lógicas, quantificadores e predicados. 9. Problemas de lógica e raciocínio.	**LÓGICA PROPOSICIONAL**	**1.**
	Proposições	1.1.
	Valores lógicos	1.2.
	Conectivos	1.3.
	RELAÇÕES PROPOSICIONAIS	**2.**
	Negação das proposições	2.1.
	Equivalência das proposições	2.2.
6. Estrutura lógica de relações arbitrárias entre pessoas, lugares, objetos ou eventos fictícios; dedução de novas informações das relações fornecidas e avaliação das condições usadas para estabelecer a estrutura daquelas relações. 7. Compreensão e análise da lógica de uma situação, utilizando as funções intelectuais: raciocínio verbal, formação de conceitos, discriminação de elementos. 9. Problemas de lógica e raciocínio.	**RACIOCÍNIO VERBAL**	**3.**
	Argumento	3.1.
	Proposições categóricas	3.2.
	Estruturas lógicas	3.3.
	CORRELACIOMAMENTO LÓGICO	**4.**
	Ordenação	4.1.
	Dedução	4.2.
	Hipóteses	4.3.
2. Conjuntos e suas operações, diagramas. 9. Problemas de lógica e raciocínio.	**CONJUNTOS**	**5**
	Conjuntos – Problemas lógicos	5.1.
	Conjuntos	5.2.
	Operações com conjuntos	5.3.
3. Números inteiros, racionais e reais e suas operações, porcentagem. 7. Compreensão e análise da lógica de uma situação, utilizando as funções intelectuais: raciocínio matemático.	**MATEMÁTICA**	**6.**
	Números e operações	6.1.
	Equações e sistemas de equações	6.2.
	Porcentagem	6.3.
	Juros	6.4.
	Problemas algébricos	6.5.
4. Proporcionalidade direta e inversa.	**PROPORCIONALIDADE**	**7.**
	Relação diretamente proporcional	7.1.
	Relação inversamente proporcional	7.2.
	Razão e proporção	7.3.

<table>
<tr><td rowspan="9">5. Medidas de comprimento, área, volume, massa e tempo.</td><td>GEOMETRIA BÁSICA</td><td>8.</td></tr>
<tr><td>Perímetro</td><td>8.1.</td></tr>
<tr><td>Área das figuras planas</td><td>8.2.</td></tr>
<tr><td>Volume das figuras espaciais</td><td>8.3.</td></tr>
<tr><td>UNIDADES DE MEDIDA</td><td>9.</td></tr>
<tr><td>Tempo</td><td>9.1.</td></tr>
<tr><td>Massa</td><td>9.2.</td></tr>
<tr><td>Distância</td><td>9.3.</td></tr>
<tr><td>Velocidade</td><td>9.4.</td></tr>
<tr><td rowspan="4">7. Compreensão e análise da lógica de uma situação, utilizando as funções intelectuais: raciocínio sequencial, reconhecimento de padrões, orientação espacial e temporal.
9. Problemas de lógica e raciocínio.</td><td>LÓGICA SITUACIONAL</td><td>10.</td></tr>
<tr><td>Raciocínio sequencial</td><td>10.1.</td></tr>
<tr><td>Orientação espacial</td><td>10.2.</td></tr>
<tr><td>Orientação temporal</td><td>10.3.</td></tr>
<tr><td rowspan="3">8. Compreensão de dados apresentados em gráficos e tabelas.
9. Problemas de lógica e raciocínio.</td><td>GRAFICOS E TABELAS</td><td>11.</td></tr>
<tr><td>Gráficos</td><td>11.1.</td></tr>
<tr><td>Tabelas</td><td>11.2.</td></tr>
</table>

1. LÓGICA PROPOSICIONAL

1.1. Proposições

Proposição é qualquer conjunto de palavras ou símbolos que expressa uma ideia com sentido completo.

Para facilitar a compreensão, saiba que qualquer sentença que possa ser classificada como verdadeira ou falsa é uma proposição. A esta classificação denominamos valor lógico da proposição.

> **IMPORTANTE**
> Uma sentença é considerada proposição quando puder ser classificada como verdadeira ou falsa.

Não são proposições:

- Sentenças imperativas. Expressam um pedido ou uma ordem. Exemplos: "Vai estudar"; "Volte agora para casa"; "Compre todas as ações".
- Sentenças interrogativas. Facilmente percebidas devido à presença do ponto de interrogação. Exemplos: "Qual o horário da missa?"; "Vai estudar hoje?"; "Gosta de chocolate?".
- Sentenças exclamativas. Basta o sinal de exclamação ao final da sentença. Exemplos: "Que linda mulher!"; "Estude!"; "Oh meu Deus!".

- Sentenças abertas. No caso de sentenças abertas a informação não é clara. Exemplo: "Saiu o edital" (não sabemos a que edital se refere. Pode ser edital de compras de uma prefeitura, edital de leilão de automóveis do Detran ou mesmo um edital de determinado concurso público).
- Conjunto de palavras sem sentido completo. Palavras jogadas, sem a presença de conectivos que relacionem umas às outras, não formam uma sentença, consequentemente, não é classificada como proposição. Exemplo: Concurso, edital, estudar, prova.

1.2. Valores lógicos

Conforme informação anterior, para ser considerada uma proposição, a sentença deve trazer consigo a característica de poder ser classificada como verdadeira ou falsa, ou seja, a sentença que tem valor lógico é uma proposição.

Ressalta-se que o valor lógico da proposição não se confunde com a forma afirmativa ou negativa, por exemplo:

- "Alberto é tricolor" (FGV - Analista Prefeitura de Niterói - 2018).

A proposição, independente da forma afirmativa, pode ter valor lógico verdadeiro, caso Alberto realmente seja tricolor ou, caso contrário, valor lógico falso.

- "Rodrigo não é vascaíno" (FGV - Analista Prefeitura de Niterói - 2018).

A proposição tem forma negativa, entretanto, o seu valor lógico tanto pode ser verdadeiro, caso Rodrigo não seja um torcedor do Vasco, como pode ser falso, situação em que o sujeito realmente é vascaíno.

OBSERVAÇÃO

Toda proposição tem valor lógico "verdadeiro" ou "falso", o que será definido a partir da comparação daquilo que se afirma na proposição com a realidade dos fatos.

1.3. Conectivos

As proposições simples unem-se por meio de operadores lógicos, ou conectivos, para formar as proposições compostas.

1.3.1. Conjunção "e"

A conjunção representa adição de proposições simples por meio do conectivo "e" ou simbolicamente representado por "$\wedge$".

A proposição composta conjuntiva é válida quando ambas as sentenças são verdadeiras.

p	q	$p \wedge q$
V	V	V
V	F	F
F	V	F
F	F	F

Exemplo:

"Corro e não fico cansado" (FGV – Oficial de Chancelaria MRE – 2016).

A sentença é composta por duas proposições simples que estão relacionadas por meio do conectivo "e", formando a proposição composta.

Na simbologia lógica, é representada por "p ∧ q", sendo:

p	∧	q
Corro	e	não fico cansado

As proposições simples são representadas pelas letras minúsculas p e q.

- p = Corro.
- q = Não fico cansado.
- ∧ = Conectivo "e".

Em se tratando de uma proposição composta conjuntiva, para que ela seja verdadeira, é necessário que as duas proposições simples, p e q, sejam verdadeiras (primeira linha da tabela verdade). Assim, basta que uma das informações seja falsa para que a proposição composta seja igualmente falsa.

Imagine que eu corri e, como resultado dessa atividade, fiquei cansado. Neste caso, a primeira proposição simples é verdadeira (eu corri), mas a segunda é falsa (fiquei cansado). Concluímos que a proposição composta (conjunto das duas proposições simples ligadas pelo conectivo "e") também é falsa.

MEMORIZAR

A conjunção (conectivo "e") somente será verdadeira quando ambas as proposições simples que a compõem tiverem valor lógico verdade. Será falsa nos demais casos.

1.3.2. Disjunção "ou"

A disjunção é o conectivo que constrói uma sentença com ideia de escolha, de opção. Basta que apenas uma das orações (proposições simples) tenha valor lógico verdadeiro para que a sentença (proposição composta) seja verdadeira.

Na proposição composta disjuntiva está presente o conectivo "ou", cuja representação simbólica é o "V".

p	q	p ∨ q
V	V	V
V	F	V
F	V	V
F	F	F

Repare que, na tabela verdade do "ou", a última linha é a única na qual o resultado é falso, as demais têm valor lógico verdadeiro. Só estaremos diante de uma sentença falsa se ambas as proposições simples, individualmente, apresentarem valor lógico falso.

MEMORIZAR

A disjunção (conectivo "ou") somente será falsa quando ambas as proposições simples que a compõem forem falsas. Será verdadeira nos demais casos.

Exemplo:

"Mato a cobra ou não mostro o pau" (FGV – Analista Judiciário TJ-PI – 2015).

p	V	q
Mato a cobra	ou	Não mostro o pau

Na situação definida pela proposição composta disjuntiva (conectivo "ou"), se apenas uma das proposições simples for verdadeira, toda a informação será verdadeira também. Ou seja, se realmente matei a cobra, toda a sentença estará correta, independente de ter ou não mostrado o pau.

1.3.3. Disjunção exclusiva

Também é uma disjunção, porém exclusiva, com pequena diferença se comparada com a proposição anterior. Exemplo: "**Ou** Bruno é médico, **ou** Carlos não é engenheiro" (TRF 3ª R – FCC – 2016).

A diferença é sutil, porém importante. O fato é que o termo "ou" que inicia a frase faz parte do conectivo e restringe a escolha em apenas uma das proposições simples.

No exemplo, se a primeira proposição simples for verdadeira, a segunda deve ser falsa, e vice versa.

Outro detalhe que a diferencia da disjunção é quanto ao símbolo. O sinal que representa o conectivo disjunção exclusiva é sublinhado: "$\underline{V}$".

	p	$\underline{V}$	q
ou	Bruno é médico	ou	Carlos não é engenheiro

Lembre-se, o primeiro termo "ou" faz parte do conectivo cuja leitura é: "ou... ou".

As proposições são mutuamente excludentes. Assim, apenas uma delas pode ser verdadeira, consequentemente, a outra será necessariamente falsa. Ambas nunca poderão ser, ao mesmo tempo, verdadeiras e nunca poderão ser, ao mesmo tempo, falsas.

A tabela verdade para a disjunção exclusiva é a seguinte:

p	q	$p \underline{V} q$
V	V	F
V	F	V
F	V	V
F	F	F

MEMORIZAR

A disjunção exclusiva será verdadeira quando as duas partes tiverem valores lógicos distintos, uma verdadeira e outra falsa. E será falsa quando ambas as proposições simples que a compõem forem verdadeiras ou ambas forem falsas.

1.3.4. Condicional "implicação"

A condicional é a proposição composta mais cobrada em concursos públicos, portanto a mais importante. Representada pela seta "→", cuja leitura é "se... então...".

Exemplo:

"Se gosto de capivara, então gosto de javali" (FGV – Analista Judiciário TJ-PI – 2015).

p	→	q
Se gosto de capivara	então	gosto de javali

A partícula "se" que inicia a sentença faz parte do conectivo "se... então".

É imprescindível que você saiba que a proposição composta condicional será falsa em apenas uma situação: Quando a primeira proposição simples for verdadeira e a segunda proposição simples for falsa.

No exemplo, se é verdade a primeira parte, ou seja, realmente gosto de capivara, implica a verdade da segunda parte. Caso contrário, se a segunda parte for falsa, não gosto de javali, concluímos que a proposição composta é falsa.

MEMORIZAR

Uma condicional "implicação" somente será falsa quando a primeira parte for verdadeira e a segunda for falsa. Para as outras três combinações, a proposição composta será verdadeira.

A representação do que foi explicado está sintetizada na tabela verdade da proposição composta condicional.

p	q	p → q
V	V	V
V	F	F
F	V	V
F	F	V

Os termos da condicional possuem ainda outra característica: São classificados como suficiente e necessário, o primeiro e o segundo termo, respectivamente.

Suficiente:

O primeiro termo da proposição composta condicional é condição suficiente para o segundo.

Voltando ao nosso exemplo, "gostar de capivara" é condição suficiente para "gostar de javali".

Necessário:

O segundo termo da proposição composta condicional é condição necessária para o primeiro.

Dessa forma, no exemplo, "gostar de javali" (segunda parte da proposição composta) é condição necessária para "gostar de capivara".

LEMBRE-SE

O primeiro termo é suficiente e o segundo termo é necessário.

Questão:

(FGV – Analista IBGE – 2016). Sem A, não se tem B. Sem B, não se tem C. Assim, conclui-se que:

a) A é suficiente para B e para C;

b) B é necessário para A e para C;

c) C é suficiente para A e para B;

d) A e B são suficientes para C;

e) B é necessário para A e suficiente para C.

As duas proposições compostas informam que a não existência de uma coisa implica a não existência de outra coisa.

Vejamos na linguagem lógica para melhor entendimento.

Proposições dadas	Linguagem lógica
Sem A, não se tem B.	$\sim A \rightarrow \sim B$
Sem B, não se tem C.	$\sim B \rightarrow \sim C$

Aqui vale a perspicácia do candidato. Observe que todas as proposições simples, representadas por letras maiúsculas, estão na forma negativa, por outro lado, as alternativas da questão são todas afirmativas.

Podemos trabalhar com as equivalentes da implicação (será visto à frente), invertendo a posição das proposições simples e alterando seus valores lógicos.

Implicação	Equivalente
$\sim A \rightarrow \sim B$	$B \rightarrow A$
$\sim B \rightarrow \sim C$	$C \rightarrow B$

Conclui-se que:

Implicação	Conclusão
B → A	B é suficiente para A A é necessário para B
C → B	C é suficiente para B B é necessário para A

Entretanto não há alternativa correta segundo esta conclusão.

Existe uma regra válida para as implicações, quando em sequência, denominada Silogismo Hipotético: Em síntese, eliminam-se os meios, quando iguais, e mantém a implicação dos extremos.

Veja que a proposição simples B figura em ambas as proposições compostas:

Implicações em sequência	Implicação dos extremos
C → B e B → A	C → A

Então, é correto dizer:

Implicação	Conclusão
C → A	C é suficiente para A A é necessário para C

Resposta: Alternativa "c". C é suficiente para A e para B.

Outras formas de apresentação da implicação:

As seguintes expressões podem ser empregadas como equivalentes à condicional "se p, então q":

- Se p, q.
- q, se p.
- p é condição suficiente para q.
- q é condição necessária para p.
- Quando p, q.
- p implica q.

Então, podemos encontrar a mesma proposição escrita de diversas formas distintas. Veja as variações para a proposição condicional "Se gosto de capivara, então gosto de javali".

Se p, q	Se gosto de capivara, gosto de javali.
q, se p	Gosto de javali, se gosto de capivara.
p é condição suficiente para q	Gostar de capivara é condição suficiente para gostar de javali.
q é condição necessária para p	Gostar de javali é condição necessária para gostar de gostar de capivara.
Quando p, q	Quando gosto de capivara, gosto de javali.
p implica q	Gostar de capivara implica gostar de javali.

1.3.5. Bicondicional

A bicondicional é formada a partir da proposição condicional cujos termos são, ao mesmo tempo, suficientes e necessários, ou seja, "$p \rightarrow q$ e $q \rightarrow p$".

É representada pelo conectivo "$\leftrightarrow$", lê-se "se, e somente se".

Exemplo: "Gosto de capivara se, e somente se, gosto de javali".

p	$\leftrightarrow$	**q**
Gosto de capivara	se e somente se	gosto de javali

A informação é equivalente a duas implicações simultâneas: "Se gosto de capivara, então gosto de javali e se gosto de javali, então gosto de capivara".

Conclusão, a proposição bicondicional "p se, e somente se, q" equivale à proposição composta: "se p então q e se q então p", ou seja, "$p \leftrightarrow q$" é equivalente à proposição "$(p \rightarrow q) \land (q \rightarrow p)$".

Tabela verdade:

p	**q**	**$p \leftrightarrow q$**
V	V	V
V	F	F
F	V	F
F	F	V

MEMORIZAR

A bicondicional será verdadeira quando os valores lógicos das duas proposições simples que a compõem forem iguais. Por outro lado, será falsa quando os valores lógicos de ambas as proposições simples forem diferentes, uma verdadeira e a outra falsa.

1.3.6. Resumo Esquematizado

Podemos resumir as principais informações sobre os conectivos no seguinte quadro:

Conectivo	Estrutura lógica	A proposição composta é verdadeira quando:	A proposição composta é falsa quando:
Conjunção "e"	**p ∧ q**	Ambas as proposições simples forem verdadeiras.	Pelo menos uma das proposições simples for falsa.
Disjunção "ou"	**p ∨ q**	Pelo menos uma proposição simples for verdadeira.	Ambas as proposições simples forem falsas
Disjunção exclusiva "ou... ou"	**p ⊻ q**	Os valores lógicos das proposições simples forem diferentes.	Os valores lógicos das proposições simples forem iguais.
Condicional "se, então"	**p → q**	Em todas as situações, exceto quando o primeiro termo for verdadeiro e o segundo falso.	O primeiro termo for verdadeiro e o segundo for falso
Bicondicional "se, e somente se"	**p ↔ q**	Os valores lógicos das proposições simples forem iguais.	Os valores lógicos das proposições simples forem diferentes.

2. RELAÇÕES PROPOSICIONAIS

2.1. Negação das proposições

A negação da proposição simples faz-se com a inversão do valor lógico.

Proposição simples	Negação da proposição simples
p	~p
~p	p

2.1.1. Negação da conjunção

Negação da proposição composta conjuntiva "e".

Fórmula lógica	Negação	Regra
p ∧ q	~p ∨ ~q	Negar ambas as proposições simples e alterar o conectivo para disjunção.

Para exemplificar, vejamos como a Fundação Getúlio Vargas cobrou esse assunto.

(FGV – MPE RJ – Analista do Ministério Público – 2016) Prestando depoimento o depoente declarou: – Estava no escritório às 10 horas da noite e o telefone tocou. Após algumas investigações verificou-se que essa declaração do depoente era falsa. É correto concluir que o depoente:

O examinador afirma que a declaração do depoente é falsa, logo, uma informação verdadeira é contrária àquela declarada. Em outras palavras, a informação verdadeira é a negação da declaração prestada pelo depoente.

São duas proposições simples, primeira: "Estava no escritório às 10 horas da manhã"; segunda: "o telefone tocou". As proposições simples estão ligadas pelo conectivo "e" formando a proposição composta conjuntiva.

Pede-se a negação da proposição composta:

Negação da Conjunção "A e B"	
Negar ambos os termos.	~A ~B
Substituir a conjunção "e" pela disjunção "ou".	~A ou ~B

Lembre-se de que A e B são duas proposições simples:

- A = Estava no escritório às 10 horas da noite
- B = O telefone tocou

Aplicar a regra:

Negação da Conjunção "e"	
Proposição dada.	Estava no escritório às 10 horas da noite e o telefone tocou.
Negar ambos os termos.	**Não** estava no escritório às 10 horas da noite...... o telefone **não** tocou.
Substituir a conjunção "e" pela disjunção "ou".	**Não** estava no escritório às 10 horas da noite **ou** o telefone **não** tocou.

OBSERVAÇÃO
Não se esqueça de que, além de negar ambas as proposições simples, é necessário alterar o conectivo "e" pelo "ou".

Para negar a informação de uma conjunção não é necessário que as duas ações sejam negadas simultaneamente, basta apenas que "não estivesse no escritório às 10 horas da noite" ou apenas "o telefone não ter tocado" para que a proposição conjuntiva seja negada. Por essa razão o uso do conectivo "ou".

Resposta: "Não estava no escritório ou o telefone não tocou".

2.1.2. Negação da disjunção

Negação da proposição composta disjuntiva "ou".

Fórmula lógica	Negação	Regra
$p \vee q$	$\sim p \wedge \sim q$	Negar ambas as proposições simples e alterar o conectivo para conjunção "e".

Exemplo:

Proposição composta disjuntiva	Negação
Passo no concurso ou estudo por mais um ano.	**Não** passo no concurso **e não** estudo por mais um ano.

2.1.3. Negação da condicional

Negação da proposição composta condicional "se, então".

Fórmula lógica	Negação	Regra
$p \rightarrow q$	$p \wedge \sim q$	Manter o primeiro termo inalterado, negar o segundo termo e alterar o conectivo para conjunção "e".

Exemplo:

Proposição composta condicional	Negação
Se passo na primeira fase, então estou aprovado no concurso.	Passei na primeira fase **e não** fui aprovado no concurso.

A proposição condicional, ou simplesmente implicação, bem como sua equivalência e sua negação, são reiteradamente cobrados pela FGV.

(FGV – Analista Contábil – MPE-GP – 2022) Considere a sentença: "Se Pedro é senador e Simone não é deputada federal, então Carlota é vereadora". Sabe-se que a sentença dada é FALSA. É então correto concluir que

a) Pedro é senador, Simone não é deputada federal, Carlota não é vereadora.

b) Pedro não é senador, Simone é deputada federal, Carlota é vereadora.

c) Pedro é senador, Simone não é deputada federal, Carlota é vereadora.

d) Pedro não é senador, Simone é deputada federal, Carlota não é vereadora.

e) Pedro não é senador, Simone não é deputada federal, Carlota não é vereadora.

Para chegar à conclusão correta quando o examinador diz que a sentença é FALSA, basta fazer a negação da sentença falsa.

Proposição dada	Se Pedro é senador e Simone não é deputada federal, então Carlota é vereadora.
Negação: Manter o primeiro termo inalterado, negar o segundo termo e alterar o conectivo para conjunção "e".	Pedro é senador e Simone não é deputada federal **e** Carlota **não** é vereadora.

Gabarito: A

2.1.4. Negação da bicondicional

Negação da proposição composta bicondicional "se, e somente se".

Fórmula lógica	Negação	Regra
$p \leftrightarrow q$	$p \veebar q$	Alterar o conectivo de bicondicional para disjunção exclusiva.

A negação da bicondicional não é comumente solicitada, mesmo porque esta não é uma classificação adotada por todas as bancas.

As tabelas verdade da bicondicional e da disjunção exclusiva são uma o inverso da outra, por isso a associação de que uma é a "negação" da outra.

Exemplo:

Proposição composta bicondicional	Negação
Carlos é aprovado no concurso **se, e somente se,** estudar muito.	Carlos **ou** é aprovado no concurso **ou** estudou muito.

2.2. Equivalência das proposições

2.2.1. Equivalência da bicondicional

A equivalência da bicondicional é a repetição de sua principal característica: duas vezes a condicional.

Fórmula lógica	Equivalência	Regra
$r \leftrightarrow s$	$(r \rightarrow s) \land (s \rightarrow r)$	A bicondicional transforma-se em duas condicionais (em uma delas altera-se a posição das proposições simples) ligadas pela conjunção "e".

2.2.2. Equivalência da condicional

São duas as equivalências da proposição condicional (um dos itens mais cobrados em lógica proposicional).

Fórmula lógica	Equivalência	Regra
$r \rightarrow s$	$\sim r \lor s$	Negar o primeiro termo, alterar o conectivo para disjunção "ou" e manter o valor lógico do segundo termo.

Ou

Fórmula lógica	Equivalência	Regra
$r \rightarrow s$	$\sim s \rightarrow \sim r$	Alterar a posição dos termos, negar as duas proposições simples e manter o mesmo conectivo "se... então".

Como foi comentado anteriormente, a condicional é a proposição mais cobrada em concursos públicos. Veja um exemplo cobrado pela FGV.

(FGV – Analista Legislativo – AL-RO – 2018) Considere a sentença a seguir. "Se nasci em Rondônia ou Roraima, então sou brasileiro". Assinale a opção que apresenta uma sentença logicamente equivalente à sentença dada.

a) "Se não nasci em Rondônia nem em Roraima, então não sou brasileiro".

b) "Se nasci em Rondônia, então sou brasileiro".

c) "Se não nasci em Roraima, então não sou brasileiro".

d) "Se não sou brasileiro, então não nasci em Rondônia nem em Roraima".

e) "Se sou brasileiro e não nasci em Rondônia, então nasci em Roraima".

Facilmente percebemos que todas as alternativas são condicionais face à presença do conectivo "se, então", motivo pelo qual não há necessidade de testar as duas formas de equivalência. Vamos direto àquela que tem como resultado outra condicional.

Regra	Equivalência
Proposição dada.	Se nasci em Rondônia ou Roraima, então sou brasileiro.
Alterar a posição dos termos, negar as duas proposições simples e manter o mesmo conectivo "se... então".	Se **não** sou brasileiro, então **não** nasci em Rondônia **nem** em Roraima.

Resposta: A equivalente a proposição dada é: "Se não sou brasileiro, então não nasci em Rondônia nem em Roraima". Alternativa "d".

Observação

Para tratar tanto da equivalência quanto da negação em relação à proposição condicional, sugiro fortemente que o concursando se abstenha por completo da interpretação daquilo que a proposição informa. Apenas siga estritamente a regra.

3. RACIOCÍNIO VERBAL

3.1. Argumento

Usamos a argumentação, baseada no raciocínio, para provocar o convencimento do outro.

O raciocínio envolve juízos existentes objetivando chegar a conclusões adequadas, enquanto a argumentação faz uso de raciocínio baseado em lastros sólidos e argumentações aceitáveis.

Para o raciocínio lógico, objeto de concursos públicos, argumento é a relação entre um conjunto de proposições (sentenças declarativas) com uma proposição conclusiva. Nessa relação, denominam-se "premissas" as primeiras, que resultam em uma sentença declarativa denominada "conclusão".

Representação do argumento:

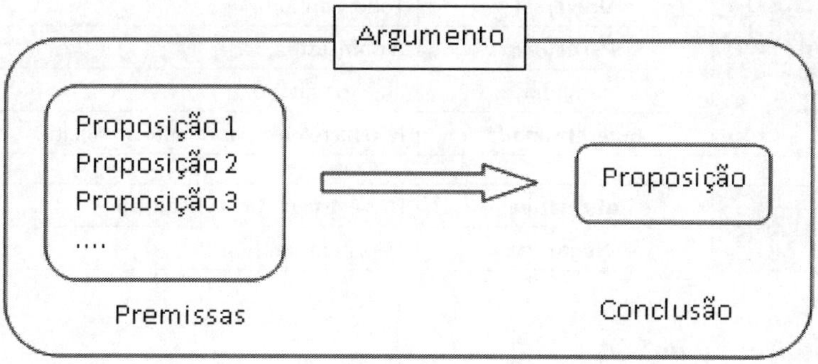

Silogismo:

O silogismo é uma construção especial de argumentação na qual estarão presentes duas, e somente duas, premissas e a conclusão. Muito explorado em provas, principalmente com a inserção dos termos: todo, algum ou nenhum.

Validade do argumento:

É importante não confundir valor lógico de cada uma das premissas (verdadeiras ou falsas) com o valor lógico da argumentação (validade do argumento).

O argumento poderá ter premissas verdadeiras e conclusão verdadeira, mas a relação entre premissas e conclusão não foi o que garantiu a verdade da última. Então, estamos diante de um argumento inválido.

Ainda, encontraremos argumentação bem estruturada que justifica uma conclusão com valor lógico falso. Ou seja, a estrutura está bem montada, porém a falsidade de uma das premissas resultou em conclusão falsa. Importante é que o resultado foi totalmente deduzido das premissas, a estrutura está correta e o argumento é dito válido.

3.2. Proposições categóricas

Os diagramas lógicos são representações gráficas a serem utilizados na resolução das questões de raciocínio lógico que envolvem proposições associadas aos termos: Todo, algum ou nenhum. São as denominadas "proposições categóricas".

Proposição categórica caracteriza-se pele presença do quantificador (todo, algum ou nenhum) ligado ao sujeito da oração, por exemplo:

Algumas provas são difíceis.	Algumas: Quantificador Provas: Sujeito São difíceis: Predicado

Os conjuntos (diagrama de *Venn*) serão a base para o estudo dos diagramas lógicos.

Classificação das proposições:

Quanto à quantidade	**Universal**	Todo, nenhum.
	Particular	Algum, este.
	Singular	Sujeito unitário.
	Indeterminada	Não há referências quanto ao sujeito.

Quanto à qualidade	**Afirmativa**	Não existe partícula negativa.
	Negativa	Não, nem, nenhum.

3.2.1. Proposição "Todo"

"Todo A é B".

São duas proposições simples ligadas pelo conectivo "todo". O conjunto *A* está contido no conjunto *B* (*A* é um subconjunto de *B*).

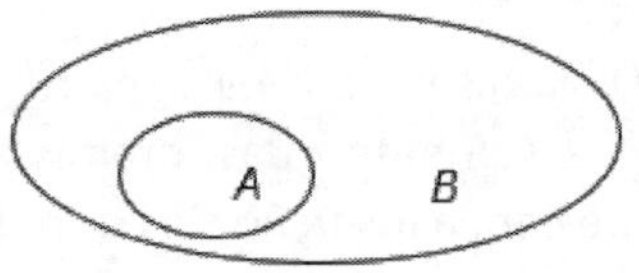

Ocupando-se de proposições categóricas, a forma como as bancas cobram é bastante semelhante.

(FVG – Agente de Fiscalização – Prefeitura de Paulínia-SP – 2016) Considere verdadeira a afirmação: "Toda criança gosta de correr".

Considere as afirmativas a seguir.

I. Como Abel não é criança, então não gosta de correr.

II. Como Bruno gosta de correr, então é criança.

III. Como Carlos não gosta de correr, então não é criança.

Assinale:

a) Se apenas I for verdadeira.

b) Se apenas II for verdadeira.

c) Se apenas III for verdadeira.

d) Se apenas I e II forem verdadeiras.

e) Se apenas II e III forem verdadeiras.

Constatado que a questão está centrada na afirmação: "Toda criança gosta de correr" e sendo uma proposição categórica, basta a representação em diagrama e comparar com cada uma das três afirmativas dos itens I a III.

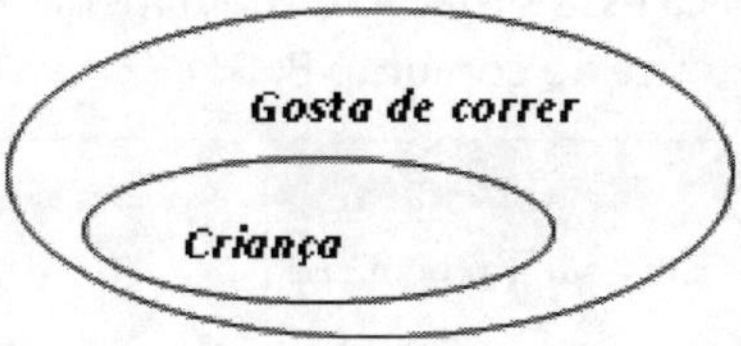

Análise dos itens:

I. Como Abel não é criança, então não gosta de correr.

De acordo com a afirmativa, o elemento "Abel" estaria em qualquer lugar externo ao conjunto "Criança", inclusive na área interna ao conjunto "Gosta de correr". Conclui-se que, mesmo não sendo criança, Abel pode sim gostar de correr.

Item errado.

II. Como Bruno gosta de correr, então é criança.

A justificativa é a mesma dada para o item anterior. O fato de gostar de correr não é suficiente para que Bruno seja uma criança.

Mesmo gostando de correr, Bruno pode não ser uma criança. O fato de não haver certeza quanto ao Bruno ser ou não criança, faz com que a afirmativa seja falsa.

Item errado.

III. Como Carlos não gosta de correr, então não é criança.

Qualquer elemento que não pertença ao conjunto "Gostar de correr" obrigatoriamente também não pertence ao conjunto menor "Criança".

Perfeita a afirmação. Sabendo que Carlos não gosta de correr, é correto afirmar que não se trata de uma criança.

Item correto.

Resposta: Alternativa "c". Se apenas III for verdadeira.

3.2.2. Proposição "Algum"

"Algum A é B".

Para o quantificador "algum", consideram-se sinônimos a expressão "pelo menos um" ou, simplesmente, o termo "existem".

Independente da forma como se apresenta na questão: "algum", "alguns", "existe", "existem" ou "pelo menos um", a interpretação é a mesma.	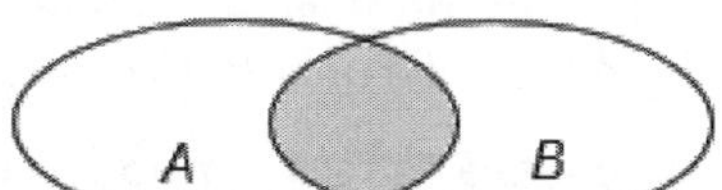

O termo que melhor explica essa situação é "pelo menos um", ou seja, pelo menos um elemento do conjunto A pertence ao conjunto B.

Esse mesmo diagrama também representa a proposição "algum *A* não é *B*".

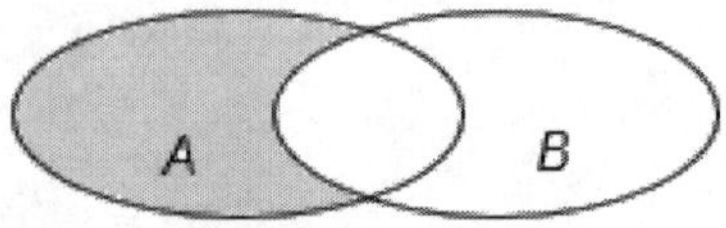

Segue uma questão atual.

(FGV – Auxiliar do Ministério Público – MPE-SC – 2022) Sabe-se que:

- *Todo A é B.*
- *Nem todo B é C.*

É correto concluir que:

a) todo A é C;

b) nenhum A é C;

c) algum C não é B;

d) algum B não é C;

e) algum C não é A.

Nosso trabalho é fazer a representação por meio de conjuntos e comparar com as alternativas.

Todo A é B

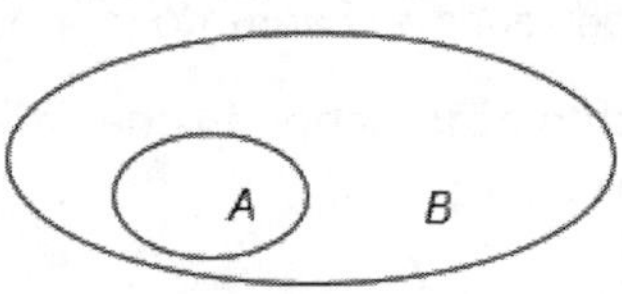

Para a outra afirmativa, "nem todo B é C", como o examinador não faz referência à relação A e C, é necessário considerar as possibilidades.

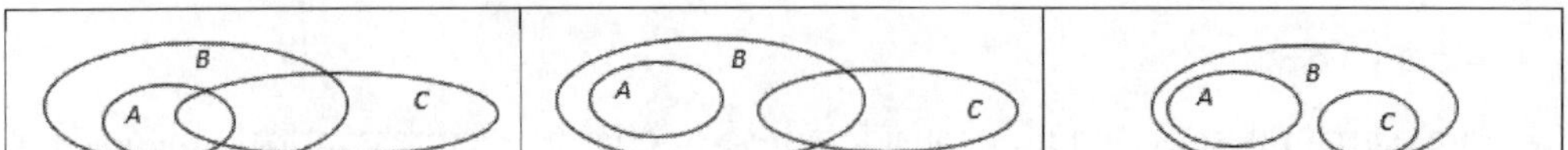

Repare que em qualquer hipótese é certo que "nem todo B é C" e fica mantida a primeira afirmativa de que "todo A é B".

A alternativa correta será aquela compatível com qualquer hipótese formulada.

a) todo A é C;

Ainda que fosse criada essa opção, há incompatibilidade com as apresentadas. Alternativa errada.

b) nenhum A é C;

A primeira hipótese é incompatível com a afirmativa. Alternativa errada.

c) algum C não é B;

A última hipótese é incompatível com a afirmativa. Alternativa errada.

d) algum B não é C;

Esta é uma equivalência do que se afirma em "nem todo B é C", portanto, não há contradição. Alternativa correta.

e) algum C não é A.

É possível que todo elemento de C pertença ao conjunto A (opção não apresentada acima, porém válida), o que justifica a incompatibilidade da alternativa com os dados apresentados. Alternativa errada.

Gabarito: D

3.2.3. Proposição "Nenhum"

Para a expressão "nenhum *A* é *B*" não há intersecção entre os conjuntos, pois os elementos do conjunto *A* são totalmente distintos dos elementos do conjunto *B*.	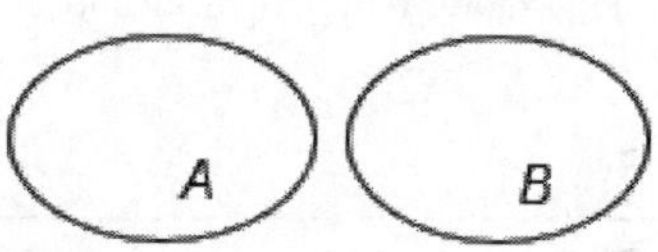

Para praticar, segue uma questão acerca do tema.

(FGV – Especialista em Políticas Públicas – Prefeitura de Salvador/BA – 2019) Considere as afirmativas a seguir.

- *"Alguns homens jogam xadrez".*
- *"Quem joga xadrez tem bom raciocínio".*

A partir dessas afirmações, é correto concluir que

a) "Todos os homens têm bom raciocínio".

b) "Mulheres não jogam xadrez".

c) "Quem tem bom raciocínio joga xadrez"

d) "Homem que não tem bom raciocínio não joga xadrez".

e) "Quem não joga xadrez não tem bom raciocínio".

A utilização de conjuntos não se restringe aos estudos, é para manuseá-los na hora da prova também.

<table><tr><td>"Alguns homens jogam xadrez".
"Quem joga xadrez tem bom raciocínio".</td><td>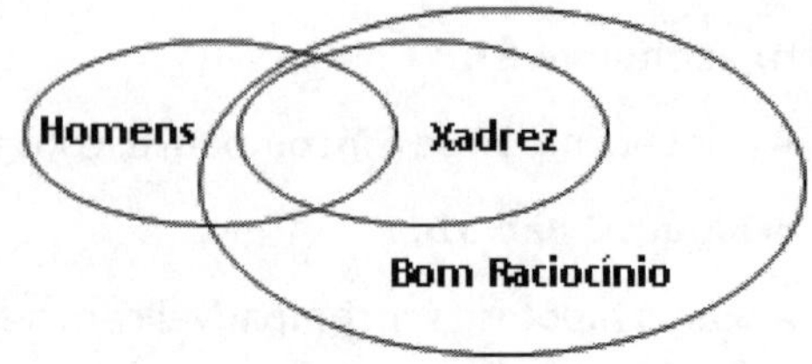
</td></tr></table>

As duas afirmativas estão representadas no diagrama, entretanto, não há nada que relacione "homens" com "bom raciocínio".

Pode ser que alguns homens tenham bom raciocínio (conforme figura anterior) como existe a possibilidade de que todos os homens tenham bom raciocínio (lembre-se, apenas as afirmativas do problema garantem a resposta da questão e não o seu conhecimento esterno à prova).

<table><tr><td>"Alguns homens jogam xadrez".
"Quem joga xadrez tem bom raciocínio".</td><td>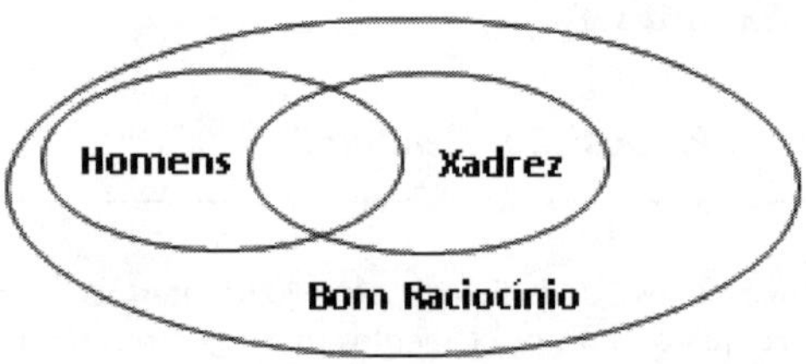
</td></tr></table>

São duas representações gráficas possíveis e a alternativa correta não pode contradizer nenhuma delas.

a) "Todos os homens têm bom raciocínio".

Contrário ao primeiro diagrama. Alternativa errada.

b) "Mulheres não jogam xadrez".

Não existe informação sobre "mulheres". Alternativa errada.

c) "Quem tem bom raciocínio joga xadrez"

Ambos os diagramas demonstram que o conjunto "bom raciocínio" é mais abrangente que "xadrez". Alternativa errada.

d) "Homem que não tem bom raciocínio não joga xadrez".

Exatamente como o primeiro diagrama e não contradiz o segundo.

Como todos que jogam xadrez têm bom raciocínio, é perfeita a afirmação de que determinado homem que não tenha bom raciocínio também não joga xadrez.

Alternativa correta.

e) "Quem não joga xadrez não tem bom raciocínio".

A possibilidade de não jogar xadrez e mesmo assim ter bom raciocínio é real e confirmada em ambos os diagramas. Alternativa errada.

3.2.4. Equivalência das proposições categóricas

Equivalência	
Todo A é B	Nenhum A não é B
Todo A não é B	Nenhum A é B

Exemplos	
Todo engenheiro é matemático	Nenhum engenheiro não é matemático
Todo engenheiro não é físico	Nenhum engenheiro é físico

3.2.5. Negação das proposições categóricas

Negação	
Algum	Nenhum
Nenhum	Algum
Todos	Algum... não

Exemplos	
Algum engenheiro é matemático	Nenhum engenheiro é matemático
Nenhum engenheiro é físico	Algum engenheiro é físico
Todo engenheiro é arquiteto	Algum engenheiro não é arquiteto

Vejamos como a FGV aborda o tema.

João olhou as dez bolas que havia em um saco e afirmou: "Todas as bolas desse saco são pretas". Sabe-se que a afirmativa de João é falsa. É correto concluir que: (FGV – Oficial de Chancelaria MRE – 2016).

Se a afirmativa é falsa, o correto será sua negação.

A negação do quantificador "todo" faz-se com a substituição por "algum" e a inclusão da negação.

Negação da Proposição Categórica "Todo"	
Todo A é B.	Algum A não é B.

Vejamos a proposição dada na questão:

Negação da Proposição Categórica	
Todas as bolas desse saco são pretas.	**Alguma** bola desse saco **não** é preta.

Para negar que "Todas as bolas desse saco são pretas" não é necessário que todas elas não sejam pretas, basta dizer que "alguma" ou "pelo menos uma" bola não o seja.

Resposta oficial da banca: "pelo menos uma bola desse saco não é preta".

3.3. Estruturas lógicas

Entre os autores da matéria, encontramos quatro ou cinco diferentes formas apontadas para resolver as questões de estrutura lógica. Inclusive, há aqueles que ensinam e deixam à disposição do concursando todas elas.

Optamos por um único caminho: Considerar todas as proposições compostas verdadeiras.

<u>Considerar todas as proposições compostas verdadeiras</u>:

Para as estruturas que têm entre as proposições uma que seja simples, basta considerar esta proposição verdadeira e, a partir dela, valorar as demais proposições simples.

Caso exista entre as proposições uma composta conjuntiva, basta considerar verdadeiras as proposições simples que a compõem e, a partir delas, valorar as demais proposições simples.

Caso não tenhamos certeza da veracidade de alguma proposição (duas situações acima), escolhemos uma proposição simples (preferencialmente aquela com maior repetição) e lhe atribuímos um valor lógico: verdadeiro ou falso.

Efetivamos o teste da veracidade de todas as proposições compostas.

Feito o teste, se não houver nenhuma incompatibilidade entre as proposições, assumimos os valores lógicos definidos. Caso contrário, se encontrarmos alguma contradição, voltaremos àquela proposição simples inicial e testamos com o outro valor lógico.

Assim, resolvemos todas as questões de argumentação.

Difícil? Sim, concordo. Este é um daqueles momentos em que a prática vai explicar a teoria.

Para a prova, o candidato, diante de uma estrutura lógica, tem por objetivo descobrir o valor lógico de cada uma das proposições simples (verdadeiras ou falsas) de tal modo que as proposições composta sejam todas verdadeiras.

(FGV – Analista do Ministério Público (Processual) – MPE-RJ – 2016) Sobre as atividades fora de casa no domingo, Carlos segue fielmente as seguintes regras:

- *Ando ou corro.*
- *Tenho companhia ou não ando.*
- *Calço tênis ou não corro.*

Domingo passado Carlos saiu de casa de sandálias. É correto concluir que, nesse dia, Carlos:

a) correu e andou;

b) não correu e não andou;

c) andou e não teve companhia;

d) teve companhia e andou;

e) não correu e não teve companhia.

O objetivo é definir o valor lógico de cada proposição simples de sorte que todas as proposições compostas sejam verdadeiras.

Reescrever as proposições de maneira resumida e estruturada.

Proposição Simples	Conectivo	Proposição Simples
Ando	V	Corro
Companhia	V	Não ando
Tênis	V	Não corro

O examinador afirmou que Carlos saiu de sandálias, logo, não estava de tênis.

Ando	V	Corro
Companhia	V	Não ando
~~Tênis~~	V	Não corro

Entenda como falsas as proposições simples riscadas e como verdadeiras as sublinhadas.

Na terceira linha, para que a disjunção seja verdadeira é necessário que pelo menos uma proposição simples igualmente seja verdadeira. Como a primeira parte é falsa, obrigatoriamente a segunda é verdadeira.

Uma vez que "não corro" é verdade, podemos afirmar que "corro" é falso e "ando" é verdadeiro.

Ando	V	~~Corro~~
Companhia	V	~~Não ando~~
~~Tênis~~	V	Não corro

Resta a segunda proposição composta, também disjunção. No caso, como o segundo termo é falso, o primeiro deve ser verdadeiro.

Ando	V	~~Corro~~
Companhia	V	~~Não ando~~
~~Tênis~~	V	Não corro

A conclusão é que Carlos andou, não correu, teve companhia e não saiu de tênis.

Resposta: Alternativa "d".

4. CORRELACIONAMENTO LÓGICO

O correlacionamento lógico, aqui abordado, é uma modalidade de argumentação na qual trabalhamos com o encadeamento lógico.

A estrutura é composta de informações, aquelas definidas no enunciado da questão, e, baseados nelas, buscamos determinada conclusão que servirá de resposta para a questão.

Classificações:

Não existe regra definida para a resolução de questões de correlacionamento. É preciso atenção em relação àquelas informações que o examinador disponibiliza para esquematizá-las, geralmente com o auxílio de diagramas ou planilhas, na busca da conclusão lógica adequada.

Contudo, mesmo sem uma regra única, podemos classificar as questões de argumentação (ou correlacionamento lógico) para facilitar sua resolução.

O processo de produção de novas informações, resultado do correlacionamento, para as questões de raciocínio lógico, pode ser dividido em três classes de argumentação: Ordenação, dedução e hipóteses.

4.1. Ordenação

A ordenação é o mecanismo de reestruturação do ordenamento das informações para, enfim, chegar à conclusão. Todas as informações são conhecidas, porém estão fora de ordem.

Esse tipo de questão apresenta uma série de informações relacionadas a uma situação de ordenamento sequencial, por exemplo: pessoas na fila do caixa bancário, espectadores sentados lado a lado nas cadeiras do cinema, alunos em ordem de acordo com as notas das provas, fila organizada pela altura dos jogadores de basquete, ordem de emissoras de TV conforme pontos em pesquisa de audiência e assim por diante.

A resolução dessas questões, consideradas fáceis na maior parte das vezes, faz-se com a leitura atenta das informações e alocação dos elementos identificados na sequência correta de acordo com o que está sendo interpretado.

Questão:

Hércules pratica exatamente um esporte a cada dia da semana. Às segundas-feiras ele joga vôlei e dois dias depois ele joga basquete. Hércules corre três vezes por semana, mas nunca dois dias consecutivos. Ele também pratica natação e joga tênis, mas nunca pratica natação no dia seguinte ao jogo de tênis ou à corrida. O dia da semana em que Hércules joga tênis é: (FGV – Advogado Societário CODEMIG – 2015).

a) sábado;

b) domingo;

c) terça-feira

d) quinta-feira

e) sexta-feira

O objetivo é ordenar as atividades esportivas nos dias da semana tendo por base as informações apresentadas no texto da questão.

- Às segundas-feiras ele joga vôlei e dois dias depois ele joga basquete.

Segunda	Terça	Quarta	Quinta	Sexta	Sábado	Domingo
Vôlei		Basquete				

- Hércules corre três vezes por semana, mas nunca dois dias consecutivos.

Segunda	Terça	Quarta	Quinta	Sexta	Sábado	Domingo
Vôlei	Corre	Basquete				

Apesar de serem três dias de corrida, apenas um é possível identificar neste momento. Há formas diferentes de dispor os outros dois dias mesmo considerando não serem consecutivos.

- Ele também pratica natação e joga tênis, mas nunca pratica natação no dia seguinte ao jogo de tênis ou à corrida.

Para os quatro dias da semana restantes, dois são para corrida, um para natação e outro para tênis.

Pelo fato de a natação não ser praticada após tênis ou corrida, resta-lhe apenas a quinta-feira (dia seguinte ao basquete).

Segunda	Terça	Quarta	Quinta	Sexta	Sábado	Domingo
Vôlei	Corre	Basquete	Natação			

Associando a informação deste item com a do anterior, concluímos a sequência, corrida, tênis e corrida.

Segunda	Terça	Quarta	Quinta	Sexta	Sábado	Domingo
Vôlei	Corre	Basquete	Natação	Corre	Tênis	Corre

Portanto, Hércules pratica tênis aos sábados.

Resposta oficial da banca: "a".

4.2. Dedução

A análise das informações disponíveis serve de parâmetro para deduzirmos novas informações que são necessariamente consequências das existentes.

São os casos em que o examinador disponibiliza diferentes grandezas, porém que se relacionam entre si. Por exemplo, a questão diz que três irmãs usam vestidos de cores diferentes. Então, são dadas algumas dicas iniciais e, finalmente, é solicitada qual a cor do vestido que cada uma das irmãs está usando.

O padrão para a resolução é por meio de planilha fazendo os cruzamentos entre linhas e colunas. As linhas são identificadas por uma das grandezas e as colunas pela outra grandeza.

As células que representam o cruzamento de linha e coluna são preenchidas com "Sim" ou "Não" considerando se a relação está correta ou errada, respectivamente.

Imagine que uma das informações da questão diz que, entre as irmãs, Maria veste casaco amarelo e outra informação diz que Silvia não veste casaco verde:

	Maria	Silvia	Irmã
Cor			
Verde		Não	
Amarelo	Sim		

Repete-se o processo para cada informação até que se conclua qual a cor do casaco de cada uma das irmãs.

Vejamos se não é exatamente assim na questão formulada pela Fundação Getúlio Vargas em 2016 para a prova de Agente de Fiscalização da Prefeitura de Paulínia-SP.

Paulo, Sérgio e Mário trabalham na prefeitura da cidade e usam meios de transporte diferentes para ir ao trabalho: um vai com seu carro, outro vai de ônibus e outro, de bicicleta. Sabe-se que:

- *quem vai de carro é o mais velho dos três;*
- *Sérgio não tem carro;*
- *Paulo é mais novo que Sérgio e não vai de bicicleta.*

Assim, é correto afirmar que

a) Sérgio é o mais velho dos três.

b) Paulo vai de ônibus.

c) Mário vai de bicicleta.

d) Sérgio vai de carro.

e) Mário é o mais novo dos três.

Iniciamos pela construção da planilha.

	Paulo	Sérgio	Mário
Carro			
Ônibus			
Bicicleta			

Passamos a preencher as células internas com as demais informações disponibilizadas no enunciado.

- Quem vai de carro é o mais velho dos três.

	Paulo	Sérgio	Mário
Carro (mais velho)			
Ônibus			
Bicicleta			

- Sérgio não tem carro.

	Paulo	Sérgio	Mário
Carro (mais velho)		Não	
Ônibus			
Bicicleta			

- Paulo é mais novo que Sérgio e não vai de bicicleta.

	Paulo (mais novo que Sérgio)	Sérgio	Mário
Carro (mais velho)		Não	
Ônibus			
Bicicleta	Não		

Esgotadas as informações disponíveis, passamos a deduzir outras que sejam consequências daquelas.

Por exemplo, se o motorista do carro é o mais velho entre os três funcionários da prefeitura, é certo que não se trata do Paulo, uma vez que este é mais novo que Sérgio. Como havia a informação de que Sérgio não utiliza o carro como meio de transporte, conclui-se que Mário é o motorista do carro.

	Paulo (mais novo que Sérgio)	**Sérgio**	**Mário**
Carro (mais velho)	Não	Não	**Sim**
Ônibus			Não
Bicicleta	Não		Não

Para finalizar, de acordo com a planilha, deduzimos que Paulo utiliza o ônibus como meio de transporte e Sérgio, bicicleta.

	Paulo (mais novo que Sérgio)	**Sérgio**	**Mário**
Carro (mais velho)	Não	Não	**Sim**
Ônibus	**Sim**	Não	Não
Bicicleta	Não	**Sim**	Não

Resposta: Alternativa "b". Paulo vai de ônibus.

4.3. Hipóteses

Por fim, nos casos de questões que envolvam verdades e mentiras, lançamos mão das hipóteses.

Desenvolvimento e resolução do problema passam pela criação de hipóteses considerando situações ora verdadeira ora mentirosa.

O objetivo é testar cada uma das situações hipotéticas até chegar a uma conclusão sem que haja contradições entre premissas e conclusão.

Por exemplo, são dadas três afirmativas e a questão informa que duas delas são falsas e a outra é verdadeira, porém, não se sabe qual. Logo, é preciso formular as possíveis situações e testar cada uma delas:

	Hipótese 1	**Hipótese 2**	**Hipótese 3**
Afirmativa 1	Verdade	Falsa	Falsa
Afirmativa 2	Falsa	Verdade	Falsa
Afirmativa 3	Falsa	Falsa	Verdade

Então, para as informações falsas, faz-se a negação para, finalmente, identificar qual a hipótese que não apresenta contradição e, a partir dela, chegar à resposta para a questão.

Vejamos um bom exemplo cobrado em 2018.

(FGV – Analista de Políticas Públicas – Prefeitura de Niterói/RJ – 2018) Entre os amigos Alberto, Rodrigo e Marcelo, um deles é flamenguista, outro é tricolor e, outro, vascaíno.

Entre as afirmações a seguir, somente uma é verdadeira:

- *Alberto é tricolor.*
- *Rodrigo não é vascaíno.*
- *O tricolor não é Marcelo.*

É correto afirmar que

a) Alberto é vascaíno.

b) Rodrigo é tricolor.

c) Marcelo é flamenguista.

d) Alberto é tricolor.

e) Rodrigo não é flamenguista.

A ideia é formular as hipóteses para distinguir qual a afirmação verdadeira e quais as falsas.

Afirmações	Hipótese 1	Hipótese 2	Hipótese 3
Alberto é tricolor	Verdade	Falsa	Falsa
Rodrigo não é vascaíno	Falsa	Verdade	Falsa
O tricolor não é Marcelo	Falsa	Falsa	Verdade

Para evitar muitos testes, identifique afirmações sobre o mesmo tema e faça comparações específicas.

Por exemplo, tricolor é comum à primeira e à terceira afirmação. Se considerar verdade que "Alberto é tricolor", as demais seriam afirmações mentirosas, então, a última revelaria que Marcelo também seria tricolor. Haveria contradição, portanto, a hipótese 1 fica descartada.

Vamos direto para a segunda hipótese.

Afirmações	Hipótese 2	Conclusão
Alberto é tricolor	Falsa	Alberto **não** é tricolor
Rodrigo não é vascaíno	Verdade	Rodrigo não é vascaíno
O tricolor não é Marcelo	Falsa	O tricolor é Marcelo

Não encontramos inconsistência e concluímos que Marcelo é tricolor, Rodrigo é flamenguista e Alberto é vascaíno.

Alternativa correta: "a".

5. CONJUNTOS

5.1. Conjuntos – Problemas lógicos

Além das questões sobre proposições categóricas, outro tipo de estrutura cobrada pelas bancas examinadoras, inclusive pela Fundação Getúlio Vargas, são os problemas lógicos que igualmente são resolvidas por meio dos conjuntos (diagramas de *Venn*).

Conhecimento lógico-matemático e, ainda mais, interpretação são indispensáveis: Primeiro porque as questões são contextualizadas, exigindo do candidato o entendimento daquilo que se lê e também porque envolvem algum conteúdo matemático.

Então, vejamos como são os problemas lógicos que envolvem conjuntos.

Questão:

Uma turma do curso de Relações Internacionais tem 28 alunos e todos falam inglês. Sabe-se que 17 alunos falam espanhol e que 15 alunos falam francês. O número mínimo de estudantes dessa turma que falam esses três idiomas é: (FGV – Oficial de Chancelaria MRE – 2016).

a) 4

b) 5

c) 6

d) 7

e) 8

<table><tr><td>Uma turma do curso de Relações Internacionais tem 28 alunos e todos falam inglês. Sabe-se que 17 alunos falam espanhol e que 15 alunos falam francês.</td><td>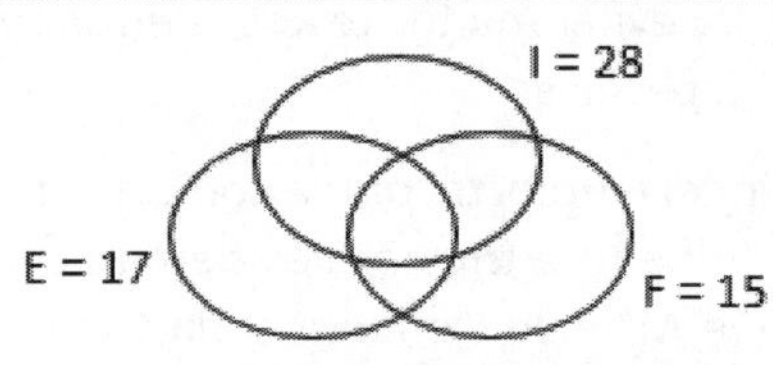
</td></tr></table>

Observe que o somatório das quantidades de alunos que falam espanhol e francês é superior à quantidade de alunos (mesma quantidade daqueles que falam inglês). O excedente é explicado pela dupla contagem, ou seja, alunos que simultaneamente cursam as outras duas línguas além do inglês.

Fazendo a operação matemática, são 4 alunos que falam as línguas espanhola e francesa (17 + 15 – 28 = 4). Essa é a mínima quantidade de alunos que falam as três línguas.

Para que tenhamos o mínimo de estudantes que fala os três idiomas é necessário que não exista nenhum deles que fale apenas uma língua.	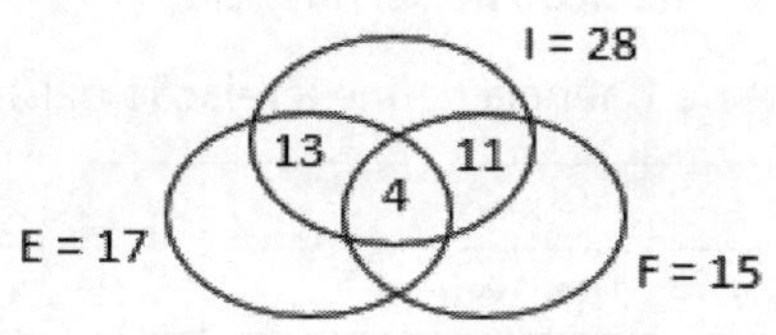

Resposta: Alternativa "a".

Para o mesmo enunciado, a banca poderia questionar qual a **máxima quantidade de alunos que falam os três idiomas**.

Nessa hipótese formulada, tomamos por base a língua com menor quantidade de alunos, no caso o francês, para então montar o arranjos das demais quantidades de alunos.

Aqui a distribuição completa considerando a máxima quantidade de alunos falarem as 3 línguas.	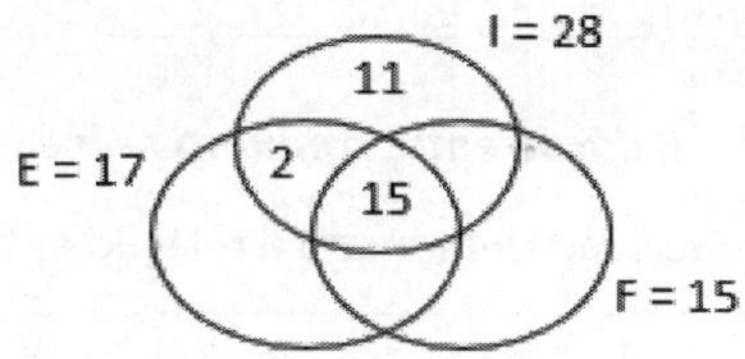

Conclusão:

- 28 alunos falam inglês (sendo que 11 falam apenas o inglês).
- 2 alunos falam inglês e espanhol.
- 15 alunos falam os três idiomas.

Resposta para a hipótese formulada: O número máximo de alunos que falam os três idiomas é igual a 15.

5.2. Conjuntos

Por conjunto entende-se o agrupamento de elementos, comumente denominado por uma letra maiúscula cujos membros são representados por letras minúsculas, entre chaves e separados por vírgulas.

Podem ser demonstrados com a listagem de todos os seus elementos ou por meio da propriedade que o define.

Exemplos: Conjunto dos números inteiros maiores ou igual a zero e menores que dez.	$A = \{0, 1, 2, 3, 4, 5, 6, 7, 8, 9\}$
	$A = \{x \mid x \in \mathbb{Z} \text{ e } 0 \leq x < 10\}$

Lê-se: "*A* é o conjunto dos números *x* tal que *x* pertence ao conjunto dos números inteiros e *x* é maior ou igual a zero e menor que dez".

5.2.1. Relação de pertinência

A pertinência define a relação existente entre elementos e o conjunto.

∈	Pertence	$x \in X$	O elemento x pertence ao conjunto X.
∉	Não pertence	$x \notin X$	O elemento x não pertence ao conjunto X.

Exemplo:

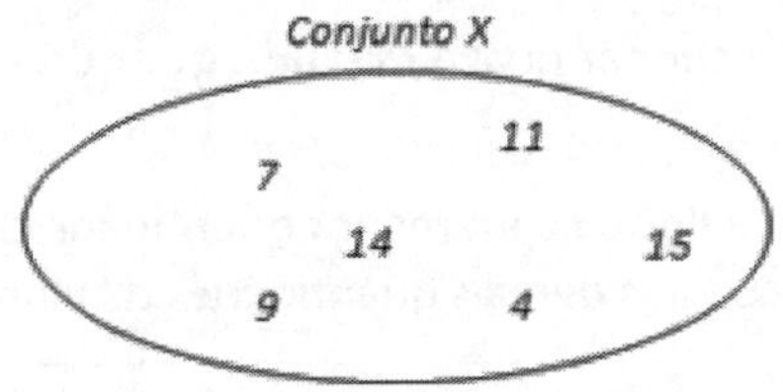	O elemento 7 pertence ao conjunto X: $7 \in X$. O elemento 5 não pertence ao conjunto X: $5 \notin X$".

5.2.2. Relação entre conjuntos – Inclusão

A inclusão demonstra a relação entre conjuntos e é representada pelos símbolos:

⊂	Está contido	$X \subset Y$	O conjunto X está contido no conjunto Y. X é um subconjunto de Y.
⊃	Contém	$X \supset Y$	O conjunto X contém no conjunto Y. Y é um subconjunto de X.
⊄	Não está contido	$X \not\subset Y$	O conjunto X não está contido no conjunto Y. X não é um subconjunto de Y.

Exemplo:

Dados os conjuntos:.

$A = \{1, 2, 3, 4, 5, 6, 7, 8\}$

$B = \{2, 4, 6, 8\}$

$C = \{0, 1, 2, 3\}$

Na comparação entre os conjuntos, temos:

- O conjunto A contém o conjunto B, isso porque o conjunto A é mais abrangente e contém todos os elementos de B. Representado por "$A \supset B$".
- O conjunto B está contido no conjunto A, ou seja, B é um subconjunto de A. Representado por "$B \subset A$".
- O conjunto C não está contido no conjunto A, pois existe um elemento em C que não faz parte do conjunto A. Representado por "$C \not\subset A$".

Uma questão em que a banca inclui vários conceitos em relação a conjuntos.

(IBFC – Técnico de Registro – SAEB BA – 2015) Seja um conjunto A com exatamente 7 elementos distintos e um conjunto B com exatamente 8 elementos distintos, é correto afirmar, COM CERTEZA, que:

a) O conjunto união entre A e B tem exatamente 15 elementos distintos.

b) Se ambos os conjuntos forem disjuntos, então o conjunto união entre A e B têm exatamente 15 elementos.

c) O conjunto intersecção entre A e B tem exatamente 1 elemento.

d) Se ambos conjuntos forem disjuntos, então o conjunto intersecção entre A e B têm exatamente 15 elementos.

e) O conjunto complementar de B com relação ao conjunto A tem exatamente 1 elemento.

Sabemos apenas que o conjunto A tem 7 elementos distintos e que o conjunto B tem 8 elementos distintos. A partir dessa informação, vamos às alternativas.

a) O conjunto união entre A e B tem exatamente 15 elementos distintos.

Os elementos são distintos, entretanto, essa informação diz respeito cada conjunto separadamente, ou seja, pode haver repetição quando comparado os dois conjuntos.

Caso não haja repetição de elementos entre os conjuntos, a afirmativa estaria correta. Mas não temos esta certeza.

Alternativa errada.

b) Se ambos os conjuntos forem disjuntos, então o conjunto união entre A e B têm exatamente 15 elementos.

A certeza que não tínhamos anteriormente, passamos a tê-la.

Conjuntos disjuntos não têm elementos comuns a ambos. Logo, A união de A e B resulta em um conjunto com 15 elementos (somatório dos elementos de A e B).

Alternativa correta.

c) O conjunto intersecção entre A e B tem exatamente 1 elemento.

Como na alternativa "a", não podemos afirmar, uma vez que não sabemos se existe repetição de elementos entre os conjuntos A e B.

Alternativa errada.

d) Se ambos conjuntos forem disjuntos, então o conjunto intersecção entre A e B têm exatamente 15 elementos.

O que se afirma na afirmativa é válido para a união de conjuntos (vide alternativa "b"). A intersecção de conjuntos disjuntos resulta em um conjunto vazio (não há intersecção entre eles).

e) O conjunto complementar de B com relação ao conjunto A tem exatamente 1 elemento.

A condição para ter o conjunto complementar de B em relação à A é que aquele estivesse contido nesse, ou seja, "B ⊂ A". Impossível, uma vez que B tem mais elementos que A.

Seria possível a seguinte afirmação: "O conjunto complementar de A com relação ao conjunto B tem exatamente 1 elemento".

Teríamos, neste caso, a representação:

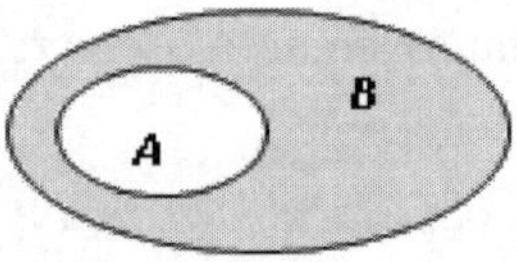

A área marcada corresponde ao conjunto complementar de A em relação a B. Corresponde aos elementos não pertencentes ao conjunto A e que faltam para igualar ao conjunto B.

5.3. Operações com conjuntos

Diferente das relações entre conjunto, nas quais são feitas comparações, as operações com conjunto resultam em novos conjuntos.

União de conjuntos.

A partir de dois conjuntos, *A* e *B*, o conjunto união tem como elementos o somatório daqueles pertencentes a ambos os conjuntos dados.

$$A = \{1, 2, 3, 4, 5\}$$
$$B = \{4, 5, 6, 7, 8\}$$

A união é representada por:

$$A \cup B = \{ x \mid x \in A \text{ ou } x \in B\}$$

Observe que todos os elementos do conjunto união será um elemento que pertença ao conjunto *A* "ou" ao conjunto *B*. São eles:

$$A \cup B = \{1, 2, 3, 4, 5, 6, 7, 8\}$$

Intersecção entre conjuntos:

A partir de dois conjuntos, *A* e *B*, o conjunto intersecção tem como elementos aqueles comuns a ambos os conjuntos dados.

$$A = \{1, 2, 3, 4, 5\}$$
$$B = \{4, 5, 6, 7, 8\}$$

A intersecção é representada por:

$$A \cap B = \{x \mid x \in A \text{ e } x \in B\}$$

Se na união constava o conectivo "ou" como característica, aqui consta o conectivo "e", ou seja, os elementos do conjunto intersecção têm que pertencer, obrigatoriamente, ao conjunto *A* "e" ao conjunto *B*.

O conjunto intersecção é igual a:

$$A \cap B = \{4, 5\}$$

Diferença entre conjuntos:

A partir de dois conjuntos, *A* e *B*, a diferença é o conjunto com os elementos de *A*, excluídos aqueles que são comuns ao conjunto *B*.

$$A = \{1, 2, 3, 4, 5\}$$
$$B = \{4, 5, 6, 7, 8\}$$

A subtração é representada por:

$$A - B = \{x \mid x \in A \text{ e } x \notin B\}$$

Assim, consideramos todos os elementos de *A* (1, 2, 3, 4, 5) e, desses elementos, excluímos aqueles que fazem parte de *B*.

A diferença entre os conjuntos *A* e *B*, é igual a:

$$A - B = \{1, 2, 3\}$$

Ressalta-se que a alteração da ordem dos conjuntos altera também o resultado. Vejamos como fica a operação *B* – *A*:

$$B - A = \{x \mid x \in B \text{ e } x \notin A\}$$

Conjunto resposta:

$$B - A = \{6, 7, 8\}$$

6. MATEMÁTICA

6.1. Números e operações

Tratar isoladamente itens como números inteiros, racionais e reais, assim como operações de soma, subtração, multiplicação, divisão, potenciação e radiciação seria contraproducente pra você concursando, motivo pelo qual faremos uma breve introdução e aproveitaremos questões contextualizadas que agregam uma pluralidade do conteúdo lógico-matemático para completar o assunto.

Conjunto dos números reais:

CONJUNTO DOS NÚMEROS REAIS

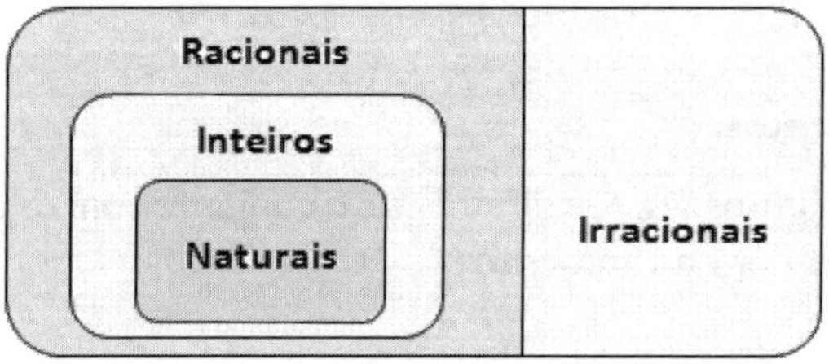

- Naturais: Números positivos inteiros e o zero.
- Inteiros: Números inteiros, sejam eles positivos ou negativos.
- Racionais: Números inteiros, números decimais finitos e números decimais infinitos (dízimas periódicas).
- Irracionais: Números que não podem ser escritos na forma de fração. Na forma decimal são infinitos não periódicos, por exemplo: Pi = 3,141592653589....
- Reais: Conjunto dos racionais e irracionais.

Operações numéricas:

Vale à pena ressaltar, tanto na multiplicação quanto na divisão, quando os termos tiverem o mesmo sinal, o resultado será positivo. Quando os termos tiverem sinais diferentes, o resultado será negativo.

Sinais Iguais	Sinais Diferentes
$(+) \times (+) = +$	$(+) \times (-) = -$
$(+) \div (+) = +$	$(+) \div (-) = -$
$(-) \times (-) = +$	$(-) \times (+) = -$
$(-) \div (-) = +$	$(-) \div (+) = -$

IMPORTANTE!

A divisão é uma operação um tanto quanto traiçoeira e inevitavelmente vai fazer parte de sua prova.

Reflita e seja sincero, você tem certeza que domina a operação de divisão? Você sabe fazer divisão com números decimais e ou fracionários? Se não tem convicção em responder afirmativamente, sugiro muito treino para que não perca pontos por conta de detalhes.

DICA

Exclua a calculadora do dia a dia até que atinja seu objetivo, ou seja, até o dia em que seu nome figure na lista dos aprovados. Pelo menos, não a utilize durante o tempo dedicado aos estudos.

6.2. Equações e sistemas de equações

Mantendo a ideia de sermos objetivos quanto à teoria, em relação às expressões numéricas vale lembrar que a resolução deve ser feita segundo determinada hierarquia.

Ordem das operações matemáticas.	Primeiro: Resolver potências e raízes. Segundo: Resolver produtos e quocientes. Terceiro: Resolver adições e subtrações.

A ordem das operações será alterada com a inclusão dos símbolos de operação, os quais também seguem determinada ordem:

Ordem dos símbolos de operações.	Primeiro: Operações entre parênteses ( ). Segundo: Operações entre colchetes [ ]. Terceiro: Operações entre chaves { }.

Um pouco de prática.

(FGV – Assistente Administrativo – MPE-GO – 2022) Paulo e Berenice possuem, respectivamente, R$ 47,30 e R$ 62,50. Para que Berenice fique com o triplo da quantia de Paulo, Paulo tem que dar a Berenice

a) R$ 19,85.

b) R$ 20,35.

c) R$ 21,25.

d) R$ 24,15.

e) R$ 27,45.

Sabe-se que:

Paulo e Berenice possuem, respectivamente, R$ 47,30 e R$ 62,50.	P = 47,30 B = 62,50

Paulo passa para Berenice uma quantidade denominada X.

X é subtraído da quantidade de Paulo e somado à quantidade de Berenice.	P – X B + X

Se Berenice fica com o triplo da quantia de Paulo, então ao multiplicar a quantia de Paulo por 3 temos uma igualdade.

Equação matemática para calcular o valor de X.	3(P – X) = (B + X) 3(47,30 – X) = (62,50 + X) 4X = 79,40 X = 19,85

Resposta: Paulo tem que dar R$ 19,85 a Berenice. Alternativa correta: A

6.3. Porcentagem

A porcentagem é uma razão, ou seja, é uma fração que tem como característica a base 100. Quando escrito de modo formal, o número é acompanhado pelo símbolo da porcentagem "%".

Como se trata de uma razão, é possível que seja efetuada a divisão e, nesse caso, a porcentagem é apresentada na forma de número decimal.

Razão centesimal:

A razão centesimal ou fração de base 100 tem o denominador com esse valor. Assim, a porcentagem pode ser representada:

Razão centesimal	Número decimal	Porcentagem
0,5/100	0,005	0,5%
1/100	0,01	1%
4,3/100	0,043	4,3%
25/100	0,25	25%
100/100	1	100%
650/100	6,5	650%
1200/100	12	1200%

Questão:

(FGV – Analista do Ministério Público (Processual) – MPE-RJ – 2016) Lucas e Marcelo trabalham no mesmo escritório e ganham R$ 4500,00 e R$ 3600,00, respectivamente. Lucas foi promovido e ganhou aumento de 20% no seu salário. Dias depois, Marcelo foi também promovido, passou a desempenhar trabalho equivalente ao de Lucas e também passou a receber um salário igual ao dele. A porcentagem de aumento do salário de Marcelo foi de:

a) 40%;

b) 50%;

c) 60%;

d) 64%;

e) 72%.

Uma maneira de resolver questões sobre porcentagem é utilizando a regra de três.

Inicialmente o salário de Lucas corresponde a 100%.

Salário	Percentual
4500,00	100%
x	120%

Após, com o aumento de 20%, o salário de Lucas passa a representar 120% do que ganhava anteriormente.

Aplicar a regra de três	100x = 4500 . 120 x = (4500 . 120)/100 x = 45 . 120 x = 5400

Lucas teve seu salário majorado para R$ 5.400,00 após a promoção. Marcelo também foi promovido e passou a exercer a tarefas equivalentes com o mesmo salário.

Podemos montar a seguinte relação para o salário de Marcelo:

Salário	Percentual
3600,00	100%
5400,00	x%

Antes de aplicar a regra de três, se possível, simplifique linhas inteiras ou colunas inteiras para facilitar as operações.

Salário	Percentual
36	100%
54	x%

Fazer a multiplicação cruzada.

Aplicar a regra de três	36x = 54 . 100 x = 5400/36 x = 150

O salário de Marcelo representa 150% do que recebia anteriormente, logo, obteve aumento de 50%.

Alternativa correta: letra "b".

Além da regra de três, para aumentos percentuais podemos nos valer do fator de multiplicação (veremos no item "juros").

6.4. Juros

Os juros são um tipo de acréscimo financeiro pela utilização de dinheiro que não é seu, é a remuneração do capital. Se você toma emprestada uma quantia, devolverá o mesmo valor acrescido de juros pelo pagamento pelo uso do dinheiro. Por outro lado, no momento em que você deixa um dinheiro aplicado em uma instituição financeira, receberá juros pelo uso que a instituição fez do seu dinheiro.

Pra resumir, juros são uma modalidade da porcentagem e, para provas de concursos, especificamente para as questões que tratam de aumento ou redução percentual, um recurso bastante interessante é o fator de multiplicação.

Fator de multiplicação:

O fator de multiplicação é um número decimal que permite o cálculo, de forma direta, do valor resultante de um acréscimo percentual ou desconto percentual.

Descrição	Fator
Fator de multiplicação para aumento percentual:	FM = 1 + Porcentagem
Fator de multiplicação para desconto percentual:	FM = 1 – Porcentagem

- FM = fator de multiplicação
- A porcentagem deve ser representada pelo número decimal.

Veja alguns exemplos de fator de multiplicação.

Porcentagem	Número decimal	Fator para acréscimo	Fator para desconto
0,2%	0,002	1,002	0,998
5%	0,05	1,05	0,95
36%	0,36	1,36	0,64
89%	0,89	1,89	0,11

Em prova para o Ministério Público do Estado do Rio de Janeiro a banca cobrou uma questão com baixo grau de dificuldade, mas que exigiu muita atenção do concursando na utilização do fator de multiplicação.

(FVG – Técnico do Ministério Público (Administrativo) – MPE-RJ – 2016) Miguel pagou atrasado a conta de seu cartão de crédito. Por esse motivo, a operadora do cartão cobrou, entre multa e juros, um total de 15% sobre o valor original da conta, totalizando R$ 920,00.

O valor original da conta do cartão de crédito de Miguel era:

a) R$ 720,00;

b) R$ 756,00;

c) R$ 782,00;

d) R$ 790,00;

e) R$ 800,00.

Miguel viu-se obrigado a pagar um valor maior que o total de gastos efetivos do cartão de crédito por causa de atraso. Uma vez que estamos falando de pagamento com valor maior pela inclusão de juros e multa, podemos utilizar o fator de multiplicação para aumento.

FM para acréscimo percentual.	FM = 1 + 15% FM = 1 + 0,15 FM = 1,15

Chamamos valor inicial (VI) o gasto efetivo de Miguel e de valor final (VF) o gasto somado aos encargos financeiros (juros e multa).

Utilização do FM.	VF = VI . FM 920,00 = 1,15 VI VI = 920 / 1,15 VI = 800

Resposta: O valor original do cartão de crédito foi de R$ 800,00.

Alternativa correta: letra "e".

6.5. Problemas algébricos

Veja um exemplo de como trabalhar com operações básicas, interpretação e resolução do problema, ou seja, raciocínio matemático.

(FGV – Técnico do Ministério Público – MPE-TJ – 2016) As somas de três números inteiros, dois a dois, são, respectivamente, 29, 63 e 68. O maior desses três números inteiros é:

Segundo o enunciado, são três números os quais chamaremos X, Y e Z. Foram realizadas operações de soma entre eles, dois a dois, conforme segue.

Somas dois a dois	$X + Y = 29$ $X + Z = 63$ $Y + Z = 68$

Trabalhamos com as três expressões. Primeiro isolando Y e Z nas primeira e na segunda expressões, respectivamente.

Isolar Y e Z	$Y = 29 - X$ $Z = 63 - X$

Substituímos, na terceira expressão, os valores de Y e Z obtidos acima.

Substituir Y e Z	$Y + Z = 68$ $(29 - X) + (63 - X) = 68$ $29 - X + 63 - X = 68$ $2X = 24$ $X = 12$

A partir do valor de X, calculam-se os valores de Y e Z.

Calcular Y e Z	$Y = 29 - X$ $Y = 29 - 12$ $Y = 17$	$Z = 63 - X$ $Z = 63 - 12$ $Z = 51$

Resposta: O maior dos três números é igual a 51.

7. PROPORCIONALIDADE

7.1. Relação diretamente proporcional

A proporção é direta quando são comparadas duas grandezas e a variação de uma provoca a variação proporcional da outra no mesmo sentido.

Por exemplo, para fazer uma receita de bolo usamos vários ingredientes, entre eles ovos e farinha de trigo. Se o desejo é fazer uma receita maior, aumentamos a quantidade de ovos e a quantidade de farinha. Por outro lado, para um bolo menor, ambos os ingredientes devem ser reduzidos, mantendo-se a mesma proporção.

É importante esta análise para a resolução da regra de três porque, apesar de não ter implicação alguma quando a relação é direta, a relação inversa exige que seja feito um procedimento antes de efetivamente resolvermos a regra de três.

7.2. Relação inversamente proporcional

Na relação inversa a variação de uma grandeza provoca a variação da outra em sentido contrário.

Por exemplo, uma pessoa dedica meia hora por dia para fazer a leitura de um determinado livro e, assim, concluirá a leitura do livro em 12 dias. Se essa mesma pessoa passar a dedicar três horas por dia, acabará a leitura do livro em um prazo menor. A situação deixa claro que ao aumentar o tempo diário de leitura o prazo para o término do livro será reduzido (aumenta uma grandeza enquanto a outra é reduzida).

Ao resolver problemas de regra de três em que a relação seja inversamente proporcional é necessário a alteração da posição dos valores de uma das grandezas. Aproveitando o exemplo citado temos:

Horas por dia	Tempo para a conclusão
1/2 ou 0,5	12
3	X

Como a relação é inversamente proporcional, faz-se a inversão das posições dos valores de uma das grandezas.

Horas por dia	Tempo para a conclusão
3	12
0,5	X

Após a alteração dos valores da coluna "Horas por dia", a resolução faz-se como uma regra de três simples.

Multiplicar em cruz.	3X = 0,5 . 12 X = 6/3 X = 2

Conclui-se que passando o tempo de leitura diária de meia hora para três horas, o livro será lido em dois dias.

A regra de três é uma ferramenta de grande utilidade na resolução dos mais variados problemas matemáticos.

Veja como a Fundação Getúlio Vargas abordou o tema:

Uma máquina fabrica uma peça inteira do motor de um carro em 8 min. Trabalhando continuamente, o número de peças inteiras que a máquina fará em 9 horas é: (FGV – Agente de Fiscalização – Prefeitura de Paulínia-SP – 2016).

Perceba que as unidades de medidas são diferentes (minutos e horas). Então, antes de iniciar a resolução, consideramos o tempo dado "9 horas" em minutos, o que corresponde a 540 min.

Informações conhecidas.	1 peça = 8 min. X peças = 540 min.

Resta aplicar a regra de três:

8 . X = 1 . 540 X = 540 / 8 X = 67,5

Resposta: Serão produzidas 67 peças inteiras em 9 horas.

7.3. Razão e proporção

A razão é o quociente entre dois números que têm por finalidade a comparação relativa entre eles. Ao fazer a divisão de uma grandeza por outra, na mesma unidade de medida, o resultado indica a porção que a primeira representa em relação à segunda.

A igualdade entre duas frações é a chamada proporção.

$\frac{a}{b} = \frac{c}{d}$	A razão "*a* para *b*" é igual à razão "*c* para *d*", ou seja, as razões (frações) são proporcionais.

<u>Propriedade da proporção:</u>

O produto dos extremos é igual ao produto dos meios.	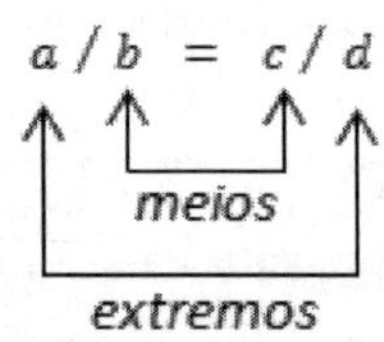

Temos que o produto dos extremos (*a* e *d*) é igual ao produto dos meios (*b* e *c*):

Exemplo numérico:	1,5/4 = 6/16 1,5 . 16 = 4 . 6 24 = 24

No exemplo ficou confirmado que as frações 1,5/4 e 6/16 são equivalentes.

Assim foi cobrado o assunto pela FGV:

O carro de Joana faz 15 km por litro de gasolina e o carro de Laura faz 10 km por litro de gasolina. Joana e Laura percorreram exatamente a mesma distância em quilômetros com seus respectivos carros. No total, a razão entre quilômetros percorridos e o número de litros de gasolina gastos pelas duas foi igual a: (FGV – Técnico MPE RJ – 2016).

Independente da distância percorrida por Joana e Laura, a razão solicitada será a mesma. Tanto que a banca suprimiu essa informação.

Para facilitar os cálculos, estabeleceremos uma distância hipotética, preferencialmente que seja um número múltiplo de 15 e 10, como por exemplo, 150 quilômetros (poderia ser outra, como 30, 60, 300...).

Nessa situação hipotética, vejamos o consumo de combustível de ambas as moças.

Consumo de Joana	CJ = 150 / 15 CJ = 10 litros
Consumo de Laura	CL = 150 / 10 CL = 15 litros

Sabemos que Joana percorreu 150 km e consumiu 10 litros de gasolina, enquanto Laura percorreu os mesmo 150 km com consumo de 15 litros.

Para o cálculo da razão, observe que seguimos estritamente o que nos foi solicitado.

Razão entre quilômetros percorridos e o número de litros de gasolina gastos pelas duas	$\text{Razão} = \frac{\text{km}}{\text{Litros}}$ $\text{Razão} = \frac{150 + 150}{10 + 15}$ $\text{Razão} = \frac{300}{25}$ $\text{Razão} = 12$

Resposta: A razão entre distância percorrida e litros de combustível consumido é igual a 12.

8. GEOMETRIA BÁSICA

8.1. Perímetro

Perímetro é a soma das medidas dos lados de um polígono.

Nos polígonos regulares as medidas de todos os lados são iguais. Assim o perímetro desses polígonos será o produto do número de lados pela sua medida:

Polígonos regulares – Fórmula	
P = n . l	P = Perímetro n = Número de lados l = Medida do lado

8.2. Áreas das figuras planas

O cálculo da área exige conhecimento um pouco mais refinado, pois não se trata do contorno da região, mas sim de toda sua superfície. Para isso é necessário conhecer as formulas específicas para o cálculo de cada uma das áreas das figuras geométricas.

Comumente, a área é denotada pela letra *S*.

ÁREA:

É a região plana, interna, delimitada pelos lados de um polígono.

Imprescindível para a prova são as fórmulas de, pelo menos, três figuras geométricas: Triângulo, quadrilátero e círculo.

	Figura	Fórmula	Nomenclatura
Área das Figuras planas.	Triângulo	$A = \frac{b \cdot h}{2}$	A = Área b = Base h = Altura π = Pi (3,1416) r = Raio
	Retângulo	$A = b \cdot h$	
	Círculo	$A = \pi \cdot r^2$	

A unidade de área será a unidade de medida adotada elevada ao quadrado já que a operação é o produto. Se as medidas são dadas em cm (centímetro), a área mede-se em cm^2 (centímetro quadrado).

As provas, em sua grande maioria, cobram a aplicação direta das fórmulas.

Carlos tem um terreno retangular com 15 metros de largura e 40 metros de comprimento. Amostras feitas no local indicam que há, em média, três formigas por centímetro quadrado no terreno de Carlos.

O número aproximado de formigas no terreno de Carlos é (FGV – Analista CEDEBA – 2016).

Foram dadas seguintes informações:

Dados	Largura do terreno = 15 metros Comprimento do terreno = 40 metros 1 cm^2 = 3 formigas

A área do quadrilátero é dada pela multiplicação da base pela altura.

Área do terreno	Área = b . h Área = 40 . 15 Área = 600 m^2

O fato de a quantidade de formigas corresponder à área em centímetros quadrados nos obriga a transformar a área do terreno para essa unidade de medida.

Sabendo que 1 metro é o equivalente a 100 centímetros, para converter uma medida em metro para centímetros basta multiplicar por 100. Todavia, essa regra não vale para medida de área. Está <u>errado</u> dizer que 600 m^2 equivalem a 60.000 cm^2.

IMPORTANTE:

Para conversão das medidas de área, as unidades devem ser consideradas ao quadrado. Para converter 1 m^2 em cm^2, multiplica-se por 100^2.

Logo, para converter a área do terreno para centímetros quadrados, multiplica-se por 100 elevado à potência 2.

Converter m^2 em cm^2	$m^2 = (m\ .\ 100^2)\ cm^2$ $600\ m^2 = (600\ .\ 100^2)\ cm^2$ $600\ m^2 = (600\ .\ 10.000)\ cm^2$ $600\ m^2 = 6.000.000\ cm^2$

Sabendo que o terreno tem 6.000.000 cm^2, é certo que tem aproximadamente 18 milhões de formigas.

Resposta: 18 milhões.

8.3. Volume das figuras espaciais

Podemos ter muitas definições para a palavra volume, mas para a Matemática é o espaço ocupado por um corpo.

Todo sólido geométrico possui volume e ocupa espaço, sendo a unidade usual de medida o metro cúbico (m^3).

Seguem as principais figuras sólidas geométricas e as respectivas fórmulas para o cálculo do volume.

	Figura	Fórmula	Nomenclatura
Volume dos sólidos geométricos.	Paralelepípedo	$V = c.l.h$	V = Volume c = Comprimento l = Largura h = Altura A_b = Área da base π = Pi (3,1416) r = Raio
	Cubo	$V = l^3$	
	Pirâmide	$V = \frac{A_b.h}{3}$	
	Cilindro	$V = A_b.h$	
	Esfera	$V = \frac{4.\pi.r^3}{3}$	

Questão cobrada pela FGV para a prova de Agente de Fiscalização da Prefeitura de Paulínia-SP em 2016.

Um cubo de ouro maciço com 2 cm de aresta hoje vale R$ 19.000,00. O valor de um cubo de ouro maciço com 3 cm de aresta hoje vale, aproximadamente,

O examinador faz referência à medida da aresta de um cubo, ou seja, a medida de cada um dos lados.

Aresta e vértice são os elementos dos poliedros.

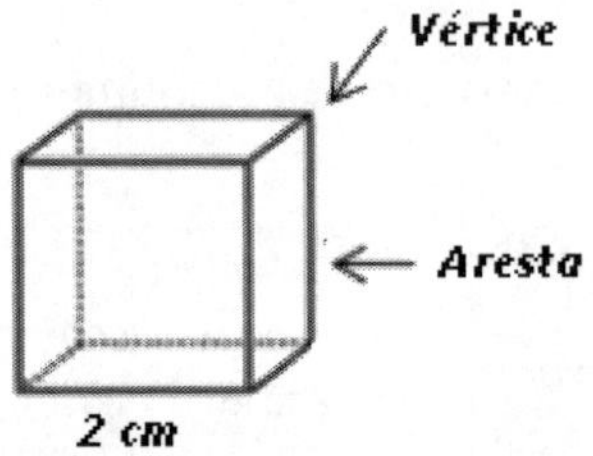

Precisamos calcular o volume dos cubos de 2 e 3 centímetros de aresta, para, na sequência, aplicar a proporcionalidade em relação aos valores.

Área do Cubo (aresta = 2 cm)	$V = l^3$ $V = 2^3$ $V = 8\ cm^3$
Área do Cubo (aresta = 3 cm)	$V = l^3$ $V = 3^3$ $V = 27\ cm^3$

Aplicar a regra de três

$8\ cm^3$ = R$ 19.000,00 $27\ cm^3$ = R$?	8x = 27 . 19.000 x = 64.125

O cubo de ouro com lados igual a 3 centímetros vale R$ 64.125,00.

Resposta: Aproximadamente R$ 64.000,00

Para finalizar o item "volume das figuras espaciais", seguem algumas relações que poderão facilitar resolução de questão sobre o tema, caso seja cobrado.

RELAÇÕES IMPORTANTES:

$1\ m^3$ = 1000 litros

$1\ cm^3$ = 1 ml (mililitro)

1 litro = $1000\ cm^3$ = $1\ dm^3$ (decímetro cúbico)

Resumo das figuras geométricas (área e volume)

	Figura	Fórmula
Área das Figuras planas	Triângulo	$S = \frac{b \cdot h}{2}$
	Retângulo	$S = b \cdot h$
	Paralelogramo	$S = b \cdot h$
	Círculo	$S = \pi \cdot r^2$
Volume dos sólidos geométricos	Paralelepípedo	$V = c.l.h$
	Cubo	$V = l^3$
	Pirâmide	$V = \frac{1}{3} \cdot A_b \cdot h$
	Cilindro	$V = A_b \cdot h$
	Esfera	$V = \frac{4 \cdot \pi \cdot r^3}{3}$

9. UNIDADES DE MEDIDA

Existem regras que definem os padrões das grandezas fundamentais denominado Sistema Internacional – SI de unidades. Por esse sistema, massa é medida em quilograma, tempo em segundos.

9.1. Tempo

O tempo tem como medida padrão o segundo, porém, tão utilizado quanto ele são seus múltiplos minuto, hora, dia, semana, mês e ano, apesar de não constar no Sistema Internacional.

As questões da FGV acerca de tempo têm como característica a contextualização, o que requer do candidato mais atenção e raciocínio do que cálculo propriamente dito.

Em certo ano, o dia 31 de dezembro caiu em um domingo e, em um reino distante, o rei fez o seguinte pronunciamento:

"Como as segundas-feiras são dias horríveis, elas estão abolidas a partir de hoje. Assim, em nosso reino, cada semana terá apenas 6 dias, de terça-feira a domingo. Portanto, como hoje é domingo, amanhã, o primeiro dia do ano novo, será terça-feira."

O ano novo não foi bissexto. Então, nesse reino distante, o dia de Natal (25 de dezembro) desse ano caiu em: (FGV – Oficial de Chancelaria MRE – 2016).

a) uma terça-feira;

b) uma quarta-feira

c) uma quinta-feira

d) uma sexta-feira

e) um sábado

Assim, de acordo com o pronunciamento real, o calendário de tal reino completaria as semanas a cada seis dias.

3ª	4ª	5ª	6ª	Sábado	Domingo
1	2	3	4	5	6
7	8	9	10	11	12

Primeiro, é necessário saber que o ano não bissexto tem 365 dias, dos quais são subtraídos 6 para chegar ao dia 25 de dezembro. Logo, do dia primeiro ao dia de Natal são transcorridos 359 dias (365 – 6 = 359).

Como as semanas formam grupos de seis dias, faz-se a divisão de 359 por 6. O resultado demonstra que, do início do ano ao dia de Natal, completam-se 59 semanas e ainda restam outros 5 dias.

Fundamentado na informação de que o primeiro dia do ano caiu na terça-feira, portanto, início da semana, os dias restantes iniciam-se também na terça sendo que o quinto (25 de dezembro) cai no sábado. Para essa conta, basta considerar a ordem da primeira semana do ano.

3ª	4ª	5ª	6ª	Sábado	Domingo
1	2	3	4	**5**	6

Resposta: Alternativa "e".

Atenção: O candidato deve se preocupar em trabalhar com a mesma unidade de tempo e estar atento as suas conversões, pois é isso que o examinador vai cobrar.

Outro detalhe a ser levado em consideração são as operações envolvendo horas, minutos e segundos, uma vez que essas medidas não tem base decimal, mas sim, sexagesimal. Vejamos um exemplo.

No dia 1º de janeiro de 2016, na cidade de Salvador, o nascente do Sol ocorreu às 5 horas e 41 minutos e o poente às 18 horas e 26 minutos. O período de luminosidade desse dia foi: (FGV – Guarda Portuário – CODEBA – 2016).

Para conhecer o tempo de luminosidade desse dia calcula-se a diferença entre a hora final e a inicial.

Período de luminosidade	P = H final – H inicial P = 18h e 26min – 5h e 41min

Observe que essa conta não pode ser feita sob o sistema decimal.

ERRADO!	– 18 horas e 26 minutos 5 horas e 41 minutos 85 minutos

Para que não haja erro em relação ao padrão sexagesimal, altere o minuendo passando uma hora para os minutos, assim, as horas ficam reduzidas em 1 unidade e os minutos acrescidos em 60 unidades.

Período de luminosidade	– 17 horas e 86 minutos 5 horas e 41 minutos 12 horas e 45 minutos

Resposta: O período de luminosidade, nesse dia, foi de 12 horas e 45 minutos.

9.2. Massa

O quilograma, ou simplesmente kg, apesar de ser uma referência para a medida de massa, não é a unidade básica de medida. O padrão internacional é o grama (g) cujos múltiplos e submúltiplos são:

Grama (g).	Múltiplos: Decagrama (dag); Hectograma (hg); Quilograma (kg).
	Submúltiplos: Decigrama (dg); Centigrama (cg); Miligrama (mg).

9.3. Distância

Além das unidades fundamentais de medida, existem as medidas derivadas. Por exemplo, o padrão para comprimento é o metro, este, por sua vez, é base para as medidas de área (metro quadrado) e volume (metro cúbico) que são as derivadas.

Segue quadro resumo com os múltiplos (para grandes distâncias) e submúltiplos (para pequenas distâncias) do metro, no qual acrescentaremos a medida vista anteriormente utilizada para massa.

Múltiplos			Base	Submúltiplos		
Quilômetro km 1000 m	Hectômetro hm 100 m	Decâmetro dam 10 m	Metro m 1 m	Decímetro dm 0,1 m	Centímetro cm 0,01 m	Milímetro mm 0,001 m
Quilograma kg 1000 g	Hectograma hg 100 g	Decagrama dag 10 g	Grama g 1 g	Decigrama dg 0,1 g	Centigrama cg 0,01 g	Miligrama mg 0,001 g

A transformação entre medidas é feita por meio da multiplicação ou divisão por 10, uma vez que o padrão é decimal. Por exemplo, para converter metro em quilômetro faz a divisão por 1000 (são três casas à esquerda, portanto, três vezes dividido por 10).

As medidas fundamentais de distância e tempo são matéria prima para os cálculos de aceleração e velocidade. Esta última é muito explorada pela FGV em questões que envolvem, não só velocidade, como tempo e distância.

9.4. Velocidade

Fique atento, pois a FGV já cobrou muitas questões envolvendo velocidade.

O que você deve guardar e levar para a prova é a fórmula da velocidade, ou seja, quilômetros por hora.

Velocidade	V = D/t

Onde:

- V = Velocidade
- D = Distância
- t = Tempo.

Lembre-se:

Distância	D = V . t
Tempo	t = D/V

Questão:

(FGV – Analista do Ministério Público (Processual) – MPE-RJ – 2016) Em um processo que teve origem no exterior há a seguinte informação:

- *O avião apreendido voou por 2 horas e 15 minutos a uma velocidade de 140 milhas por hora.*

Considerando que 3 milhas equivalem a 5 quilômetros, a distância percorrida por esse avião foi de:

a) 460 km;

b) 485 km;

c) 502 km;

d) 525 km;

e) 540 km.

Para resolver o problema sequer necessitamos da fórmula da velocidade.

O cuidado a ser tomado é trabalhar com uma única medida para cada grandeza. No caso, horas e minutos podem ser convertidos para minutos.

Conversão horas em minutos	2horas + 15 min 2 . 60 + 15 min 135 min

Sabemos que a velocidade foi de 140 milhas por hora (ou a cada 60 minutos), logo, para a distância total percorrida mantemos a proporção (x milhas para 135 minutos) e resolvemos por regra de três.

Regra de três	60x = 135 . 140 x = 18900 / 60 x = 315

Já sabemos que o percurso total foi de 315 milhas, que serão convertidas em quilômetros (relação: 3 milhas equivalem a 5 quilômetros).

Regra de três	3x = 315 . 5 x = 1575 / 3 x = 525

Resposta: A distância percorrida pelo avião foi de 525 quilômetros

Mas você não precisa ficar restrito a esta sequência para a resolução do problema, lembre-se, muita atenção e usar o raciocínio vale mais que operações matemática neste tipo de questão.

Como exemplo, veja outro caminho para resolver o mesmo problema.

Vejamos a distância percorrida pelo avião. Mas antes, a transformação dos minutos em horas.

Transformar 15 min em horas	min = (min / 60) h 15 min = (15 / 60) h 15 min = 0,25 h

Calcular a distância percorrida.

Dados informados	Regra de três	Cálculo
Tempo = 2,25 horas Velocidade = 140 milhas / h	1h = 140 milhas 2,25 k = X milhas	X = 140 . 2,25 X = 315

Para finalizar, transformar milhas em quilômetros, uma vez que as alternativas foram apresentadas com esta unidade de medida.

Regra de três	Cálculo
3 milhas = 5 km 315 milhas = X km	3X = 315 . 5 X = 525

Alternativa correta: Letra "d"

10. LÓGICA SITUACIONAL

10.1. Raciocínio sequencial

As sequências envolvem padrões e as bancas, inclusive a Fundação Getúlio Vargas, abusam da criatividade e apresentam questões que por diversas vezes não seguem um mesmo modelo.

Estamos falando de questões estruturadas a partir de uma determinada lógica, muitas vezes inédita, e que você, concursando, terá que identificar no momento em que estiver resolvendo a prova.

Vejamos a prova para Analista Judiciário, TRF – 3ª Região, aplicada pela FCC no ano de 2016.

A diferença entre o 12° e o 13°, nessa ordem, termos da sequência lógica matemática (20; 20; 15; 30; 20; 60; 40; 160; 120; 600; 520; ...) é igual a.

A questão apresenta uma sequência numérica com onze números e solicita a diferença entre os dois números seguintes, 12° e 13° termos.

Não existe "regra" para resolver a questão.

A solução passa pela análise da situação e pela identificação de qual foi a lógica que o examinador utilizou para, então, resolver a questão.

O interessante, quando trabalhamos com sequências, é observar as possíveis combinações, por exemplo: associar o primeiro com o último elemento, verificar a sequência na ordem inversa, analisar os elementos alternadamente, aplicar as operações aritméticas entre os elementos e assim por diante.

Voltando para a resolução da questão, temos:

Sequência dada:	20; 20; 15; 30; 20; 60; 40; 160; 120; 600; 520; ...

Nesse caso, a lógica para a sequência está no agrupamento dos elementos dois a dois.

20 20	*15 30*	*20 60*	*40 160*	*120 600*	*520*
x1	x2	x3	x4	x5	

O próximo número da sequência é:

20 20 15 30 20 60 40 160 120 600 520 3120

x1 x2 x3 x4 x5 x6

Existe outra lógica nessa mesma sequência:

-5 -10 -20 -40 -80

20 20 15 30 20 60 40 160 120 600 520 3120

x1 x2 x3 x4 x5 x6

Logo, o 13º elemento é o número:

-5 -10 -20 -40 -80 -160

20 20 15 30 20 60 40 160 120 600 520 3120 2960

x1 x2 x3 x4 x5 x6

Resposta: A diferença entre o 12º e o 13º termos da sequência é igual a 160 (3120 – 2960 = 160).

DICA

Não gaste mais do que um minuto para identificar a lógica da questão. Após a leitura do enunciado, não fique debruçado sobre a mesma questão por vários minutos tentando adivinhar qual a lógica de uma sequência ou como estruturar a questão para poder resolvê-la. Descobriu a lógica, vá em frente e resolva a questão. Não descobriu a lógica, pule para a próxima questão e, depois de resolver as demais, retome a resolução desta que pulou.

Vejamos como a nossa banca lida com o tema.

(FGV – Analista do Ministério Público (Processual) – MPE-RJ – 2016) Observe a seguinte sequência formada por quatro letras do alfabeto: M P R J.

Afirma-se que uma nova sequência tem a mesma estrutura da sequência dada quando as distâncias relativas entre as letras é a mesma da sequência original. Considere as sequências:

1) D G I A

2) Q T V O

3) H K N F

Dessas sequências, possuem a mesma estrutura da sequência original:

a) somente (1);

b) somente (2);

c) somente (3);

d) somente (1) e (2);

e) somente (2) e (3).

O examinador deu a dica: Disse que existe uma relação entre letras e respectivos distanciamentos. Vamos posicionar as letras da sequência no alfabeto para determinar o distanciamento das posições.

J	K	L	M	N	O	P	Q	R

Iniciamos pela letra M, pula duas posições para chegar à letra P, pula uma temo R, pula sete posições no sentido contrário e finalizamos com a letra J.

Melhor que pular letras, reescreva as três opções logo abaixo da original e teremos a resposta visualmente se o padrão de formação da sequência foi mantido

J	K	L	**M**	N	O	**P**	Q	**R**
A	B	C	**D**	E	F	**G**	H	**I**
O	P	Q	**R**	S	T	**U**	V	**X**
F	G	H	**I**	J	K	**L**	M	**N**

Iniciada cada uma das opções pela última letra, conforme modelo, concluímos que apenas a primeira delas repete as letras indicadas nas mesmas posições que as letras da sequência original;

Alternativa correta: Letra "a"

10.2. Orientação espacial

A orientação é a mesma que a utilizada no item anterior.

Não existe uma receita ou caminho único para a resolução de questões acerca de orientação espacial. Vale a atenção do concursando e, sempre que possível, fazer desenhos ou esquematizações daquilo que se lê para facilitar o entendimento e, consequentemente, a resolução.

Vejamos uma questão para exemplificar.

(FGV – CODEBA – Analista Portuário – 2016) A figura mostra a planificação das faces de um cubo.

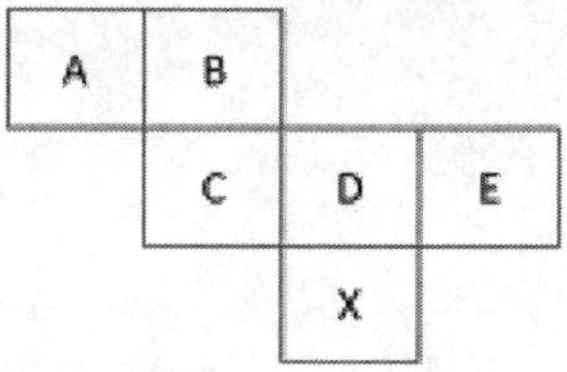

Nesse cubo, a face oposta à face X é

a) A

b) B

c) C

d) D

e) E

Sem uma regra específica para a resolução, partimos para a imaginação.

Por hipótese, fixa-se a face C na superfície a nossa frente. Fazendo uma primeira dobra à direita de C, teremos, neste lado, a face D. A partir da face D, uma nova dobra deixa a face X na parte inferior à base C.

Considerando que X está abaixo de C, o lado oposto, superior ao lado C, com apenas uma dobra, identifica-se a face B.

Resposta: Alternativa "b".

Plano Cartesiano

O plano cartesiano é uma forma de orientação espacial.

A origem do plano cartesiano, ou sistema de coordenadas cartesianas, pressupõe a localização de pontos, portanto, bastante relacionado ao conceito de distância. É formado por dois eixos, sendo um na horizontal (abscissa), identificado por X, e outro na vertical (ordenada), identificado por Y.	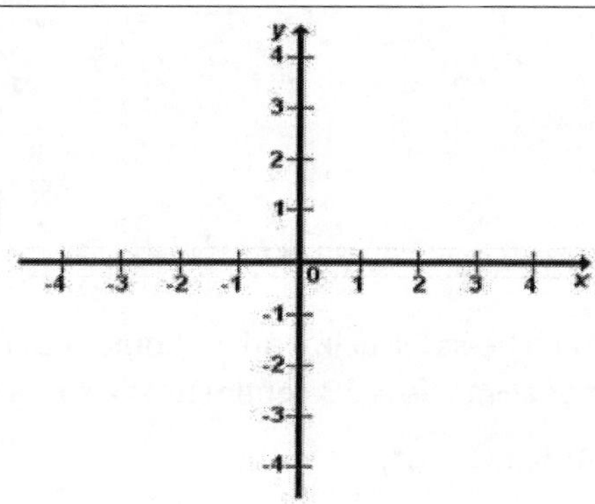

Os pontos, ou coordenadas cartesianas, são representados por pares ordenados (x, y). Assim, o primeiro deles está localizado no eixo X e o outro no eixo Y.

Apesar de muito utilizado na matemática para construção de gráficos ou representação de funções, também pode ser explorado, conforme veremos nas questões já cobradas pela Fundação Getúlio Vargas, de forma contextualizada e explorando o raciocínio e a lógica.

Questões:

(FGV - Técnico em Informática - AL MT - 2013) No plano cartesiano, o ponto A está 4 cm acima e 3 cm à esquerda do ponto B. Este, por sua vez, está 9 cm abaixo e 6 cm à direita do ponto C. Em relação ao ponto A, o ponto C está

a) 5 cm acima e 3 cm à esquerda.

b) 4 cm abaixo e 3 cm à direita.

c) 3 cm acima e 5 cm à direita.

d) 13 cm abaixo e 9 cm à direita.

e) 9 cm abaixo e 6 cm à esquerda.

A primeira informação indica o posicionamento do ponto A em relação ao ponto B.

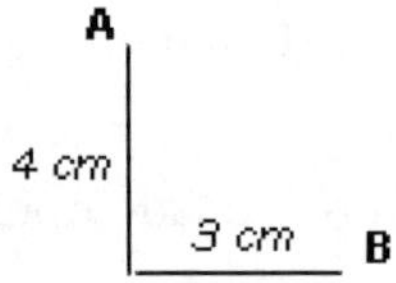

A partir do mesmo desenho, demonstramos a posição do ponto C em relação ao ponto B, conforme a informação seguinte do enunciado.

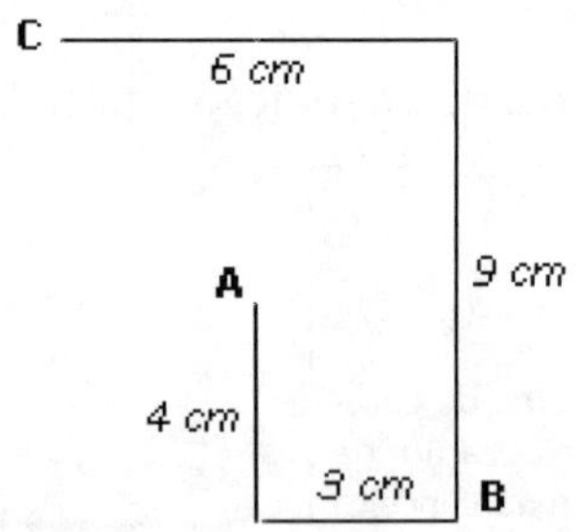

Percebe-se, visualmente e simples operações de subtração, que o ponto C está 5 centímetros acima de A e 3 centímetros a sua esquerda.

Gabarito: "a".

Veja também como a banca cobrou em prova para o Ministério Público do Estado do Rio de Janeiro.

(FGV - MPE RJ - Analista - 2016) No plano cartesiano foi construída, a partir da origem, a linha quebrada mostrada na figura abaixo.

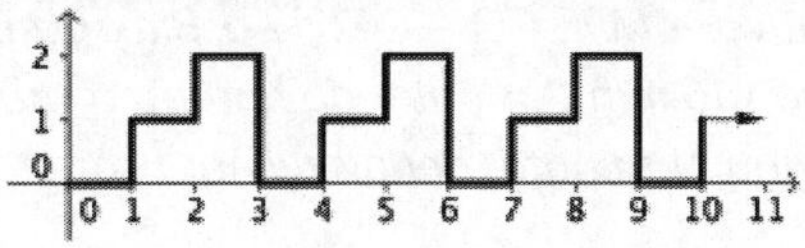

Percorrendo, a partir da origem, e sobre a linha quebrada, um comprimento de 200 unidades, o ponto final desse percurso será:

a) (84, 0);

b) (85, 0);

c) (85, 1);

d) (86, 1);

e) (86, 2).

O caminho demarcado pela linha quebrada mantém-se constante, ou seja, pequenos ciclos são repetidos. O primeiro deles tem início na origem (0, 0) e termina no ponto (3, 0), sendo que, para cada trecho completo, são percorridas 7 unidades de medida (soma de cada unidade tanto na horizontal como na vertical). Também, para um trecho completo, são percorridas 3 unidades horizontais para à direita.

Iniciamos com o cálculo de quantos trechos serão completados: 200 / 7 = 28,57. Conclui-se que são 28 trechos completos.

Mantendo a proporcionalidade, se 1 trecho percorre 3 unidades à direita, 28 trechos serão 84 unidades à direita.

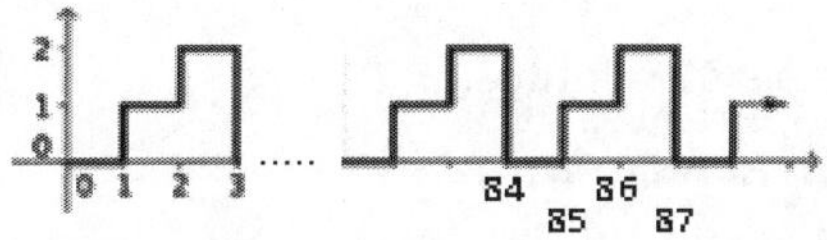

Ainda, o resultado da divisão de 200 por 7 tem como resto o número 4. Significa que foram completados 28 trechos, caminhando 196 unidades, ou seja, restam outras 4 unidades a serem percorridas após o ponto (84, 0).

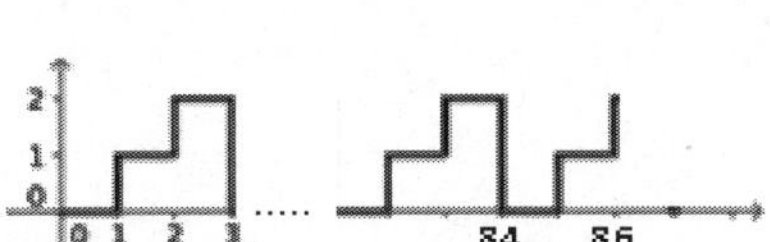

Pronto, percorrida as 4 unidades restantes, o ponto final é identificado, no plano cartesiano, pelo ponto (86, 2).

Gabarito: "e".

10.3. Orientação temporal

(FGV – Assistente Administrativo – MPE-GO – 2022) Ari, Bia e Carol combinaram um encontro ao meio-dia e meia. Ari chegou 16 minutos antes do horário combinado, Bia chegou ao meio--dia e 12 minutos e Carol chegou 31 minutos depois de Ari. É correto afirmar que

a) Bia chegou 19 minutos antes de Carol.

b) Ari chegou 2 minutos depois de Bia.

c) Carol chegou ao meio-dia e 15 minutos.

d) Bia chegou 28 minutos depois de Ari.

e) Ari chegou ao meio-dia e 16 minutos.

O encontro ficou definido para às 12:30 horas.

Ari chegou 16 minutos antes do horário combinado.	Ari chegou às 12:14 horas
Bia chegou ao meio-dia e 12 minutos.	Bia chegou às 12:12 horas
Carol chegou 31 minutos depois de Ari.	Carol chegou às 12:45 horas

Esta é a leitura do enunciado. Seguimos com as alternativas.

a) Bia chegou 19 minutos antes de Carol.

Bia chegou 33 minutos antes de Carol.

b) Ari chegou 2 minutos depois de Bia.

Correto

c) Carol chegou ao meio-dia e 15 minutos.

Carol chegou ao meio-dia e 45 minutos.

d) Bia chegou 28 minutos depois de Ari.

Bia chegou 2 minutos antes de Ari.

e) Ari chegou ao meio-dia e 16 minutos.

Ari chegou ao meio-dia e 14 minutos.

Gabarito: B

11. GRÁFICOS E TABELAS

11.1. Gráficos

Tabelas e gráficos são formas de melhorar a apresentação de dados proporcionando melhora na capacidade de leitura e mais eficiência na interpretação. Trazem praticidade no manuseio de dados e facilita as comparações.

Outra característica é a objetividade, são apresentadas apenas as informações necessárias, diferente das questões problemas cuja contextualização exige uma interpretação mais apurada do concursando.

Então, questões que apresentam gráficos e tabelas, na maior parte dos casos, cobram o conhecimento matemático. Veja alguns exemplos.

(Vunesp – Escrevente Técnico Judiciário – TJ/SP – 2021) A China é o país com maior volume total de emissões de carbono, mas também está na liderança da produção de energia solar. O gráfico informa a capacidade total dos quatro principais países na produção de energia solar no ano de 2020.

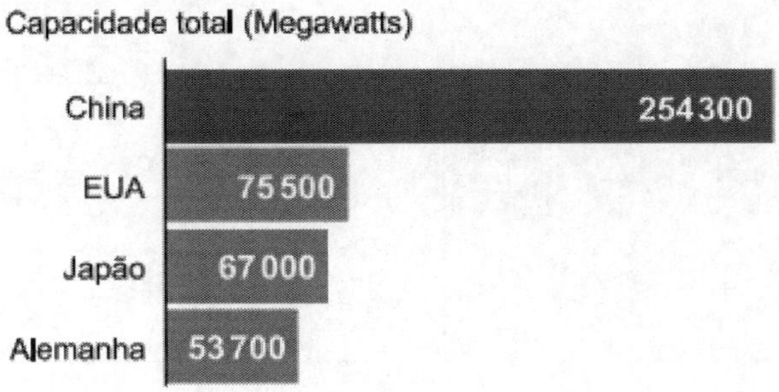

(https://www.bbc.com/portuguese. Adaptado)

Analisando-se as informações do gráfico, assinale a alternativa que mais se aproxima da razão entre a média aritmética simples da capacidade total de produção de energia solar dos EUA, Japão e Alemanha, e a capacidade total de produção da China, no ano de 2020.

a) 1/3

b) 1/6

c) 1/5

d) 1/4

e) 1/2

Fazendo a leitura da tabela, nossa ferramenta pra a resolução é a matemática.

Vamos trabalhar com a razão indicada no texto da questão.

Razão	$R = \frac{\text{Média (EUA, Japão e Alemanha)}}{\text{China}}$

A partir da leitura do gráfico de barras chegaremos ao numerador da razão acima.

Média	$M = \frac{75500 + 67000 + 53700}{3}$ $M = 65400$

Retomamos a razão inicial

Razão	$R = \frac{\text{Média (EUA, Japão e Alemanha)}}{\text{China}}$ $R = \frac{65400}{254300}$

Como foi dito "alternativa que mais se aproxima da razão", vamos arredondar os valores para facilitar as contas.

Razão	$R = \frac{65000}{254000}$ $R = \frac{65}{254}$ $R = \frac{1}{3{,}9}$

Analisando as alternativas, a razão mais próxima é igual a 1/4.

Gabarito: D

11.2. Tabelas

A questão anterior trouxe um gráfico cuja resolução foi por meio da matemática básica (razão). Passaremos às questões com apresentação de dados em tabelas. Neste primeiro caso, o item abordado é a porcentagem.

(FCC – Analista Judiciário – TRF 3ª Região – 2019) Na tabela abaixo foram registradas as classificações obtidas por 50 alunos de uma turma.

Classificação	Nº de Alunos
1	5
2	15
3	10
4	15
5	5

De acordo com os dados apresentados,

a) 50% dos alunos obtiveram classificação 1, 2 ou 3.

b) 20% dos alunos obtiveram classificação 4 ou 5.

c) 30% dos alunos obtiveram classificação 4.

d) 15% dos alunos obtiveram classificação 1.

e) 90% dos alunos obtiveram classificação 3, 4 ou 5.

A questão trata de porcentagem cujos cálculos estão baseados na tabela de classificação. Vejamos cada uma das alternativas.

a) 50% dos alunos obtiveram classificação 1, 2 ou 3.

Porcentagem	$P = \frac{5+15+10}{50} = 0{,}6$

Alternativa errada.

b) 20% dos alunos obtiveram classificação 4 ou 5.

Porcentagem	$P = \frac{15+5}{50} = 0{,}4$

Alternativa errada.

c) 30% dos alunos obtiveram classificação 4.

Porcentagem	$P = \frac{15}{50} = 0{,}3$

Alternativa correta.

d) 15% dos alunos obtiveram classificação 1.

Porcentagem	$P = \frac{5}{50} = 0{,}1$

Alternativa errada.

e) 90% dos alunos obtiveram classificação 3, 4 ou 5.

Porcentagem	$P = \frac{10+15+5}{50} = 0{,}8$

Alternativa errada.

Gabarito: C

Para finalizar, outro exemplo com apresentação de dados por meio de tabela.

(Cebraspe – Técnico Judiciário – TJ/PR – 2019) No estado do Paraná, segundo o IBGE, entre 1970 e 2010, a densidade populacional – quantidade média de habitantes por quilômetro quadrado – cresceu à taxa média de 9% a cada 10 anos, como mostra a tabela a seguir, em que os valores foram aproximados.

ano	densidade populacional
1970	35
1980	38,15
1990	41,59
2000	45,33
2010	49,41

Internet: <www.ibge.gov.br> (com adaptações).

Se for constatado que, a partir de 2010, houve uma queda de 20% na taxa média de crescimento da densidade populacional, então, em 2020, essa densidade será

a) inferior a 53 habitantes por km2.

b) superior a 53 habitantes e inferior a 54 habitantes por km2.

c) superior a 54 habitantes e inferior a 55 habitantes por km2.

d) superior a 55 habitantes e inferior a 56 habitantes por km2.

e) superior a 56 habitantes por km2.

O crescimento da densidade populacional nas últimas quatro décadas foi, em média, de 9%. Este crescimento desacelerou em 20%.

Crescimento médio a partir de 2010	Crescimento = 0,09 . (1 – 0,2) Crescimento = 0,072

Nas duas décadas seguintes o crescimento médio foi de 7,2%.

Densidade populacional em 2020	Densidade = 49,41 . (1 + 0,072) Densidade ≅ 52,9

A densidade populacional no estado do Paraná, em 2020, foi de 52,9 habitantes por km2 aproximadamente.

Gabarito: A

NOÇÕES DE INFORMÁTICA

Emannuelle Gouveia

Atenção!

Esse livro oferece conteúdo para os cargos de Oficial de Promotoria I – MPSP**.**

Em cada capítulo apontamos quais pontos do edital foram abrangidos.

Bons estudos!!

Profa. Emannuelle Gouveia

EDITAL

1. Componentes de um computador: processadores, memória e periféricos mais comuns; dispositivos de armazenagem de dados; propriedades e características.

2. Arquivos digitais: documentos, planilhas, imagens, sons, vídeos; principais padrões e características. 3. Arquivos PDF. 4. Conhecimentos sobre sistema operacional Windows 10: conceitos gerais, principais utilitários, configurações.

Produção e edição de documentos. Funções para edição, buscas, formatação, impressão e manipulação de arquivos. Controle de alterações, uso de senhas para proteção, formatos para gravação e integração com outros aplicativos no ambiente Windows.

Produção e edição de planilhas. Funções para edição, buscas, formatação, impressão e manipulação de arquivos. Manipulação de fórmulas, funções e gráficos. Importação e exportação de dados.

5. Internet: conceitos gerais e funcionamento. Endereçamento de recursos.. Navegadores (browsers) e suas principais funções. Google Chrome. Firefox. 6. Internet Explorer: buscas, salva de páginas, cache e configurações. 7. E-mail: utilização e configurações usuais. 8. Transferência de arquivos e dados: upload, download, banda, velocidades de transmissão.

Navegação segura: cuidados, ameaças, uso de senhas e criptografia. Tokens e outros dispositivos de segurança

Referência: MS OFFICE 2010 BR (ou posterior) e Libre Office 4 (ou posterior).

Capítulo I

1. Componentes de um computador: processadores, memória e periféricos mais comuns; dispositivos de armazenagem de dados; propriedades e características

O Hardware pode ser agrupado em: gabinete, periféricos e memórias.

1.1 **Gabinete**: o gabinete é a caixa, geralmente metálica, que armazena e protege as demais peças do computador. As principais peças que encaixaremos nele serão:

a) Placa-mãe: é a placa base do computador. Todos os itens importantes para o seu funcionamento ou já vêm com ela ou se encaixarão nela. Suas partes principais são:

Chipset	Conjunto de circuitos integrados que gerenciam o funcionamento da placa-mãe, sendo a sua peça mais importante
Barramentos	São as vias através das quais os dados são transferidos;
Slots e Soquetes	São os encaixes nos quais são postos as placas e componentes. Também são chamados de interface da placa-mãe
Portas	Encaixam os equipamentos. Também são chamadas de interface da placa-mãe

Os barramentos principais são:

ISA, EISA E VLB	Barramentos já obsoletos, porém suas siglas devem ser conhecidas pelo aluno.
PCI	Também já quase não é mais utilizado no mercado atualmente, porém na época em que foi lançado inovou com a alta taxa de transmissão oferecida e com a introdução de novas tecnologias no mercado, como a Plug And Play que permite a instalação e configuração de equipamentos sem a intervenção do usuário;
AGP	Está associada a placas de vídeo 3D e armazena a textura na memória principal do computador. Também já está obsoleta.
PCI Express	Substituiu os barramentos já citados e agrega uma maior taxa de transmissão de dados, além de introduzir suporte a novas tecnologias;

USB	Muito utilizado atualmente. Permite a conexão de vários equipamentos em série. A tecnologia USB permite a detecção de equipamentos conectados ao micro já ligado sem precisar reiniciar.
FireWire	Oferece alta taxa de transmissão para os dados pesados (som e imagem)
AMR e CNR	Geralmente utilizados para placas de rede e modem
IRDA	Reconhece sinais de infra-vermelho.

As portas, como já dito anteriormente, encaixam equipamentos. As principais portas e os equipamentos que geralmente lhe são associados estão listadas na tabela abaixo:

Paralelas	Impressora, scanner, plotter, drive de cd e de DVD
Serial	Mouse, teclado, webcam, microfone, caixa de som
PS/2	Mouse e teclado
USB	Todos os equipamentos citados para as portas anteriores, o que não exclui a existência dos mesmo para as outras portas
IDE e suas variações	HD, drive de CD, Drive de DVD e Drive de disquete.

b) Processador, CPU ou UCP: é o responsável por realizar os processamentos no computador, sendo assim a sua peça mais importante. É encaixado nos slots ou soquetes da placa-mãe.

Suas partes principais estão listadas na tabela abaixo:

ULA (Unidade de Lógica e Aritmética)	Responsável por realizar os cálculos lógicos e aritméticos no processador
UC (Unidade de Controle)	Responsável por gerenciar o funcionamento do processador
Registradores	Ínfimas porções de memória que interagem diretamente com a ULA durante o processamento dos dados
Decodificador de Instruções	Decodifica as instruções que serão executadas, convertendo instruções complexas (CISC) em instruções simples (RISC)
Clock	Define a freqüência de funcionamento do processador, ou seja, a quantidade máxima de ciclos de clock ou ciclos de instrução ou ciclos de CPU que um processador é capaz de executar em um determinado tempo
Barramentos	São as vias através das quais os dados são transferidos;

1.2 Periféricos: são os equipamentos responsáveis por levar e/ou trazer dados do processador. Os principais estão listados na tabela abaixo:

Entrada	Teclado, mouse, scanner, webcam, joystick (padrão), microfone e os leitores
Saída	Monitor (convencional), impressoras, plotter, caixa de som, gravadores
Entrada e saída	Drives, monitor touch screen, hard disk (disco rígido ou HD), pen drive, modem

1.3 Memórias: são os dispositivos capazes de armazenar dados de forma permanente ou temporária. Na tabela abaixo estão listadas as principais memórias e sua funcionalidades.

Principal	É subdividida em memória RAM e memória ROM. A memória RAM é a memória de acesso aleatório, é volátil, é vendida em pentes e encaixada na placa-mãe. É o terceiro nível regular de acesso, após os registradores e a memória cache. A memória ROM é a memória somente de leitura, é não volátil, possui acesso aleatório e guarda os firmwares responsáveis pela inicialização do computador.
Cache	A memória cache é uma pequena porção de memória extremamente rápida, cuja função é amenizar a diferença de velocidade entre o processador e a memória principal. Geralmente é fabricada com tecnologia SRAM, é volátil, possui acesso aleatório e armazena os dados que serão processados, já vem nos processadores atuais.
Virtual	Consiste em uma técnica do Sistema Operacional para simular no HD uma ampliação da memória RAM
Secundária, Auxiliar ou de Massa	São os dispositivos capazes de armazenar os dados permanentemente. Pode se subdividir em discos magnéticos (HD), fitas magnéticas e discos ópticos (CD, DVD e Blu-ray).

1.4 Principais teclas de digitação, escape, função, combinação e navegação

a) ESC- cancela a operação. Em alguns casos, a tecla ESC assume a função de finalização de um programa.

b) F1 a F12 – são as chamadas "teclas de função". Estas funções são definidas através de programação.

c) TAB – insere um número fixo caracteres em branco em um documento. Permite que o cursor "pule" cinco posições de uma única vez. Em alguns programas serve também para navegação entre as diversas partes da tela.

d) CAPS LOCK – fixa as letras maiúsculas. Para desativar basta pressionar CAPS LOCK mais uma vez.

e) SHIFT – localiza-se nos dois extremos do teclado e é utilizada para se produzir às letras maiúsculas ou então os caracteres da parte de cima das teclas que possuem mais de um símbolo.

f) CTRL – é denominada "Tecla de Controle". Não possui uma utilização quando pressionada separadamente. O seu funcionamento sempre será em conjunto com outras teclas, e depende do programa que está sendo utilizado.

g) ALT – conhecida como "tecla alternante", ou seja, "tecla de alternação". O seu funcionamento é semelhante à tecla CTRL, pois sozinha ela não possui um funcionamento específico.

h) PRINT SCREEN – no Windows, essa tecla captura o conteúdo da tela e armazena temporariamente na área de transferência.

i) SCROLL LOCK – possui um funcionamento muito raro. A utilização dessa tecla é para se conseguir um deslocamento de uma determinada tela no monitor de vídeo.Para desativá-la, basta pressioná-la novamente.

j) PAUSE – permite efetuar uma pausa em uma determinada listagem de arquivos, na execução de um programa ou até mesmo na verificação do conteúdo de um arquivo extenso. Após pressionar a tecla, a informação é congelada na tela, e para que se retorne o processo, é necessário o pressionamento de qualquer tecla.

k) INSERT- conhecida como tecla de inserção. Tem a finalidade de alternar entre o modo de inserção e sobreposição, ou seja, permitir que sejam inseridos caracteres em um determinado texto e que todos os caracteres à direita da posição do cursor sejam também sejam deslocados para o mesmo sentido ou permitir a sobreposição de caracteres, fazendo com que os caracteres anteriores sejam apagados à medida que forem sendo digitados os novos.

l) DELETE – permite eliminar o caractere que estiver à direita do cursor.

m) PAGE UP – permite que se desloque o visor da tela a uma série de linhas, conseqüentemente, a informação que estiver na tela efetuará o processo contrário, isto é, se você estiver na página 10 de um texto e desejar pular para página 9, pressione a tecla PAGE UP por algumas vezes, que logo será alcançada a determinada página. Com este procedimento, o texto sofrerá um deslocamento para baixo.

n) PAGE DOWN – tem um funcionamento semelhante à tecla PAGE UP , mas com sentido do deslocamento variando para baixo, e conseqüentemente, trazendo o texto para cima .

o) NUM LOCK – permite a alteração entre o teclado numérico e o teclado de operações e setas.

p) ENTER- é a mais importante do teclado , é a tecla de execução, pois é ela que envia a mensagem digitada para o computador processar a informação , e assim , retornar o resultado desejado. Esta tecla deve ser pressionada toda vez que uma instrução ou linha de comando for finalizada. Nos processadores de texto, a tecla ENTER tem a função de delimitação de parágrafos , levando o cursor a se posicionar no início da próxima linha do parágrafo subseqüente.

q) BACKSPACE – permite que se apague o caractere imediatamente anterior à posição do cursor.

CAPÍTULO II

2. Arquivos digitais: documentos, planilhas, imagens, sons, vídeos; principais padrões e características. 3. Arquivos PDF. 4. Conhecimentos sobre sistema operacional Windows 10: conceitos gerais, principais utilitários, configurações

2.1. WINDOWS 7

O Windows é um Sistema Operacional gráfico. De uma maneira geral o que costuma cair com mais frequência nas questões de Windows são o Painel de Controle, o Windows Explorer e as teclas de atalho.

Vamos revisar um pouco cada um deles.

Painel de controle

O Painel de Controle do Windows é uma forma conveniente de personalizar o computador. Os itens que aparecem com mais frequência em prova são:

Item	Função
Programas e Recursos	É a forma correta de apagar programas no Windows porque além de apagar apenas o que pode ser apagado, não interferindo no funcionamento de outros softwares, ainda atualiza o registro do Windows.
Gerenciador de Dispositivos	Permite adicionar, remover, configurar e diagnosticar itens de hardware em geral.
Região e Idioma	Aqui são ajustados (para todo o ambiente Windows) configurações, formato de apresentações de número, data, moeda e idioma.
Data e Hora	Nessa opção é possível alterar não o formato de apresentação, mas efetivamente a data e a hora do sistema.
Fontes	Nesse item é possível a instalação (**Arquivo\Instala fonte nova**) de novas fontes no Windows.

Central de Facilidade de Acesso	Oferece adaptações para pessoas com necessidades especiais. Apresenta recursos para deficientes auditivos, visuais e motores.
Teclado	Permite definir configurações para o teclado instalado.
Mouse	Permite configurar e adaptar o mouse ao gosto ou necessidade dos usuários.
Windows Defender	É o antispyware do Windows
Firewall	Firewall oferecido pelo Windows.
Windows Update	Permite atualizar a versão do Windows, desde que a máquina esteja conectada a Internet.
Barra de Tarefas e Menu Iniciar	Permite configurar a Barra de Tarefas e o menu Iniciar.

2.2 WINDOWS 10

2.2.1. Principais novidades gerais do Windows 10

a) O navegador passa se chamar Microsoft Edge. Não é compatível com as versões anteriores do Windows. Disponibiliza o modo leitura, permite fazer anotações em páginas e a utilização do Cortana (caso esteja disponível na sua área)

b) A introdução da assistente virtual Cortana no desktop ou notebook (ela já existia no Windows Phone) o que pode revolucionar a forma como usamos o Windows hoje. Pode ser utilizada por comandos de voz ou de texto e teria inteligência agregada para se adaptar aos gostos e estilo do usuário. Pode ajudar a fazer pesquisas de arquivos ou pastas; realizar buscas no OneDrive e no Microsoft Edge; verifica e-mails, calendários, agendas; e até contar piadas (???). Por tudo isso, ela é adaptada a cada região para tentar capturar as expressões idiomáticas e estilos locais.

c) Apresenta uma Central de Ações que apresenta notificações sobre aplicativos

d) Permite o uso do Wi-fi sem revelar a senha. Para isso o usuário deve ter uma conta no Microsoft Windows 10, porque ele integra os contatos do Outlook, do Skype e do Facebook (se houver permissão) e assim, liberaria o acesso para esses contatos automaticamente sem que seja necessário a exposição da senha.

e) Permite a criação de áreas de trabalho virtuais o que facilita a gerência de vários ambientes simultaneamente

f) Talvez devido aos problemas encontrados com o Windows8, separa a plataforma desktop e a tablet, na Central de Ações, deixando que o usuário faça a opção pela que desejar.

g) O aplicativo Complemento para Telefone permite a troca de dados entre aparelhos de plataformas diferentes como o Android e o IOS.

h) Oferece uma funcionalidade capaz de listar a situação e estágio de armazenamento no computador que se encontra em Configurações/Sistema/Armazenamento

i) Oferece o Windows Hello, plataforma para o uso de biometria, desde que exista o hardware compatível.

j) Retorna o uso do menu Iniciar

2.1.2. As mudanças no Painel de Controle

O painel de Controle passa a se chamar "Configurações". Manteve quase todas as funcionalidades das versões anteriores, mas ficou menos repetitivo, mais objetivo e mais fácil de usar.

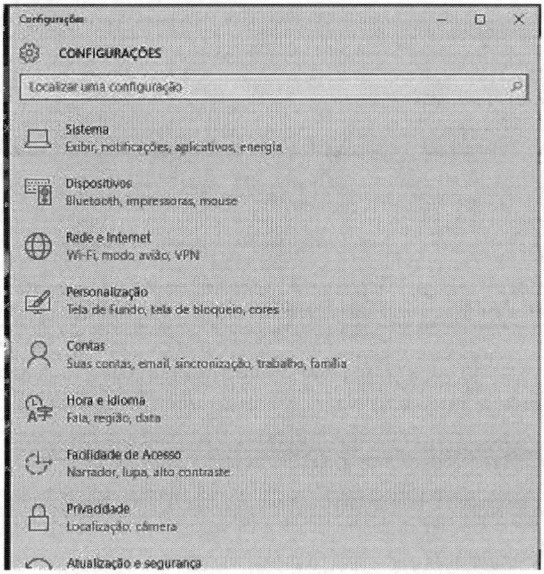

2.2.2.1. Sistema

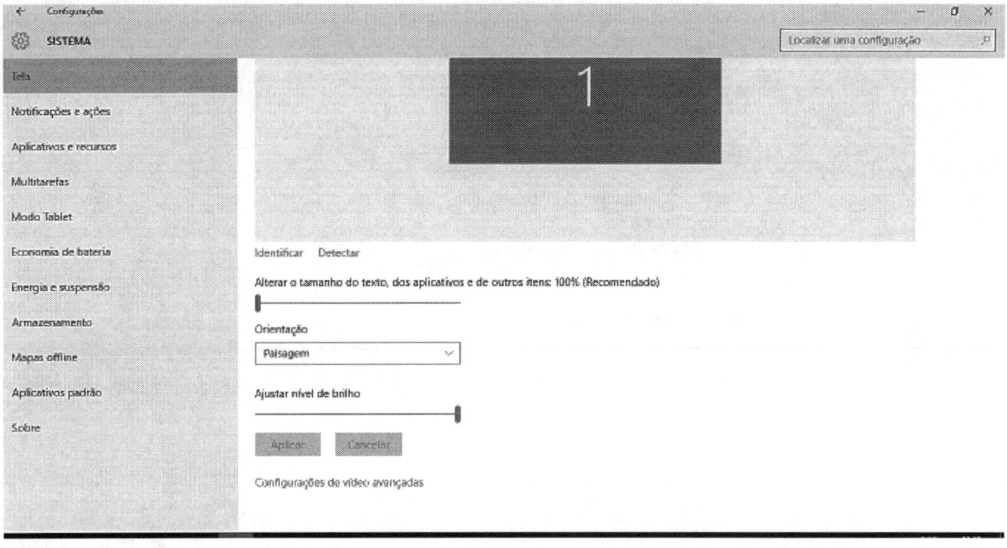

Item	Subitem	Função
Sistema	Tela	Permite que o usuário configure brilho e resolução da tela.
	Notificações e Ações	Oferece a possibilidade de ativar notificações de atividade no Windows e configurar a barra de Ações Rápidas;
	Aplicativos e Recursos	Aplicativos e Recursos é o antigo Programas e Recursos;
	Multitarefa	Permite configurar as várias áreas de trabalho virtuais e definir como o Windows vai se comportar em seu gerenciamento;
	Modo Tablet	Oferece a possibilidade de trabalhar na interface adaptada para os dispositivos móveis;
	Economia de Bateria	Oferece recursos para o aparelho funcionar em modo econômico de bateria
	Energia e Suspensão	Oferece recursos para configuração de esquemas de energia e para a suspensão do dispositivo
	Armazenamento	Oferece informações sobre o estado de armazenamento do disco e permite definir opções de locais padrão para armazenamento de arquivos;
	Mapas OffLine	Integração com sistemas de mapas que podem ser baixados no computador
	Aplicativos Padrão	É o antigo Programas Padrão
	Sobre	É a antiga tela inicial do item Sistema, que oferece informações sobre a máquina e sua configuração.

2.2.2.2. *Dispositivos*

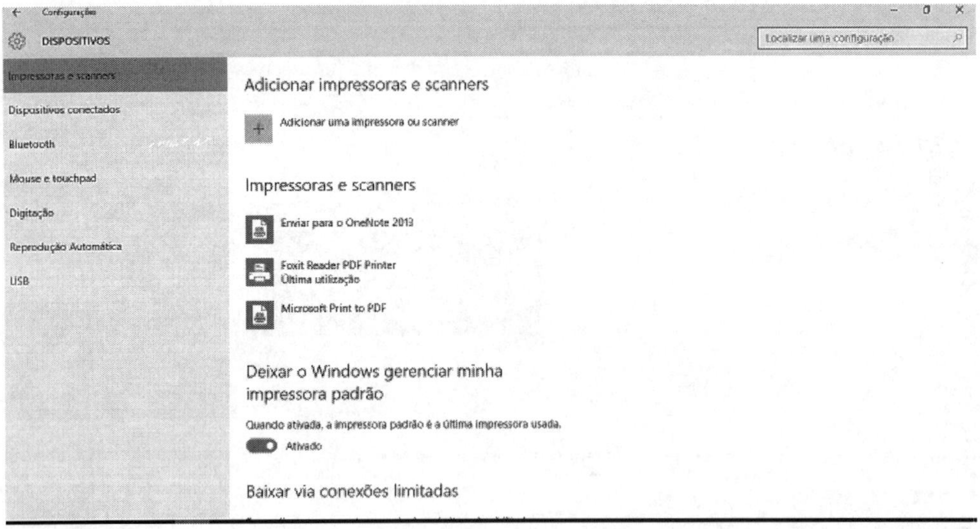

Item	Subitem	Função
Dispositivos	Impressoras e Scanners	Permite instalar e gerenciar impressoras e Scanners
	Dispositivos Conectados	Gerencia dispositivos conectados ao computador e eventuais problemas encontrados
	Bluetooth	Permite a configuração desse tipo de conexão
	Mouse e Touchpad	Permite a configuração desses dispositivos
	Digitação	Permite a configuração de velocidade de repetição de teclas e elementos de digitação
	Reprodução Automática	Permite a configuração da respectiva função
	USB	Gerencia as conexões dos elementos USB

2.2.2.3 Rede e Internet

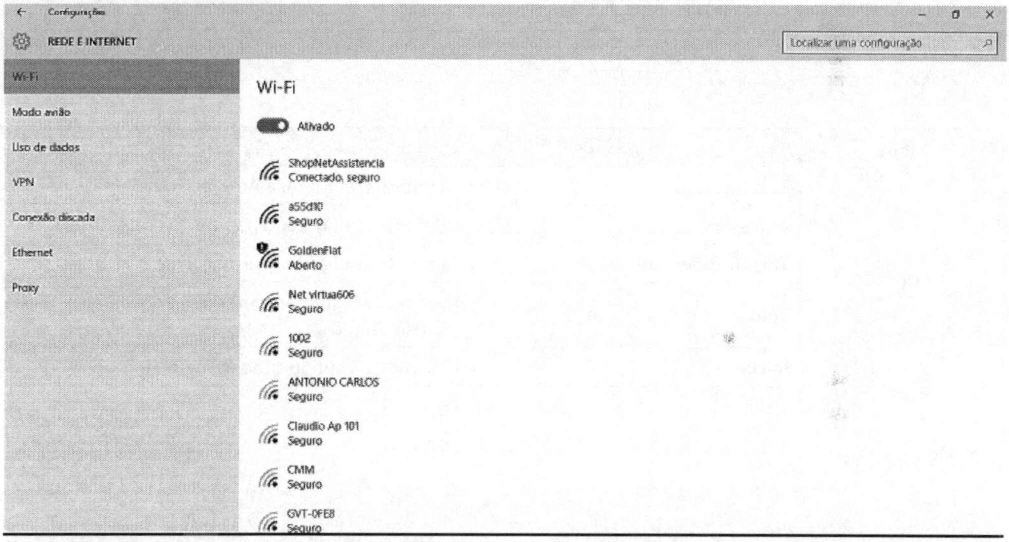

Item	**Subitem**	**Função**
Rede e Internet	Wi-fi	Permitem a configuração de conexões utilizando a tecnologia citada em cada item
	Modo Avião	
	Uso de Dados	
	VPN	
	Conexão Discada	
	Ethernet	
	Proxy	

2.2.2.4 Personalização

Item	Subitem	Função
Personalização	Tela de Fundo	Permite configurar a Área de Trabalho
	Cores	Permite configurar o padrão de cores desejado
	Tela de Bloqueio	Permite configurar a proteção de tela
	Temas	Permite configurar temas de cores para as janelas do Windows
	Iniciar	Permite a configuração do menu Iniciar

2.2.2.5 Contas

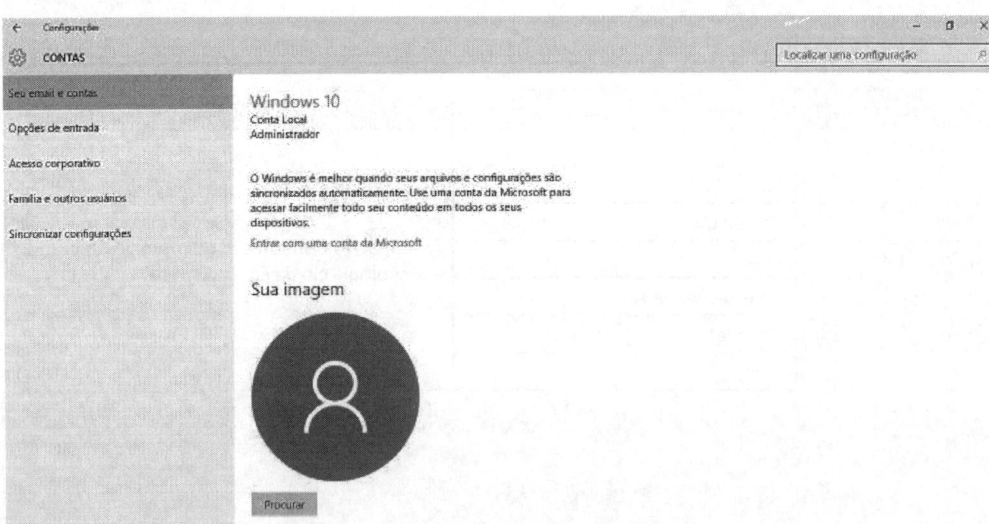

Item	Subitem	Função
Contas	Seu email e contas	Permitem configurar o trio: usuário, senha e permissão nos respectivos níveis citados.
	Opções de entrada	
	Acesso Coorporativo	
	Família e outros usuários	
	Sincronizar configurações	

2.2.2.6 Hora e Idioma

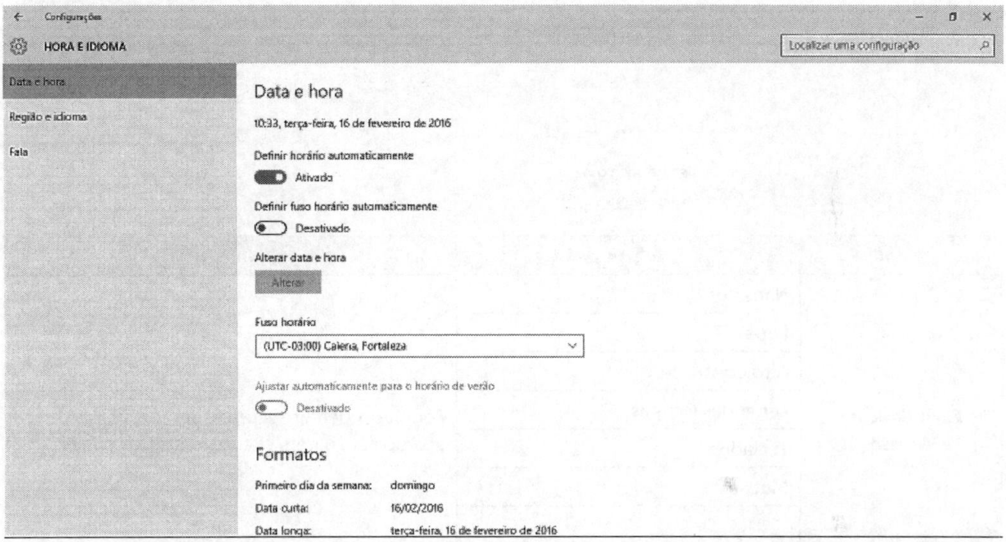

Item	Subitem	Função
Hora e Idioma	Data e Hora	Nessa opção é possível alterar não o formato de apresentação, mas efetivamente a data e a hora do sistema e o fuso horário.
	Região e Idioma	Aqui são ajustados (para todo o ambiente Windows) configurações, formato de apresentações de número, data, moeda e idioma.
	Fala	Permite configurar elementos de acessibilidade por voz.

2.2.2.7 *Facilidade de Acesso*

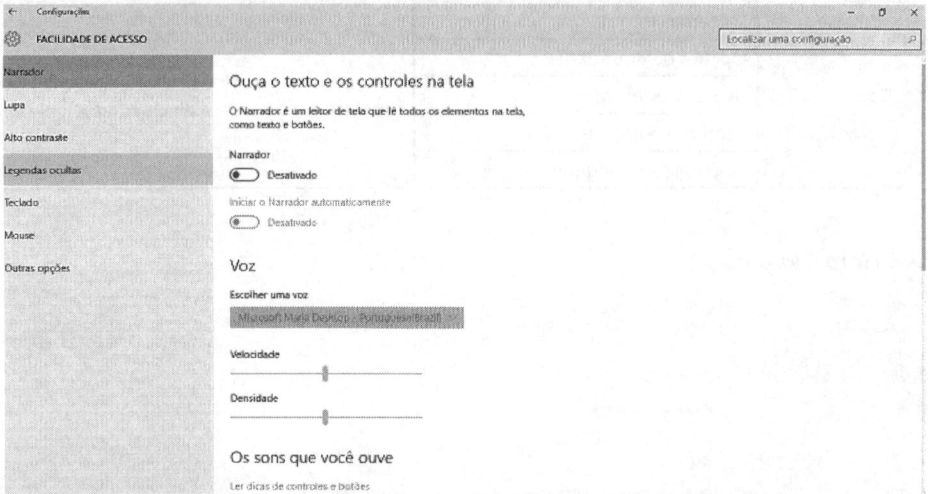

Item	Subitem	Função
Facilidade de Acesso	Narrador	Permitem definir recursos de acessibilidade de acordo com o item citado no título.
	Lupa	
	Alto Contraste	
	Legendas Ocultas	
	Teclado	
	Mouse	
	Outras opções	

2.2.2.8 *Privacidade*

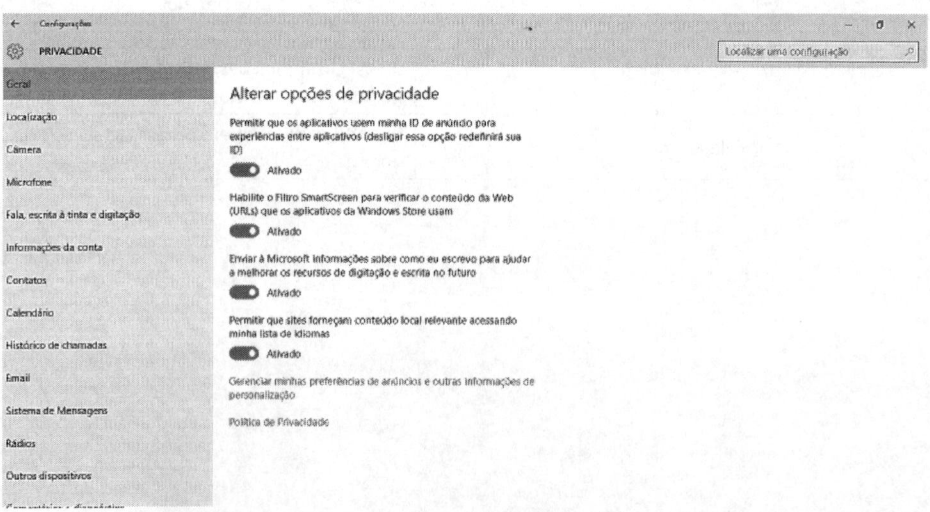

Item	Subitem	Função
Privacidade	Geral Localização	Permite definir regras de privacidade para os itens citados. Dependerá do qual de permissões do usuário corrente.
	Câmera	
	Microfone	
	Fala, Escrita a tinta e digitação	
	Informações da Conta	
	Contatos	
	Calendário	
	Histórico de Chamadas	
	Email	
	Sistema de Mensagens	
	Rádio	
	Outros Dispositivos	

2.2.2.9 Atualização e Segurança

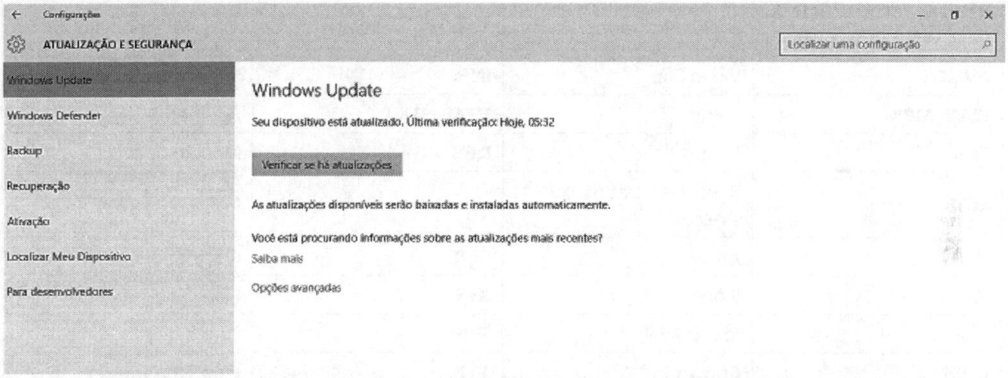

Item	Subitem	Função
Atualização e Segurança	Windows Update	Permite atualizar a versão do Windows, desde que a máquina esteja conectada a Internet.
	Windows Defender	É o antispyware e antivírus do Windows
	Backup	Permite a realização de cópias de backup, sua restauração e a configuração e verificação de status do backup mais recente.
	Recuperação	Permite criar pontos de recuperação para o Sistema Operacional. Em caso de falhas o Sistema Operacional pode ser recuperado sem a necessidade de formatação ou perda de arquivos.
	Ativação	Permite ativar a versão do sistema
	Localizar meu Dispositivo	Permite a localização do dispositivo
	Para desenvolvedores	Oferece ferramentas avançadas para desenvolvedores.

2.3. ARQUIVOS E PASTAS (DIRETÓRIOS): NOMES, EXTENSÕES E TIPOS DE ARQUIVOS; UTILIZAÇÃO DO WINDOWS EXPLORER; OPERAÇÕES DE ABRIR, CRIAR, RENOMEAR, MOVER, COPIAR E EXCLUIR ARQUIVOS E PASTAS; COMPACTAR E DESCOMPACTAR ARQUIVOS (ZIP)

- É o gerenciador eletrônico de arquivos e diretórios do Windows
- **Arquivo**: é uma informação salva em memória secundária. É a menor unidade manipulada pelo usuário.
- O nome do arquivo é dividido em duas partes, o **identificador** que é o nome dado pelo usuário, um ponto **"."** que é obrigatório, e a **extensão** que indica o tipo do arquivo. O nome de arquivo pode conter até 255 caracteres, incluindo espaços. Entretanto não é recomendável criar nomes de arquivos com 255 caracteres. A maioria dos programas não pode interpretar nomes de arquivos que sejam extremamente longos. Não esqueça que os nomes de arquivos não podem conter os seguintes caracteres;

  \ / : ? " <>! *

Extensões mais utilizadas			
BMP, GIF, TIF, JPG, PCX, PCG, WMF,PCD, CPT	Imagens	**TXT, DOC, WRI, RTF**	Textos e documentos
AVI, QT	Vídeo Clip	**INF**	Informações
WAV, MP3	Som	**HTM, HTML**	Internet
FON	Fontes	**DOT**	Modelo do Word
MDB	Banco de Dados do Ms – Access	**INI**	Iniciação do Windows
HLP	Ajuda	**SCR**	Protetor de tela
ICO	Ícone	**XLS**	Planilha eletrônica
EXE	Executável	**GRP**	Grupo de programas
COM	Comando	**TTF**	Font True Type
BAT	Arquivo de Lote	**BAK**	Backup
PIF	Arquivo de Programa do DOS	**MPG, MP2, MPEG, MIV**	Clipe de filme
CUR	Cursor	**ANI**	Cursor animado

- **Pasta**: é um local criado para armazenar nossos arquivos, permitindo assim, organizá-los nos discos de nossos computadores.

  As pastas podem conter subpastas.

  As pastas também podem ser chamadas de diretórios e as subpastas de subdiretórios.

- **Unidade de disco:** É a representação de uma memória secundária
- **Árvore de Diretórios:** O Windows Explorer exibe os arquivos e pastas existentes em seu computador em uma estrutura hierarquizada, permitindo a navegação através deles, em uma única janela. Essa estrutura é chamada de árvore de diretórios.

As principais tarefas que realizamos no Windows Explorer são:

Função	Formas para Realização
Selecionar Itens	Pode selecionar vários itens **não seqüenciais**, mantendo a tecla **CTRL** pressionada e clicando sobre os itens desejados. Pode selecionar arquivos **em seqüência** de duas formas: → Seleciona uma extremidade da seqüência, mantêm a tecla **SHIFT** pressionada e seleciona a outra extremidade da seqüência. → Seleciona uma extremidade da seqüência, mantêm a tecla **SHIFT** pressionada e movimenta-se com as setas de direção do teclado.
Excluir Itens	*Enviando os itens para a Lixeira:* 1. Selecione o item a ser excluído; Selecione a opção de menu**"Arquivo\Excluir";** Na tela de confirmação que surgirá, selecione "**OK**". 2. Selecione o item a ser excluído; Clique com o botão direito do mouse, e escolha a opção **"Excluir"**; Na tela de confirmação que surgirá, selecione "**OK**". 3.Selecione o item a ser excluído; Aperte a tecla **DEL** ou **DELETE** *Apagando definitivamente* 1.Combinando Shift Com qualquer uma das formas de exclusão
Renomear Itens	**1.** Selecione o item que será renomeado Selecione a opção **"Arquivo\Renomear"** Digite o novo nome desejado para o item. **2.** Selecione o item que será renomeado Clique com o botão direito do mouse, e escolha a opção **"Renomear"**; Digite o novo nome desejado para o item. **3**. Selecione o item que será renomeado Clique novamente sobre o item e observe que a área de edição é ativada. Digite o novo nome desejado para o item. 4. Selecione o item que será renomeado Clique na tecla **F2** e observe que a área de edição é ativada. Digite o novo nome desejado para o item.

Mover Itens	**1.** Selecione o item que será movido Selecione a opção **"Editar\Recortar"** Selecione o local de destino Selecione a opção **"Editar\Colar"** **2.** Selecione o item que será movido Clique com o botão direito do mouse, e escolha a opção **"Recortar"**; Selecione o local de destino Clique com o botão direito do mouse, e escolha a opção **"Colar"**; **3**. Selecione o item que será movido Aperte a combinação de teclas **CTRL + X** Selecione o local de destino Aperte a combinação de teclas **CTRL + V** **4**. Selecione o item que será movido Arraste até o local de destino.(O pressionamento da tecla SHIFT é opcional caso a movimentação seja na mesma unidade de disco. Se for entre unidades de discos diferentes o pressionamento da tecla SHIFT é obrigatório)
Copiar Itens	**1.** Selecione o item que será copiado Selecione a opção **"Editar\Copia9r"** Selecione o local de destino Selecione a opção **"Editar\Colar"** **2.** Selecione o item que será copiado Clique com o botão direito do mouse, e escolha a opção **"Copiar"**; Selecione o local de destino Clique com o botão direito do mouse, e escolha a opção **"Colar"**; **3**. Selecione o item que será copiado Aperte a combinação de teclas **CTRL + C** Selecione o local de destino Aperte a combinação de teclas **CTRL + V** **4**. Selecione o item que será copiado Arraste até o local de destino. (O pressionamento da tecla CTRL é obrigatório caso a cópia seja na mesma unidade de disco. Se for entre unidades de discos diferentes o pressionamento da tecla CTRL é opcional).

Capítulo III

3. Produção e edição de documentos. Funções para edição, buscas, formatação, impressão e manipulação de arquivos. Controle de alterações, uso de senhas para proteção, formatos para gravação e integração com outros aplicativos no ambiente Windows

3.1. WORD

a) Arquivo

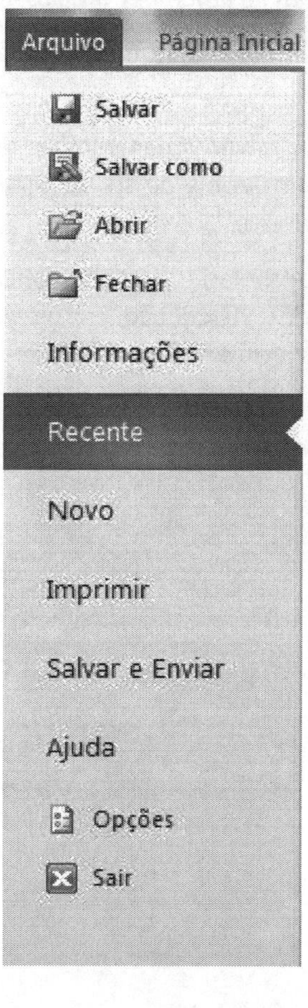

♦ **Informações:** uniu os menus de Permissões, Propriedades, Preparar para Compartilhamento e Versões;

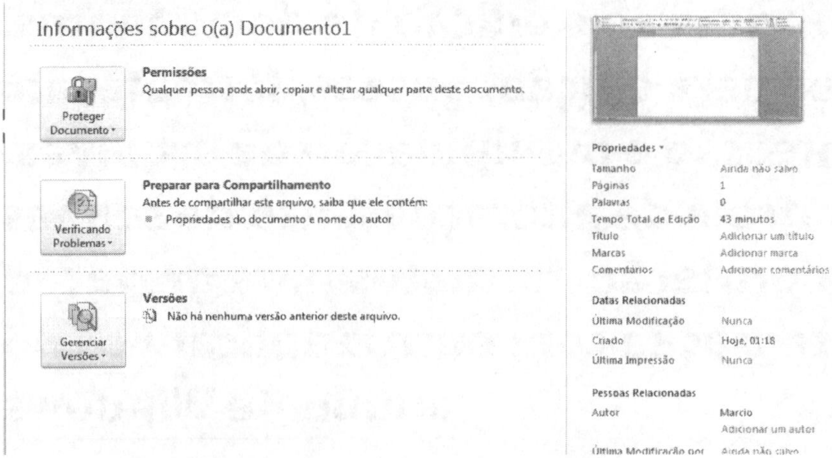

Permissões → Permite a configuração das permissões desejadas para o documento ativo, além de permitir criptografia e adicionar uma assinatura digital;

Verificando Problemas → Prepara o documento para compartilhamento e verifica sua estrutura;

Gerenciar Versões → Permite salvar várias versões de um mesmo documento em um único arquivo. Pode-se também depois de se salvar uma versão, voltar e revisar, abrir, imprimir e excluir versões anteriores.

Propriedades → Exibe as propriedades e as estatísticas sobre o documento ativo como por exemplo: o tipo, tamanho, data de criação, endereço, data da última modificação, data do último acesso e atributos do arquivo.

♦ **Imprimir:** Esse menu agrupou o menu **Imprimir**, **Visualizar Impressão** e **Configurar Página** das versões anteriores;

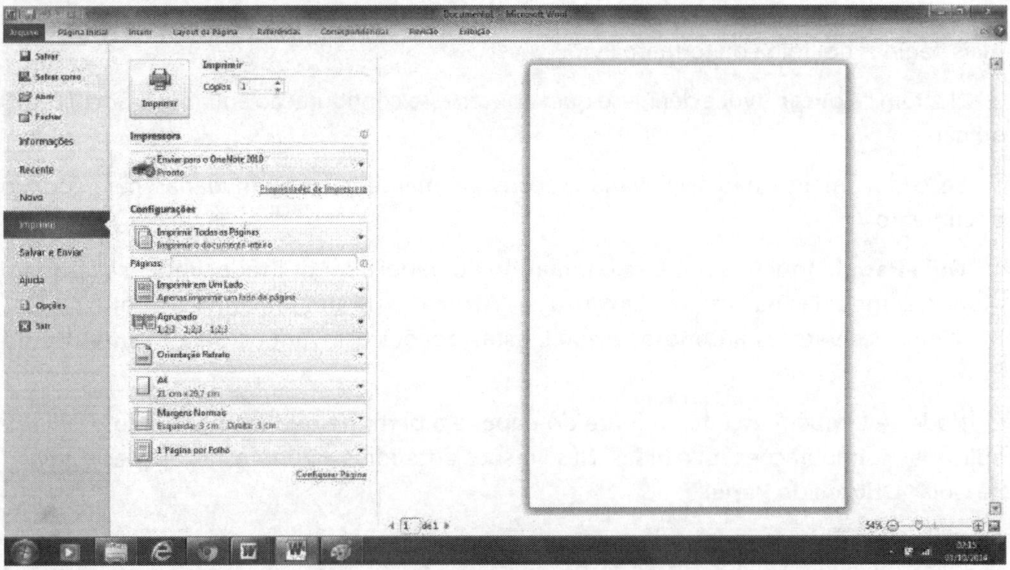

Do lado direito esta a visualização da impressão do documento atual;

Na caixa **"Impressora"** , seleciona-se a
sempre aparecerá a impressora configura

Para imprimir múltiplas cópias de um
cópias na caixa "**Cópias**".

Em **Configurações** podemos: escolhe
imprimir todas as páginas, na opção "**Tod**
página na qual se encontra o ponto de in
selecione o botão de opção "**Seleção**", o
botão de opção "**Páginas**" e digite um in
imprimir páginas não contínuas digite os
ficar as páginas pelo número delas, selec
Escolher a orientação do papel, o tipo, a m

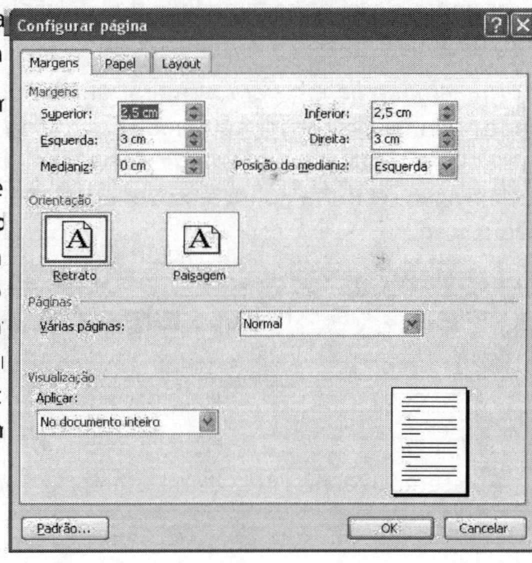

No item **Configurar Página** chama-se a mesma tela das versões anteriores.

Geralmente a maneira mais fácil de definir o tamanho do papel, a orientação da página (retrato ou paisagem), a configuração do cabeçalho ou rodapé e opções similares, é fazê-lo antes de iniciar o documento. É possível usar as mesmas opções em todo documento ou dividi-lo em seções e estabelecer diferentes opções para cada seção.

Guia Margens: Aqui define-se as margens esquerda, direita, superior e inferior, a posição do cabeçalho e do rodapé, a medianiz e sua posição. Define-se a orientação do papel (retrato ou paisagem).

No item "**Várias páginas"**, você configura a formatação da sua impressão para uma ou mais páginas por folha ou formato livro.

No item **"Aplicar"**, você define se quer aplicar essa configuração em todo o documento ou não.

Se o documento não tiver várias seções, as margens serão mudadas para todo o documento.

Guia Papel: Aqui seleciona-se o tamanho do papel a ser utilizado. Pode–se também digitar as medidas nas caixas "**Largura**" e "**Altura**" para um tamanho de papel personalizado. Nas versões anteriores a 2003, estas opções estavam na guia **"Tamanho do Papel"**;

Pode-se também escolher a fonte do papel e a partir de que local do texto deseja-se aplicar as configurações escolhidas. Nas versões anteriores a 2003, estas opções estavam na Guia **"Origem do Papel"**;

Guia Layout: Permite a configuração da aparição do cabeçalho e do rodapé. Nesta guia e possível definir o local de início de uma seção, definir o cabeçalho e o rodapé será igual em todas as páginas, ou diferente na primeira página ou ainda diferente nas páginas pares e nas ímpares. Define-se também o tipo de alinhamento vertical do texto, e se as numerações de linha e borda serão impressas ou não.

<u>Numerando linhas:</u> Para numerar linhas, posicione o ponto de inserção na seção onde as linhas devem ser numeradas, no menu **"Arquivo\Configurar página\Layout"** e escolha o botão **"Números de linha",** selecione a caixa de verificação **"Adicionar numeração de linha**", para remover a numeração basta desativar esta mesma caixa de verificação.

b) Guia Página Inicial

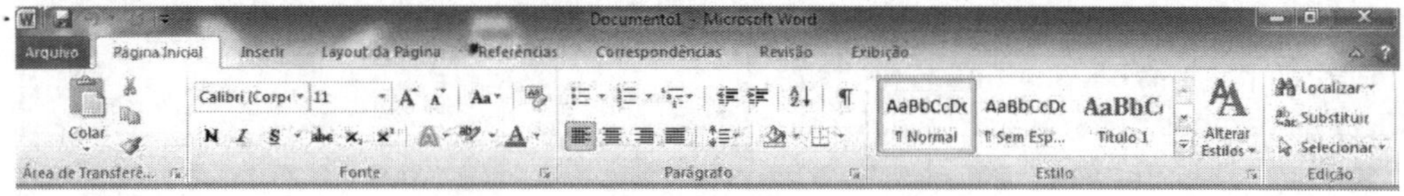

Apresenta as áreas : Área de transferência, Fonte, Parágrafo, Estilo e Edição:

) Fonte: apresenta as funcionalidades

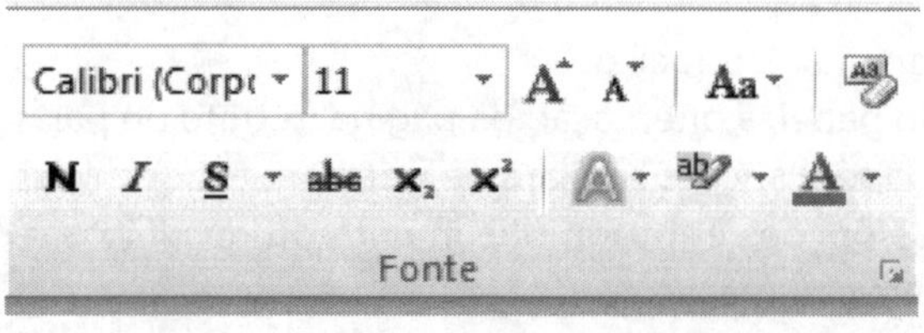

Botão	Funcionalidade
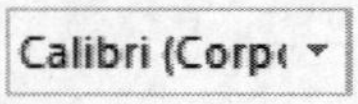	Altera o tipo da letra
	Altera o tamanho da letra
	Aumenta o tamanho da letra
	Diminui o tamanho da letra
	Permite acessar as opções de formatação de maiúscula e minúscula. Permite ao usuário modificar rapidamente a combinação de letras Maiúsculas/minúsculas ou a inicial maiúscula sem que seja necessário digitar o texto novamente. Para alterar a combinação de Maiúsculas/minúsculas no texto selecione a parte do texto a ser alterada e vá ao menu **"Formatar\Maiúsculas e minúsculas"** . Um atalho muito utilizado para essa função é o pressionamento da combinação de teclas SHIFT+F3 até que o texto apresente a combinação desejada. À medida que você pressiona SHIFT+F3, as palavras no texto selecionado serão exibidas de 3 maneiras: • Todas as letras minúsculas • A primeira letra de cada palavra maiúscula • Todas as letras maiúsculas
	Limpa a Formatação do texto
	Formata o negrito
	Formata o itálico
	Formata o sublinhado
	Formata o tachado simples
	Formata o subscrito
	Formata o sobrescrito
	Formata efeitos de texto
	Formata a cor de realce de texto
	Formata a cor da fonte

Parágrafo: apresenta as funcionalidades

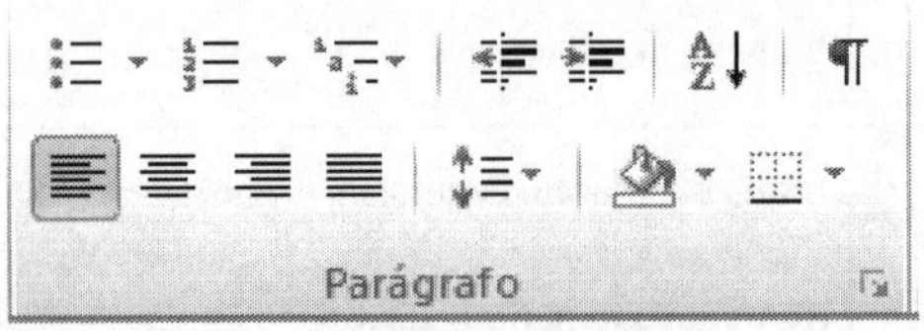

Botão	Funcionalidade
	Formata marcadores
	Formata numeração
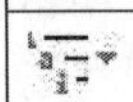	Formata listas de múltiplos níveis
	Aumenta o nível de recuo
	Diminui o nível de recuo
	Coloca o texto em ordem alfabética ou classifica também dados numéricos
	Mostra os símbolos de formatação ocultos
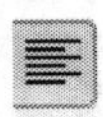	Formata o parágrafo a esquerda
	Formata o parágrafo centralizado
	Formata o parágrafo a direita
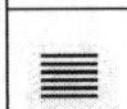	Formata o parágrafo justificado
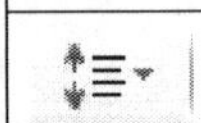	Formata o espaçamentos entre as linhas
	Formata o sombreamento no texto. Sombreamento é uma cor de fundo que o usuário pode aplicar ao documento. O Word também oferece diversas opções de sombreamentos para o usuário escolher a que mais lhe convier.
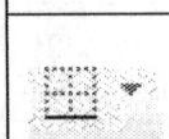	Formata o bordas no texto. As bordas são quadros que limitam a página ou um texto.O Word não só cria tais bordas, como dispõe de muitas opções de configurações para o usuário escolher a que desejar.

Edição: apresenta as funcionalidades

Botão	Funcionalidade
Localizar	O Word permite que o usuário localize palavras específicas no texto com o qual está trabalhando. Escolha a opção "**Editar\Localizar**" para abrir a caixa de diálogo. Digite o texto a ser localizado e escolha o botão "**Localizar próxima**" para iniciar a pesquisa. A caixa de diálogo permanece aberta e o documento pode ser editado. É possível controlar o modo como o Word a localização no documento escolhendo as seguintes opções: **Direção:** 1. <u>Tudo:</u> localização no documento inteiro. 2. <u>Abaixo:</u> localiza abaixo do ponto de inserção. 3. <u>Acima:</u> localiza acima do ponto de inserção. **Caixas de Verificação:** 1. <u>Coincidir maiúsculas com minúsculas:</u> localiza texto coincidindo a mesma combinação de letras maiúsculas e minúsculas do texto inserido em "Localizar". 2. <u>Palavra inteira:</u> localiza palavras inteiras, mas não localiza partes das palavras. 3. <u>Usar padrão coincidente:</u> localizar usando múltiplos critérios de localização. Para localizar formatos (não textos), selecione o comando **Localizar**, limpe o conteúdo da caixa "**Localizar**", em seguida escolha o botão "**Formatar**", escolha fonte, estilo ou idioma e "**OK**". Clique sobre o botão "**Localizar próxima**" para iniciar a pesquisa.
Substituir	**Substituir:** O Word permite que o usuário localize palavras específicas no texto com o qual está trabalhando, e se desejar, substituir termos já digitados por outros. No menu "**Editar\Substituir",** podemos localizar a palavra ou expressão que desejamos substituir por outra no texto. Na opção "**Localizar**" digite a palavra ou expressão a ser localizada e na opção "**Substituir**" digite a palavra ou expressão pela qual o usuário deseja fazer a substituição. Todas as opções de tela do menu "**Editar\Localizar**" também estão disponíveis aqui. **Ir Para:** Essa opção move o cursor para um local especificado, pelo usuário, no documento ativo. Pode ser para uma página específica, para uma nota de rodapé, uma seção, uma anotação, um indicador e etc.
Selecionar	Apresenta várias opções para seleção do texto, de partes ou de elementos do texto;

c) Guia Inserir

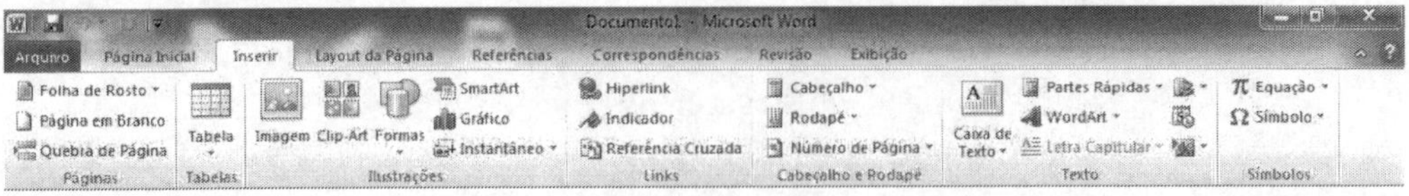

Apresenta as áreas : Páginas, Tabelas, Ilustrações, Links, Cabeçalho e Rodapé, Texto, Símbolos.

cabeçalho e Rodapé: permite a inserção de cabeçalho, rodapé e a configuração da numeração de página com a inserção, posicionamento (no cabeçalho ou no rodapé), o alinhamento (a direita, a esquerda, interno ou externo) e a formatação(o tipo do número usado, a separação da numeração em seções, e a partir de que número deve começar) que o usuário deseja dar a numeração automática de páginas no documento.

d) Guia Layout de Página

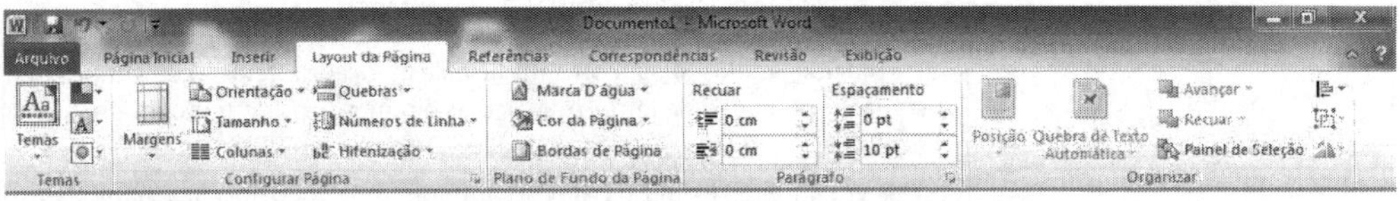

Configurar Página: apresenta as seguintes funcionalidades

Botão	Funcionalidade
	Configura as margens do documento, como já visto no menu configurar página
	Configura a orientação do papel, como já visto no menu configurar página
	Configura o tamanho do papel, como já visto no menu configurar página

Colunas	Você já reparou como são escritos os jornais? Em múltiplas colunas– um formato que permite uma leitura mais rápida e menos cansativa e, ainda, um melhor aproveitamento do espaço físico da página jornalística. Como tudo isto é feito? De forma facílima: basta que o usuário clique o mouse no menu **"Formatar\Colunas".** Feito isso, o Word exibirá ao usuário um detalhado menu, para que defina o formato de coluna que desejar aplicar: uma coluna, duas, três... suas dimensões e outras características, e ainda, a inserção ou não de linhas entre as colunas.
Quebras ▾	♦ **Quebra:** Permite ao usuário inserir quebra de páginas, de seções e de colunas no seu documento. Quebra de página → De regra, assim que um digitador/usuário preenche uma página com textos ou elementos gráficos, O Word, automaticamente, muda a página, inserindo uma quebra de página e já iniciando nova página. É comum de ocorrer de a quebra de página automática acontecer onde não convém a estética do documento, como por exemplo, logo após um título, ou então, deixando quase todo um parágrafo em uma página e apenas uma linha na página seguinte. Para isso, o usuário tem a opção de forçar uma quebra de página onde desejar, inserindo uma quebra de página manual. O atalho para a quebra de página manual é CTRL+ENTER. *Quebra de seção* →_**A seção é a parte de um documento em que você define determinadas opções de formatação de página. Você cria uma nova seção quando deseja alterar propriedades como numeração de linha, número de colunas ou cabeçalhos e rodapés.** Você pode usar seções para variar o layout de um documento em uma página ou entre páginas. Basta inserir quebras de seção (uma marca que você insere para mostrar o final de uma seção. A quebra de seção armazena os elementos de formatação da seção, como margens, orientação da página, cabeçalhos e rodapés e seqüência de números de página.) para dividir o documento em seções e, depois, formatar cada seção da maneira desejada. Por exemplo, formate uma seção como uma única coluna para a introdução de um relatório e, depois, formate a seção seguinte como duas colunas para o corpo do texto do relatório. Para inserir as quebras de seção, o usuário deve clicar em **"Inserir\Quebra\Quebra automática de Texto"** Tipos de quebras de seção que você pode inserir: • **"Próxima página":** insere uma quebra de seção e começa a nova seção na próxima página; • "**Contínua**": insere uma quebra de seção e começa a nova seção na mesma página; • **"Páginas ímpares ou Páginas pares":** insere uma quebra de seção e começa a nova seção na próxima página de número ímpar ou de número par. Lembre-se de que uma quebra de seção controla a formatação da seção do texto que a precede. Por exemplo, se você excluir uma quebra de seção, o texto anterior se tornará parte da seção seguinte e assumirá sua formatação. Observe que a última marca de parágrafo (¶) do documento controla a formatação da última seção do documento — ou do documento inteiro se ele não contiver seções. *Quebra de Coluna* → Permite a criação de várias colunas independentes no texto e possibilita ao usuário a melhor colocação do texto nas colunas.

Apresenta as áreas: Tema, Configurar Página, Plano de Fundo da Página, Parágrafo, Organizar.

e) Referências

Apresenta as áreas: Sumário, Notas de Rodapé, Citações e Bibliografia, Legendas, Índice, Índice de Autoridades.

f) Correspondências

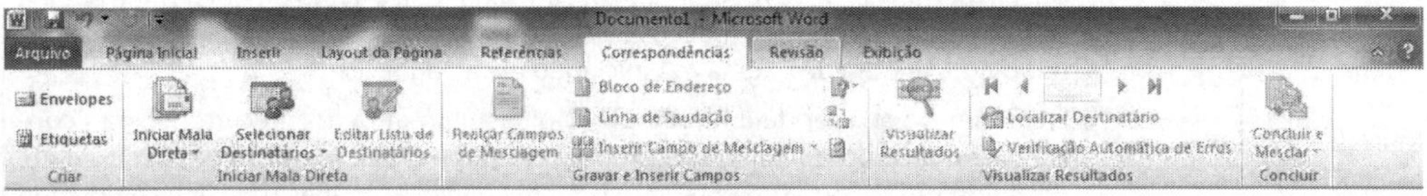

g) Revisão

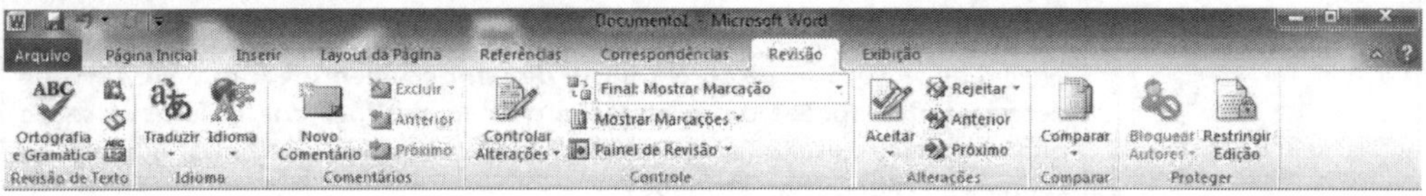

Apresenta as áreas: Revisão de textos, Idioma, Comentários, Controle, Alterações, Comparar, Proteger.

apresenta as seguintes funcionalidades

Botão	Funcionalidade
	♦ **Ortografia e Gramática:** O Word, por padrão, verifica a ortografia à medida que você digita, se uma palavra não aparece no dicionário, o Word a marca com linha ondulada vermelha, considerando-o um erro de ortografia. Caso ele detecte algum possível erro de gramática marcará com uma linha ondulada verde. Ao clicar no menu **"Ferramentas\Ortografia e Gramática"** aparecerá uma tela com as seguintes opções: Não foi encontrada → Se o Word verificar um possível erro na digitação, a palavra em questão é exibida na caixa "**Não foi encontrada**. Sugestões → apresenta uma lista de palavras semelhantes (se houver). Para tanto, o Word usa um dicionário selecionado no menu **Idioma.** Se for necessário corrigir a palavra em questão, é possível selecionar uma das palavras listadas em "**Sugestões**:", caso a palavra sugerida se adeque a necessidade do usuário. Ignorar uma vez → Ignora o possível erro e reinicia o processo de verificação após a palavra em questão. Ignorar Todas → Faz o mesmo que o botão Ignorar, porém o verificador passa a ignorar deste ponto até o final do documento, toda vez que aparecer a palavra que está indicada na caixa "Não foi encontrada:".

	<u>*Adicionar ao dicionário*</u> → Adiciona a palavra indicada na caixa "**Não foi encontrada**:" ao dicionário. Então o verificador não mais a considerará como possível erro, desde que se use o dicionário onde ela foi adicionada. <u>*Alterar*</u> → Troca à palavra indicada na caixa "**Não foi encontrada**:" para palavra indicada em "**Alterar para**:" e reinicia a verificação a partir deste ponto até o final do documento. <u>*Alterar todas*</u> → faz o mesmo que o botão Alterar, porém o verificador irá alterar sempre que a palavra indicada na caixa "Não foi encontrada:" for encontrada deste ponto até o final do documento. <u>*Botão AutoCorreção*</u> → Acrescenta a palavra a lista de palavras ou expressões usada pela ferramenta de autocorreção. Para selecionar a partir de uma lista de opções de ortografia, clique sobre a palavra marcada usando o botão direito do mouse.
	Permite consultar textos, ou partes de textos em uma grande variedade de serviços de pesquisa e de referências.
	Configura os dicionários já existentes e acrescenta novos
	Permite a contagem do número de páginas, palavras, parágrafos, caracteres, e linhas do documento.

h) Exibição

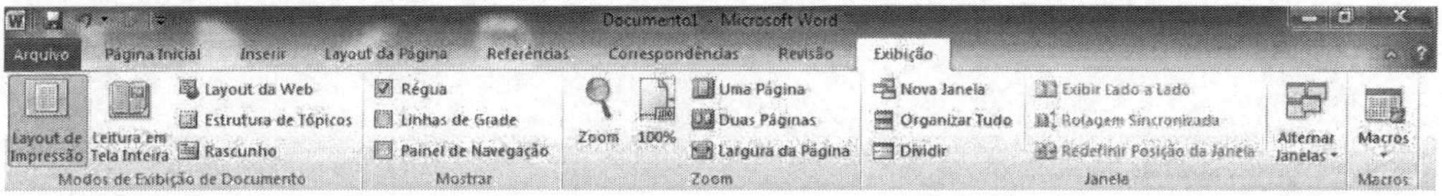

Apresenta as áreas: Modos de Exibição de Documentos, Mostrar, Zoom, Janela, Macros.

Macro: É uma seqüência de comandos e instruções do Word que o usuário agrupa como um único comando para executar uma tarefa automaticamente.

Algumas utilizações típicas das macros são:

- Acelerar as tarefas rotineiras de edição ou formatação;
- Combinar vários comandos, por exemplo, inserir uma tabela com bordas e tamanho específico, e com um determinado número de linhas e colunas;
- Tornar uma opção de caixa de diálogo mais acessível;
- Automatizar uma sequência complexa de tarefas;

3.2. WRITER

Exibirei as principais barras de ferramentas e as teclas de atalho mais importantes do Writer

Principais Barras de Ferramenta do Writer:

As barras de Ferramentas apresentam elementos bastante semelhantes aos do Word. Veremos:

a. Barra de Ferramentas Padrão

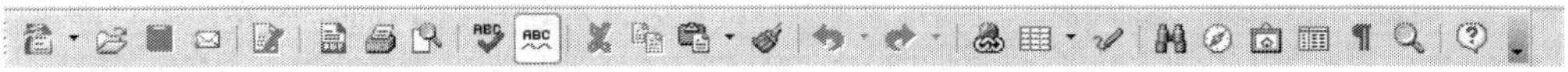

1. Arquivo Novo
2. Abrir
3. Salvar
4. Enviar documento como email
5. Editar Arquivo
6. Exportar arquivo diretamente como PDF
7. Imprimir Diretamente
8. Visualizar Página
9. Verificação Ortográfica
10. Auto Verificação Ortográfica
11. Recortar
12. Copiar
13. Colar
14. Pincel de Estilo
15. Desfazer
16. Restaurar
17. Hiperlink
18. Tabela
19. Mostrar Funções de Desenho
20. Localizar e Substituir
21. Navegador
22. Gallery
23. Fonte de Dados

24. Caracteres Não Imprimivéis

25. Zoom

26. Ajuda do Writer

b. Barra de Ferramentas de Formatação

1.Estilos e Formatação

2. Aplicar Estilo

3. Nome da Fonte

4. Tamanho da Fonte

5. Negrito

6. Itálico

7. Sublinhado

8. Alinhamento a Esquerda

9. Alinhamento Centralizado

Principais teclas de Atalho do Writer

Teclas de atalho	Efeito
F2	Barra Fórmulas
Ctrl+F2	Inserir campos
F3	Concluir AutoTexto
Ctrl+F3	Editar AutoTexto
F4	Abrir exibição da fonte de dados
Shift+F4	Selecionar próximo quadro
F5	Ativar/Desativar Navegador
Ctrl+Shift+F5	Ativar Navegador, ir para número da página
F7	Verificação ortográfica
Ctrl+F7	Dicionário de correlatos
F8	Modo de extensão
Ctrl+F8	Ativar/Desativar sombreamentos de campos
Shift+F8	Seleção adicional
F9	Atualizar campos
Ctrl+F9	Mostrar campos
Shift+F9	Calcular tabela
Ctrl+Shift+F9	Atualizar campos e listas de entrada
Ctrl+F10	Ativar/Desativar caracteres não-imprimíveis
F11	Ativar/Desativar janela Estilos e formatação
Shift+F11	Criar estilo

Ctrl+Shift+F11	Atualizar estilo
F12	Ativar numeração
Ctrl+F12	Inserir ou editar tabela
Shift+F12	Ativar marcadores
Ctrl+Shift+F12	Desativar Numeração/Marcadores
Ctrl+A	Selecionar tudo
Ctrl+J	Justificar
Ctrl+D	Sublinhado duplo
Ctrl+E	Centralizado
Ctrl+F	Localizar e substituir
Ctrl+Shift+P	Sobrescrito
Ctrl+L	Alinhar à esquerda
Ctrl+R	Alinhar à direita
Ctrl+Shift+B	Subscrito
Ctrl+Y	Refazer última ação
Ctrl+0 (zero)	Aplicar estilo de parágrafo Padrão
Ctrl+1	Aplicar estilo de parágrafo Título 1
Ctrl+2	Aplicar estilo de parágrafo Título 2
Ctrl+3	Aplicar estilo de parágrafo Título 3
Ctrl+5	Espaçamento de 1 linha e meia
Ctrl+ Tecla de sinal de adição(+)	Calcula o texto selecionado e copia o resultado para a área de transferência.
Ctrl+Hífen (-)	Hifens personalizados; hifenização definida pelo usuário.
Ctrl+Shift+sinal de menos (-)	Traço incondicional (não é usado para hifenização)
Ctrl+sinal de multiplicação * (somente no teclado numérico)	Executar campo de macro!
Ctrl+Space	Espaços incondicionais. Esses espaços não serão usados para hifenização nem serão expandidos se o texto estiver justificado.
Shift+Enter	Quebra de linha sem alteração de parágrafo
Ctrl+Enter	Quebra manual de página
Ctrl+Shift+Enter	Quebra de coluna em textos com várias colunas
Alt+Enter	Inserção de um novo parágrafo sem numeração
Alt+Enter	Inserção de um novo parágrafo diretamente antes ou depois de uma seção ou tabela.
Seta para a esquerda	Mover o cursor para a esquerda
Shift+Seta para a esquerda	Mover o cursor com a seleção para a esquerda
Ctrl+Seta para a esquerda	Ir para o início da palavra
Ctrl+Shift+Seta para a esquerda	Seleção à esquerda, uma palavra de cada vez
Seta para a direita	Mover o cursor para a direita
Shift+Seta para a direita	Mover o cursor com a seleção para a direita
Ctrl+Seta para a direita	Ir para o fim da palavra
Ctrl+Shift+Seta para a direita	Seleção à direita, uma palavra de cada vez
Seta para cima	Mover uma linha para cima

Shift+Seta para cima	Seleção de linhas de baixo para cima
Seta para baixo	Mover o cursor uma linha para baixo
Shift+Seta para baixo	Seleção de linhas de cima para baixo
Home	Ir para o início da linha
Shift+Home	Ir e selecionar até o início de uma linha
Fim	Ir para o fim da linha
Shift+End	Ir e selecionar até o fim da linha
Ctrl+Home	Ir para o início do documento
Ctrl+Shift+Home	Ir e selecionar o texto até o início do documento
Ctrl+End	Ir para o fim do documento
Ctrl+Shift+End	Ir e selecionar o texto até o fim do documento
Ctrl+PageUp	Alternar o cursor entre o texto e o cabeçalho
Ctrl+PageDown	Alternar o cursor entre o texto e o rodapé
Inserir	Ativar/Desativar modo de inserção
PageUp	Mover página da tela para cima
Shift+PageUp	Mover página da tela para cima com a seleção
PageDown	Mover uma página da tela para baixo
Shift+PageDown	Mover uma página da tela para baixo com a seleção
Ctrl+Del	Excluir texto até o fim da palavra
Ctrl+Backspace	Excluir o texto até o início da palavra
Ctrl+Shift+Del	Excluir texto até o fim da frase
Ctrl+Shift+Backspace	Excluir o texto até o início da frase
Ctrl+Tab	Próxima sugestão com Completar palavra automaticamente
Ctrl+Shift+Tab	Use a sugestão anterior com Completar palavra automaticamente
Alt+W	Caixa de diálogo Verificação ortográfica: retorna a palavra desconhecida original na caixa de texto
Ctrl+ duplo clique ou Ctrl+Shift+F10	Use esta combinação para encaixar ou desencaixar rapidamente a janela do Navegador, a janela Estilos e Formatação ou outras janelas
Ctrl+Alt+Seta para cima ou Ctrl+Seta para cima	Mover o parágrafo ativo ou os parágrafos selecionados um parágrafo para cima.
Ctrl+Alt+Seta para baixo	Mover o parágrafo ativo ou os parágrafos selecionados um parágrafo para baixo.
Tab	O título no formato "Título X" (X = 1-9) é movido um nível para baixo na estrutura de tópicos.
Shift+Tab	O título no formato "Título X" (X = 2-10) é movido um nível para cima na estrutura de tópicos.
Ctrl+Tab	No início de um título: insira uma parada de tabulação. Dependendo do Gerenciador de janelas utilizado, você poderá usar Alt+Tab. Para alterar o nível do título com o teclado, primeiramente posicione o cursor na frente do título.

Ctrl+A	Se a célula ativa estiver vazia: selecione a tabela inteira. Caso contrário: selecione o conteúdo da célula ativa. Pressione novamente para selecionar a tabela inteira.
Ctrl+Home	Se a célula ativa estiver vazia: irá para o início da tabela. Caso contrário: o primeiro pressionamento o levará para o início da célula ativa, o segundo, para o início da tabela atual, e o terceiro, para o início do documento.
Ctrl+End	Se a célula ativa estiver vazia: irá para o fim da tabela. Caso contrário: o primeiro pressionamento o levará para o fim da célula ativa, o segundo, para o fim da tabela atual, e o terceiro, para o fim do documento.
Ctrl+Tab	Insere uma parada de tabulação (somente em tabelas). Dependendo do Gerenciador de janelas utilizado, você poderá usar Alt+Tab.
Ctrl+Shift+Seta para cima	Ir para o início da tabela
Ctrl+Shift+Seta para baixo	Ir para o fim da tabela
Alt+Teclas de seta	Aumenta/diminui o tamanho da coluna/linha na borda direita/ inferior da célula
Alt+Shift+Teclas de seta	Aumentar/diminuir o tamanho da coluna/linha na borda esquerda/superior da célula
Alt+Ctrl+Teclas de seta	Semelhante a Alt, mas somente a célula ativa é modificada
Ctrl+Alt+Shift+Teclas de seta	Semelhante a Alt, mas somente a célula ativa é modificada
Alt+Insert	Três segundos no modo de inserção, a tecla de seta insere a linha/ coluna, Ctrl+Tecla de seta insere a célula
Alt+Del	Três segundos no modo de exclusão, a tecla de seta exclui a linha/ coluna, Ctrl+Tecla de seta mescla a célula com a célula adjacente
Ctrl+Shift+T	Remove a proteção de célula de todas as tabelas selecionadas. Se nenhuma tabela estiver selecionada, a proteção de célula será removida de todas as tabelas do documento.
Shift+Ctrl+Del	Se nenhum item for selecionado, o conteúdo da próxima célula será excluído. Se forem selecionadas células, a linha inteira da seleção será excluída. Se todas as linhas forem selecionadas integral ou parcialmente, a tabela inteira será excluída.
Esc	O cursor está dentro de um quadro de texto e não há texto selecionado: a tecla Esc seleciona o quadro de texto. O quadro de texto está selecionado: a tecla Esc retira o cursor do quadro de texto.
F2 ou Enter ou qualquer outra tecla que gere um caractere na tela	Se houver um quadro de texto selecionado: posicionará o cursor no fim do texto no quadro de texto. Se você pressionar qualquer tecla que gere um caractere na tela e o documento estiver no modo de edição, o caractere será acrescentado ao texto.
Alt+Teclas de seta	Mover objeto.
Alt+Ctrl+Teclas de seta	Redimensiona movendo o canto inferior direito.
Alt+Ctrl+Shift+Teclas de seta	Redimensiona movendo o canto superior esquerdo.
Ctrl+Tab	Seleciona a âncora de um objeto (no modo Editar pontos).

Capítulo IV

4. Produção e edição de planilhas. Funções para edição, buscas, formatação, impressão e manipulação de arquivos. Manipulação de fórmulas, funções e gráficos. Importação e exportação de dados

4.1. EXCEL

a) Arquivo: igual ao menu de mesmo nome já falado no Word

Imprimir: Esse menu agrupou o menu **Imprimir**, **Visualizar Impressão** e **Configurar Página** das versões anteriores;

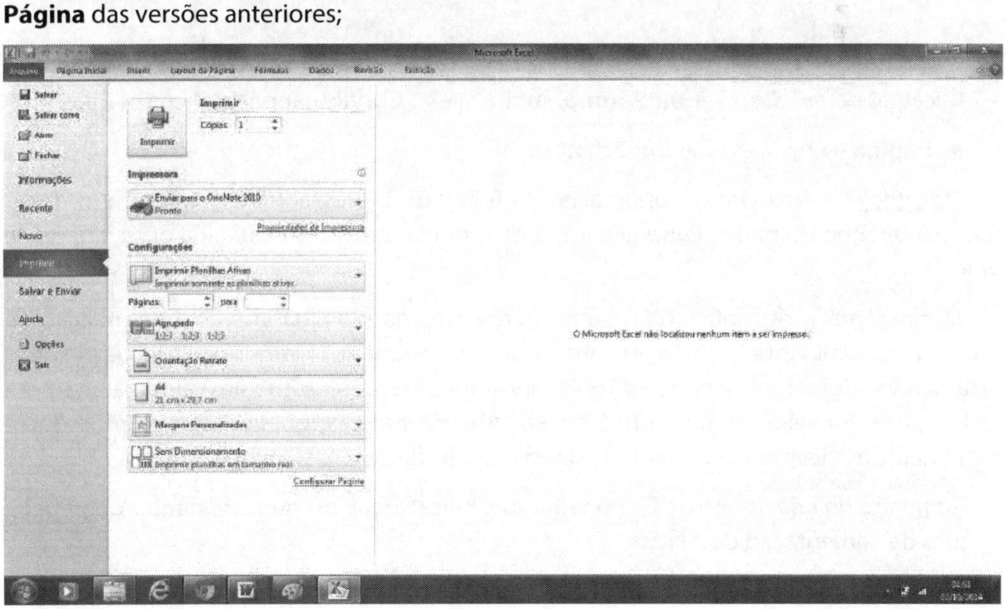

Do lado direito esta a visualização da impressão do arquivo atual;

Na caixa **Imprimir** podemos escolher o nome da impressora a ser utilizada, os nomes que aparecerem nesta caixa suspensa são obtidos das impressoras instaladas no Windows. Após a sua preferência de impressora, configure o "Intervalo de impressão" para tudo ou apenas uma parte das páginas(intervalo de páginas). Por fim, na seção "Configurações" escolha as opções "Seleção"(imprime apenas o que estiver selecionado na planilha ativa), "Planilha(s) selecionada (s)" (imprime todas as planilhas que estiverem selecionadas na pasta de trabalho), "Pasta de trabalho inteira" (para imprimir todas as planilhas da pasta de trabalho). Agora especifique a quantidade de cópias e clique no botão OK.

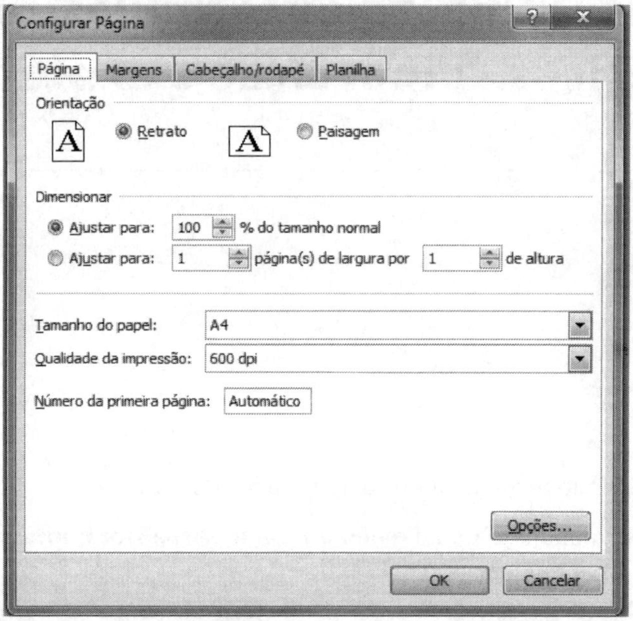

Clicando no link **Configurar Página,** sugira a tela "Configurar página" com 4 abas:

- **Página** → opções mais importantes:

Orientação – especifica a orientação da imagem impressa. *Retrato* imprime o documento ao longo do papel; *Paisagem* imprime o documento com a página posicionada de lado.

Dimensionar – especifica o tamanho percentual da planilha impressa em relação ao tamanho natural. Note que o Excel permite distorções quanto à largura e altura da planilha. O tamanho original corresponde a 100%; portanto para ampliar, use um valor maior, e para reduzir, use um valor menor. Com a opção "**Ajustar para**", é possível comprimir o documento automaticamente, de acordo com o número de páginas definido.

Tamanho do papel – especifica o tamanho: carta, legal, ou outro tamanho de papel e opções de alimentação desejadas.

Qualidade de impressão – especifica a resolução da impressão expressa em número de pontos por polegada (DPI). Quanto maior esse número melhor a qualidade de impressão.

Número da primeira página – podemos definir um número diferente de 1 para começar a numeração das páginas a serem impressas através desta opção.

Botão opções – lista as configurações da impressora selecionada na caixa de diálogo "Imprimir"; lembre-se que esta opção tem pequenas diferenças conforme a impressora.

- **Margens** → As margens são espaços entre as bordas do papel da página e o conteúdo a ser impresso, temos então margem superior, inferior, esquerda, e direita que podemos ajustá-las conforme nossa necessidade usando as opções da guia "Margens". Para especificar a distância entre o cabeçalho e a parte superior da página, ou entre o rodapé e a parte inferior da página use as opções "Cabeçalho" e "Rodapé". Para centralizar o documento horizontal ou verticalmente use a opção "Horizontal" e/ou "Vertical".

- **Cabeçalho/Rodapé** → A guia Cabeçalho/rodapé permite especificar o conteúdo do cabeçalho e rodapé da planilha. Se você clicar no botão "Personalizar cabeçalho" ou "Personalizar Rodapé", aparece uma caixa de diálogo. Nesta caixa, você pode detalhar o cabeçalho/rodapé no que concerne à região esquerda, direita ou central. Em cada uma dessas regiões você pode ainda aplicar variáveis utilizando as ferramentas. Você pode inserir texto em qualquer uma das seções ou selecionar através dos botões de opção na caixa de diálogo abaixo discriminados:

1. Formatar fonte
2. Inserir número de páginas
3. Inserir total de páginas da planilha
4. Inserir data
5. Inserir hora
6. Inserir nome do arquivo e caminho
7. Inserir nome do arquivo
8. Inserir nome da planilha
9. Inserir Figura
10. Formatar Figura

- **Planilha** → Na guia planilha configuramos os detalhes finais para nossa página, a seguir listamos as opções disponíveis nessa guia.

Área de impressão – no momento em você especifica um intervalo de células nesta caixa, apenas o conteúdo compreendido entre estas células será impresso. Por exemplo, A1:E20.

Imprimir títulos – define respectivamente linhas a repetir na parte superior e colunas a repetir à esquerda.Os intervalos de células informados nessas caixas serão repetidos em todas as páginas como títulos.

Imprimir – seleciona o que deve ser impresso, usando marcadores [X] em respectivamente: Linhas de grade; Notas; Cabeçalhos de linha e coluna; Preto e braço e Qualidade de rascunho.

Ordem da página –define a ordem com a qual as planilhas dentro de pastas deverão ser impressas: sentido abaixo e à direita, ou à direita e abaixo.

b) Página Inicial:

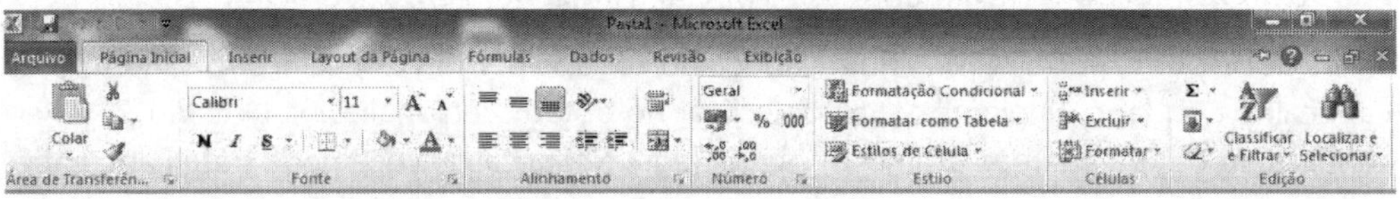

Apresenta as áreas: Área de transferência, Fonte, Alinhamento, Número, Estilo, Células, Edição.

c) Inserir

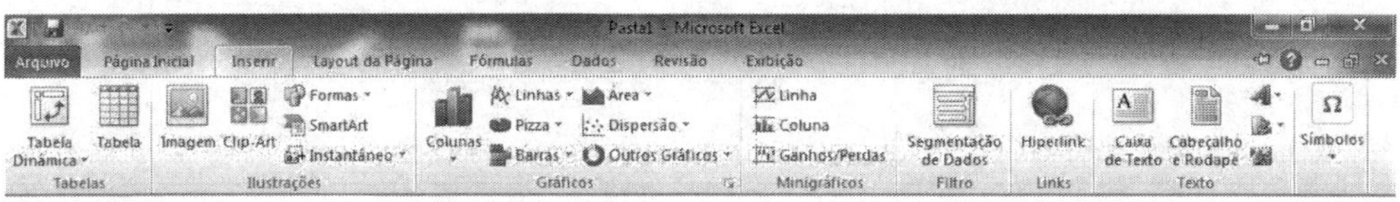

Apresenta as áreas: Tabelas, Ilustrações, Gráficos, Minigraficos, Filtro, Links, Texto, Símbolo.

Gráficos: Para facilitar a visualização do sentido dos dados digitados em uma planilha, o gráfico é um recurso visual de efeito bastante significativo. O Excel oferece uma gama variada de tipos de gráficos que podem ser criados e manipulados com muita facilidade pelo usuário.

O Excel oferece ao usuário uma gama bastante variada de tipos de gráficos que podem ser utilizados de acordo com o tipo de dado que será exibido e com o efeito visual que se deseja criar.

Tipos mais comuns de gráficos:

Área	Gráfico de linhas onde os valores são acumulados. Ideal para representar variações através do tempo.
Barras	Gráfico de barras. Utilize esse tipo de gráfico para comparar itens individualmente.
Colunas	Gráfico de colunas. Semelhante ao gráfico de área, mas enfatiza melhor a função do tempo.
Linhas	Gráfico de linhas e marcas. Represente as tendências dos seus empreendimentos usando este tipo de gráfico.
Pizza	Gráfico de setores circulares. Esse gráfico tem como objetivo mostrar as proporções.

Área 3D	Gráfico de linhas em três dimensões.
Barras 3D	Gráfico de barras em três dimensões.
Colunas 3D	Gráfico de colunas em três dimensões.
Linhas 3D	Gráfico de linhas em três dimensões.
Pizza 3D	Gráfico de setores circulares em três dimensões.
Cilindro 3D	Esse gráfico cria efeitos tridimensionais com elementos representados por cilindros. Semelhante ao barras ou colunas.
Cone 3D	Semelhante ao cilindro alterando apenas a representação dos elementos para cones tridimensionais.
Pirâmide 3D	Semelhante ao cilindro alterando apenas a representação dos elementos para pirâmides tridimensionais.

Depois que o gráfico foi criado o usuário pode perfeitamente mudar qualquer característica dele, basta para isso dar dois cliques sobre a área que deseja modificar e a tela de formatação especifica para a referida área aparecerá na tela.

Uma outra forma de mudar características do gráfico é clicar sobre ele com o botão direito do mouse. Ao aparecer o menu suspenso, selecione a opção corresponde aos itens que se deseja modificar.

Pode ainda:

Alterar o tamanho de um gráfico: para alterar o tamanho de um gráfico, selecione-o clicando sobre ele e posicione o ponteiro do mouse sobre um dos seus cantos, quando o ponteiro do mouse assumir a forma de uma seta dupla, arraste o gráfico para redimensioná-lo.

Exclusão de um gráfico: para excluir um gráfico de uma planilha, selecione o gráfico com um clique e pressione a tecla DELETE.

Para mover um gráfico: para mover o seu gráfico de lugar na planilha, selecione-o com um clique e arraste-o até o local desejado. Se o gráfico estiver ativo, você poderá movê-lo, arrastando sua borda.

d) Layout de Pagina

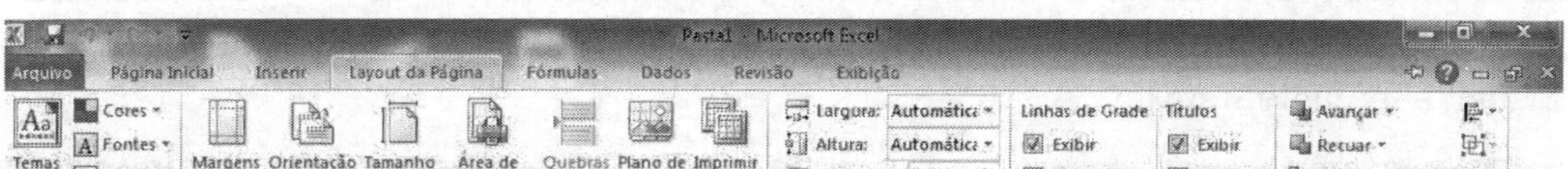

Apresenta as áreas: Tema, Configurar Página, Dimensionar Para ajustar, Opções de Planilha, Organizar.

e) Fórmulas

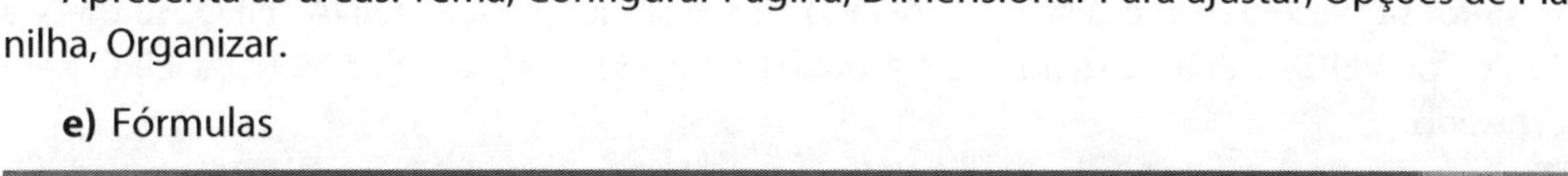

Apresenta as áreas: Biblioteca de Funções, Nomes definidos, Auditoria de Formulas.

– Principais Funções do Excel

1. SOMA: A função **soma (núm1; núm2,...)** retorna a soma de todos os números em uma lista de até 30 segmentos. Os números, valores lógicos e representações em forma de texto de números digitados diretamente na lista de argumentos são contados. Se um argumento for uma matriz ou referência, apenas os números nessa matriz ou referência serão contados. Células em branco, valores lógicos, texto ou valores de erro na matriz ou referência são ignorados. Os argumentos que são valores de erro ou texto que não podem ser traduzidos em números geram erros.

Para somar intervalos (somar matrizes) digite = **soma (célula inicial: célula final do intervalo)**

Outra maneira de somar: utilize o botão (Auto-Soma): selecione os valores que deseja somar e clique no botão "Auto-Soma", a soma será demonstrada automaticamente.

2. MÉDIA: A função média (núm1; núm2; ...) retorna a média aritmética de até 30 argumentos. Os argumentos devem ser números ou nomes, matrizes ou referências que contenham números. Veja os exemplos abaixo.

Se A1:A5 contiver os números 10, 7, 9, 27 e 2, então:

MÉDIA(A1:A5) é igual a 11

MÉDIA(A1:A5;5) é igual a 10

MÉDIA(A1:A5) é igual a SOMA(A1:A5)/CONT.NÚM(A1:A5) que é igual a 11

3. MÁXIMO: Mostra qual é o valor máximo entre os números selecionados. Exemplo: a fórmula =MÁXIMO(A1:A10) faz o Excel procurar o maior número existente entre A1 e A10.

4. MÍNIMO: Mostra qual é o valor mínimo entre os números selecionados. Exemplo: a fórmula =MÍNIMO(A1:A10) faz o Excel procurar o menor número existente entre A1 e A10.

5. SE: = SE(teste; valor se verdadeiro; valor se falso). Use a função SE para conduzir testes condicionais sobre valores e fórmulas e para efetuar ramificações de acordo com o resultado deste teste. O resultado do teste determina o valor retornado pela função SE. A função SE tem a seguinte sintaxe:

Teste lógico: é qualquer valor ou expressão que pode ser avaliada como VERDADEIRO ou FALSO.

Valor se verdadeiro: é o valor fornecido se o teste lógico for VERDADEIRO. Se o teste lógico for VERDADEIRO e valor se verdadeiro for omitido, o valor VERDADEIRO será fornecido.

Valor se falso: é o valor fornecido se o teste lógico for FALSO. Se o teste lógico for FALSO e valor se falso for omitido, o valor FALSO será fornecido.

6. OU: Retorna VERDADEIRO se qualquer argumento for VERDADEIRO; retorna FALSO se todos os argumentos forem FALSOS. Ex: =OU(A1;A2).

7. CONT.SE: Calcula o número de células não vazias em um intervalo que corresponde a determinados critérios.

Sintaxe: CONT.SE(intervalo;critérios)

Exemplo prático: seja uma planilha com nome de alunos e suas médias. Para saber quantos alunos tiraram médias maior e igual a 9, temos: = CONT.SE(B2:B5;"=9")

Onde:

[(B2:B5)]: refere-se ao endereço das células que você deseja contar.

[;]: utiliza-se como parte da sintaxe para separar.

[".=9"]: refere-se à condição, ou seja, esta fórmula só irá contar as células que contêm valores maiores ou iguais a 9.

A condição também pode ser texto, porém, independente de ser texto ou valor numérico, deve-se colocar entre as aspas.

Ex.: =CONT.SE(C2:C5;"Aprovado"). Neste exemplo, o Excel contará apenas as células em que houver a palavra "Aprovado".

8. SOMASE: Adiciona as células especificadas de acordo com um determinado critério.

Sintaxe: SOMASE(intervalo;critérios;intervalo soma)

Exemplo prático: seja somar as faturas que foram pagas. Então na planilha, a coluna A tem os nomes dos clientes, a coluna B tem os valores das faturas e na coluna C, as situações (pago ou não).Neste exemplo, o Excel deve somar somente as faturas que estiverem pagas, assim podemos saber o quanto já foi recebido:

=SOMASE(C2:C7;"PG";"B2:B7)

Onde:

[C2:C7]: é o endereço inicial e final de células onde foi, ou não, digitado o texto "PG", especificando se foi pago ou não.

["PG"]: é o critério para somar, ou seja, só somará se neste intervalo de células de "C2" até "C7", e onde houver o texto"PG". O critério deverá ser sempre colocado entre aspas.

[B2:B7]: é o intervalo de células onde será somado, mediante a condição, ou seja, ele somará somente aqueles valores que na coluna "C" houver digitado o texto "PG".

9. MOD: Calcula o resto de uma divisão. Sintaxe: =MOD(valor1;valor2);

10. MULT: Multiplica os valores passados como parâmetros. Sintaxe: =MULT(valor1;valor2);

11. ABS: Calcula o valor absoluto de um número. Sintaxe: =ABS(célula);

12. AGORA: Mostra a data e a hora atuais. Sintaxe: =AGORA();

13. DATA: Exibe a data atual. Sintaxe: =DATA();

14. HORA: Exibe a hora atual. Sintaxe: =HORA();

15. ARRED: Arredonda o número em uma determinada quantidade de dígitos. Sintaxe: =ARRED(valor;número de dígitos);

16. SEN: Calcula o seno. Sintaxe: =SEN(ângulo);

17. COS: Calcula o coseno. Sintaxe: =COS(ângulo);

18. TAN: Calcula a tangente. Sintaxe: =TAN(ângulo);

19.FATORIAL: Calcula o fatorial de um número. Sintaxe: =FATORIAL(valor);

20.LOG: Calcula o logaritmo, do valor passado, em uma determinada base. Sintaxe: =LOG(valor;base);

21.RAIZ: Calcula a raiz quadrada do valor passado. Sintaxe: =RAIZ(valor);

22. HOJE: Mostra a data atual. Sintaxe: =HOJE();

23.TEXTO: Coloca as datas por extenso. Sintaxe:= TEXTO(data atual;"formato desejado"). EX: =TEXTO(DATA ATUAL;"MMM") – colocará a data atual, com os meses abreviados;

24. MÊS: Mostra a posição numérica de cada mês. Sintaxe: =MÊS(data);

25. MAÍSCULA: Coloca o conteúdo da célula passada em maiúsculo. Sintaxe: =MAIÚSCULA(célula);

26.MINÚSCULA: Coloca o conteúdo da célula passada em minúsculo. Sintaxe: = MINÚSCULA(célula);

27.CONCATENAR: Une o conteúdo de células. Sintaxe:=CONCATENAR(Célula1;celula2)

28.POTENCIA: Calcula a potência de um número em uma determinada base. Sintaxe:=POTÊNCIA(base;expoente);

29.CONT.NUM: Calcula a quantidade de células com valore numéricos em um intervalo. Sintaxe: =CONT.NUM(intervalo);

30. CONT.VALORES: Conta todas as células em um intervalo com valores de texto ou numéricos. Sintaxe: =CONT.VALORES(intervalo);

31.CONTAR.VAZIO: Conta quanta células vazias existem em um determinado intervalo. Sintaxe: =CONTAR.VAZIO(intervalo);

32.EXATO: Compara se o conteúdo de duas células são iguais. Sintaxe: =EXATO(célula1;célula2);

33.REPT: Repete o conteúdo de uma célula na quantidade de vezes especificada. Sintaxe: =REPT(célula, nºde vezes);

34.INT: Mostra apenas a parte inteira de um número. Sintaxe:=INT(célula);

35. E: Serve como elo entre funções; a resposta será verdadeira se todos os parâmetros de entrada forem verdadeiros. Sintaxe: =E(célula1;célula2).

f) Dados

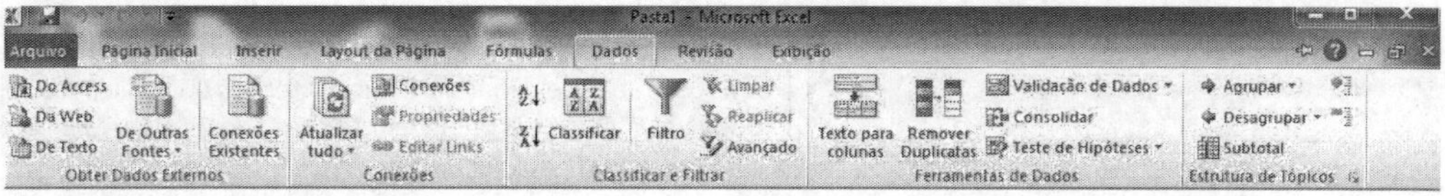

Obter Dados Externos: Permite importar e editar dados oriundos de banco de dados ou de outros programas.

Ao importar dados, você não precisa digitar novamente os dados que deseja analisar no Microsoft Excel. Você também pode atualizar seus relatórios e resumos do Excel automaticamente a partir do banco de dados original, sempre que o banco de dados for atualizado com novas informações.Oferece uma série de recursos para a integração com ferramentas externas.

f2) Obter Dados Externos: Permite verificar e configurar as conexões de dados e atualizá-los

g) Revisão

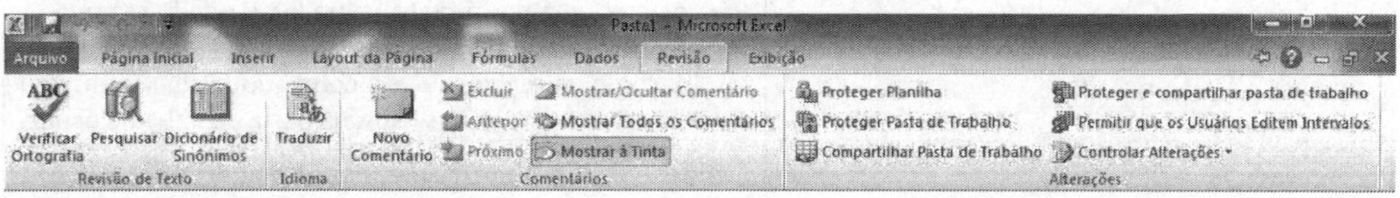

Apresenta as áreas: Revisão de Texto, Idioma, Comentários, Alterações.

Alterações: apresenta as seguintes funcionalidades

Botão	Funcionalidade
	Você pode proteger elementos em uma planilha — como células com fórmulas — do acesso de todos os usuários ou pode conceder acesso a usuários individuais nos intervalos especificados. Você pode evitar que usuários insiram, excluam, formatem linhas e colunas, alterem o conteúdo de células bloqueadas e movam o cursor para células bloqueadas ou não. Por padrão, todas as células em uma planilha estão bloqueadas. Antes de proteger uma planilha, você pode desbloquear células nas quais deseja que os usuários insiram e alterem dados, de duas maneiras. Para desbloquear células para todos os usuários, você pode usar a guia "**Proteção"** na caixa de diálogo "**Formatar células"**. Para desbloquear células para usuários específicos, você pode usar a caixa de diálogo **"Permitir que os usuários editem intervalos"**. Os intervalos especificados nesta caixa de diálogo e que não têm uma senha também serão desbloqueados para todos os usuários. As células que você deixar bloqueadas ficam protegidas somente após ter protegido a planilha.

	Outros recursos e elementos de planilha aos quais você pode restringir o acesso de todos os usuários são hiperlinks, classificação, AutoFiltro, relatórios de tabela dinâmica, objetos gráficos e cenários. Estas proteções são aplicadas a todos os usuários e à planilha inteira, e não a usuários individuais ou intervalos de dados. Para planilhas de gráfico, você pode proteger o conteúdo do gráfico contra alterações e pode proteger quaisquer objetos gráficos na folha, como caixas de texto, evitando sua alteração ou exclusão. Uma planilha de gráfico protegida continua a ser atualizada sempre que os dados de origem do gráfico forem alterados.
	Você pode aplicar proteção a elementos da pasta de trabalho e pode proteger um arquivo da pasta de trabalho evitando a sua exibição ou alteração. Se uma pasta de trabalho estiver compartilhada, você poderá protegê-la para evitar seu retorno para uso exclusivo e evitar que o histórico de alterações seja excluído. Você pode evitar que usuários adicionem ou excluam planilhas ou exibam planilhas ocultas. Também pode evitar que usuários alterem os tamanhos ou as posições das janelas configuradas para exibir uma pasta de trabalho. Essas proteções se aplicam à pasta de trabalho inteira. Para ocultar uma pasta de trabalho inteira de forma que os usuários não possam vê-la, mas possam ter acesso ao conteúdo, como as macros, use o comando Ocultar no menu Janela e salve as alterações feitas na pasta de trabalho oculta.
	É muito comum, principalmente em grandes organizações, que em uma pasta sejam lançados, números que compõem um grande e único controle, mas que provêem de diversos setores e departamentos. Noutras palavras, são múltiplas e distintas as fontes de alimentação de uma mesma pasta da planilha, cada departamento lançando há seu tempo os seus dados. Na guia "**Avançadas**" o usuário deve configurar como o compartilhamento dos dados será realizado, preparando o arquivo para a mesclagem posterior. Para mesclar as alterações de uma pasta de trabalho em outra pasta de trabalho, as duas pastas de trabalho devem atender às seguintes exigências: • Ambas as pastas de trabalho devem ser cópias da mesma pasta de trabalho. • Cada cópia deve ter um nome de arquivo diferente. • As pastas de trabalho não devem ter a mesma senha. • A pasta de trabalho a partir da qual as cópias foram originalmente criadas deve ter sido uma pasta de trabalho compartilhada. • Quando as cópias foram feitas, o histórico de alterações deve ter sido ativado. 1. No momento em que você mescla as cópias, o histórico de alterações deve ser mantido em ambas as cópias ao menos pela quantidade de dias transcorridos desde que as cópias foram originalmente feitas. Por exemplo, se o histórico de Alterações está sendo mantido ns pastas de trabalho por 30 dias e as cópias foram feitas há 45 dias, você não pode mais mesclar as pastas de trabalho.

Proteger e compartilhar pasta de trabalho	Você pode proteger uma pasta de trabalho compartilhada de forma que os usuários não possam retorná-la para uso exclusivo ou excluir o log de histórico de alterações. Se você deseja exigir uma senha para remover este tipo de proteção, aplique a proteção antes de compartilhar a pasta de trabalho. A aplicação da proteção ativa automaticamente o compartilhamento. Desproteger estes recursos desativa o compartilhamento e exclui todo o histórico de alterações salvo. Como alternativa, você pode proteger o compartilhamento e o histórico de alterações sem uma senha. Além disso, pode aplicar essa proteção quando uma pasta de trabalho já está compartilhada, pois a desproteção não desativará o compartilhamento ou não excluirá o histórico de alterações.
Permitir que os Usuários Editem Intervalos	Se tiver o sistema operacional Windows 2000 ou XP, você poderá permitir que usuários específicos editem células ou intervalos específicos. Os usuários aos quais você concede acesso podem editar células mesmo que elas estejam bloqueadas. As restrições de acesso são efetuadas somente após você ter protegido a planilha. Os usuários especificados na caixa de diálogo Permissões para intervalo podem editar automaticamente o intervalo sem digitar a senha. Outros usuários são solicitados a fornecer a senha, e os usuários que digitam a senha podem editar o intervalo. Se uma célula pertence a mais de um intervalo, os usuários que têm autorização para editar qualquer um dos intervalos podem editar a célula. Se um usuário tentar editar múltiplas células simultaneamente e tiver autorização para editar algumas, mas não todas as células, ele será solicitado a selecionar e editar as células uma de cada vez.
Controlar Alterações ▾	Permite o controle das alterações feitas por usuários diferentes. Seria um gerenciamento do compartilhamento das pastas de trabalho. → Realçar alterações: Realça todas as alterações feitas no conteúdo das células de uma pasta de trabalho compartilhada, incluindo o conteúdo movido e colado e as linhas e colunas inseridas ou excluídas. Esse controle é feito através da utilização da planilha histórico, que mostra todas as alterações feitas em uma pasta de trabalho. → *Aceitar ou Rejeitar alterações:* Permite ao usuário a localização de todas as alterações controladas em uma planilha, para que ele possa revisar, aceitar ou rejeitar a efetivação da alteração. Como muitos serão os usuários com acesso à pasta, será necessário fazer uma revisão dos lançamentos de informações, para uma final alteração da pasta, incorporando tais informações.

h) Exibição

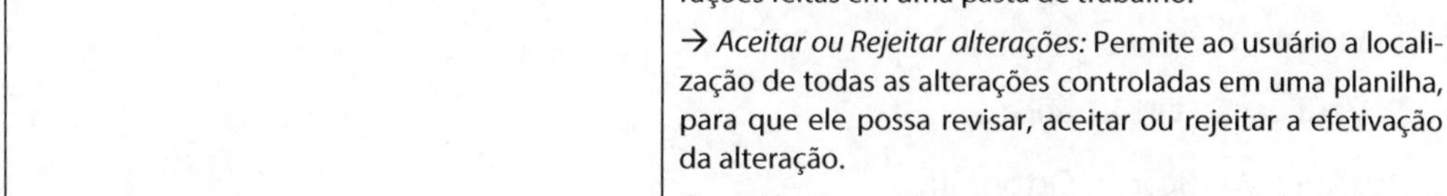

Apresenta as áreas: Modos de Exibição de Pasta de Trabalho, Mostrar, Zoom, Janela, Macros.

Macro: É uma seqüência de comandos e instruções do Word que o usuário agrupa como um único comando para executar uma tarefa automaticamente.

Algumas utilizações típicas das macros são:

- Acelerar as tarefas rotineiras de edição ou formatação;
- Combinar vários comandos, por exemplo, inserir uma tabela com bordas e tamanho específico, e com um determinado número de linhas e colunas;
- Tornar uma opção de caixa de diálogo mais acessível;
- Automatizar uma sequência complexa de tarefas;

4.2. CALC

O calc é uma planilha eletrônica do pacote LibreOffice. Apresentaremos aqui as principais teclas de atalho e barra de ferramentas para as funções solicitadas.

Barra de Ferramentas Padrão

1. Arquivo Novo
2. Abrir
3. Salvar
4. Enviar documento como email
5. Editar Arquivo
6. Exportar arquivo diretamente como PDF
7. Imprimir Diretamente
8. Visualizar Página
9. Verificação Ortográfica
10. Auto Verificação Ortográfica
11. Recortar
12. Copiar
13. Colar
14. Pincel de Estilo
15. Desfazer
16. Restaurar

17. Hiperlink

18. Classificar em ordem crescente

19. Classificar em ordem decrescente

20. Inserir gráfico

21. Mostrar Funções de Desenho

22. Localizar e Substituir

23. Navegador

24. Gallery

25. Fonte de Dados

26. Zoom

27. Ajuda do Calc

Barra de Ferramentas de Formatação

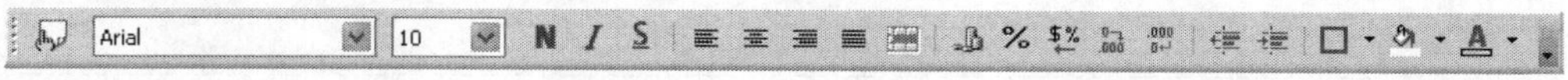

1.Estilos e Formatação

2. Nome da Fonte

3. Tamanho da Fonte

4. Negrito

5. Itálico

6. Sublinhado

7. Alinhamento a Esquerda

8. Alinhamento Centralizado

9. Alinhamento a Esquerda

10. Alinhamento Justificado

11. Mesclar Células

12. Formato de número: Moeda

13. Formato de número: Porcentagem

14. Formato de Número Padrão

15. Formato de Número: Adicionar casa decimal

16. Formato de Número: Excluir casa decimal

17. Diminuir Recuo

18. Aumentar Recuo

19. Bordas

20. Cor do plano de fundo

21. Cor da Fonte

Principais Teclas de Atalho

Teclas de atalho	Efeito
F2	Barra Fórmulas
Ctrl+F2	Inserir campos
F3	Concluir AutoTexto
Ctrl+F3	Editar AutoTexto
F4	Abrir exibição da fonte de dados
Shift+F4	Selecionar próximo quadro
F5	Ativar/Desativar Navegador
Ctrl+Shift+F5	Ativar Navegador, ir para número da página
F7	Verificação ortográfica
Ctrl+F7	Dicionário de correlatos
F8	Modo de extensão
Ctrl+F8	Ativar/Desativar sombreamentos de campos
Shift+F8	Seleção adicional
F9	Atualizar campos
Ctrl+F9	Mostrar campos
Shift+F9	Calcular tabela
Ctrl+Shift+F9	Atualizar campos e listas de entrada
Ctrl+F10	Ativar/Desativar caracteres não-imprimíveis
F11	Ativar/Desativar janela Estilos e formatação
Shift+F11	Criar estilo
Ctrl+Shift+F11	Atualizar estilo
F12	Ativar numeração
Ctrl+F12	Inserir ou editar tabela
Shift+F12	Ativar marcadores
Ctrl+Shift+F12	Desativar Numeração/Marcadores
Ctrl+A	Selecionar tudo
Ctrl+J	Justificar
Ctrl+D	Sublinhado duplo
Ctrl+E	Centralizado
Ctrl+F	Localizar e substituir
Ctrl+Shift+P	Sobrescrito

Ctrl+L	Alinhar à esquerda
Ctrl+R	Alinhar à direita
Ctrl+Shift+B	Subscrito
Ctrl+Y	Refazer última ação
Ctrl+0 (zero)	Aplicar estilo de parágrafo Padrão
Ctrl+1	Aplicar estilo de parágrafo Título 1
Ctrl+2	Aplicar estilo de parágrafo Título 2
Ctrl+3	Aplicar estilo de parágrafo Título 3
Ctrl+5	Espaçamento de 1 linha e meia
Ctrl+ Tecla de sinal de adição(+)	Calcula o texto selecionado e copia o resultado para a área de transferência.
Ctrl+Hífen (-)	Hifens personalizados; hifenização definida pelo usuário.
Ctrl+Shift+sinal de menos (-)	Traço incondicional (não é usado para hifenização)
Ctrl+sinal de multiplicação * (somente no teclado numérico)	Executar campo de macro!
Ctrl+Space	Espaços incondicionais. Esses espaços não serão usados para hifenização nem serão expandidos se o texto estiver justificado.
Shift+Enter	Quebra de linha sem alteração de parágrafo
Ctrl+Enter	Quebra manual de página
Ctrl+Shift+Enter	Quebra de coluna em textos com várias colunas
Alt+Enter	Inserção de um novo parágrafo sem numeração
Alt+Enter	Inserção de um novo parágrafo diretamente antes ou depois de uma seção ou tabela.
Seta para a esquerda	Mover o cursor para a esquerda
Shift+Seta para a esquerda	Mover o cursor com a seleção para a esquerda
Ctrl+Seta para a esquerda	Ir para o início da palavra
Ctrl+Shift+Seta para a esquerda	Seleção à esquerda, uma palavra de cada vez
Seta para a direita	Mover o cursor para a direita
Shift+Seta para a direita	Mover o cursor com a seleção para a direita
Ctrl+Seta para a direita	Ir para o fim da palavra
Ctrl+Shift+Seta para a direita	Seleção à direita, uma palavra de cada vez
Seta para cima	Mover uma linha para cima
Shift+Seta para cima	Seleção de linhas de baixo para cima
Seta para baixo	Mover o cursor uma linha para baixo
Shift+Seta para baixo	Seleção de linhas de cima para baixo
Home	Ir para o início da linha
Shift+Home	Ir e selecionar até o início de uma linha
Fim	Ir para o fim da linha
Shift+End	Ir e selecionar até o fim da linha
Ctrl+Home	Ir para o início do documento

Ctrl+Shift+Home	Ir e selecionar o texto até o início do documento
Ctrl+End	Ir para o fim do documento
Ctrl+Shift+End	Ir e selecionar o texto até o fim do documento
Ctrl+PageUp	Alternar o cursor entre o texto e o cabeçalho
Ctrl+PageDown	Alternar o cursor entre o texto e o rodapé
Inserir	Ativar/Desativar modo de inserção
PageUp	Mover página da tela para cima
Shift+PageUp	Mover página da tela para cima com a seleção
PageDown	Mover uma página da tela para baixo
Shift+PageDown	Mover uma página da tela para baixo com a seleção
Ctrl+Del	Excluir texto até o fim da palavra
Ctrl+Backspace	Excluir o texto até o início da palavra
Ctrl+Shift+Del	Excluir texto até o fim da frase
Ctrl+Shift+Backspace	Excluir o texto até o início da frase
Ctrl+Tab	Próxima sugestão com Completar palavra automaticamente
Ctrl+Shift+Tab	Use a sugestão anterior com Completar palavra automaticamente
Alt+W	Caixa de diálogo Verificação ortográfica: retorna a palavra desconhecida original na caixa de texto
Ctrl+ duplo clique ou Ctrl+Shift+F10	Use esta combinação para encaixar ou desencaixar rapidamente a janela do Navegador, a janela Estilos e Formatação ou outras janelas
Ctrl+Alt+Seta para cima ou Ctrl+Seta para cima	Mover o parágrafo ativo ou os parágrafos selecionados um parágrafo para cima.
Ctrl+Alt+Seta para baixo	Mover o parágrafo ativo ou os parágrafos selecionados um parágrafo para baixo.
Tab	O título no formato "Título X" (X = 1-9) é movido um nível para baixo na estrutura de tópicos.
Shift+Tab	O título no formato "Título X" (X = 2-10) é movido um nível para cima na estrutura de tópicos.
Ctrl+Tab	No início de um título: insira uma parada de tabulação. Dependendo do Gerenciador de janelas utilizado, você poderá usar Alt+Tab. Para alterar o nível do título com o teclado, primeiramente posicione o cursor na frente do título.

Ctrl+A	Se a célula ativa estiver vazia: selecione a tabela inteira. Caso contrário: selecione o conteúdo da célula ativa. Pressione novamente para selecionar a tabela inteira.
Ctrl+Home	Se a célula ativa estiver vazia: irá para o início da tabela. Caso contrário: o primeiro pressionamento o levará para o início da célula ativa, o segundo, para o início da tabela atual, e o terceiro, para o início do documento.

Ctrl+End	Se a célula ativa estiver vazia: irá para o fim da tabela. Caso contrário: o primeiro pressionamento o levará para o fim da célula ativa, o segundo, para o fim da tabela atual, e o terceiro, para o fim do documento.
Ctrl+Tab	Insere uma parada de tabulação (somente em tabelas). Dependendo do Gerenciador de janelas utilizado, você poderá usar Alt+Tab.
Ctrl+Shift+Seta para cima	Ir para o início da tabela
Ctrl+Shift+Seta para baixo	Ir para o fim da tabela
Alt+Teclas de seta	Aumenta/diminui o tamanho da coluna/linha na borda direita/inferior da célula
Alt+Shift+Teclas de seta	Aumentar/diminuir o tamanho da coluna/linha na borda esquerda/superior da célula
Alt+Ctrl+Teclas de seta	Semelhante a Alt, mas somente a célula ativa é modificada
Ctrl+Alt+Shift+Teclas de seta	Semelhante a Alt, mas somente a célula ativa é modificada
Alt+Insert	Três segundos no modo de inserção, a tecla de seta insere a linha/coluna, Ctrl+Tecla de seta insere a célula
Alt+Del	Três segundos no modo de exclusão, a tecla de seta exclui a linha/coluna, Ctrl+Tecla de seta mescla a célula com a célula adjacente
Ctrl+Shift+T	Remove a proteção de célula de todas as tabelas selecionadas. Se nenhuma tabela estiver selecionada, a proteção de célula será removida de todas as tabelas do documento.
Shift+Ctrl+Del	Se nenhum item for selecionado, o conteúdo da próxima célula será excluído. Se forem selecionadas células, a linha inteira da seleção será excluída. Se todas as linhas forem selecionadas integral ou parcialmente, a tabela inteira será excluída.
Esc	O cursor está dentro de um quadro de texto e não há texto selecionado: a tecla Esc seleciona o quadro de texto. O quadro de texto está selecionado: a tecla Esc retira o cursor do quadro de texto.
F2 ou Enter ou qualquer outra tecla que gere um caractere na tela	Se houver um quadro de texto selecionado: posicionará o cursor no fim do texto no quadro de texto. Se você pressionar qualquer tecla que gere um caractere na tela e o documento estiver no modo de edição, o caractere será acrescentado ao texto.
Alt+Teclas de seta	Mover objeto.
Alt+Ctrl+Teclas de seta	Redimensiona movendo o canto inferior direito.
Alt+Ctrl+Shift+Teclas de seta	Redimensiona movendo o canto superior esquerdo.
Ctrl+Tab	Seleciona a âncora de um objeto (no modo Editar pontos).

Principais Funções do Calc

1. SOMA: A função **soma (núm1; núm2,...)** retorna a soma de todos os números em uma lista de até 30 segmentos. Os números, valores lógicos e representações em forma de texto de números digitados diretamente na lista de argumentos são contados. Se um argumento for uma matriz ou referência, apenas os números nessa matriz ou referência serão contados. Células em branco, valores lógicos, texto ou valores de erro na matriz ou referência são ignorados. Os argumentos que são valores de erro ou texto que não podem ser traduzidos em números geram erros.

Para somar intervalos (somar matrizes) digite = **soma (célula inicial: célula final do intervalo)**

Outra maneira de somar: utilize o botão (Auto-Soma): selecione os valores que deseja somar e clique no botão "Auto-Soma", a soma será demonstrada automaticamente.

2. MÉDIA: A função média (núm1; núm2; ...) retorna a média aritmética de até 30 argumentos. Os argumentos devem ser números ou nomes, matrizes ou referências que contenham números. Veja os exemplos abaixo.

Se A1:A5 contiver os números 10, 7, 9, 27 e 2, então:

MÉDIA(A1:A5) é igual a 11

MÉDIA(A1:A5;5) é igual a 10

MÉDIA(A1:A5) é igual a SOMA(A1:A5)/CONT.NÚM(A1:A5) que é igual a 11

3. MÁXIMO: Mostra qual é o valor máximo entre os números selecionados. Exemplo: a fórmula =MÁXIMO(A1:A10) faz o Excel procurar o maior número existente entre A1 e A10.

4. MÍNIMO: Mostra qual é o valor mínimo entre os números selecionados. Exemplo: a fórmula =MÍNIMO(A1:A10) faz o Excel procurar o menor número existente entre A1 e A10.

5. SE: = SE(teste; valor se verdadeiro; valor se falso). Use a função SE para conduzir testes condicionais sobre valores e fórmulas e para efetuar ramificações de acordo com o resultado deste teste. O resultado do teste determina o valor retornado pela função SE. A função SE tem a seguinte sintaxe:

***Teste lógico*:** é qualquer valor ou expressão que pode ser avaliada como VERDADEIRO ou FALSO.

***Valor se verdadeiro*:** é o valor fornecido se o teste lógico for VERDADEIRO. Se o teste lógico for VERDADEIRO e valor se verdadeiro for omitido, o valor VERDADEIRO será fornecido.

***Valor se falso*:** é o valor fornecido se o teste lógico for FALSO. Se o teste lógico for FALSO e valor se falso for omitido, o valor FALSO será fornecido.

6. OU: Retorna VERDADEIRO se qualquer argumento for VERDADEIRO; retorna FALSO se todos os argumentos forem FALSOS. Ex: =OU(A1;A2).

7. CONT.SE: Calcula o número de células não vazias em um intervalo que corresponde a determinados critérios.

Sintaxe: CONT.SE(intervalo;critérios)

Exemplo prático: seja uma planilha com nome de alunos e suas médias. Para saber quantos alunos tiraram médias maior e igual a 9, temos: = CONT.SE(B2:B5;"=9")

Onde:

[(B2:B5)]: refere-se ao endereço das células que você deseja contar.

[;]: utiliza-se como parte da sintaxe para separar.

[".=9"]: refere-se à condição, ou seja, esta fórmula só irá contar as células que contêm valores maiores ou iguais a 9.

A condição também pode ser texto, porém, independente de ser texto ou valor numérico, deve-se colocar entre as aspas.

Ex.: =CONT.SE(C2:C5;"Aprovado"). Neste exemplo, o Excel contará apenas as células em que houver a palavra "Aprovado".

8. SOMASE: Adiciona as células especificadas de acordo com um determinado critério.

Sintaxe: SOMASE(intervalo;critérios;intervalo soma)

Exemplo prático: seja somar as faturas que foram pagas. Então na planilha, a coluna A tem os nomes dos clientes, a coluna B tem os valores das faturas e na coluna C, as situações (pago ou não).Neste exemplo, o Excel deve somar somente as faturas que estiverem pagas, assim podemos saber o quanto já foi recebido:

=SOMASE(C2:C7;"PG";"B2:B7)

Onde:

[C2:C7]: é o endereço inicial e final de células onde foi, ou não, digitado o texto "PG", especificando se foi pago ou não.

["PG"]: é o critério para somar, ou seja, só somará se neste intervalo de células de "C2" até "C7", e onde houver o texto"PG". O critério deverá ser sempre colocado entre aspas.

[B2:B7]: é o intervalo de células onde será somado, mediante a condição, ou seja, ele somará somente aqueles valores que na coluna "C" houver digitado o texto "PG".

9. MOD: Calcula o resto de uma divisão. Sintaxe: =MOD(valor1;valor2);

10. MULT: Multiplica os valores passados como parâmetros. Sintaxe: =MULT(valor1;valor2);

11. ABS: Calcula o valor absoluto de um número. Sintaxe: =ABS(célula);

12. AGORA: Mostra a data e a hora atuais. Sintaxe: =AGORA();

13. DATA: Exibe a data atual. Sintaxe: =DATA();

14. HORA: Exibe a hora atual. Sintaxe: =HORA();

15. ARRED: Arredonda o número em uma determinada quantidade de dígitos. Sintaxe: =ARRED(valor;número de dígitos);

16. SEN: Calcula o seno. Sintaxe: =SEN(ângulo);

17. COS: Calcula o coseno. Sintaxe: =COS(ângulo);

18. TAN: Calcula a tangente. Sintaxe: =TAN(ângulo);

19.FATORIAL: Calcula o fatorial de um número. Sintaxe: =FATORIAL(valor);

20.LOG: Calcula o logaritmo, do valor passado, em uma determinada base. Sintaxe: =LOG(valor;base);

21.RAIZ: Calcula a raiz quadrada do valor passado. Sintaxe: =RAIZ(valor);

22. HOJE: Mostra a data atual. Sintaxe: =HOJE();

23.TEXTO: Coloca as datas por extenso. Sintaxe:= TEXTO(data atual;"formato desejado"). EX: =TEXTO(DATA ATUAL;"MMM") – colocará a data atual, com os meses abreviados;

24. MÊS: Mostra a posição numérica de cada mês. Sintaxe: =MÊS(data);

25. MAÍSCULA: Coloca o conteúdo da célula passada em maiúsculo. Sintaxe: =MAIÚSCULA(célula);

26.MINÚSCULA: Coloca o conteúdo da célula passada em minúsculo. Sintaxe: = MINÚSCULA(célula);

27.CONCATENAR: Une o conteúdo de células. Sintaxe:=CONCATENAR(Célula1;celula2)

28.POTENCIA: Calcula a potência de um número em uma determinada base. Sintaxe:=POTÊNCIA(base;expoente);

29.CONT.NUM: Calcula a quantidade de células com valore numéricos em um intervalo. Sintaxe: =CONT.NUM(intervalo);

30. CONT.VALORES: Conta todas as células em um intervalo com valores de texto ou numéricos. Sintaxe: =CONT.VALORES(intervalo);

31.CONTAR.VAZIO: Conta quanta células vazias existem em um determinado intervalo. Sintaxe: =CONTAR.VAZIO(intervalo);

32.EXATO: Compara se o conteúdo de duas células são iguais. Sintaxe: =EXATO(célula1;célula2);

33.REPT: Repete o conteúdo de uma célula na quantidade de vezes especificada. Sintaxe: =REPT(célula, nºde vezes);

34.INT: Mostra apenas a parte inteira de um número. Sintaxe:=INT(célula);

35. E: Serve como elo entre funções; a resposta será verdadeira se todos os parâmetros de entrada forem verdadeiros. Sintaxe: =E(célula1;célula2).

Capítulo V

5. Internet: conceitos gerais e funcionamento. Endereçamento de recursos.. Navegadores (browsers) e suas principais funções. Google Chrome. Firefox. 6. Internet Explorer: buscas, salva de páginas, cache e configurações. 7. E-mail: utilização e configurações usuais. 8. Transferência de arquivos e dados: upload, download, banda, velocidades de transmissão

5.1. REDES, INTERNET E INTRANET: NOÇÕES BÁSICAS REDES DE COMPUTADORES, INTERNET E INTRANET

- Rede de computadores é um conjunto de computadores interligados com o intuito de compartilhar recursos e serviços.
- A máquina na qual o serviço está instalado passa a ser servidora do serviço.
- Toda rede se baseia no trio: usuário, senha e permissão.
- Existem alguns conceitos e equipamentos que costumam aparecer nas questões, nos enunciados e nas alternativas. Os principais deles são:

Equipamento	Definição
Cabos	A maioria das redes utiliza ainda cabo para interligar equipamentos, visto que a rede sem fio ainda é potencialmente insegura. Os principais tipos de cabo são: coaxial, par trançado e fibra óptica.
Conectores	O do cabo coaxial é o BNC, do par trançado o RJ-45 e a fibra óptica não apresenta um padrão único.

Hub	É um concentrador. Atua na camada física da rede. Gerencia apenas uma comunicação por vez e entrega os dados utilizando a difusão.
Switch	Atua na camada de enlace da rede. Gerencia mais de uma comunicação por vez e entrega a mensagem apenas ao destinatário. Há quem diga, e já apareceu em prova, que seria uma evolução do hub, mas isso é uma visão simplista. Na verdade, existem muitas outras diferenças técnicas entre eles.
Repetidor	Regenera o sinal da rede, permitindo sua transmissão com qualidade em uma maior extensão.
Gateway	Permite a comunicação entre redes com tecnologias distintas.
Banda de passagem	É a taxa de transmissão da rede. Indica a quantidade máxima de dados que uma rede é capaz de transmitir em um determinado tempo. Ex: 1Gbps (a rede poderá transmitir no máximo 1gigabit por segundo)
URL	É o endereço de um recurso em uma rede.

- As redes podem ser classificadas quanto à abrangência física e quanto à abrangência lógica.
- Quanto à abrangência física temos:

Tipo de Rede	Definição
LAN	É a rede local, de pequena abrangência. Apresenta um pequeno raio de acesso.
WAN	É a rede de longa distância. Apresenta um maior raio de acesso.
MAN	É a rede metropolitana. Uma rede que tem a abrangência de uma cidade. Com a expansão do uso da Internet, perderam um pouco o sentido de existir e um exemplo prático que podemos citar é a rede de TV a cabo

- Quanto à abrangência lógica temos:

Tipo de Rede	Definição
Intranet	É a rede coorporativa que oferece serviços típicos de redes públicas, como a Internet. Geralmente apresenta um repositório de dados interno e uma camada de segurança associada a esses dados.
Internet	É a rede mundial de computadores. Utiliza, para transmissão de dados, os backbones de comunicação e exige um provedor de acesso para a interligação com a telefonia.
Extranet	É o acesso à Intranet através da Internet.

- Os meios de acesso são os meios que podem ser utilizados para transmissão de dados em uma rede. Os principais estão listados na tabela abaixo:

Meios de Acesso	Definição
Cabos	Já citados anteriormente
Linha telefônica	Oferece diversos tipos de acesso como: discado -> dial-up (baixa taxa de transmissão e problemas de conexão), dedicado →comunicações diretas entre dois pontos como com o LPCD, canais com alta taxa de transmissão (ADSL, SDSL, VDSL, HDSL)

TV a cabo	Utiliza a estrutura da rede de TV a cabo. Compartilha o meio de transmissão
PLC	Transmissão de dados através da corrente elétrica
Fibra submarina	Fibras ópticas passadas nos rios e mares. Já temos uma vasta malha cobrindo todo o litoral brasileiro e interligando o Brasil a vários outros pontos no mundo.
Wireless	É a comunicação sem fio. Oferece várias opções como o WAP, IRDA, Bluetooth (comunicação através de ondas de rádio. Atinge pequenas distâncias) e o GPRS (comunicação através de ondas de rádio. Atinge longas distâncias e transmite) dados através da rede de telefonia móvel)

O padrão de protocolos adotado na Internet é o TCP/IP, que por consequência também é adotado pelas Intranets. É importante saber quais os protocolos e suas respectivas funções e camadas de atuação.

O modelo TCP/IP divide a rede em cinco camadas:

Camada	Função
Aplicação	É a camada com a qual o homem interage. Os principais protocolos que nela atuam são: HTTP, HTTPS, DNS, DHCP, POP, IMAP, SMTP, SNMP, IRC, NNTP, TELNET, FTP.
Transporte	Divide a mensagem em pedaços menores de tamanho máximo fixo e seqüenciados chamados de pacotes. Os principais protocolos que nela atuam são: UDP e TCP
Rede	É responsável pelo endereçamento, transformar endereço lógico para físico e físico para lógico e por rotear. Os principais protocolos que nela atuam são: IP, ARP, RARP, OSPF e RIP
Enlace	Responsável pela transmissão e recepção de quadros e pelo controle de fluxo de dados
Física	Responsável pela transmissão e recepção do fluxo de bits brutos não estruturados através de um meio físico.

A função básica dos protocolos é:

Protocolo	Função
IP	Leva pacotes de dados da origem ao destino e os identifica com um número de endereço que é o endereço IP.
ARP	Converte endereços lógicos para físicos
RARP	Converte endereços físicos para lógicos
OSPF	Realiza roteamento dinâmico
RIP	Realiza roteamento estático
TCP	Atua na camada de transporte. É confiável e orientado à conexão
UDP	Atua na camada de transporte. É não confiável e não orientado à conexão.
HTTP	É utilizado pelo serviço de web, que é o serviço que permite a transmissão de páginas ou hipertexto entre computadores.
HTTPS	Também é utilizado pelo serviço de web, mas agrega o certificado digital SSL que realiza a criptografia dos dados enviados e os descriptografa na chegada, garantindo sua confidencialidade.

SMTP	Responsável por enviar mensagens de email da máquina do usuário para o servidor de email
POP	Responsável por trazer mensagens de email do servidor de email para a máquina do usuário. Descarrega as mensagens fisicamente e realiza a leitura na máquina do usuário.
IMAP	Responsável por trazer mensagens de email do servidor de email para a máquina do usuário. Traz uma cópia da mensagem, mas a leitura é realizada no servidor.
FTP	Permite a transmissão de arquivos entre computadores. Download e Upload.
TELNET	Permite a emulação de terminais. Muito usado atualmente para realizar suporte à distância.
DNS	Mapeia endereços IP para domínios e vice-versa
DHCP	Fornecer endereços dinâmicos
IRC	Possibilita a troca de mensagens on-line
NNTP	Utilizado em grupos de discussão (Fóruns)

5.2. WEB, NAVEGADORES; MOZILLA FIREFOX, JANELAS E ABAS, LIMPAR DADOS DE NAVEGAÇÃO (HISTÓRICO, COOKIES,CACHE), PLUG-INS; RECONHECIMENTO E DIGITAÇÃO DE ENDEREÇOS (URL), SÍTIOS (SITES), CAMINHOS E PÁGINAS; IDENTIFICAÇÃO E NAVEGAÇÃO POR LIGAÇÕES (LINKS); INTERAÇÃO COM CONTROLES E PREENCHIMENTO DE FORMULÁRIOS; RECONHECIMENTO DE CADEADO DE SEGURANÇA (HTTPS) E PROVÁVEIS GOLPES E FRAUDES

O serviço de navegação é um dos mais utilizados nas redes e permite a troca de páginas ou hipertexto entre computadores. A linguagem utilizada para criação desses arquivos é o HTML e a ligação entre as páginas é o hyperlink. Para a visualização das páginas utilizamos os programas navegadores ou browsers. Os protocolos usados são o HTTP e o HTTPS.

Apesar do edital indicar vários navegadores, o que costuma cair com mais freqüência é o Internet Explorer e as questões podem ser resolvidas por analogia para os demais, pois os conceitos básicos são similares.

O menu mais cobrado é:

Opções da Internet que possui várias guias, onde é feita toda a configuração do navegador. Nelas escolhemos a página inicial, excluímos arquivos temporários, limpamos o histórico, configuramos os recursos de segurança, os recursos para controle de conteúdo, dentre outras. Estudemos as telas a seguir:

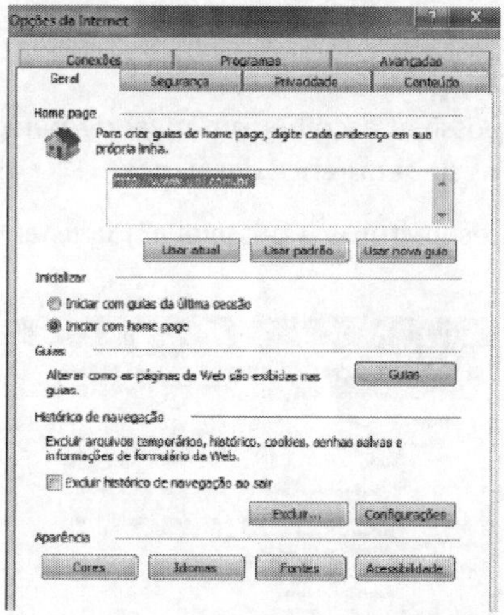

Na guia **Geral** é possível:

- Configurar a página inicial que é a primeira página aberta quando o browser é inicializado. A Microsoft traduz como "home-page", apesar de não ser esse o conceito acadêmico para a expressão. Ela pode ser a página padrão, uma página em branco, a escolhida pelo usuário ou até varias páginas, cada uma em uma guia distinta.
- Configurar a área em disco reservada para o histórico de navegação que , por padrão, varia de 50 MB a 250MB e armazena dos últimos 20 dias.
- Excluir o histórico de navegação. Lembrando que a exclusão é feita apenas na máquina local.

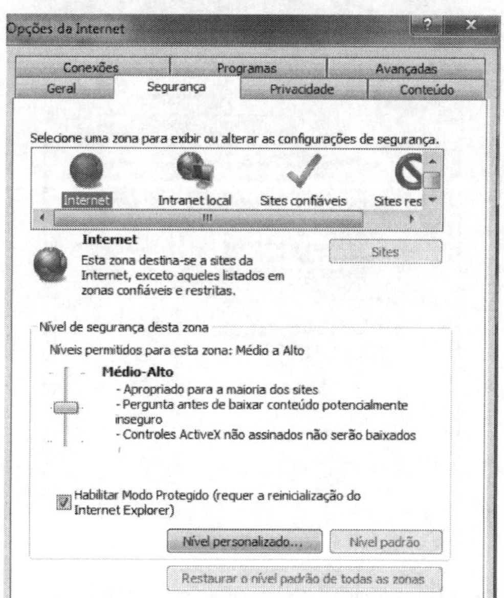

Na guia **Segurança** verifica-se que o IE divide a rede em quatro zonas de segurança: Internet, Intranet Local, Sites Confiáveis e Sites restritos.

Para cada uma delas é possível escolher um nível de personalização pré-definido, ou ainda personalizar os critérios de segurança desejados.

Nos sites confiáveis e Sites Restritos é possível ainda listar os sites desejados em cada grupo.

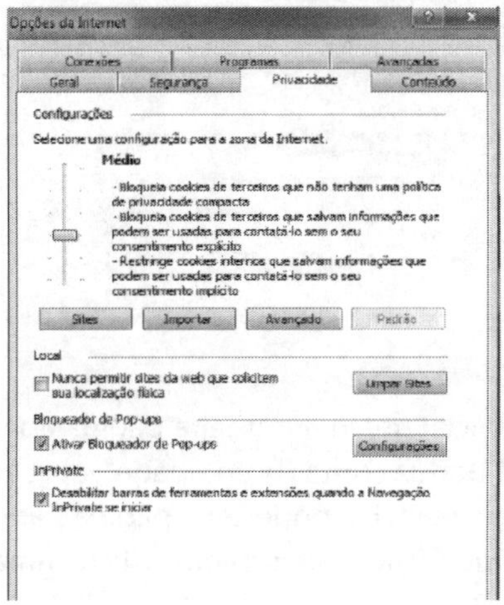

Na guia **Privacidade** pode-se controlar o acesso dos cookies, ativar ou desativar o bloqueador de Pop-Up, inclusive listar os sites para os quais eles estariam liberados ou não através do botão "Configurações" e ainda ativar ou desativar o modo de navegação InPrivate.

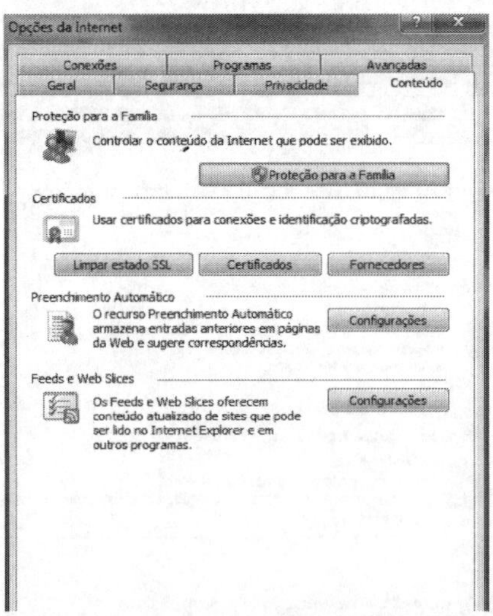

Na guia **Conteúdo** é possível:

- Ativar e configurar a ferramenta de proteção a família que permite aos pais gerenciar o uso da rede e do computador pelos filhos, impondo certas limitações de uso de aplicativos, páginas e horários.

- Gerenciar certificados digitais utilizados, inclusive o SSl que estudaremos melhor na parte de segurança da informação.
- Configurar oq eu será preenchido automaticamente e excluir dados armazenados por essa funcionalidade.
- Gerenciar os feeds.

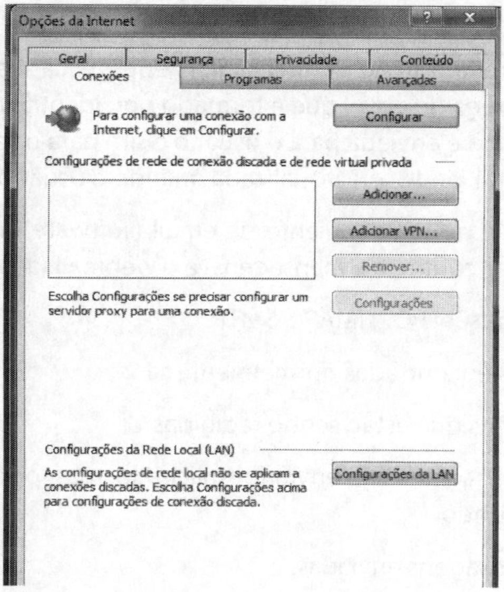

Na guia **Conexões** é possível configurara s conexões de redes disponíveis, inclusive com a configuração de recursos de VPN no botão "Adicionar VPN", e configurações de proxys no botão "Configurações da Lan".

As principais teclas de atalho são:

Pressione	*Para*
Ctrl + N	Abre uma nova janela
Ctrl + A	Selecionar tudo
Esc	Parar
F5	Atualizar
Alt + Home	Abre a página Inicial
Alt + →	Ir para a próxima página
Alt + ←	Ir para a página anterior
Ctrl + E	Abrir pesquisar na barra do explorer
Ctrl + I	Abrir favoritos na barra do explorer
Ctrl + H	Abrir histórico
Ctrl + D	Adiciona a página atual aos favoritos

5.3. CORREIO ELETRÔNICO (E-MAIL): IDENTIFICAÇÃO DE NOMES E ENDEREÇOS DE CORREIO ELETRÔNICO; REMETENTE, DESTINATÁRIOS, CÓPIAS E CÓPIAS OCULTAS; WEBMAIL; RECEBER E ENVIAR MENSAGENS; INCLUIR, REMOVER E SALVAR ARQUIVOS ANEXOS; FORMATAÇÃO; PESQUISAR E CLASSIFICAR MENSAGENS; REGRAS E FILTROS DE MENSAGENS; ORGANIZAÇÃO EM PASTAS; CATÁLOGO DE ENDEREÇOS; LISTAS DE DISCUSSÃO; TRATAMENTO DE LIXO ELETRÔNICO (SPAM), RECONHECIMENTO DE PROVÁVEIS GOLPES, FRAUDES E BOATOS

È o serviço que permite a troca de mensagens entre usuários. Para utilizar o email é necessário ter um endereço de email que é formado por: identificador@servidor de email. A mensagem de email não é enviada para o usuário e sim para o servidor de email e depositada em sua caixa postal, onde será visualizada quando o usuário desejar;

Existem dois tipos de e-mails: o cliente de email (software instalado na máquina do usuário só para gerenciar contatos e mensagens) e o webmail (acessado através da Web).

Os protocolos usados são: POP, IMAP e SMTP

Por padrão as pastas encontradas normalmente são:

Rascunho: mensagens que estão sendo redigidas.

Caixa de Saída: mensagens cujo envio foi solicitado, mas, por um motivo qualquer, o envio ainda não foi realizado.

Itens Enviados: mensagens enviadas.

Caixa de Entrada: mensagens recebidas.

Itens Excluídos: mensagens apagadas.

O usuário pode criar suas próprias pastas. Outra funcionalidade interessante é a criação de regras para mensagens que permite a manipulação da mensagem (pasta a ser colocada, cor, ordem na pilha) seja feita de acordo com uma regra pré-definida pelo usuário, que ainda pode criar vistas para personalizar a sua visão do ambiente.

5.4. SÍTIOS DE BUSCA E PESQUISA NA INTERNET

Os principais buscadores atualmente são: Google, Yahoo e Bing. Existem os operadores de busca que são utilizados para reduzir o universo de busca e retornar conjuntos mais precisos de resultados. Os principais são:

" " (aspas duplas) Ex: "Porto de Galinhas" – retornará apenas as páginas que tem exatamente a expressão Porto de Galinhas, escrita dessa forma e nesse sequência;

E, AND ou + Ex: "Porto E Galinhas" – retornará todas as páginas que tenham a palavra galinhas e a palavra porto, mas em qualquer contexto;

OU, OR Ex: "Porto OU Galinhas" – retornará todas as páginas que tenham a palavra galinhas ou a palavra porto;

- (expressão) Ex: "Porto – (galinhas)" – retornará todas as páginas que tenham a palavra Porto, mas excluíra do resultado qualquer uma que tenha a palavra galinhas;

5.5 GRUPOS DE DISCUSSÃO

São grupos formados para a troca de mensagens sobre um tema específico. Geralmente são moderados para evitar abusos dos usuários;

Capítulo VI

6. Navegação segura: cuidados, ameaças, uso de senhas e criptografia. Tokens e outros dispositivos de segurança

- Quando falamos em segurança da informação, temos cinco princípios ou objetivos básicos, que estão listados na tabela abaixo:

Princípio	Descrição
Confidencialidade	Garantir que só terá acesso útil aos dados quem deve ter
Integridade	Garantir que o estado do dado só será alterado com permissão
Autenticidade	Garantir que quem realiza a operação é quem diz ser
Não repudio	Garantir que a autoria da operação não poderá ser negada
Disponibilidade	Garantir que os dados e serviços estão disponíveis quando e para quem devem estar

- Protegemos as redes para retirar as vulnerabilidades que são todos os fatores que podem causar danos aos dados e aos serviços. Elas podem ser Físicas (um prédio que cai, etc), Naturais (enchentes, terremotos, etc), de Hardware (o gerador não suportou, a máquina falhou, etc), de Software (uma falha de segurança no software, etc) ou Humana (um funcionário corrupto, entrega de dados indevidamente por telefone, etc). (Acho que o etc pode ser retirado, dá pra perceber que são só exemplos)
- Os ataques, ameaças, formas de ataque mais conhecidos e suas ações são listados na tabela abaixo:

Ataques, ameaças e formas de ataques	Descrição
Virus	O vírus é um programa malicioso que tem esse nome em virtude da comparação com o ser vírus. Sendo assim, ele pode multiplicar, pode mutacionar, sempre causa dano e precisa de um programa hospedeiro para atuar. Dessa forma, ao se acoplar ao hospedeiro, quando o programa hospedeiro é executado o código de execução do programa é desviado para o código do vírus e a partir daí ele inicia sua ação e propagação.
Worm	O worm é um programa malicioso que tem esse nome em virtude da comparação com o verme. Sendo assim, ele pode ou não multiplicar, pode ou não causar um dano maior e não precisa de um programa hospedeiro para atuar.

Cavalo de Tróia	Trojans são os Cavalos de Tróia. Tipo de ataque que invade a máquina disfarçadamente e facilita a ação de outros ataques.
Spyware	Spyware é o programa espião. Armazena dados e hábitos de navegação do usuário para repassá-los a terceiros, sem, obviamente, o conhecimento do usuário
Adware	Adware é um programa que baixa e/ou executa automaticamente uma propaganda na máquina do usuário, sem a autorização prévia do mesmo
Hijacker	Hijackers são um tipo de spyware que podem alterar a página inicial de browsers, instalam barras de ferramentas suspeitas, impedem acesso a determinados sites e alguns deles invadem conexões, chegando até a impedir a atualização do antivírus.
Wabbit	Wabbit é o coelho. Tem um alto poder de se replicar. Não precisa de programa hospedeiro e termina inviabilizando o uso do computador pela quantidade de processos abertos que ele cria ao se replicar rapidamente.
Keylogger	Capturam os dados digitados do teclado.
Screenlogger	Capturam as coordenadas da tela.
Exploit	Exploits são programas que buscam vulnerabilidades na rede. Podem ser usados para invasões ou para que as vulnerabilidades, ao serem descobertas, possam ser corrigidas.
Backdoor	Buscam falhas de segurança, vulnerabilidades em programas, para que através deles, outros ataques possam ser realizados, ou até o domínio da máquina ser alcançado
Flood	Consiste no envio de pacotes repetidamente para um usuário ou servidor, buscando gerar a indisponibilidade de dados e serviços.
Spam	O Spam é o envio de mensagens, não autorizadas, em massa.
Phishing	O **phishing** é a "pescaria", ou seja, consiste em criar páginas falsas, muito semelhantes às páginas verdadeiras de bancos, operadoras de cartões de crédito e etc e através de mensagens tentam induzir o usuário a ir até a página falsa e lá digitar os dados financeiros e bancários que serão armazenados e posteriormente utilizados nos sites verdadeiros para desvios e roubos.
Pharming	O pharming é a invasão ao servidor de DNS da rede e tem o intuito de direcionar o usuário para o endereço de uma página falsa
Defacement	O defacement é um ataque que consiste em alterar o conteúdo de uma página.
Engenharia Social	Consiste em tentar obter informações privilegiadas através de contatos telefônicos, enganando funcionários, passando-se por outras pessoas ou subornando alguém.

- As técnicas de proteção mais comuns são:

Ferramenta	Descrição
Antivírus	Software cuja função é monitorar o sistema tentando prevenir, detectar, identificar e remover vírus e outros malwares em geral.
Antispyware	Software cuja função é monitorar o sistema tentando prevenir, detectar, identificar e remover spyware.

Criptografia	È uma técnica matemática utilizada para codificação. A criptografia usada na informática é a criptografia de transposição que troca as posições dos dados no pacote. Para que os pacotes se tornem novamente legíveis devem ser descriptografados. Os programas que criptografam e descriptografam são as chaves e elas podem ser públicas ou privadas. A criptografia pode ser simétrica ou assimétrica. Garante a confidencialidade dos dados.
Firewall	O firewall pode ser hardware, software ou a mistura dos dois. O firewall têm por função controlar os dados que entram e saem para que só circulem os dados permitidos. Sendo assim, controla o tráfego de dados baseado em um conjunto de regras de controle pré-definido. Existem dois tipos de Firewall: o firewall de host e o firewall de rede. O firewall de host está instalado em uma máquina e analisa a comunicação entre ele e a rede a qual está conectado (a Internet ou uma rede local) e o firewall de rede analisa a comunicação entre duas redes (a rede local e a Internet, por exemplo) aplicando nessa comunicação as regras de segurança pré-definidas.
SSL	É um certificado digital instalado na camada de aplicação que criptografa e descriptografa os dados enviados e recebidos na comunicação.
Honeynet	É uma rede de computadores criada para servir de estudo para possíveis formas de invasão. Muitas vezes servem para atrair atacantes e assim a equipe de segurança da rede verificar e estudar as formas de atuação dos atacantes.
Honeypot	É uma técnica que simula uma máquina com vulnerabilidades, para que ataques sejam realizados e assim a ação do ataque possa ser monitorada e estudada.
Politica de senha	Consiste em definir regras para a criação e manutenção de senhas na rede,visando com isso reduzir a vulnerabilidade humana.
Auditorias	São realizadas através da analise dos arquivos de log da rede, que registram as atividades realizadas pelos usuários.

Certificação digital: conceitos fundamentais de certificado digital de pessoa física e jurídica; identificação de validade e outros atributos de um certificado digital; ICP-Brasil, autoridade certificadora e cadeia de certificação; token e cartão inteligente como mídias de certificado digital; conceitos, uso e cuidado de PIN e PUK; assinatura digital em documentos eletrônicos.

Certificado digital	Tem a função de autenticar o usuário, associando um par de chaves (pública e privada) a um usuário. Com o uso do certificado o usuário poderá cifrar, decifrar e assinar documentos. Garante a autenticidade, confidencialidade, integridade e não repudio dos dados.
AC	Autoridade Certificadora é a entidade responsável por gerar os certificados digitais
AR	Autoridade de Registro ou Autoridade Registradora, responsável por registrar a solicitação do certificado
ICP Brasil	Orgão responsável por gerenciar a emissão de certificados digitais no Brasil

DIREITO CONSTITUCIONAL E MINISTÉRIO PÚBLICO

Paulo Lépore

EDITAL X CONTEÚDO DA REVISÃO

Oficial de Promotoria I –MPE-SP	
Noções de direito- Direito Constitucional e Ministério Público	
Itens do Edital	**Tópico do Livro**
Constituição Federal	**1;2;3**
Direitos Fundamentais. Direitos e deveres individuais e coletivos. Direitos Sociais. Nacionalidade. Direitos Políticos.	1; 1.1; 1.2; 1.3; 1.4
Organização do Estado. Administração Pública. Disposições gerais. Servidores Públicos.	2; 2.1; 2.2
Organização dos Poderes. Funções Essenciais à Justiça. Ministério Público.	3; 3.1
Lei Orgânica do Ministério Público (Lei nº8.625/1993)	**3.2**
Disposições gerais. Organização do Ministério Público. Órgãos de Administração. Funções dos órgãos de execução. Órgãos auxiliares. Garantias e prerrogativas dos membros do Ministério Público. Deveres e vedações dos membros do Ministério Público. Vencimentos, vantagens e direitos. Carreira. Disposições finais e transitórias.	3.2
Lei Orgânica do Ministério Público de São Paulo (LC/SP 734/1993)	**3.3**
Disposições gerais e autonomia do Ministério Público. Organização do Ministério Público. Órgãos do Ministério Público. Procuradoria-Geral de Justiça. Procuradorias de Justiça. Promotorias de Justiça. Órgãos de apoio técnico e administrativo.	3.3

I. CONSTITUIÇÃO FEDERAL

1. DIREITOS FUNDAMENTAIS

Os direitos e garantias fundamentais estão formalmente previstos nos **artigos 5° a 17 da CF**.

Conceito e evolução

Denominam-se direitos fundamentais os **direitos humanos que são previstos nas constituições**.

A doutrina classifica os direitos humanos e os fundamentais em **gerações ou dimensões de direitos**.

Os **direitos civis e políticos** seriam os de primeira geração ou dimensão, caracterizados pelo valor liberdade.

Já os **direitos econômicos, sociais e culturais** seriam os de segunda geração ou dimensão, caracterizados pelo valor igualdade.

Por fim, os **direitos de solidariedade ou fraternidade** seriam os de terceira geração ou dimensão, caracterizados pelo valor solidariedade ou fraternidade. Estes direitos formariam, assim, um conjunto indivisível de direitos fundamentais, entre os quais não há qualquer relação hierárquica.

Características e funções

Segundo apontamentos doutrinários, os direitos fundamentais caracterizados pela **indivisibilidade, irrenunciabilidade e incaducabilidade**, que decorrem da exigência de atendimento do princípio da dignidade da pessoa humana.

Efeito *cliquet* e vedação do retrocesso: o efeito *cliquet* nada mais é do que a aplicação do princípio da vedação do retrocesso. Ou seja, uma vez garantido, um direito não pode mais ser revogado. Sua aplicação é evidente na temática dos direitos humanos. Uma vez reconhecido, um direito humano não pode mais ser desconsiderado.

Titularidade e destinatários

- Apesar do *caput* do artigo 5° garanti-los apenas a brasileiros e estrangeiros residentes no Brasil, a doutrina e o STF os estendem **também para estrangeiros em trânsito e pessoas jurídicas** (HC 94.016, julgado em 2008 e relatado pelo Ministro Celso de Mello).
- Segundo entendimento pacífico do Supremo Tribunal Federal, **as pessoas jurídicas também são titulares de direitos fundamentais** (AC 2.032-QO/SP, relatada pelo Ministro Celso de Mello e julgada em 2008).

1.1. Dos direitos e deveres individuais e coletivos

Direitos e deveres individuais e coletivos

- Os direitos e deveres individuais e coletivos estão concentrados no **art. 5°** da CF. É essencial a leitura completa desse dispositivo, uma vez que quase todas as questões desse assunto exigem do candidato a "letra da lei".

Passaremos, agora, a destacar alguns direitos elencados no artigo 5º, o que, contudo, **não dispensa a leitura do texto constitucional completo**!

O *caput* do art. 5° da CF enuncia que "todos são iguais perante a lei, sem distinção de qualquer natureza". Segundo posição doutrinária pacífica, trata-se do reconhecimento da **igualdade formal (perante a lei)**. Entretanto, implícita ao texto constitucional também existe a **igualdade material (na lei)**, que significa conferir tratamento desigual, para igualar. A igualdade material leva em consideração os sujeitos e valores envolvidos e busca equilibrar as relações de fato.

Art. 5º, IV e V- É livre a **manifestação do pensamento**, vedado o anonimato, e assegurado direito de resposta proporcional ao agravo, **além** de eventual indenização por dano material, moral ou à imagem (a resposta não exclui o dever de indenizar).

Art. 5º, XI- Inviolabilidade do domicílio

INVIOLABILIDADE DO DOMICÍLIO	
Regra	**Exceções:** hipóteses em que se pode penetrar em casa mesmo sem o consentimento do morador
A casa (englobando escritórios, motéis, hotéis e congêneres, segundo o STF) é asilo inviolável do indivíduo e nela ninguém pode penetrar sem consentimento do morador.	**a) a qualquer horário**: em caso de flagrante delito ou desastre, ou para prestar socorro
	b) somente durante o dia: por determinação judicial.

- O conceito normativo de casa é abrangente; assim, qualquer compartimento privado onde alguém exerce profissão ou atividade está protegido pela inviolabilidade do domicílio. Apesar disso, **há a possibilidade de se instalar escuta ambiental em escritório de advocacia que seja utilizado como reduto para a prática de crimes, conforme já decidiu o STF**: "Escuta ambiental e exploração de local. Captação de sinais óticos e acústicos. Escritório de advocacia. Ingresso da autoridade policial, no período noturno, para instalação de equipamento. Medidas autorizadas por decisão judicial. Invasão de domicílio. Não caracterização. (...) Inteligência do art. 5º, X e XI, da CF; art. 150, § 4º, III, do CP; e art. 7º, II, da Lei 8.906/1994. (...) Não opera a inviolabilidade do escritório de advocacia, quando o próprio advogado seja suspeito da prática de crime, sobretudo concebido e consumado no âmbito desse local de trabalho, sob pretexto de exercício da profissão." (Inq 2.424, julgado em 2008 e relatado pelo Ministro Cezar Peluso).

Art. 5º, XIV- É assegurado a todos o **acesso à informação** e resguardado o sigilo da fonte, quando necessário ao exercício profissional.

Art. 5º- VIII- Ninguém será privado de direitos por motivo de crença religiosa ou de convicção filosófica ou política, salvo se as invocar para eximir-se de obrigação legal a todos imposta e recusar-se a cumprir prestação alternativa, fixada em lei;

Art. 5º, XXVIII- É assegurada, nos termos da lei, a **proteção às participações individuais em obras coletivas e à reprodução da imagem e voz humanas, inclusive** nas atividades desportivas.

Art. 5º, XXXI- A **sucessão de bens de estrangeiros situados no País** será regulada pela lei brasileira em benefício do cônjuge ou dos filhos brasileiros, sempre que não lhes seja mais favorável a lei pessoal do "de cujus". Em outras palavras: **aplica-se a lei brasileira, salvo se a do falecido for mais favorável**.

Art. 5º, XII- O **sigilo da correspondência e das comunicações telegráficas, de dados e das comunicações telefônicas** é inviolável, **salvo**, no último caso, por **ordem judicial**, nas hipóteses e na forma que a lei estabelecer para fins de **investigação criminal ou instrução processual penal** (não para processo civil).

- Os sigilos bancário e fiscal estão incluídos na proteção ao **sigilo de dados**.
- **O STF já firmou posicionamento no sentido que a interceptação telefônica se submete à reserva de jurisdição (depende de uma decisão judicial fundamentada), sem exceção**. Vale ressaltar que se a gravação for feita por um dos interlocuto-

res, desconfigura-se a interceptação telefônica, restando mera gravação ambiental (RE 453.562-AgR, julgado em 2008 e relatado pelo Ministro Joaquim Barbosa).

- Importante destacar que a **interceptação** (gravações de conversas presentes e futuras) **não se confunde com a quebra de sigilo** (acesso a dados passados). Tal distinção é relevante, pois as CPIs (órgãos que não são investidos de poderes jurisdicionais) até podem determinar a quebra de sigilo de dados telefônicos (registro de chamadas recebidas e efetuadas), mas não a interceptação telefônica.

Art. 5º, XVI- É livre o direito de reunião pacífica, não sendo necessária autorização. Entretanto, exige-se **prévio aviso** (não pedido de autorização) à autoridade competente, para que não frustre outra reunião anteriormente convocada.

- **Atenção!** A finalidade do direito de reunião é a manifestação do pensamento. A liberdade ambulatorial constitui apena um meio para o exercício do direito de reunião. Nesse sentido, diante de uma violação ao direito fundamental, líquido e certo, de reunião, cabível será o **mandado de segurança**, não o *habeas corpus*.

Art. 5º, XXV- No caso de iminente perigo público, a autoridade competente poderá usar de propriedade particular, assegurada ao proprietário **indenização ulterior**, apenas **se houver dano** (e não em qualquer caso).

Associações (art. 5º, XVII a XXI)

ASSOCIAÇÕES	
OBJETIVOS	**EXIGÊNCIAS**
1) Criação	Não depende de autorização do poder público. É **vedada** a criação de associações de caráter paramilitar
2) Suspensão das Atividades	Somente por decisão Judicial
3) Dissolução	Somente por decisão judicial com trânsito em julgado

Art. 5º, XLII a XLIV- Somente os crimes de racismo e de ações de grupos armadas, civis ou militares, contra a ordem constitucional e o Estado Democrático são **imprescritíveis** (além de inafiançáveis). Já os crimes de tortura, tráfico ilícito de entorpecentes e drogas afins, terrorismo e os definidos em lei como hediondos, são **insuscetíveis de graça ou anistia** (além de inafiançáveis).

Crime	Inafiançável	Imprescritível	Insuscetível de graça ou anistia
Racismo	Sim	Sim	Não
Ações de Grupos Armados, Civis ou Militares contra a Ordem Constitucional e o Estado Democrático	Sim	Sim	Não
Tortura	Sim	Não	Sim
Tráfico Ilícito de Entorpecentes e Drogas Afins	Sim	Não	Sim
Terrorismo	Sim	Não	Sim
Hediondo	Sim	Não	Sim

- Dica para memorização: **TTTH** prescrevem! (**T**ortura, **T**ráfico Ilícito de Entorpecentes e Drogas Afins, **T**errorismo e **H**ediondos).

Para o STF a expressão "racismo" alcança também a homotransfobia. (STF. ADO 26/DF, rel. Min. Celso de Mello, julgamento em 13.6.2019. (ADO-26) MI 4733/DF, rel. Min. Edson Fachin, julgamento em 13.6.2019. (MI-4733) (Info 944).

- A incitação de ódio público feita por líder religioso contra outras religiões pode configurar o crime de racismo, não sendo protegida pela liberdade de expressão. (STF. 2ª Turma. RHC 146303/RJ, rel. Min. Edson Fachin, red. p/ o ac. Min. Dias Toffoli, julgado em 6/3/2018- Info 893).

Art. 5º, LXVII- A CF garante que não haverá prisão civil por dívida, **salvo** a do responsável pelo inadimplemento voluntário e inescusável (não desculpável) de obrigação alimentícia e a do depositário infiel (mas o STF já declarou inaplicável a prisão civil do depositário infiel).

Art. 5º, LXXIV- O Estado prestará **assistência jurídica integral e gratuita** (apenas) aos que comprovarem **insuficiência de recursos** (e não a todos, indistintamente).

Art. 5º, XXXIII- Todos têm direito a receber dos órgãos públicos informações de seu interesse particular, ou de interesse coletivo ou geral, que serão prestadas no prazo da lei, sob pena de responsabilidade, **ressalvadas aquelas cujo sigilo seja imprescindível à segurança da sociedade e do Estado, não** havendo prevalência do direito individual neste caso.

Art. 5º, LXXVI- O registro civil de nascimento e a certidão de óbito são gratuitos **apenas aos reconhecidamente pobres.**

Art. 5º, XIII- É livre o exercício de qualquer trabalho, ofício ou profissão, **desde que** atendidas as qualificações profissionais que a lei estabelecer.

- "As limitações ao livre exercício das profissões serão legítimas apenas quando o inadequado exercício de determinada atividade possa vir a causar danos a terceiros e desde que obedeçam a critérios de adequação e razoabilidade, o que não ocorre em relação ao exercício da profissão de músico, ausente qualquer interesse público na sua restrição." [**ADPF 183**, rel. min. Alexandre de Moraes, j. 27-9-2019, P, *DJE* de 18-11-2019.]

Art. 5º, XXIX- A lei assegurará aos autores de inventos industriais **privilégio temporário** para sua utilização, bem como proteção às criações industriais, à propriedade das marcas, aos nomes de empresas e a outros signos distintivos, tendo em vista o interesse social e o desenvolvimento tecnológico e econômico do País.

Art. 5º, LVI- O Supremo Tribunal Federal entende que decorre da regra que veda a utilização no processo de provas obtidas por meios ilícitos a proibição de utilização também das provas derivadas das ilícitas – teoria que se tornou conhecida pela alcunha de **"frutos da árvore envenenada"**. Todas essas provas são consideradas **nulas**.

Art. 5º, LXII- A prisão de qualquer pessoa e o local onde se encontre serão comunicados imediatamente ao juiz competente e à família do preso ou à pessoa por ele indicada

Art. 5º, VII- É assegurada, nos termos da lei, a prestação de **assistência religiosa** nas entidades civis e militares de internação coletiva.

De acordo com entendimento da **Súmula vinculante 14 do STF**, é direito do defensor, no interesse do representado, ter acesso amplo aos elementos de prova que, **já documentados em procedimento investigatório realizado por órgão com competência de polícia judiciária, digam respeito ao exercício do direito de defesa** em procedimento investigatório realizado por órgão com competência de polícia judiciária.

Art. 5º, XLV- **Nenhuma pena** passará da pessoa do condenado, podendo a obrigação de reparar o dano e a decretação do perdimento de bens ser, nos termos da lei, estendidas aos sucessores e contra eles executadas, **até o limite** do valor do patrimônio transferido (art. 5°, XLV, da CF).

Art. 5º, XXXIV- São a todos assegurados, independente do pagamento de taxas: o direito de petição aos Poderes Públicos em defesa de direitos ou contra ilegalidade ou abuso de poderes; a obtenção de certidões em repartições públicas, para defesa de direitos e esclarecimento de situações de interesse pessoal.

Art. 5º, LXXVIII- **Princípio da Razoável Duração do Processo:** a todos, no âmbito judicial e administrativo, são assegurados a razoável duração do processo e os meios que garantam a celeridade de sua tramitação.

Direito à proteção de dados

Seguindo uma tendência de proteção aos dados inaugurada pela lei geral de proteção de dados (lei nº 13.709/2018), **a EC 115/2022 conferiu à proteção de dados status de direito fundamental, com a inserção do inciso LXXIX no art. 5º da CF/88**: "é assegurado, nos termos da lei, o direito à proteção de dados pessoais, inclusive nos meios digitais". A emenda ainda estabeleceu, no art. 21, como competência da União, organizar e fiscalizar a proteção e o tratamento de dados pessoais, bem como, no art. 22, estabeleceu a competência privativa da União para disciplinar a proteção e o tratamento de dados pessoais.

Ações ou remédios constitucionais

Habeas Corpus

- Conceder-se-á *habeas corpus* sempre que alguém sofrer ou se achar ameaçado de sofrer violência ou coação em sua liberdade de locomoção (também denominada **ambulatorial**), por ilegalidade ou abuso de poder.

Mandado de Segurança

- Caberá **mandado de segurança** para proteger **direito líquido e certo, não amparado por** *habeas corpus* **ou** *habeas data*, quando o responsável pela ilegalidade ou abuso de poder for **autoridade pública ou agente de pessoa jurídica no exercício de atribuições do Poder Público.**

Lei 12.016/09:	
Art. 5º: Não se concederá mandado de segurança quando se tratar:	I – de ato do qual caiba recurso administrativo com efeito suspensivo, independentemente de caução;
	II – de decisão judicial da qual caiba recurso com efeito suspensivo;
	III – de decisão judicial transitada em julgado.

- O mandado de segurança pode ser utilizado **contra ato de juiz criminal, praticado em processo penal** (STJ. REsp 96024 GO, julgado em 1998 e relatado pelo Ministro José Dantas)
- **Entende-se por direito líquido e certo** aquele que pode ser demonstrado de plano por meio de prova pré-constituída, isto é, sem que haja necessidade de dilação probatória. Na dicção de conceituada doutrina de **Hely Lopes Meirelles**, é o direito "manifesto na sua existência, delimitado na sua extensão e apto a ser exercitado no momento da impetração" (*Mandado de Segurança*. 22 ed. São Paulo: Malheiros, 2000. p. 21-22).

Mandado de Segurança Coletivo

- O **mandado de segurança coletivo** pode ser impetrado por: a) partido político com representação no Congresso Nacional; b) organização sindical; c) entidade de classe ou **associação legalmente constituída** e em funcionamento há **pelo menos um ano**, em defesa dos interesses de seus membros ou associados.

Habeas Data

- Conceder-se-á *habeas data*: a) para assegurar o conhecimento de **informações relativas à pessoa do impetrante**, constantes de registros ou bancos de dados de entidades governamentais ou de caráter público; b) para a retificação de dados, quando não se prefira fazê-lo por processo sigiloso, judicial ou administrativo. Se forem informações de **interesse pessoal**, mas não da pessoa do impetrante, cabe **mandado de segurança**.
- **Atenção!** Não confunda o mandado de segurança com o *habeas data*. São comuns as questões que desafiam os candidatos quanto ao cabimento dessas duas ações constitucionais. Para facilitar a compreensão, elaboramos a seguinte tabela.

MANDADO DE SEGURANÇA	*HABEAS DATA*
1. Conhecimento de informações de **interesse pessoal** do impetrante	1. Conhecimento de informações **relativas/referentes à pessoa** do impetrante
2. Obtenção de **certidão** que contenha informações de interesse pessoal do impetrante	2. Obtenção de **informações constantes em registros ou bancos de dados** (não em certidões)1

- **Atenção!** São **gratuitas** as ações de *habeas corpus* e *habeas data*, e, na forma da lei, os atos necessários ao exercício da cidadania (para se lembrar, pense que são os únicos com os nomes em latim). Os demais remédios constitucionais (como mandado de segurança e mandado de injunção) não tem tal previsão. A ação popular prevê isenção de custas judiciais e ônus da sucumbência somente se o autor tiver agido de boa-fé.

Mandado de Injunção

- O mandado de injunção é utilizado **sempre que a falta de norma regulamentadora torne inviável o exercício dos direitos e liberdades constitucionais e das prerrogativas inerentes à nacionalidade, à soberania e à cidadania.**
- Apesar de não haver previsão constitucional, **o STF admite o Mandado de Injunção Coletivo** (MI 102, julgado em 1998 e relatado para acórdão pelo Ministro Carlos Velloso). Ademais, a lei 13.300/2016 prevê expressamente essa modalidade de mandado de injunção.

Ação Popular

- A **ação popular** pode ser proposta por qualquer **cidadão** (nacional no gozo dos direitos políticos) com o objetivo de anular ato lesivo ao patrimônio público ou de entidade de que o Estado participe, à moralidade administrativa, ao meio ambiente e ao patrimônio histórico e cultural, ficando o autor, **salvo comprovada má-fé**, isento de custas judiciais e do ônus da sucumbência;
- Como o requisito para a propositura é ser cidadão (art. 5°, LXXIII, da CF), e formalmente isso significa ter título de eleitor, aquele que, **a partir dos 16 anos** estiver munido deste documento, poderá ajuizar ação popular.

1.2. Direitos sociais

Nos termos do art. 6°, da CF, **são direitos sociais:** a educação, a saúde, a alimentação, o trabalho, a moradia, o transporte, o lazer, a segurança, a previdência social, a proteção à maternidade e à infância, além da assistência aos desamparados, na forma da Constituição.

• O parágrafo único, por sua vez, estabelece que todo brasileiro em situação de vulnerabilidade social terá direito a uma renda básica familiar, garantida pelo poder público em programa permanente de transferência de renda, cujas normas e requisitos de acesso serão determinados em lei, observada a legislação fiscal e orçamentária.

Vale notar que esse artigo já foi objeto de quatro emendas constitucionais (EC 26/2000, EC 64/2010 , EC 90/2015 e EC 114/2021). A primeira emenda incluiu a moradia, a segunda inseriu a alimentação, a terceira adicionou o transporte e a quarta incluiu o parágrafo único, que instituiu a renda básica familiar.

Os direitos sociais, econômicos, e culturais são **direitos humanos de segunda geração, realizáveis por meio de políticas públicas estatais, e normalmente descritos em normas programáticas**, mas isso não significa que não podem ser exigidos juridicamente. Isso porque, **todos os direitos humanos são juridicamente exigíveis**, e os direitos fundamentais expressos na Constituição têm aplicabilidade imediata.

A Constituição Federal, estabelece **proibição de distinção entre trabalho** manual, técnico e intelectual e entre os profissionais respectivos.

Há proibição de qualquer trabalho a menores de dezesseis anos, salvo na condição de aprendiz, a partir de **quatorze** anos.

É direito do trabalhador urbano e rural, **remuneração do serviço extraordinário** superior, no mínimo, em cinquenta por cento (50%) à do normal.

Os trabalhadores **domésticos tiveram os seus direitos ampliados pela Emenda Constitucional 72** de 2 de abril de 2013. Com a alteração constitucional, passam a existir dois grupos de direitos relativos aos domésticos: **a) direitos incondicionados**; e **b) direitos condicionados**. Os direitos incondicionados são aqueles que devem ser aplicados independentemente de qualquer determinação estabelecida na legislação infraconstitucional. Já os direitos condicionados são aqueles que devem ser aplicados com atendimento às condições estabelecidas em legislação infraconstitucional e observância de simplificação do cumprimento das obrigações tributárias, principais e acessórias, decorrentes da relação de trabalho e suas peculiaridades. Os detalhes estão arrolados na tabela a seguir.

<table>
<tr><th colspan="3">DIREITOS CONSTITUCIONALMENTE ASSEGURADOS AO TRABALHADOR DOMÉSTICO DEPOIS DA EC 72/13</th></tr>
<tr><th></th><th>Direitos incondicionados</th><th>Direitos condicionados à legislação infraconstitucional e à observância de simplificação do cumprimento das obrigações tributárias, principais e acessórias, decorrentes da relação de trabalho e suas peculiaridades</th></tr>
<tr><td>Os que já existiam antes da EC 72/13</td><td>1) Salário mínimo
2) Irredutibilidade do salário
3) Décimo terceiro salário com base na remuneração integral ou no valor da aposentadoria
4) Repouso semanal remunerado, preferencialmente aos domingos
5) Férias anuais remuneradas com, pelo menos, um terço a mais do que o salário normal
6) Licença-gestante de 120 dias
7) Licença-paternidade de 5 dias
8) Aviso-prévio
9) Aposentadoria</td><td>1) Integração à previdência social</td></tr>
</table>

Os que foram estabelecidos pela EC 72/13	10) Garantia de salário, nunca inferior ao mínimo, para os que percebem remuneração variável 11) Proteção do salário na forma da lei, constituindo crime sua retenção dolosa 12) Duração do trabalho normal não superior a oito horas diárias e quarenta e quatro semanais, facultada a compensação de horários e a redução da jornada, mediante acordo ou convenção coletiva de trabalho 13) Remuneração do serviço extraordinário superior, no mínimo, em cinquenta por cento à do normal 14) Redução dos riscos inerentes ao trabalho, por meio de normas de saúde, higiene e segurança 15) Reconhecimento das convenções e acordos coletivos de trabalho 16) Proibição de diferença de salários, de exercício de funções e de critério de admissão por motivo de sexo, idade, cor ou estado civil 17) Proibição de qualquer discriminação no tocante a salário e critérios de admissão do trabalhador portador de deficiência 18) Proibição de trabalho noturno, perigoso ou insalubre a menores de dezoito e de qualquer trabalho a menores de dezesseis anos, salvo na condição de aprendiz, a partir de quatorze anos	2) Relação de emprego protegida contra despedida arbitrária ou sem justa causa, nos termos de lei complementar, que preverá indenização compensatória, dentre outros direitos; 3) Seguro-desemprego, em caso de desemprego involuntário; 4) Fundo de garantia do tempo de serviço; 5) Remuneração do trabalho noturno superior à do diurno; 6) Salário-família pago em razão do dependente do trabalhador de baixa renda nos termos da lei 7) Assistência gratuita aos filhos e dependentes desde o nascimento até 5 (cinco) anos de idade em creches e pré-escolas 8) Seguro contra acidentes de trabalho, a cargo do empregador, sem excluir a indenização a que este está obrigado, quando incorrer em dolo ou culpa

Ninguém poderá ser obrigado a **filiar-se ou manter-se filiado** a qualquer sindicato. Por isso, entendeu o STF que: "São compatíveis com a Constituição Federal os dispositivos da Lei 13.467/2017 (Reforma Trabalhista) que extinguiram a obrigatoriedade da contribuição sindical e condicionaram o seu pagamento à prévia e expressa autorização dos filiados." [ADI 5.794, rel. p/ o ac. min. Luiz Fux, j. 29-6-2018, P, Informativo 908.]

É **vedada a dispensa** do empregado sindicalizado a partir do registro da candidatura a cargo de direção ou representação sindical e, se eleito, ainda que suplente, até um ano após o final do mandato, salvo se cometer falta grave.

O **aposentado filiado** tem direito a votar e ser votado nas organizações sindicais.

É vedada a criação de mais de uma organização sindical, em qualquer grau, representativa de categoria profissional ou econômica, na mesma base territorial, que será definida pelos trabalhadores ou empregadores interessados, não podendo ser inferior à área de um **Município** (não de um Estado).

1.3. Direitos de nacionalidade

O fato natural do nascimento não é suficiente para o reconhecimento de nacionalidade, pois devem ser levados em consideração outros elementos tais como: i) o local do nascimento; ii) nacionalidade dos pais; e; iii) função exercida pelos pais no local de nascimento da criança.

A origem sanguínea firma a nacionalidade pelo critério *jus sanguinis*, e a vinculação territorial reconhece o brasileiro via critério *jus solis*.

Brasileiros natos

São brasileiros **natos:** a) os **nascidos na República Federativa do Brasil**, ainda que de pais estrangeiros, desde que estes não estejam a serviço de seu país; b) os nascidos no estrangeiro, de pai brasileiro ou mãe brasileira, desde que **qualquer deles** esteja **a serviço da República Federativa do Brasil** e; c) os nascidos no estrangeiro de pai brasileiro ou de mãe brasileira, desde que sejam **registrados em repartição brasileira competente ou venham a residir na República Federativa do Brasil e optem**, em qualquer tempo, depois de atingida a maioridade, pela nacionalidade brasileira (nacionalidade potestativa).

Brasileiros naturalizados

São brasileiros **naturalizados:** a) os que, na forma da lei, **adquiram a nacionalidade brasileira**, exigidas aos originários de países de língua portuguesa apenas residência por um ano ininterrupto e idoneidade moral (ato discricionário de soberania estatal, não sendo direito público subjetivo); b) os estrangeiros de qualquer nacionalidade, residentes na República Federativa do Brasil há mais de quinze anos ininterruptos e sem condenação penal, desde que **requeiram** a nacionalidade brasileira (direito público subjetivo).

SÃO BRASILEIROS	
1. Natos (Nacionalidade Primária / Originária)	a) os **nascidos na República Federativa do Brasil**, ainda que de pais estrangeiros, desde que estes não estejam a serviço de seu país;
	b) os nascidos no estrangeiro, de pai brasileiro ou mãe brasileira, desde que **qualquer deles** esteja **a serviço da República Federativa do Brasil.**
	c) os nascidos no estrangeiro de pai brasileiro ou de mãe brasileira, desde que sejam **registrados em repartição brasileira competente ou venham a residir na República Federativa do Brasil e optem**, em qualquer tempo, depois de atingida a maioridade, pela nacionalidade brasileira.
2. Naturalizados (Nacionalidade Secundária)	a) os que, na forma da lei, **adquiram a nacionalidade brasileira**, exigidas aos originários de países de língua portuguesa apenas residência por um ano ininterrupto e idoneidade moral;
	b) os estrangeiros de qualquer nacionalidade, residentes na República Federativa do Brasil há mais de quinze anos ininterruptos e sem condenação penal, desde que **requeiram** a nacionalidade brasileira.

CARGOS PRIVATIVOS DE BRASILEIROS NATOS

São **privativos de brasileiros natos** os cargos: I – de Presidente e Vice-Presidente da República; II – de Presidente da Câmara dos Deputados; III – de Presidente do Senado Federal; IV – de Ministro do Supremo Tribunal Federal; V – da carreira diplomática; VI – de oficial das Forças Armadas; VII – de Ministro de Estado da Defesa.

- Para memorizar os cargos privativos de brasileiro nato, o amigo leitor pode valer-se da expressa mnemônica **"MP3.COM"**

Cargos privativos de brasileiro nato		
	M	inistro do STF
P3	**P**	residente da República (e Vice)
	P	residente da Câmara dos Deputados
	P	residente do Senado Federal
	C	arreira Diplomática
	O	ficial das Forças Armadas
	M	inistro de Estado da Defesa

- **Atenção** para as "pegadinhas" clássicas: a) o cargo de Ministro do STJ não é privativo de brasileiro nato, mas o de Ministro do STF é; b) o cargo de Ministro da Justiça não é privativo de brasileiro nato, mas o de Ministro de Estado da Defesa é; c) o cargo de Senador não é privativo de brasileiro nato, mas o de Presidente do Senado Federal é.

Perda da nacionalidade

O **brasileiro nato pode perder a nacionalidade**, pois nos termos do § 4°, do art. 12, da CF, será declarada a perda da nacionalidade do brasileiro que **adquirir outra nacionalidade**, **salvo** nos casos de reconhecimento de nacionalidade originária pela lei estrangeira ou de imposição de naturalização, pela norma estrangeira, ao brasileiro residente em estado estrangeiro, como condição para permanência em seu território ou para o exercício de direitos civis, quando o indivíduo poderá ter mais de uma nacionalidade. Vale notar que, o "exercício de direitos civis" deve ser interpretado de modo bastante amplo, para abranger, por exemplo, o exercício de atividade profissional.

Perda de nacionalidade nata e extradição: vale destacar o seguinte julgado do STF: "A Primeira Turma, por maioria, denegou mandado de segurança em que se questionava ato do ministro da Justiça que declarara a perda da nacionalidade brasileira da impetrante (CF, art. 12, § 4º, II), por ter adquirido outra nacionalidade (Lei 818/1949, art. 23). No caso, a impetrante, brasileira nata, obtivera a nacionalidade norte-americana de forma livre e espontânea e, posteriormente, fora acusada, nos Estados Unidos da América, da prática de homicídio contra seu marido, nacional daquele país. Diante disso, o governo norte-americano indiciara a impetrante e requerera às autoridades brasileiras a prisão para fins de extradição. O Colegiado entendeu que **o ato do ministro da Justiça de cassação da**

nacionalidade brasileira é legítimo, pois a impetrante perdera a nacionalidade brasileira ao adquirir outra em situação que não se enquadraria em qualquer das duas exceções constitucionalmente previstas: (i) tratar-se de mero reconhecimento de outra nacionalidade originária, considerada a natureza declaratória desse reconhecimento (art. 12, § 4º, II, "a"); e (ii) ter sido a outra nacionalidade imposta pelo Estado estrangeiro como condição de permanência em seu território ou para o exercício de direitos civis (art. 12, § 4º, II, "b")" (MS 33.864, rel. min. Roberto Barroso, Primeira Turma, julgamento 19/04/2016, Informativo nº 822 STF).

O STF já decidiu que, o **Ministro da Justiça não tem competência para cancelar naturalização concedida**: "Conforme revela o inciso I do § 4º do art. 12 da CF, o ministro de Estado da Justiça não tem competência para rever ato de naturalização." (RMS 27.840, rel. p/ o ac. min. Marco Aurélio, julgamento em 7-2-2013, Plenário, DJE de 27-8-2013.)

Medidas de exclusão do território nacional

A **deportação** se materializada na hipótese de entrada ou permanência irregular de estrangeiro no país, independentemente da prática de qualquer crime. Desta feita, será deportado aquele que entrar ou permanecer no território nacional violando normas administrativas, e não quiser se retirar voluntariamente no prazo fixado pela autoridade competente.

O **banimento ou degredo** se refere ao envio compulsório de um nacional ao estrangeiro, sem possibilidade de retorno, como forma de punição. Trata-se de medida vedada pelo ordenamento brasileiro.

O Supremo Tribunal Federal não fica vinculado ao juízo formulado pelo Poder Executivo na concessão administrativa de asilo político. A condição de asilado político (art. 4, X, da CF) **não** suprime, por si só, a possibilidade de o Estado brasileiro conceder a extradição que lhe haja sido requerida (vide Ext 524, julgada em 1989 e relatada pelo Ministro Celso de Mello), **salvo** quando o fato que enseja o pedido assume a qualificação de crime político ou de opinião (art. 5°, LII, da CF).

A **expulsão** é medida política que se aplica ao estrangeiro que pratica condutas que coloquem em risco a segurança ou a ordem pública do país. Normalmente se refere à prática de crime, mas pode também decorrer da violação de normas administrativas, sendo aplicável aos casos em que a deportação não seja aconselhável.

Extradição

Regras sobre **extradição**: a) O brasileiro nato **nunca** será extradito (por crime comum ou de opinião); b) O brasileiro naturalizado somente poderá ser extraditado em caso de crime comum (praticado **antes** da naturalização), ou de comprovado envolvimento em tráfico ilícito de entorpecentes e drogas afins (**antes ou depois** da naturalização), na forma da lei, mas **não** por crime político; c) O estrangeiro pode ser extraditado pela prática de crime comum, mas **não** por crime político e; d) O Brasil não extradita **ninguém** pela prática de crime político.

	Possibilidade de extradição	
	Crime comum	**Crime político ou de opinião**
1. Brasileiro Nato	Não	Não
2. Brasileiro Naturalizado	Sim, desde que seja por: a) crime praticado antes da naturalização; b) comprovado envolvimento em tráfico ilícito de entorpecentes e drogas afins, na forma da lei.	Não
3. Estrangeiro	Sim	Não
REGRA GERAL:	**O Brasil não extradita ninguém pela prática de crime político ou de opinião**	

1.4. Direitos políticos

Capacidade eleitoral passiva

Tem **capacidade eleitoral passiva** aquele que preenche as condições do direito de ser escolhido para exercício de mandato eletivo por meio de voto. Em sentido oposto, **capacidade eleitoral ativa** é atributo de quem reúne condições para votar em candidato, partido ou coligação.

Alistamento e voto

O **alistamento eleitoral e o voto** são: I – **obrigatórios** para os maiores de dezoito anos; II – **facultativos** para: a) os analfabetos; b) os maiores de setenta anos e; c) os maiores de dezesseis e menores de dezoito anos.

ALISTAMENTO E VOTO	
1. Obrigatórios	Maiores de 18 anos
2. Facultativos	a) Maiores de 16 e menores de 18 anos; b) Maiores de 70 anos; c) Analfabetos.

São **inalistáveis** (para votarem ou serem votados) os estrangeiros e os conscritos, durante o período militar obrigatório.

. Condições de elegibilidade

São **condições de elegibilidade**, na forma da lei: I – a nacionalidade brasileira; II – o pleno exercício dos direitos políticos; III – o alistamento eleitoral; IV – o domicílio eleitoral na circunscrição; V – a filiação partidária; VI – a idade mínima.

IDADE MÍNIMA PARA EXERCÍCIO DE MANDATO POLÍTICO ELETIVO	
Idade Mínima	**Mandato Político Eletivo**
18 anos	Vereador
21 anos	Prefeito, Vice Prefeito, Deputado Estadual ou Distrital e Deputado Federal
30 anos	Governador e Vice Governador de Estado e do Distrito Federal
35 anos	Presidente da República, Vice Presidente da República e Senador

O **quase-nacional**, português que exerce direitos de brasileiros, condicionado à existência de reciprocidade (art. 12, § 1°, da CF), também poderá exercer direitos políticos no Brasil, como eleitor ou candidato (respeitadas as restrições constitucionais), nos termos do art. 17 do Decreto 3.927/01, que versa sobre o Tratado de Amizade, Cooperação e Consulta entre a República Federativa do Brasil e a República Portuguesa. Assim, nem sempre a nacionalidade será condição de elegibilidade.

Nem todos os que tiverem feito alistamento eleitoral serão elegíveis, isso porque, o alistamento é facultativo entre 16 e 18 anos, e nessa idade o eleitor será absolutamente inelegível porque sequer terá adquirido capacidade eleitoral passiva.

São **inelegíveis** (não podem ser votados) os inalistáveis e os analfabetos.

Assim, **todo inalistável é inelegível, mas nem todo inelegível é inalistável**, pois o analfabeto é inelegível (não pode ser votado), mas é alistável (pode votar). Somente os estrangeiros e os conscritos são inalistáveis e inelegíveis.

Súmula Vinculante 18: "A **dissolução da sociedade ou do vínculo conjugal, no curso do mandato**, não afasta a inelegibilidade prevista no § 7º do art. 14 da CF".

A improbidade administrativa é caso de **suspensão** de direitos políticos (art. 15, V, c.c. art. 37, § 4°, ambos da CF)

A condenação **criminal** (não a cível) transitada em julgado, enquanto durarem seus efeitos, é caso de **suspensão** dos direitos políticos, lembrando que **é vedada a cassação de direitos políticos**.

O cancelamento de naturalização por **sentença judicial** (e não por decisão administrativa) é caso de perda de nacionalidade e, por consequência, também dos direitos políticos.

- **Cuidado!** A incapacidade civil que gera a **suspensão** (não a perda) de direitos políticos é a de natureza **absoluta**, não relativa.

Sistemas eleitorais

As **eleições para Presidente e Governador** seguem o sistema majoritário com exigência de maioria absoluta ou dois turnos. Nos termos do art. 28, alterado pela EC 111/2021: "A eleição do Governador e do Vice-Governador de Estado, para mandato de 4 (quatro) anos, realizar-se-á no primeiro domingo de outubro, em primeiro turno, e no último domingo de outubro, em segundo turno, se houver, do ano anterior ao do término do mandato de seus antecessores, e **a posse ocorrerá em 6 de janeiro do ano subsequente**, observado, quanto ao mais, o disposto no art. 77 desta Constituição.". Antes dessa emenda, a posse se dava no dia primeiro de janeiro do ano subsequente. Estabelece também o art. 82 da CF/88 que: "Art. 82. O mandato do Presidente da República é de 4 (quatro) anos e **terá início em 5 de janeiro do ano seguinte ao de sua eleição**." Essas alterações, contudo, só vão ser aplicadas a partir das eleições de 2026.

A **eleição do Prefeito** e do Vice-Prefeito será realizada no primeiro domingo de outubro do ano anterior ao término do mandato dos que devam suceder, aplicadas as regras do art. 77 da CF (com segundo turno ou exigência de maioria absoluta) apenas no caso de Municípios com mais de duzentos mil eleitores. Sendo assim, nos Municípios de até duzentos mil eleitores considera-se eleito o candidato que obtiver a maioria (simples) dos votos, independentemente de ter obtido a aprovação da maioria absoluta dos eleitores.

Atenção! A partir da edição da EC 111/2021, que incluiu o §12 e §13 no art. 14 da CF/88, "Serão realizadas concomitantemente às eleições municipais as consultas populares sobre **questões locais** aprovadas pelas Câmaras Municipais e encaminhadas à Justiça Eleitoral até 90 (noventa) dias antes da data das eleições, observados os limites operacionais relativos ao número de quesitos.". Ademais, eventuais manifestações a tais questões ocorrerão durante as campanhas eleitorais **sem a utilização de propaganda gratuita no rádio e na televisão**.

São **Congressistas** o Deputado Federal e o Senador. O deputado federal é eleito pelo sistema proporcional (art. 45, da CF), e o Senador é eleito pelo majoritário simples (art. 46, da CF). Desta feita, é errado dizer que o Congressista é eleito mediante sistema proporcional, pois tal afirmativa ignora que o Senador se elege via sistema majoritário.

O **Vereador** será eleito mediante sistema proporcional.

Para concorrerem a **outros cargos**, o Presidente da República, os Governadores de Estado e do Distrito Federal e os **Prefeitos** devem **renunciar** aos respectivos mandatos **até seis meses antes** do pleito.

Inelegibilidade reflexa

- **Inelegibilidade reflexa:** são **inelegíveis**, no território de jurisdição do titular, o cônjuge e os parentes consanguíneos ou afins, até o segundo grau ou por adoção, do Presidente da República, de Governador de Estado ou Território, do Distrito Federal, de Prefeito ou de quem os haja substituído dentro dos seis meses anteriores ao pleito, salvo se já titular de mandato eletivo e candidato à reeleição (art. 14, § 7°, da CF).

Elegibilidade do militar

O **militar alistável é elegível**, sendo que, se contar mais de dez anos de serviço, será agregado pela autoridade superior e, se eleito, passará automaticamente, no ato da diplomação, para a inatividade, e, se contar **menos** (não mais) de dez anos de serviço, deverá afastar-se da atividade.

Hipóteses de inelegibilidade

As hipóteses de inelegibilidade constam de rol **exemplificativo.** Prova disso é o artigo 14, § 9º, da CF, segundo o qual **lei complementar estabelecerá outros casos de inelegibilidade e os prazos de sua cessação,** a fim de proteger a probidade administrativa, a moralidade para exercício de mandato considerada vida pregressa do candidato, e a normalidade e legitimidade das eleições contra a influência do poder econômico ou o abuso do exercício de função, cargo ou emprego na administração direta ou indireta.

Impugnação do mandato eletivo

O mandato eletivo poderá ser **impugnado** ante a Justiça Eleitoral no prazo de quinze dias contados da diplomação, instruída a ação com provas de abuso do poder econômico, corrupção ou fraude.

- A ação de impugnação de mandato **tramitará** em segredo de justiça, respondendo o autor, na forma da lei, se temerária ou de manifesta má-fé.

2. ORGANIZAÇÃO DO ESTADO. DA ADMINISTRAÇÃO PÚBLICA: DISPOSIÇÕES GERAIS; DOS SERVIDORES PÚBLICOS

2.1. Administração Pública: disposições gerais

Noção: A Administração Pública pode ser **direta** (prestada pela própria pessoa política, União, Estado ou Município) ou **indireta** (descentralizada para outra pessoa jurídica, Autarquia, Fundação, Empresa Pública ou Sociedade de Economia Mista).

Princípios da Administração Pública: para memorizar os princípios da administração pública que constam do artigo 37, da CF, o amigo leitor pode valer-se da clássica expressa mnemônica **"LIMPE"**.

Princípios da Administração Pública	
L	egalidade
I	mpessoalidade
M	oralidade
P	ublicidade
E	ficiência
LIMPE	

Normas :

Somente por **lei específica** poderá ser criada autarquia e autorizada a instituição de empresa pública, de sociedade de economia mista e de fundação, cabendo à **lei complementar**, neste último caso (fundação), definir as áreas de sua atuação.

Depende de **autorização legislativa**, em cada caso, a criação de subsidiárias de empresa pública, assim como a participação de qualquer delas em empresa privada.

Organização:

A **autonomia gerencial, orçamentária e financeira dos órgãos e entidades da administração direta e indireta poderá ser ampliada** mediante contrato, a ser firmado entre seus administradores e o poder público, que tenha por objeto a fixação de metas de desempenho para o órgão ou entidade, cabendo à lei dispor sobre prazo de duração do contrato, os controles e critérios de avaliação de desempenho, direitos, obrigações e responsabilidade dos dirigentes, bem como a remuneração do pessoal.

A **administração fazendária** e seus servidores fiscais terão, dentro de suas áreas de competência e jurisdição, **precedência sobre os demais setores administrativos**, na forma da lei (art. 37, XVIII, da CF).

A **publicidade dos atos, programas, obras, serviços e campanhas dos órgãos públicos** deverá ter **caráter educativo, informativo ou de orientação,** dela não podendo constar nomes, símbolos ou imagens que caracterizem promoção pessoal de autoridades ou servidores públicos.

As obras, serviços, compras e alienações, ressalvados os casos especificados na legislação, serão contratados mediante processo de **licitação pública** que assegure igualdade de condições a todos os concorrentes, com cláusulas que estabeleçam obrigações de pagamento, mantidas as condições efetivas da proposta, nos termos da lei, o qual somente permitirá as exigências de qualificação técnica e econômica indispensáveis à garantia do cumprimento das obrigações.

2.2. Servidores públicos civis e militares – regime jurídico constitucional

Concurso público

- Quanto a **concurso público e o princípio da igualdade**, segundo **entendimento do STF**, é possível: a) fixação limites etários máximos para a admissão de pessoal no serviço público em atenção à natureza das atribuições do cargo a ser preenchido; e b) estabelecimento de limites mínimos de altura para candidatos em concurso público.

Nos termos do artigo 5º, VIII, da Constituição Federal **é possível a realização de etapas de concurso público em datas e horários distintos dos previstos em edital, por candidato que invoca escusa de consciência por motivo de crença religiosa**, desde que presentes a razoabilidade da alteração, a preservação da igualdade entre todos os candidatos e que não acarrete ônus desproporcional à Administração Pública, que deverá decidir de maneira fundamentada (Tema 386). RE 611874/DF, rel. orig. Min. Dias Toffoli, red. p/ o ac. Min. Edson Fachin, julgamento em 19.11, 25.11 e 26.11.2020. ARE 1099099/SP, rel. Min. Edson Fachin, julgamento em 19.11, 25.11 e 26.11.2020(Info 1000)

CONCURSO PÚBLICO E O PRINCÍPIO DA IGUALDADE **Segundo entendimento do STF é possível:**	
a) fixação **limites etários máximos** para a admissão de pessoal no serviço público em atenção à natureza das atribuições do cargo a ser preenchido (Súmula 683, do STF);	b) estabelecimento de **limites mínimos de altura** para candidatos em concurso público;

- Súmula 683, do STF: "O limite de idade para a inscrição em concurso público só se legitima em face do art. 7º, XXX, da Constituição, quando possa ser justificado pela natureza das atribuições do cargo a ser preenchido."
- A exigência constitucional de reserva de vagas para portadores de deficiência em concurso público **não pode** ser afastada se o percentual legalmente previsto for inferior a um, hipótese em que a fração deve ser arredondada, obedecendo a regra constitucional constante no art. 37, VIII, da CF.

Os cargos, empregos e funções públicas são acessíveis aos brasileiros que preencham os requisitos legais, **assim como aos estrangeiros**, na forma da lei (art. 37, I, da CF).

É **inconstitucional** toda modalidade de provimento que propicie ao servidor investir-se, sem prévia aprovação em concurso público destinado ao seu provimento, em cargo que não integra a carreira na qual anteriormente investido (Súmula Vinculante 43).

Adquire **estabilidade, após três anos de efetivo exercício**, o servidor nomeado para cargo de provimento efetivo em virtude de concurso público, consoante art. 41, *caput*, da CF.

Em 2007, no bojo dos Mandados de Injunção (MIs) 670, 708 e 712, o STF autorizou **a aplicação da lei de greve da iniciativa privada** (Lei 7.783/89) **para garantir o exercício grevista regular dos servidores públicos**.

Tanto a vinculação quanto a equiparação de quaisquer espécies remuneratórias no serviço público **são vedadas** para o efeito de remuneração de pessoal das carreiras públicas (art. 37, XIII, da CF).

É **vedada a acumulação** remunerada de cargos ou empregos públicos, exceto, quando houver compatibilidade de horários, nos seguintes casos: a) a de dois cargos de professor; b) a de um cargo de professor com outro técnico ou científico; c) a de dois cargos ou empregos privativos de profissionais de saúde, com profissões regulamentadas.

ACUMULAÇÃO REMUNERADA DE CARGOS PÚBLICOS	
1. Regra	Vedação/Impossibilidade
2. Exceções	a) dois cargos de professor b) um cargo de professor com outro técnico ou científico c) dois cargos ou empregos privativos de profissionais de saúde, com profissões regulamentadas

- **Cuidado! Não é possível** a acumulação nos seguintes casos:

  a) de cargo técnico com outro privativo de profissional da saúde;

  b) de mais de dois cargos ou empregos públicos (três ou mais).

  c) de dois cargos técnicos;

As **funções de confiança**, exercidas exclusivamente por servidores ocupantes de cargo efetivo, e os **cargos em comissão**, a serem preenchidos por servidores de carreira nos casos, condições e percentuais mínimos previstos em lei, **destinam-se apenas às atribuições de direção, chefia e assessoramento**.

Reintegração: invalidação da pena de demissão aplicada a servidor público, com o retorno ao cargo, sem prejuízo da indenização. Se quem estiver em seu lugar for estável, será reconduzido ao cargo anteriormente ocupado, ou será afastado com vencimentos proporcionais, ou aproveitado em outro cargo (sem direito a indenização), mas se quem estava no lugar não era estável, será simplesmente exonerado.

A **exoneração** somente será a pedido ou por conveniência da administração, já a **demissão** é sempre a título de punição.

- O servidor público ocupante de cargo efetivo **não pode ser exonerado segundo livre critério da autoridade competente**, pois os casos de perda de cargo estão previstos no § 1º do art. 41 da CF (I – Em virtude de sentença judicial transitada em julgado; II – Mediante Processo Administrativo em que lhe seja assegurada ampla defesa; III – Mediante Procedimento de Avaliação Periódica de Desempenho, na forma da lei complementar, assegurada ampla defesa).
- No caso da **falta de necessidade do cargo**, o servidor **ficará em disponibilidade**, com remuneração proporcional ao tempo de serviço, até o seu adequado aproveitamento em outro cargo.
- O servidor público ocupante de cargo efetivo **não pode ser exonerado *ad nutum***, com base em decreto que declara a desnecessidade do cargo (Súmula 21 do STF).

Os **vencimentos** referem-se ao vencimento básico somado às gratificações permanentes previstas em lei (art. 1°, da Lei 8.852/94), que se aplicam aos agentes administrativos submetidos a regime estatutário, os denominados servidores públicos.

Já o **subsídio**, na lição de Leandro Bortoleto "é o pagamento de uma única parcela, sem subdivisões [...] forma normalmente adotada para se remunerar os agentes políticos" (*Direito Administrativo*. Salvador: Juspodivm, 2012, p. 142).

O membro de Poder, o detentor de mandato eletivo, os Ministros de Estado e os Secretários Estaduais e Municipais serão remunerados exclusivamente por **subsídio fixado em parcela única** (e não em quatro parcelas, trimestrais), vedado o acréscimo de qualquer gratificação, adicional, abono, prêmio, verba de representação ou outra espécie remuneratória.

É vedada a **vinculação ou equiparação de quaisquer espécies remuneratórias** para o efeito de remuneração de pessoal do serviço público.

Os **acréscimos pecuniários percebidos por servidor público** não serão computados e acumulados para fins de concessão de acréscimos ulteriores.

É **vedada a incorporação de vantagens** de caráter temporário ou vinculadas ao exercício de função de confiança ou de cargo em comissão à remuneração do cargo efetivo.

A fixação dos **padrões de vencimento e dos demais componentes do sistema remuneratório** observará a natureza, o grau de responsabilidade e a complexidade dos cargos componentes de cada carreira; os requisitos para a investidura; e as peculiaridades dos cargos.

A Lei da União, dos Estados, do Distrito Federal e dos Municípios disciplinará a aplicação de recursos orçamentários provenientes da economia com despesas correntes em cada órgão, autarquia e fundação, para aplicação no desenvolvimento de programas de qualidade e produtividade, treinamento e desenvolvimento, modernização, reaparelhamento e racionalização do serviço público, **inclusive** sob a forma de adicional ou prêmio de produtividade (art. 39, § 7°, da CF).

A remuneração dos servidores públicos deve ser fixada por lei específica, assegurada a revisão geral anual, **sempre na mesma data e sem distinção de índices**, e não depois de decorrido o prazo mínimo de um ano do último reajuste concedido à categoria.

A **fixação de vencimentos dos servidores** públicos não pode ser objeto de **convenção coletiva** (Súmula 679 do STF).

O **teto salarial do funcionalismo público**, previsto no texto constitucional e cujo parâmetro é o subsídio dos ministros do STF, **aplica-se** aos servidores da administração direta, autárquica e fundacional, e também, aos empregados das empresas públicas e sociedades de economia mista, e suas subsidiárias, que receberem recursos da União, dos Estados, do DF ou dos Municípios para pagamento de despesas de pessoal ou de custeio em geral (art. 37, § 9º, da CF).

A União, os Estados e o Distrito Federal manterão escolas de governo para a formação e o aperfeiçoamento dos servidores públicos, constituindo-se a participação nos cursos um dos requisitos para a promoção na carreira, **facultada** (e não sendo obrigatória), para isso, a celebração de convênios ou contratos entre os entes federados, que deverão promovê-los anualmente.

- **Súmula Vinculante 37**: "Não cabe ao Poder Judiciário, que não tem função legislativa, aumentar vencimentos de servidores públicos sob fundamento de isonomia".

Aos servidores titulares de cargos efetivos da União, dos Estados, do Distrito Federal e dos Municípios, **incluídas** suas autarquias e fundações, é assegurado **regime de previdência de caráter contributivo e solidário**, mediante contribuição do respectivo ente público, dos servidores ativos e inativos e dos pensionistas, observados critérios que preservem o equilíbrio financeiro e atuarial.

Os servidores abrangidos pelo regime de previdência **serão aposentados**: I – por incapacidade permanente para o trabalho, no cargo em que estiver investido, quando insuscetível de readaptação, hipótese em que será obrigatória a realização de avaliações periódicas para verificação da continuidade das condições que ensejaram a concessão da aposentadoria; II – compulsoriamente, com proventos proporcionais ao tempo de contribuição, aos 70 (setenta) anos de idade, ou aos 75 (setenta e cinco) anos de idade, na forma de lei complementar; III – no âmbito da União, aos 62 (sessenta e dois) anos de idade, se mulher, e aos 65 (sessenta e cinco) anos de idade, se homem, e, no âmbito dos Estados, do Distrito Federal e dos Municípios, na idade mínima estabelecida mediante emenda às respectivas Constituições e Leis Orgânicas, observados o tempo de contribuição e os demais requisitos estabelecidos em lei complementar do respectivo ente federativo.

Os **proventos de aposentadoria** e as pensões, por ocasião de sua concessão, **não** poderão ser inferiores ao valor mínimo a que se refere o § 2º do art. 201 ou superiores ao limite máximo estabelecido para o Regime Geral de Previdência Social, observado o disposto nos §§ 14 a 16.

Os proventos **nunca poderão ser excedentes ao subsídio mensal, em espécie, dos Ministros do Supremo Tribunal Federal**, o que não abrange as parcelas de caráter indenizatório previstas em lei.

<table>
<tr><th colspan="5">REGRAS CONSTITUCIONAIS PARA APOSENTADORIA DO SERVIDOR</th></tr>
<tr><th>Modalidade</th><th>Sexo</th><th>Requisito</th><th>Aposentadoria</th><th>Limite/Teto</th></tr>
<tr><td>I – Por Incapacidade Permanente</td><td>Homem ou Mulher</td><td>Incapacidade Permanente</td><td>Condicionada à realização de avaliações periódicas para verificação da continuidade das condições que ensejaram a concessão da aposentadoria</td><td rowspan="4">Proventos nunca excedentes ao subsídio mensal, em espécie, dos Ministros do Supremo Tribunal Federal</td></tr>
<tr><td>II – Compulsoriamente</td><td>Homem ou Mulher</td><td>70 ou 75 anos de idade, na forma de lei complementar</td><td>Com proventos proporcionais ao tempo de contribuição.</td></tr>
<tr><td rowspan="2">III – Voluntariamente</td><td>1) Homem</td><td colspan="2">a) 65 anos de idade</td></tr>
<tr><td>2) Mulher</td><td colspan="2">a) 62 anos de idade</td></tr>
</table>

É **vedada a existência de mais de um regime próprio de previdência social para os servidores titulares de cargos efetivos**.

As pessoas jurídicas de direito público e as de direito privado prestadoras de serviços públicos **responderão pelos danos que seus agentes, nessa qualidade, causarem a terceiros**, assegurado o direito de regresso contra o responsável nos casos de dolo ou culpa.

A lei disporá sobre os requisitos e as restrições ao ocupante de cargo ou emprego da administração direta e indireta que possibilite o acesso a informações privilegiadas.

A Administração pode anular seus próprios atos, quando eivados de vícios que os tornem ilegais, porque deles não se originam direitos, ou revogá-los, por motivo de conveniência ou oportunidade, mas **não pode** fazer revisão de direitos adquiridos, consoante súmula 473 do STF.

Os atos de improbidade administrativa importarão a **suspensão** de direitos políticos, a perda da função pública, a indisponibilidade de bens e o ressarcimento ao erário, na forma e gradação previstas em lei, **sem prejuízo da ação penal cabível**.

3. DA ORGANIZAÇÃO DOS PODERES

- São **independentes e harmônicos entre si**, o Executivo, o Legislativo e o Judiciário, que se fiscalizam, uns aos outros, em mecanismo de freios e contrapesos, eliminando-se os excesso e desvios.
- A evolução da ideia da separação dos Poderes do Estado teve dois grandes expoentes. **Aristóteles** é considerado o criador da **ideia de divisão do Poder em três funções**: legislativa, executiva e judiciária. Mas, a evolução desse pensamento, para que essas **funções fossem exercidas por órgãos distintos** (Legislativo, Executivo e Judiciário), é atribuída a **Montesquieu**.

3.1. Das Funções Essenciais à Justiça: Do Ministério Público

- O **Ministério Público** é instituição permanente, essencial à função jurisdicional do Estado, incumbindo-lhe a **defesa da ordem jurídica, do regime democrático** e **dos interesses sociais e individuais indisponíveis**.
- São **princípios institucionais** do Ministério Público: a **unidade,** a **indivisibilidade** e a **independência funcional**.
- São **funções institucionais** do Ministério Público:

  a) promover, privativamente, a ação penal pública, na forma da lei;

  b) zelar pelo efetivo respeito dos Poderes Públicos e dos serviços de relevância pública aos direitos assegurados nesta Constituição, promovendo as medidas necessárias a sua garantia;

  c) promover o inquérito civil e a ação civil pública, para a proteção do patrimônio público e social, do meio ambiente e de outros interesses difusos e coletivos;

  d) promover a ação de inconstitucionalidade ou representação para fins de intervenção da União e dos Estados, nos casos previstos nesta Constituição;

  e) defender judicialmente os direitos e interesses das populações indígenas;

  f) expedir notificações nos procedimentos administrativos de sua competência, requisitando informações e documentos para instruí-los, na forma da lei complementar respectiva;

g) exercer o controle externo da atividade policial, na forma da lei complementar mencionada no artigo anterior;

h) requisitar diligências investigatórias e a instauração de inquérito policial, indicados os fundamentos jurídicos de suas manifestações processuais;

i) exercer outras funções que lhe forem conferidas, desde que compatíveis com sua finalidade, sendo-lhe vedada a representação judicial e a consultoria jurídica de entidades públicas.

- Ao Ministério Público é assegurada **autonomia funcional e administrativa**, podendo propor ao Poder Legislativo a criação e extinção de seus cargos e serviços auxiliares, provendo-os por concurso público de provas ou de provas e títulos, a política remuneratória e os planos de carreira.

- O Ministério Público elaborará sua **proposta orçamentária** dentro dos limites estabelecidos na lei de diretrizes orçamentárias. Se o Ministério Público **não encaminhar a respectiva proposta** orçamentária dentro do prazo estabelecido na lei de diretrizes orçamentárias, o Poder Executivo **considerará, para fins de consolidação da proposta orçamentária anual, os valores aprovados na lei orçamentária vigente**.

- São **garantias dos membros do Ministério Público:**

a) **vitaliciedade**, após dois anos de exercício, não podendo perder o cargo senão por sentença judicial transitada em julgado;

b) **inamovibilidade**, salvo por motivo de interesse público, mediante decisão do órgão colegiado competente do Ministério Público, pelo voto da maioria absoluta de seus membros, assegurada ampla defesa

c) **irredutibilidade de subsídio**.

- **Vedações aos Membros do Ministério Público**:

a) receber, a qualquer título e sob qualquer pretexto, honorários, percentagens ou custas processuais;

b) exercer a advocacia;

c) participar de sociedade comercial, na forma da lei;

d) exercer, ainda que em disponibilidade, qualquer outra função pública, salvo uma de magistério;

e) exercer atividade político-partidária;

f) receber, a qualquer título ou pretexto, auxílios ou contribuições de pessoas físicas, entidades públicas ou privadas, ressalvadas as exceções previstas em lei.

g) exercer, ainda que em disponibilidade, outro cargo ou função, salvo uma de magistério;

h) receber, a qualquer título ou pretexto, custas ou participação em processo;

i) dedicar-se à atividade político-partidária.

j) receber, a qualquer título ou pretexto, auxílios ou contribuições de pessoas físicas, entidades públicas ou privadas, ressalvadas as exceções previstas em lei;

O Ministério Público abrange:	**o Ministério Público da União, que compreende:**	a) o Ministério Público Federal; b) o Ministério Público do Trabalho; c) o Ministério Público Militar; d) o Ministério Público do Distrito Federal e Territórios;
	os Ministérios Públicos dos Estados.	–

- O Ministério Público da União **tem por chefe o Procurador-Geral da República – PGR**, nomeado pelo Presidente da República dentre integrantes da carreira, maiores de trinta e cinco anos, após a aprovação de seu nome pela maioria absoluta dos membros do Senado Federal, para mandato de dois anos, permitida a recondução.

MINISTÉRIO PÚBLICO	
1. Incumbências/MissãO	a) Defesa da Ordem Jurídica b) Defesa do Regime Democrático c) Defesa dos interesses sociais e individuais indisponíveis
2. Princípios Institucionais	a) Unidade b) Indivisibilidade c) Independência Funcional
3. Funções Institucionais	a) promover, privativamente, a ação penal pública, na forma da lei; b) zelar pelo efetivo respeito dos Poderes Públicos e dos serviços de relevância pública aos direitos assegurados nesta Constituição, promovendo as medidas necessárias a sua garantia; c) promover o inquérito civil e a ação civil pública, para a proteção do patrimônio público e social, do meio ambiente e de outros interesses difusos e coletivos; d) promover a ação de inconstitucionalidade ou representação para fins de intervenção da União e dos Estados, nos casos previstos nesta Constituição; e) defender judicialmente os direitos e interesses das populações indígenas; f) expedir notificações nos procedimentos administrativos de sua competência, requisitando informações e documentos para instruí-los, na forma da lei complementar respectiva; g) exercer o controle externo da atividade policial, na forma da lei complementar mencionada no artigo anterior; h) requisitar diligências investigatórias e a instauração de inquérito policial, indicados os fundamentos jurídicos de suas manifestações processuais; I) exercer outras funções que lhe forem conferidas, desde que compatíveis com sua finalidade, sendo-lhe vedada a representação judicial e a consultoria jurídica de entidades públicas.

MINISTÉRIO PÚBLICO	
4. Garantias dos Membros	a) vitaliciedade, após dois anos de exercício, não podendo perder o cargo senão por sentença judicial transitada em julgado; b) inamovibilidade, salvo por motivo de interesse público, mediante decisão do órgão colegiado competente do Ministério Público, pelo voto da maioria absoluta de seus membros, assegurada ampla defesa c) irredutibilidade de subsídio.
5. Vedações aos Membros	a) receber, a qualquer título e sob qualquer pretexto, honorários, percentagens ou custas processuais; b) exercer a advocacia; c) participar de sociedade comercial, na forma da lei; d) exercer, ainda que em disponibilidade, qualquer outra função pública, salvo uma de magistério; e) exercer atividade político-partidária f) receber, a qualquer título ou pretexto, auxílios ou contribuições de pessoas físicas, entidades públicas ou privadas, ressalvadas as exceções previstas em lei. g) exercer a advocacia no juízo ou tribunal do qual se afastou, antes de decorridos três anos do afastamento do cargo por aposentadoria ou exoneração. **ATENÇÃO!** Segundo entendimento do STF, membro do MP pode exercer cargo ou função pública em órgão externo à organização do MP, desde que tenha ingressado na instituição antes da promulgação da CF/88.
6. Composição	**6.1. Ministério Público da União** a) Ministério Público Federal; b) Ministério Público do Trabalho; c) Ministério Público Militar; d) Ministério Público do Distrito Federal e Territórios; 6.2. Ministérios Públicos dos Estados
7. Chefia	**7.1. Ministério Público da União** – Procurador Geral da República, nomeado pelo Presidente da República dentre integrantes da carreira, maiores de 35 anos, após a aprovação de seu nome pela maioria absoluta dos membros do Senado Federal, para mandato de 2 anos, permitida a recondução. **7.2. Ministérios Públicos dos Estados e do Distrito Federal e Territórios** – Procuradores Gerais dos Estados e do Distrito Federal e Territórios, serão nomeados pelo Chefe do Poder Executivo, a partir de lista tríplice formada por integrantes da carreira, na forma da lei respectiva, mandato de 2 anos, permitida uma recondução.

- A **destituição do Procurador-Geral da República**, por iniciativa do Presidente da República, deverá ser precedida de autorização da maioria absoluta do Senado Federal.
- **Os Procuradores-Gerais nos Estados e no Distrito Federal e Territórios poderão ser destituídos** por deliberação da maioria absoluta do Poder Legislativo, na forma da lei complementar respectiva.
- O **ingresso na carreira do Ministério Público** far-se-á mediante concurso público de provas e títulos, assegurada a participação da Ordem dos Advogados do Brasil em sua realização, exigindo-se do bacharel em direito, no mínimo, 3 anos de atividade jurídica e observando-se, nas nomeações, a ordem de classificação.
- As funções do Ministério Público só podem ser exercidas por integrantes da carreira, que **deverão residir na comarca da respectiva lotação, salvo autorização do chefe da instituição**.

Foro por Prerrogativa de Função dos Membros do MP	
1) Membros do Ministério Público DOS ESTADOS que:	**2) Membros do Ministério Público DA UNIÃO (MPF/MPT/MPM/MPDFT) que:**
Oficiarem no 1° grau de jurisdição respondem perante o TJ do Estado.	Oficiarem no 1° grau de jurisdição respondem perante o TRF.
Oficiarem no 2° grau de jurisdição respondem perante o TJ do Estado.	Oficiarem no 2° grau de jurisdição respondem perante o STJ.

- A **distribuição de processos** no Ministério Público será imediata.
- O Ministério Público **está legitimado** a ingressar com ação civil pública para proteger direitos individuais homogêneos. Na jurisprudência do STF: "Concurso. Isenção de taxa de inscrição de candidatos carentes. Ação civil pública. Legitimidade ativa *ad causam* do MPF. (...) A legitimação do Ministério Público para o ajuizamento de ação civil pública, não se restringe à defesa dos direitos difusos e coletivos, mas também abarca a defesa dos direitos individuais homogêneos, máxime quando presente o interesse social." (AI 737.104-AgR, julgado em 2011 e relatado pelo Ministro Luiz Fux).
- **O Conselho Nacional do Ministério Público (CNMP)** compõe-se de **14 membros nomeados pelo Presidente da República,** depois de aprovada a escolha pela maioria absoluta do Senado Federal, para um **mandato de 2 anos, admitida uma recondução**, sendo:

I. o Procurador-Geral da República, que o preside;

II. quatro membros do Ministério Público da União, assegurada a representação de cada uma de suas carreiras;

III. três membros do Ministério Público dos Estados;

IV. dois juízes, indicados um pelo Supremo Tribunal Federal e outro pelo Superior Tribunal de Justiça;

V. dois advogados, indicados pelo Conselho Federal da Ordem dos Advogados do Brasil;

VI. dois cidadãos de notável saber jurídico e reputação ilibada, indicados um pela Câmara dos Deputados e outro pelo Senado Federal.

- Os membros do Conselho oriundos do Ministério Público serão **indicados pelos respectivos Ministérios Públicos**, na forma da lei.
- Compete ao Conselho Nacional do Ministério Público o **controle da atuação administrativa e financeira do Ministério Público e do cumprimento dos deveres funcionais de seus membros**, cabendo-lhe:

I. zelar pela autonomia funcional e administrativa do Ministério Público, podendo expedir atos regulamentares, no âmbito de sua competência, ou recomendar providências;

II. zelar pela observância do art. 37 e apreciar, de ofício ou mediante provocação, a legalidade dos atos administrativos praticados por membros ou órgãos do Ministério Público da União e dos Estados, podendo desconstituí-los, revê-los ou fixar prazo para que se adotem as providências necessárias ao exato cumprimento da lei, sem prejuízo da competência dos Tribunais de Contas;

III. receber e conhecer das reclamações contra membros ou órgãos do Ministério Público da União ou dos Estados, inclusive contra seus serviços auxiliares, sem prejuízo da competência disciplinar e correicional da instituição, podendo avocar processos disciplinares em curso, determinar a remoção ou a disponibilidade e aplicar outras sanções administrativas, assegurada ampla defesa;

IV. rever, de ofício ou mediante provocação, os processos disciplinares de membros do Ministério Público da União ou dos Estados julgados há menos de um ano;

V. elaborar relatório anual, propondo as providências que julgar necessárias sobre a situação do Ministério Público no País e as atividades do Conselho, o qual deve integrar a mensagem prevista no art. 84, XI.

- O Conselho escolherá, em votação secreta, um **Corregedor nacional**, dentre os membros do Ministério Público que o integram, vedada a recondução, competindo-lhe, além das atribuições que lhe forem conferidas pela lei, as seguintes:

  I. receber reclamações e denúncias, de qualquer interessado, relativas aos membros do Ministério Público e dos seus serviços auxiliares;

  II. exercer funções executivas do Conselho, de inspeção e correição geral;

  III. requisitar e designar membros do Ministério Público, delegando-lhes atribuições, e requisitar servidores de órgãos do Ministério Público.

- **O Presidente do Conselho Federal da Ordem dos Advogados do Brasil oficiará junto ao Conselho.**

- **Leis da União e dos Estados criarão ouvidorias do Ministério Público**, competentes para receber reclamações e denúncias de qualquer interessado contra membros ou órgãos do Ministério Público, inclusive contra seus serviços auxiliares, representando diretamente ao Conselho Nacional do Ministério Público.

3.2. Lei Orgânica do Ministério Público (Lei nº 8.625/1993)

Norma dispõe sobre normas gerais para a organização do Ministério Público dos Estados e dá outras providências.

Trata-se de legislação não muito extensa (84 artigos), cuja leitura é indispensável. Vale observar, contudo, que pela maior especificidade, é mais comum encontrar questões da legislação estadual do Ministério Público, do que aquelas advindas da lei orgânica nacional.

Muitas das previsões, sobretudo aquelas encontradas no primeiro capítulo (disposições gerais), reproduzem os dispositivos constitucionais sobre o Ministério Público. Vamos traçar um panorama da legislação, para facilitar a leitura, com destaque para alguns dos artigos, que costumam ter maior incidência em concursos públicos.

Disposições gerais

Como já apontado, nesse capítulo há transcrição de alguns dispositivos constitucionais.

Um ponto de destaque para estudar é o art. 3º, que elenca desdobramentos da autonomia funcional, administrativa e financeira do Ministério Público:

I – praticar atos próprios de gestão;
II – praticar atos e decidir sobre a situação funcional e administrativa do pessoal, ativo e inativo, da carreira e dos serviços auxiliares, organizados em quadros próprios;
III – elaborar suas folhas de pagamento e expedir os competentes demonstrativos;
IV – adquirir bens e contratar serviços, efetuando a respectiva contabilização;
V – propor ao Poder Legislativo a criação e a extinção de cargos, bem como a fixação e o reajuste dos vencimentos de seus membros;
VI – propor ao Poder Legislativo a criação e a extinção dos cargos de seus serviços auxiliares, bem como a fixação e o reajuste dos vencimentos de seus servidores;
VII – prover os cargos iniciais da carreira e dos serviços auxiliares, bem como nos casos de remoção, promoção e demais formas de provimento derivado;
VIII – editar atos de aposentadoria, exoneração e outros que importem em vacância de cargos e carreira e dos serviços auxiliares, bem como os de disponibilidade de membros do Ministério Público e de seus servidores;
IX – organizar suas secretarias e os serviços auxiliares das Procuradorias e Promotorias de Justiça;
X – compor os seus órgãos de administração;
XI – elaborar seus regimentos internos;
XII – exercer outras competências dela decorrentes.

Atenção! As decisões do Ministério Público fundadas em sua autonomia funcional, administrativa e financeira, obedecidas as formalidades legais, têm **eficácia plena e executoriedade imediata**, ressalvada a competência constitucional do Poder Judiciário e do Tribunal de Contas.

Fiscalização externa: A fiscalização contábil, financeira, orçamentária, operacional e patrimonial do Ministério Público, quanto à legalidade, legitimidade, economicidade, aplicação de dotações e recursos próprios e renúncia de receitas, **será exercida pelo Poder Legislativo,** mediante controle externo **e pelo sistema de controle interno estabelecido na Lei Orgânica**.

Organização do Ministério Público

São **órgãos da Administração superior** do Ministério Público:

I – a Procuradoria-Geral de Justiça;
II – o Colégio de Procuradores de Justiça;
III – o Conselho Superior do Ministério Público;

IV – a Corregedoria-Geral do Ministério Público.
Art. 6º São também órgãos de Administração do Ministério Público:
I – as Procuradorias de Justiça;
II – as Promotorias de Justiça.

São **órgãos de Execução** do Ministério Público:

I – o Procurador-Geral de Justiça;
II – o Conselho Superior do Ministério Público;
III – os Procuradores de Justiça;
IV – os Promotores de Justiça.

São **órgãos auxiliares** do Ministério Público:

I – os Centros de Apoio Operacional;
II – a Comissão de Concurso;
III – o Centro de Estudos e Aperfeiçoamento Funcional;
IV – os órgãos de apoio administrativo;
V – os estagiários.

Escolha do Procurador-Geral de Justiça: os Ministérios Públicos dos Estados formarão lista tríplice, dentre integrantes da carreira, na forma da lei respectiva, para escolha de seu Procurador-Geral, que será nomeado pelo Chefe do Poder Executivo, para mandato de dois anos, permitida uma recondução, observado o mesmo procedimento.

Competências do Procurador-Geral de Justiça:

I – exercer a chefia do Ministério Público, representando-o judicial e extrajudicialmente;
II – integrar, como membro nato, e presidir o colégio de Procuradores de Justiça e o Conselho Superior do Ministério Público;
III – submeter ao Colégio de Procuradores de Justiça as propostas de criação e extinção de cargos e serviços auxiliares e de orçamento anual;
IV – encaminhar ao Poder Legislativo os projetos de lei de iniciativa do Ministério Público;
V – praticar atos e decidir questões relativas à administração geral e execução orçamentária do Ministério Público;
VI – prover os cargos iniciais da carreira e dos serviços auxiliares, bem como nos casos de remoção, promoção, convocação e demais formas de provimento derivado;
VII – editar atos de aposentadoria, exoneração e outros que importem em vacância de cargos da carreira ou dos serviços auxiliares e atos de disponibilidade de membros do Ministério Público e de seus servidores;
VIII – delegar suas funções administrativas;
IX – designar membros do Ministério Público para:
a) exercer as atribuições de dirigente dos Centros de Apoio Operacional;
b) ocupar cargo de confiança junto aos órgãos da Administração Superior;
c) integrar organismos estatais afetos a sua área de atuação;

d) oferecer denúncia ou propor ação civil pública nas hipóteses de não confirmação de arquivamento de inquérito policial ou civil, bem como de quaisquer peças de informações;
e) acompanhar inquérito policial ou diligência investigatória, devendo recair a escolha sobre o membro do Ministério Público com atribuição para, em tese, oficiar no feito, segundo as regras ordinárias de distribuição de serviços;
f) assegurar a continuidade dos serviços, em caso de vacância, afastamento temporário, ausência, impedimento ou suspeição de titular de cargo, ou com consentimento deste;
g) por ato excepcional e fundamentado, exercer as funções processuais afetas a outro membro da instituição, submetendo sua decisão previamente ao Conselho Superior do Ministério Público;
h) oficiar perante a Justiça Eleitoral de primeira instância, ou junto ao Procurador-Regional Eleitoral, quando por este solicitado;
X – dirimir conflitos de atribuições entre membros do Ministério Público, designando quem deva oficiar no feito;
XI – decidir processo disciplinar contra membro do Ministério Público, aplicando as sanções cabíveis;
XII – expedir recomendações, sem caráter normativo aos órgãos do Ministério Público, para o desempenho de suas funções;
XIII – encaminhar aos Presidentes dos Tribunais as listas sêxtuplas a que se referem os arts. 94, caput, e 104, parágrafo único, inciso II, da Constituição Federal;
XIV – exercer outras atribuições previstas em lei.

Atenção! À alínea 'g' foi conferida interpretação conforme a Constituição para estabelecer que a avocação, pelo Procurador-Geral de Justiça, de funções afetas a outro membro do Ministério Público depende da concordância prévia e da deliberação (prévia à avocação e posterior à aceitação pelo promotor natural) do Conselho Superior.

Isso porque, até então, seria admissível que o Procurador-Geral arbitrariamente retirasse um promotor de um caso em que estivesse atuando, o que é incompatível com a Constituição Federal de 1988.

O que são promotorias de justiça? são órgãos de administração do Ministério Público com pelo menos um cargo de Promotor de Justiça e serviços auxiliares necessários ao desempenho das funções que lhe forem cometidas pela Lei Orgânica. Podem ser **judiciais** ou **extrajudiciais**.

Outras funções do Ministério Público:

I- propor ação de inconstitucionalidade de leis ou atos normativos estaduais ou municipais, em face à Constituição Estadual;
II – promover a representação de inconstitucionalidade para efeito de intervenção do Estado nos Municípios;
III – promover, **privativamente**, a ação penal pública, na forma da lei;
IV – promover o inquérito civil e a ação civil pública, na forma da lei:
a) para a proteção, prevenção e reparação dos danos causados ao meio ambiente, ao consumidor, aos bens e direitos de valor artístico, estético, histórico, turístico e paisagístico, e a outros interesses difusos, coletivos e individuais indisponíveis e homogêneos;
b) para a anulação ou declaração de nulidade de atos lesivos ao patrimônio público ou à moralidade administrativa do Estado ou de Município, de suas administrações indiretas ou fundacionais ou de entidades privadas de que participem;

V – manifestar-se nos processos em que sua presença seja obrigatória por lei e, ainda, sempre que cabível a intervenção, para assegurar o exercício de suas funções institucionais, não importando a fase ou grau de jurisdição em que se encontrem os processos;
VI – exercer a fiscalização dos estabelecimentos prisionais e dos que abriguem idosos, menores, incapazes ou pessoas portadoras de deficiência;
VII – deliberar sobre a participação em organismos estatais de defesa do meio ambiente, neste compreendido o do trabalho, do consumidor, de política penal e penitenciária e outros afetos à sua área de atuação;
VIII – ingressar em juízo, de ofício, para responsabilizar os gestores do dinheiro público condenados por tribunais e conselhos de contas;
IX – interpor recursos ao Supremo Tribunal Federal e ao Superior Tribunal de Justiça;

3.3. Lei Orgânica do Ministério Público do Estado de São Paulo (Lei Complementar nº 734/1993)

Assim como ocorre entre a Lei Orgânica Nacional e a Constituição Federal, muitos dispositivos da Lei Orgânica Estadual reproduzem aqueles encontrados na Lei Orgânica Nacional.

A leitura dos dispositivos cobrados dessa norma é indispensável.

Vamos tecer alguns comentários e pontos de atenção, para facilitar o estudo da norma.

PROCURADORIAS DE JUSTIÇA

As Procuradorias de Justiça serão instituídas por Ato do Colégio de Procuradores de Justiça, mediante proposta do Procurador-Geral de Justiça, que deverá conter:

I – a denominação das Procuradorias de Justiça, de acordo com a respectiva área de atuação;

II – o número de cargos de Procurador de Justiça que a integrarão;

III – as normas de organização interna e de funcionamento.

Os integrantes de cada Procuradoria de Justiça escolherão dois Procuradores de Justiça para exercerem, durante o período de 1 (um) ano, permitida uma recondução consecutiva, as funções de Secretário Executivo e de Suplente de Secretário Executivo, com incumbência de responder pelos serviços administrativos da Procuradoria.

§ 4º – As Procuradorias de Justiça realizarão, obrigatoriamente, <u>reuniões mensais</u> para tratar de assunto de seu peculiar interesse, e especialmente para:

I – fixação de tese jurídica, sem caráter vinculativo, inclusive para interposição de recursos aos Tribunais Superiores, encaminhando-as ao Procurador-Geral de Justiça para conhecimento e publicidade;
II – propor ao Procurador-Geral de Justiça a escala de férias individuais de seus integrantes;
III – solicitar ao Procurador-Geral de Justiça, em caso de licença de Procurador de Justiça ou afastamento de suas funções junto à Procuradoria de Justiça por período superior a 30 (trinta) dias, que convoque Promotor de Justiça da mais elevada entrância ou categoria para substituí-lo;

IV – encaminhar à Procuradoria-Geral de Justiça sugestões para a elaboração do Plano Geral de Atuação do Ministério Público;
V – definir critérios para a presença obrigatória de Procurador de Justiça nas sessões de julgamento dos processos;
VI – estabelecer o sistema de inspeção permanente dos serviços dos Promotores de Justiça nos autos em que oficiem, cujos relatórios serão remetidos à Corregedoria-Geral do Ministério Público.
VII – solicitar ao Procurador-Geral de Justiça a designação de estagiários;
VIII – sugerir as atribuições a serem desempenhadas por funcionários e estagiários.

ORGANIZAÇÃO DAS PROMOTORIAS DE JUSTIÇA:

As Promotorias de Justiça serão organizadas por Ato do Procurador-Geral de Justiça, observadas as seguintes disposições:

I – as Promotorias de Justiça **poderão ser Especializadas, Criminais, Cíveis, Cumulativas ou Gerais**;

II – nas Promotorias de Justiça com mais de 1 (um) integrante serão escolhidos Promotores de Justiça para exercer, durante o período de 1 (um) ano, permitida uma recondução consecutiva, as funções de Secretário Executivo e respectivo Suplente, com incumbência de responder pelos serviços administrativos da Promotoria;

III – cada Promotoria de Justiça encaminhará ao Procurador-Geral de Justiça a sugestão de divisão interna dos serviços, processuais e extraprocessuais, bem como suas alterações, para deliberação pelo Órgão Especial do Colégio de Procuradores de Justiça;

IV – cada Promotoria de Justiça **deverá manter os livros, pastas e arquivos obrigatórios, bem como registro e controle permanente dos seus procedimentos e expedientes, findos ou em andamento;**

As Promotorias de Justiça realizarão reuniões mensais para tratar de assunto de seu peculiar interesse, e especialmente (mediante voto por maioria simples) para:

a) encaminhar à Procuradoria-Geral de Justiça sugestões para a elaboração do Plano Geral de Atuação do Ministério Público;
b) definir, de acordo com o Plano Geral de Atuação, os respectivos Programas de Atuação da Promotoria e os Programas de Atuação Integrada;
c) propor ao Procurador-Geral de Justiça a escala de férias individuais de seus integrantes, a de substituição automática para atuação em procedimentos ou processos judiciais, observados os critérios de proximidade e facilidade de acesso, e a de plantão, sempre que o exigirem as necessidades da Promotoria ou os serviços judiciários;
d) propor a constituição de Grupos de Atuação Especial, de caráter transitório, para consecução dos objetivos e diretrizes definidos nos Planos Gerais de Atuação e nos respectivos Programas de Atuação;
e) solicitar ao Procurador-Geral de Justiça a designação de Estagiários do Ministério Público para a Promotoria de Justiça, definindo as respectivas funções;
f) sugerir a organização administrativa de seus serviços auxiliares internos;
g) sugerir as atribuições a serem desempenhadas por funcionários e estagiários.

Promotorias especializadas: aquelas cujos cargos que as integram têm suas funções definidas pela espécie de infração penal, pela natureza da relação jurídica de direito civil ou pela competência de determinado órgão jurisdicional, fixada **exclusivamente em razão da matéria**;

Promotorias Criminais: aquelas cujos cargos que as integram têm suas funções definidas para a esfera penal, exclusivamente, sem distinção entre espécies de infração penal ou de órgão jurisdicional com competência fixada **exclusivamente em razão da matéria**;

Promotorias Cíveis: aquelas cujos cargos que as integram têm suas funções definidas para a esfera civil, sem distinção quanto a natureza da relação jurídica de direito civil ou de órgão jurisdicional com competência fixada **exclusivamente em razão da matéria;**

Promotorias Cumulativas ou Gerais: aquelas cujos cargos que as integram têm, **simultaneamente**, as funções daqueles que compõem as Promotorias Criminais e Cíveis.

Atenção! A Promotoria de Justiça será **obrigatoriamente especializada** se os cargos que a integram contiverem na sua denominação indicativo de espécie de infração penal, de relação jurídica de direito civil ou de órgão jurisdicional com competência definida exclusivamente em razão da matéria.

Sem prejuízo das especializações por matéria, as Promotorias de Justiça poderão ter atuação local ou regional, conforme Ato do Procurador-Geral de Justiça, considerando-se:

1 – **Promotoria de Justiça Local**, aquela cujos cargos que a integram têm atribuições em base territorial compreensiva de uma **comarca ou foro distrital ou regional**;

2 – **Promotoria de Justiça Regional,** aquela cujos cargos que a integram têm atribuições em base territorial compreensiva de um **conjunto de Municípios** de uma mesma região.

ASSESSORIA TÉCNICA

A Assessoria Técnica compreende:

I – Corpo Técnico;

II – Corpo de Apoio Técnico.

O Corpo Técnico é constituído de Assessores designados dentre os membros do Ministério Público com, no mínimo, 10 (dez) anos de carreira.

O Corpo de Apoio Técnico é constituído de Assessores, designados dentre funcionários ou servidores administrativos, **com diploma de nível universitário ou habilitação legal correspondente e experiência profissional comprovada** em assuntos relacionados com as funções a serem desempenhadas.

DIRETORIA-GERAL

A Diretoria Geral compreende:

I – Corpo de Apoio Técnico;
II – Sub-Área de Apoio Técnico;
III – Sub-Área de Apoio Administrativo;
IV – Centro de Recursos Humanos,
V – Departamento de Administração;
VI – Departamento de Finanças e Contabilidade;
VII – Grupo de Planejamento Setorial;
VIII – Comissão Processante Permanente;
IX – Áreas Regionais.

Corpo de Apoio Técnico da Diretoria Geral: presta assistência técnica ao Diretor-Geral em assuntos relacionados à sua área de atuação.

Subárea de Apoio Técnico da Diretoria Geral: elabora quadros, tabelas e mapas, pesquisas, ofícios, contratos, pareceres, planilhas e gráficos.

Subárea de Apoio Administrativo: recebe, registra, distribui e expede processos, correspondências e papéis, mantém arquivo de correspondência expedida e das cópias dos documentos preparados, executa serviços de datilografia e providencia cópias de textos.

Centro de Recursos Humanos em relação à Administração de Pessoal do Ministério Público: assiste as autoridades nos assuntos relacionados com a Administração de Pessoal, planeja a execução, das políticas e diretrizes relativas à Administração de Pessoal, coordena, presta orientação técnica, controla e, quando for o caso, executa as atividades de administração do pessoal, inclusive dos estagiários e do pessoal contratado para prestação de serviços.

Departamento de Administração: presta às unidades do Ministério Público serviços na área de administração de material e patrimônio, de compras, de transportes internos motorizados e de zeladoria, propiciando-lhes condições de desempenho adequado, além de outros necessários ao exercício de suas atribuições.

Centro de Finanças e Contabilidade tem por atribuições:

I – supervisionar os serviços de Contabilidade, Execução Orçamentária, Extra-Orçamentária, Inspeção e Tomada de Contas;
II – exercer o controle interno de que cuida o artigo 3º, § 3º, desta lei complementar;
III – fazer cumprir as normas estaduais referentes à execução orçamentária e de encerramento do exercício financeiro;
IV – propor normas para aprimorar a execução orçamentária e financeira;
V – emitir pareceres sobre assuntos técnico-administrativos;
VI – elaborar tabelas e quadros orçamentários, financeiros, contábeis e estatísticos.

Área de Contabilidade: executa os serviços contábeis, de acordo com os planos de contas vigentes e opina sobre questões de contabilidade pública.

Comissão Processante Permanente: tem por atribuição conduz os processos administrativos ou sindicâncias de funcionários e servidores do Ministério Público.

Áreas Regionais da Capital e do Interior: recebem, registram e encaminham autos de processos judiciais em que devam oficiar órgãos de execução do Ministério Público de Primeira Instância, assim como papéis e outros documentos relacionados com a atividade dos órgãos de execução.

Competências do Diretor-Geral:

I – quanto à administração de pessoal:

a) dar posse e exercício aos funcionários e servidores do Ministério Público, inclusive àqueles nomeados para cargos em comissão, bem como de direção e chefia;

b) aprovar a indicação ou designar funcionários ou servidores para responder pelo expediente das unidades subordinadas, bem como de substitutos de cargos, funções-atividades ou funções de serviço público de direção, chefia ou encarregatura;

c) designar funcionário ou servidor para o exercício de substituição remunerada;

d) autorizar ou prorrogar a convocação de funcionários e servidores para a prestação de serviços extraordinários;

e) encaminhar:

1. ao Procurador-Geral de Justiça, propostas de designação de funcionários e servidores, nos termos da legislação em vigor;
2. ao Centro de Recursos Humanos, as declarações de freqüência firmadas pelos Membros do Ministério Público, para efeito de pagamento de diárias;

f) autorizar, cessar ou prorrogar afastamento de funcionários e servidores para dentro do País e por prazo não superior a 30 (trinta) dias, nas seguintes hipóteses:

1. missão ou estudo de interesse do serviço público;
2. participação em congressos ou outros certames culturais, técnicos ou científicos;
3. participação em provas ou competições desportivas, desde que haja solicitação de autoridade competente;

g) autorizar:

1. o pagamento de diárias a funcionários e servidores, até 30 (trinta) dias;
2. o pagamento de transportes a funcionários e servidores, bem como ajuda de custo, na forma da legislação pertinente;
3. por ato específico, as autoridades que lhe são subordinadas, a requisitarem transporte de pessoal por conta do Estado, observadas as restrições legais vigentes;

h) requisitar passagens aéreas para funcionário ou servidor a serviço dentro do País, até o limite máximo fixado na legislação pertinente;

i) autorizar:

1. a concessão e fixar o valor da gratificação «pro labore» a funcionário ou servidor que pagar ou receber em moeda corrente, observada a legislação pertinente;

2. o gozo de licença especial para funcionário que freqüentar curso de graduação em Administração Pública da Fundação Getúlio Vargas ou da Universidade de São Paulo;

3. horários especiais de trabalho;

4. o gozo de férias não-usufruídas no exercício correspondente;

j) aprovar o conteúdo, a duração e a metodologia a ser adotada nos programas de treinamento e desenvolvimento de recursos a serem executados sob a responsabilidade direta ou indireta do Centro de Recursos Humanos;

l) convocar, quando cabível, funcionário ou servidor para prestação de serviço em Jornada Completa de Trabalho, observada a legislação pertinente;

m) decidir, nos casos de absoluta necessidade dos serviços, sobre a impossibilidade de gozo de férias regulamentares;

n) conceder:

1. licença a funcionários para tratar de interesses particulares;

2. adicionais por tempo de serviço e sexta-parte, bem como, conceder ou suprimir salário-família aos membros do Ministério Público;

3. licença-prêmio, ou autorizar a correspondente indenização quando indeferida por necessidade do serviço, aos membros do Ministério Público;

4. licença a funcionária casada com funcionário ou militar que for mandado servir, independente de solicitação, em outro ponto do Estado ou território nacional ou estrangeiro;

o) publicar periodicamente a distribuição quantitativa e qualitativa de cargos e funções nas respectivas unidades administrativas subordinadas, em função da necessidade de serviço;

p) deferir a averbação de tempo de serviço anterior público ou particular, nos termos da lei, aos membros, funcionários ou servidores do Ministério Público;

q) atestar o exercício dos membros do Ministério Público da Capital e, supletivamente, do Interior;

r) expedir títulos de nomeação, apostilas de nomenclatura de cargos e de aposentadoria, relativas aos membros do Ministério Público;

II - quanto à matéria disciplinar:

a) determinar:

1. a instauração de processo administrativo ou sindicância, inclusive para apuração de responsabilidade em acidentes com veículos oficiais;

2. as providências para instauração de inquérito policial;

b) ordenar ou prorrogar a suspensão preventiva de funcionário ou servidor, até 30 (trinta) dias;

c) aplicar pena de repreensão e suspensão, limitada a 30 (trinta) dias, bem como converter em multa a suspensão aplicada;

III - quanto à administração financeira e orçamentária:

a) elaborar a proposta orçamentária do Ministério Público, com dotação própria, devidamente instruída e quanto à sua aplicação e execução submetendo-a à apreciação do Procurador-Geral de Justiça;

b) autorizar:

1. despesa dentro dos limites impostos pelas dotações liberadas para as respectivas unidades de despesa, bem como firmar contratos, quando for o caso;

2. alteração de tabelas explicativas e de distribuição de recursos orçamentários;

3. adiantamento;

4. liberação, restituição ou substituição de caução em geral e de fiança, quando dadas em garantia de execução de contrato;

c) submeter a proposta orçamentária à aprovação do dirigente da unidade orçamentária;

IV - quanto à administração de material e patrimônio:

a) assinar editais de concorrência;

b) decidir sobre assuntos relativos a licitação, nas modalidades de Tomada de Preços e Convite, podendo exercer as atribuições referidas no artigo 19, inciso IX, letra "c", nº 1 a 9, desta lei complementar, bem como aplicar penalidade, exceto a de decretação de inidoneidade para licitar ou contratar;

c) autorizar, mediante ato específico, autoridades subordinadas, a requisitarem transporte de material por conta do Estado;

V - quanto à organização dos serviços administrativos da Instituição, visando à modernização administrativa, aprovar e encaminhar ao Procurador-Geral de Justiça as propostas de alterações da estrutura administrativa do Ministério Público;

VI – quanto às atividades gerais:

a) assistir o Procurador-Geral de Justiça no desempenho de suas funções;

b) propor o programa de trabalho das unidades subordinadas e as alterações que se fizerem necessárias;

c) coordenar, orientar e acompanhar as atividades das unidades subordinadas;

d) zelar pelo cumprimento dos prazos fixados para o desenvolvimento dos trabalhos;

e) baixar normas de funcionamento das unidades subordinadas;

f) responder, conclusivamente, às consultas formuladas pelos órgãos de Administração Pública sobre assuntos de sua competência;

g) solicitar informações a outros órgãos ou entidades;

h) encaminhar papéis, processos e expedientes diretamente aos órgãos competentes para manifestação sobre os assuntos neles tratados;

i) decidir os pedidos de certidões e vista de processos administrativos;

j) despachar o expediente da Diretoria-Geral com o Procurador-Geral de Justiça;

l) propor ao Procurador-Geral de Justiça normas de funcionamento das unidades subordinadas, fixando-lhes as áreas de atuação, quando for o caso;

m) visar extratos para publicação na imprensa oficial.

Direito Administrativo

Leandro Bortoleto

CONTEÚDO PROGRAMÁTICO (EDITAL): 1. Lei de Improbidade Administrativa – Lei 8.429,de 02 de junho de 1992. 2. Resolução nº 664/2010-PGJ-CGMP-CSMP, de 8 de outubro de 2010.3. Resolução nº 1.342/2021-CPJ,de 1º de julho de 2021. 4. Estatuto dos Funcionários Públicos Civis do Estado de São Paulo – Lei Estadual n° 10.261/68, de 28 de outubro de 1968: arts. 241 a 263;.

1. LEI DE IMPROBIDADE ADMINISTRATIVA – LEI 8.429, DE 02 DE JUNHO DE 1992

Lei 8.429/92

- **Sistema de Responsabilização por Ato de Improbidade:** tem por finalidade a probidade na organização do Estado e no exercício de suas funções, como forma de assegurar a integridade do patrimônio público e social (art. 1º, *caput*).
- **Ato de improbidade**
- Nos termos do art. 1º da Lei, são atos de improbidade as condutas **dolosas** especificadas nos arts. 9º, 10 e 11, ressalvados tipos previstos em leis especiais. Nos termos do §2º, não basta a mera voluntariedade e, para tanto, considera-se dolo a vontade livre e consciente de alcançar o resultado ilícito tipificado previsto nos artigos mencionados.
- **Não configura improbidade administrativa:** a) o **mero exercício** da função ou desempenho de competências públicas, sem comprovação de ato doloso com fim ilícito, afasta a responsabilidade por ato de improbidade administrativa; b) **divergência interpretativa** da lei, se baseada em jurisprudência, ainda que não pacificada (art. 1º, §8º); c) a ilegalidade sem a presença de dolo que a qualifique (art. 16, §1º)

Atenção! Já pelo primeiro artigo da lei é possível vislumbrar uma das principais alterações promovidas, qual seja, a necessidade da presença de dolo para a configuração de improbidade administrativa. Lembre-se de que, pela redação anterior, admitia-se a modalidade culposa para os atos de improbidade administrativa que causassem prejuízo ao erário.

Nesse sentido, o STF decidiu, no ARE 843989, que: "**1) É necessária a comprovação de responsabilidade subjetiva para a tipificação dos atos de improbidade administrativa, exigindo-se – nos artigos 9º, 10 e 11 da LIA – a presença do elemento subjetivo – DOLO** (...)"

- **Direito administrativo sancionador:** aplicam-se ao sistema de improbidade tratado na lei, os princípios constitucionais do Direito Administrativo sancionador, tais quais: devido processo legal, contraditório e ampla defesa, legalidade.
- **Sujeito passivo:** a) Administração direta; b) Administração indireta; c) Entidade Privada que receba subvenção, benefício ou incentivo, fiscal, creditício, de entes públicos ou governamentais (art. 1º, § 6º); d) entidade privada para cuja criação ou custeio o erário haja concorrido ou concorra no seu patrimônio ou receita atual, limitado o ressarcimento de prejuízos, nesse caso, à repercussão do ilícito sobre a contribuição dos cofres públicos (art. 1º, §7º).
- ***Sujeito ativo*** do ato de improbidade (artigos 2º e 3º): a) agente público: agente político, servidor público, e aquele que exerce ainda que transitoriamente ou sem remuneração,

por eleição, nomeação, designação, contratação ou qualquer outra forma de investidura ou vínculo, mandato, cargo, emprego ou função nas entidades do art. 1º da Lei; b) terceiro que induza ou concorra **dolosamente** para a prática do ato de improbidade.

Recursos de origem pública: sujeita-se às sanções previstas na Lei 8.429/92, o particular, pessoa física ou jurídica, que celebra com a administração pública convênio, contrato de repasse, contrato de gestão, termo de parceria, termo de cooperação ou ajuste administrativo equivalente.

Atenção! Art. 3º da LIA

1- sócios, cotistas, diretores e colaboradores de pessoa jurídica de direito privado não respondem por ato de improbidade imputado à pessoa jurídica, **salvo** se comprovada sua participação e benefícios, respondendo na medida da participação.

2- sanções da Lei não se aplicam à pessoa jurídica, caso o ato de improbidade seja sancionado como lesivo à Administração Pública de que trata a lei anticorrupção (Lei nº 12.846/2013).

- **Responsabilidade sucessória** (art. 8º): a) sucessor ou herdeiro: reparação até o limite do valor da herança ou do patrimônio transferido; b) também se aplica à alteração contratual, transformação, incorporação, fusão ou cisão societária: no caso de fusão e incorporação, a responsabilidade será restrita à obrigação de reparação integral do dano, até o limite do patrimônio transferido, não se aplicando as demais sanções, salvo simulação ou fraude, devidamente comprovados.
- ***Modalidades*** de atos de improbidade:
- **<u>É indispensável a leitura dos artigos 9º, 10, 11 e 12 da Lei nº 8.429/92.</u>**

   a) atos que ***importam enriquecimento ilícito*** (art. 9º): são aqueles em que o agente aufere, **dolosamente**, vantagem patrimonial indevida em razão do exercício do cargo, mandato, função, emprego ou atividade nas entidades do art. 1º;

   b) atos que ***causam prejuízo ao erário*** (art. 10); causa prejuízo ao erário "qualquer ação ou omissão **dolosa**, que enseje, efetiva e comprovadamente, perda patrimonial, desvio, apropriação, malbaratamento ou dilapidação dos bens ou haveres das entidades referidas no art. 1º";

Atenção! Nos termos do art. 10, §1º, caso a inobservância da lei ou regulamento não implicar perda patrimonial efetiva, não haverá imposição de ressarcimento, vedado o enriquecimento sem causa das entidades do art. 1º da LIA.

STF 843989: "(...) **2) A norma benéfica da Lei 14.230/2021 – revogação da modalidade culposa do ato de improbidade administrativa -, é IRRETROATIVA, em virtude do artigo 5º, inciso XXXVI, da Constituição Federal, não tendo incidência em relação à eficácia da coisa julgada; nem tampouco durante o processo de execução das penas e seus incidentes; 3) A nova Lei 14.230/2021 aplica-se aos atos de improbidade administrativa culposos praticados na vigência do texto anterior da lei, porém sem condenação transitada em julgado, em virtude da revogação expressa do texto anterior; devendo o juízo competente analisar eventual dolo por parte do agente (...)**";

c) atos que ***atentam contra os princípios da Administração Pública (art. 11)***: a ação ou omissão **dolosa** que viole os deveres de honestidade, de imparcialidade e de legalidade;

Atenção! Com a nova redação do art. 11 da Lei de Improbidade Administrativa, o rol das condutas que caracterizam os atos que violam os princípios da Administração Pública passou a ser taxativo. Os demais (art. 9º e 10) são exemplificativos.

Atenção! a) só se configura como ato de improbidade, quando comprovado que a conduta do agente se deu para fins de obtenção de proveito ou benefício indevido para si ou para outra pessoa ou entidade (art. 11, §§1º e 2º) e isso se aplica a todas as modalidades de ato de improbidade;

- **Nepotismo:** a) configura ato de improbidade que viola os princípios da Administração Pública "nomear cônjuge, companheiro ou parente em linha reta, colateral ou por afinidade, até o terceiro grau, inclusive, da autoridade nomeante ou de servidor da mesma pessoa jurídica investido em cargo de direção, chefia ou assessoramento, para o exercício de cargo em comissão ou de confiança ou, ainda, de função gratificada na administração pública direta e indireta em qualquer dos Poderes da União, dos Estados, do Distrito Federal e dos Municípios, compreendido o ajuste mediante designações recíprocas"; **porém, não configura improbidade a mera nomeação ou indicação política** pelos detentores de mandato eletivo, sendo necessária a aferição de dolo com finalidade ilícita pelo agente (art. 11, §5º).
- Sistematização das sanções previstas para os atos de improbidade administrativa:

<table>
<tr><th colspan="3">Sanções – Lei de Improbidade Administrativa</th></tr>
<tr><td colspan="3">• Podem ser aplicadas isolada ou cumulativamente
• Independem da efetiva ocorrência de dano ao erário, salvo quanto à pena de ressarcimento e às condutas do art. 10 da Lei e da aprovação ou rejeição de contas pelo órgão de controle interno ou Tribunal de Contas.
• Independentemente do ressarcimento integral do dano patrimonial, se efetivo, e das sanções penais comuns e de responsabilidade, civis e administrativas previstas na legislação específica, está o responsável sujeito:</td></tr>
<tr><td>Atos que importam enriquecimento ilícito</td><td>Atos que causam lesão ao erário</td><td>Atos que atentam contra os princípios da Administração</td></tr>
<tr><td>Perda da função pública</td><td>Perda da função pública</td><td>-</td></tr>
<tr><td>Suspensão dos direitos políticos: até 14 anos</td><td>Suspensão dos direitos políticos: até 12 anos</td><td></td></tr>
<tr><td>Multa civil: equivalente ao acréscimo patrimonial</td><td>Multa civil: equivalente ao valor do dano</td><td>Multa civil: até 24x valor da remuneração</td></tr>
<tr><td>Proibição de celebrar contrato com o Poder Público ou de receber benefícios ou incentivos fiscais ou creditícios:
Até 14 anos</td><td>Proibição de celebrar contrato com o Poder Público ou de receber benefícios ou incentivos fiscais ou creditícios:
Até 12 anos</td><td>Proibição de celebrar contrato com o Poder Público ou de receber benefícios ou incentivos fiscais ou creditícios:
Até 4 anos</td></tr>
<tr><td>Perda dos bens ou valores acrescidos indevidamente</td><td>Perda dos bens ou valores acrescidos indevidamente, se ocorreu</td><td>-</td></tr>
</table>

- **Perda da função pública:**

  a) somente terá cabimento no caso de **enriquecimento ilícito e prejuízo ao erário** e atinge, apenas, o vínculo de mesma qualidade e natureza que o agente detinha na época do cometimento da infração. Pode o magistrado, no caso de **enriquecimento ilícito,** de forma excepcional, estendê-la aos demais vínculos, consideradas as circunstâncias do caso e a gravidade da infração (art. 12, §1º). Entretanto, Na ADI 7236, o Min. Alexandre de Moraes deferiu medida cautelar e **suspendeu a eficácia** desse dispositivo e, com isso, a perda da função pública pode ocorrer "independentemente da função ocupada no momento da condenação com trânsito em julgado"

- **Multa:** pode ser aumentada até o dobro, se o juiz considerar que, em razão da situação econômica do réu, o cálculo é ineficaz para reprovação e prevenção do ato de improbidade (art. 12, §2º).
- **Responsabilização da pessoa jurídica:** devem se considerar os efeitos econômicos e sociais das sanções, a fim de viabilizar a manutenção de suas atividades (art. 12, §3º).
- Sanções apenas poderão ser executadas após o **trânsito em julgado da sentença condenatória** (art. 12, §9º).

Indisponibilidade de bens:

- Pedido em caráter antecedente ou incidente, deferido mediante demonstração de perigo de dano irreparável ou de risco ao resultado útil do processo, desde que o juiz se convença da probabilidade da ocorrência dos atos descritos na inicial, após oitiva do réu em 5 dias (art. 16, §3º).
- A indisponibilidade poderá ser decretada sem a oitiva prévia do réu, quando o contraditório prévio puder, comprovadamente, frustrar a efetividade da medida ou houver outras circunstâncias que recomendem a proteção liminar (art. 16, §4º).
- Havendo mais de um réu, a somatória dos valores não poderá superar o montante indicado na inicial como dano ao erário ou como enriquecimento ilícito (art. 16, §5º).
- Indisponibilidade recairá sobre bens que assegurem o integral ressarcimento do dano ao erário, sem incidir sobre os valores eventualmente aplicados a título de multa civil ou sobre acréscimo patrimonial decorrente de atividade lícita (art. 16, §10).
- **Indisponibilidade de bens de terceiro:** depende de sua efetiva concorrência para os atos. Quando se tratar de pessoa jurídica, deverá haver a instauração do incidente de desconsideração da personalidade jurídica, processado na forma da lei processual (art. 16, §7º).
- **Vedações**: a) decretação de indisponibilidade até 40 salários mínimos depositados em caderneta de poupança, outras aplicações financeiras ou conta-corrente (art. 16, §13); b) decretação de indisponibilidade do bem de família, salvo se comprovado que o imóvel seja fruto de vantagem patrimonial indevida (art. 16, §14).

- **Rito (art. 17):**

- ***Legitimidade ativa*** para propor ação: De acordo com a redação do art. 17, dada pela Lei nº 14.230/2021, somente o Ministério Público poderia propor a ação de improbidade e a pessoa jurídica interessada deveria ser intimada para, caso queira, intervir no processo. Porém, nas **ADIs 7042 e 7043**, o STF decidiu, por maioria: " (a) declarar a inconstitucionalidade parcial, sem redução de texto, do caput e dos §§ 6º-A e 10-C do art. 17, assim como do caput e dos §§ 5º e 7º do art. 17-B, da Lei 8.429/1992, na redação dada pela Lei 14.230/2021, de modo a **restabelecer a existência de legitimidade ativa concorrente e disjuntiva entre o Ministério Público e as pessoas jurídicas interessadas para a propositura da ação por ato de improbidade administrativa e para a celebração de acordos de não persecução civil".** Na mesma ação, decidiu o STF: "(b) declarar a inconstitucionalidade parcial, com redução de texto, do § 20 do art. 17 da Lei 8.429/1992, incluído pela Lei 14.230/2021, no sentido de que **não existe "obrigatoriedade de defesa judicial"; havendo, porém, a possibilidade dos órgãos da Advocacia Pública autorizarem a realização dessa representação judicial, por parte da assessoria jurídica que emitiu o parecer atestando a legalidade prévia**"

- Procedimento comum previsto no CPC, salvo o disposto na Lei.

- **Local de propositura da ação:** onde ocorrer o dano ou da pessoa prejudicada.

> Nos termos do decidido pelo STF, na Pet 3240/ DF: **Não há foro por prerrogativa de função** nas ações de improbidade administrativa contra agentes políticos. Para a Corte, o foro por prerrogativa é restrito às ações penais comuns, conforme previsão Constitucional, não se estendendo às ações de improbidade administrativa, cuja natureza é civil. Não obstante a inserção do art. 17-D na Lei de Improbidade Administrativa, que expressamente prevê que a ação de improbidade não é ação civil e que se trata de ação repressiva, de natureza sancionatória e destinada à aplicação de sanções de caráter pessoal, esse entendimento da Suprema Corte não teria porque deixar de ser aplicado porque o foro por prerrogativa de função tem lugar em ações penais.

- Estando a petição inicial em forma, o juiz mandará autuá-la e ordenará a **citação** dos requeridos para que contestem no prazo comum de 30 dias, iniciado na forma do art. 231 do CPC.

- Se houver a possibilidade de solução consensual, poderão as partes requerer ao juiz a interrupção do prazo para a contestação, por prazo não superior a 90 dias (art. 17, §10-A).

- Oferecida a contestação e, se for o caso, ouvido o autor, o juiz: a) procederá ao julgamento conforme o estado do processo, observada a eventual inexistência manifesta do ato de improbidade; b) poderá desmembrar o litisconsórcio, com vistas a otimizar a instrução processual (art. 17, §10-B).

- Após a réplica do Ministério Público, o juiz proferirá decisão, indicando com precisão a tipificação do ato de improbidade administrativa imputável ao réu, vedada a modificação do fato principal e a capitulação legal dada pelo autor (art. 17, §10-C).

- Proferida a decisão, as partes serão intimadas a especificar as provas que pretendem produzir (art. 17, §10-E).

- Será nula a decisão de mérito, total ou parcial, que: a) condenar o requerido por tipo diverso do definido na petição inicial; b) condenar o requerido sem produção das provas por ele especificadas (art. 17, §10-F).
- Verificada a inexistência do ato de improbidade, o juiz julgará a demanda improcedente, a qualquer tempo (art. 17, §11).

  ATENÇÃO! Na ação de improbidade: a) o direito tem o direito de ser interrogado sobre os fatos de que trata a ação, e a sua recusa ou o seu silêncio não implicarão confissão (art. 10, §18); b) não se aplicam: I – a presunção de veracidade dos fatos alegados pelo autor em caso de revelia; II – a imposição de ônus da prova ao réu, na forma dos §§ 1º e 2º do art. 373 do CPC; III – o ajuizamento de mais de uma ação de improbidade administrativa pelo mesmo fato, competindo ao Conselho Nacional do Ministério Público dirimir conflitos de atribuições entre membros de Ministérios Públicos distintos; IV – o reexame obrigatório da sentença de improcedência ou de extinção sem resolução de mérito.

Acordo de não persecução civil (art. 17-B)

- Possível a celebração, desde que advenham os seguintes resultados:
  a) integral ressarcimento do dano;
  b) reversão à pessoa jurídica lesada da vantagem indevida obtida, ainda que oriunda de agentes privados.
- A celebração do acordo dependerá, **cumulativamente**:
  a) da oitiva do ente federativo lesado, em momento anterior ou posterior à propositura da ação;
  b) da aprovação, no prazo de até 60 dias, pelo órgão do MP competente para apreciar as promoções de arquivamento de inquéritos civis, se anterior ao ajuizamento da ação;
  c) de homologação judicial, independentemente de o acordo ocorrer antes ou depois do ajuizamento da ação de improbidade administrativa.
- Para apuração do valor do dano, o Tribunal de Contas competente deverá ser ouvido em 90 dias, indicando os parâmetros utilizados em sua manifestação. (§3º): **ATENÇÃO!** Na ADI 7236, o Min. Alexandre de Moraes deferiu medida cautelar para **suspender a eficácia** desse dispositivo!
- **Momento:** outro ponto que era objeto de dúvidas, antes da edição da Lei, dizia respeito ao momento para a celebração do acordo de não persecução civil. Pela nova redação legal, o acordo poderá ser celebrado no curso da investigação de apuração do ilícito, no curso da ação de improbidade ou no momento de execução da sentença condenatória.

- **Descumprimento:** descumprido o acordo, o investigado ficará impedido de celebrar novo pelo período de 5 anos, contado do conhecimento do MP do efetivo descumprimento.

Ação de improbidade x Ação civil

- Nos termos do art. 17-D da LIA, a ação de improbidade é repressiva, de caráter sancionatório, destinando-se à aplicação de sanções de caráter pessoal previstas na Lei. Difere-se, portanto, da ação civil e é vedado o seu ajuizamento para controle da legalidade de políticas públicas e para proteção do patrimônio público e social, do meio ambiente e outros interesses difusos, coletivos e individuais homogêneos.

Sentença

- Sentença que julgar procedente a ação fundamentada nos arts. 9º e 10 da Lei (art. 18): condenará ao ressarcimento dos danos e à perda ou reversão dos bens e valores ilicitamente adquiridos, conforme o caso, em favor da pessoa jurídica prejudicada pelo ilícito.
- Para apuração do valor: serão descontados os serviços efetivamente prestados.
- Parcelamento: o juiz poderá autorizar o parcelamento em até 48 parcelas mensais se o réu demonstrar incapacidade de saldar o débito decorrente da condenação.

Afastamento do agente público

- Autoridade judicial poderá determinar o afastamento do agente público do exercício do cargo, emprego ou função, sem prejuízo da remuneração, quando a medida for necessária à instrução processual ou para evitar a prática de novos ilícitos, pelo período de 90 dias, prorrogáveis uma vez por igual período (art. 20).
- **Sentenças civis e penais:** produzirão efeitos em relação à improbidade quando concluírem pela inexistência de conduta ou negativa de autoria (art. 21, §3º).
- **Absolvição criminal**: ação que discuta os mesmos fatos, confirmada por decisão colegiada, impede o trâmite da ação de improbidade, comunicando-se os fundamentos da absolvição previstos no art. 386 do CPP (art. 21, §4º). ATENÇÃO! Na ADI 7236, o Min. Alexandre de Moraes deferiu medida cautelar para **suspender a eficácia** desse dispositivo!
- **Sanções aplicadas em outras esferas:** devem ser compensadas com as aplicadas por esta lei (art. 21, §5º).

Prescrição (art. 23)

- **8 anos,** contados da ocorrência do fato ou, no caso de infrações permanentes, no dia em que cessou a permanência.

- **Suspensão da prescrição:** instauração de inquérito civil ou processo administrativo para apuração dos ilícitos suspende o curso do prazo prescricional pelo prazo máximo de 180 dias corridos, recomeçando a correr após a sua conclusão ou, caso não concluído, esgotado o prazo de suspensão.
- **Interrupção do prazo prescricional (art. 23, §4º):**

  a) Ajuizamento da ação de improbidade administrativa;

  b) publicação da sentença condenatória;

  c) publicação da decisão ou acórdão de TJ ou TRF que confirma sentença condenatória ou reforma sentença de improcedência;

  d) publicação da decisão ou acórdão do STJ que confirma acórdão condenatório ou reforma acórdão de improcedência;

  e) publicação de decisão ou acórdão do STF que confirma acórdão condenatório ou reforma acórdão de improcedência.
- Interrompida a prescrição, o prazo recomeça do dia de interrupção, pela metade do prazo de 8 anos.

  STF 843989: "(...) **4) O novo regime prescricional previsto na Lei 14.230/2021 é IRRETROATIVO, aplicando-se os novos marcos temporais a partir da publicação da lei**"
- **Capacitação:** dever do poder público oferecer contínua capacitação aos agentes públicos e políticos que atuem com prevenção e repressão de atos de improbidade administrativa (art. 23-A).

Custas e honorários (art. 23-B)

- Não haverá adiamento de custas, preparo, emolumentos, honorários periciais e quaisquer outras despesas nas ações e acordos regidos pela lei.
- No caso de procedência da ação, as custas e demais despesas processuais serão pagas ao final.
- Havendo má-fé, haverá condenação em honorários sucumbenciais.

  STF ADIs 7042 e 7043: "O Tribunal, por maioria, julgou parcialmente procedentes os pedidos formulados na ação direta para: (a) declarar a inconstitucionalidade parcial, sem redução de texto, do caput e dos §§ 6º-A e 10-C do art. 17, assim como do caput e dos §§ 5º e 7º do art. 17-B, da Lei 8.429/1992, na redação dada pela Lei 14.230/2021, de modo a restabelecer a existência de legitimidade ativa concorrente e disjuntiva entre o Ministério Público e as pessoas jurídicas interessadas para a propositura da ação por ato de improbidade administrativa e para a celebração de acordos de não persecução civil; (b) declarar a inconstitucionalidade parcial, com redução de texto, do § 20 do art. 17 da Lei 8.429/1992, incluído pela Lei 14.230/2021, no sentido de que não existe "obrigatoriedade de defesa judicial"; havendo, porém, a possibilidade dos órgãos da Advocacia Pública autorizarem a realização dessa representação judicial, por parte da assessoria jurídica que emitiu o parecer atestando a legalidade prévia"

STF ARE 843989 (Tema 1199): "1) É necessária a comprovação de responsabilidade subjetiva para a tipificação dos atos de improbidade administrativa, exigindo-se – nos artigos 9º, 10 e 11 da LIA – a presença do elemento subjetivo – DOLO; 2) A norma benéfica da Lei 14.230/2021 – revogação da modalidade culposa do ato de improbidade administrativa -, é IRRETROATIVA, em virtude do artigo 5º, inciso XXXVI, da Constituição Federal, não tendo incidência em relação à eficácia da coisa julgada; nem tampouco durante o processo de execução das penas e seus incidentes; 3) A nova Lei 14.230/2021 aplica-se aos atos de improbidade administrativa culposos praticados na vigência do texto anterior da lei, porém sem condenação transitada em julgado, em virtude da revogação expressa do texto anterior; devendo o juízo competente analisar eventual dolo por parte do agente; 4) O novo regime prescricional previsto na Lei 14.230/2021 é IRRETROATIVO, aplicando-se os novos marcos temporais a partir da publicação da lei"."

2. RESOLUÇÃO Nº 664/2010-PGJ-CGMP-CSMP, DE 8 DE OUTUBRO DE 2010

Regulamenta as funções dos Oficiais de Promotoria nos inquéritos civis e procedimentos preparatórios de inquéritos civis e dá outras providências.

O PROCURADOR-GERAL DE JUSTIÇA, o CORREGEDOR-GERAL DO MINISTÉRIO PÚBLICO e o CONSELHO SUPERIOR DO MINISTÉRIO PÚBLICO, no uso das suas atribuições legais e com fundamento no art. 19, inc. X, alínea "a", e art. 42, inc. XI, da Lei Complementar Estadual n. 734, de 26 de novembro de 1993 (Lei Orgânica do Ministério Público de São Paulo) e, **CONSIDERANDO** a necessidade de atualização da Resolução nº 212-PGJ-CGMP-CSMP, de 04 de novembro de 1999, e de consolidação das regras relativas às funções desempenhadas pelos Oficiais de Promotoria nos inquéritos civis, nos procedimentos preparatórios de inquérito civil e nos procedimentos administrativos para preservação de direitos indisponíveis assegurados pelas Constituições Federal e Estadual; **CONSIDERANDO** a conveniência de reunir na mesma Resolução as normas internas que regem as atividades dos servidores nos procedimentos investigatórios, de forma a criar e uniformizar a rotina de trabalho; **CONSIDERANDO**, por fim, a necessidade de uniformizar a tramitação dos referidos procedimentos à vista dos princípios que regem a Administração Pública e dos direitos e garantias individuais, bem como o deliberado pelo Conselho Superior do Ministério Público na reunião realizada em 6 de agosto de 2010; **RESOLVEM** EXPEDIR A SEGUINTE RESOLUÇÃO:

CAPÍTULO I
DA ESCRITURAÇÃO DE LIVROS, DOCUMENTOS E OUTROS PAPÉIS DE INTERESSE DA PROMOTORIA DE JUSTIÇA

Art. 1º. Os procedimentos administrativos presididos por órgão do Ministério Público, instaurados nas Promotorias de Justiça ou Grupos de Atuação Especial, serão secretariadospor Oficial de Promotoria ou servidor nele lotado, ou, na falta, por pessoa idônea nomeada sob compromisso.

Art. 2º. A escrituração nos livros, autos e papéis deve ser sempre feita em vernáculo, com tinta preta ou azul, indelével, seguindo-se as orientações previstas na Resolução nº 429/06-PGJ, sendo vedado o uso de borracha ou qualquer meio corretivo.

§ 1º. Deverão ser evitados erros, omissões, emendas, rasuras, borrões ou entrelinhas, efetuando-se, quando necessário, as devidas ressalvas, antes da subscrição do ato, de forma legível e autenticada.

§ 2º. As anotações de "sem efeito" deverão ser autenticadas com a assinatura de quem as fez.

§ 3º. Deverá ser evitado o uso de espaço número um nos atos digitados ou datilografados.

§ 4º. Nos autos e nos livros deverão ser evitados e inutilizados os espaços em branco.

§ 5º. Os livros e papéis em andamento ou findos deverão ser bem conservados pelo Oficial de Promotoria e, se o caso, encadernados, classificados ou catalogados.

Art. 3º. Nos registros dos autos e na expedição dos ofícios, requisições e notificações, o Oficial de Promotoria deve utilizar os impressos e papéis confeccionados segundo modelo oficial do Ministério Público e juntar cópia nos autos.

§ 1º. Nos ofícios, requisições, notificações e comunicações devem constar o número do procedimento e a indicação da Promotoria de Justiça remetente com endereço completo, inclusive o número do Código de Endereçamento Postal e o telefone.

§ 2º. Os ofícios, requisições, notificações e comunicações devem ser encaminhados aos seus destinatários pela via postal, correio eletrônico, "fac-símile" ou qualquer outro meio que atinja essa finalidade, devendo o respectivo comprovante de recebimento ser juntado aos autos do procedimento ou anexado à cópia a ser arquivada em pasta própria.

§ 3º. Na hipótese de envio de documento por "fac-símile" ou correio eletrônico, deve o Oficial de Promotoria informar esta providência nos autos e juntar o comprovante.

§ 4º. Na hipótese de recebimento de documento por "fac-símile" ou correio eletrônico, deve ser providenciada a extração ou impressão de cópia para a juntada aos autos.

Art. 4º. Os livros obrigatórios serão aqueles confeccionados segundo modelo oficial do Ministério Público e serão abertos, numerados, autenticados e encerrados pelo Promotor de Justiça Secretário, mediante a lavratura dos respectivos termos e seguirão os modelos estabelecidos nesta Resolução.

CAPITULO II

DOS PROCEDIMENTOS EM GERAL

Art. 5º. O Oficial de Promotoria procederá à numeração das folhas dos autos, que não poderão exceder 200 (duzentas) em cada volume, exceto em casos especiais, decididos pelo Promotor de Justiça.

§ 1º. Para o encerramento e abertura de novos volumes, o Oficial de Promotoria lançará termos de abertura e encerramento, seguindo os modelos constantes do Anexo desta Resolução, em folhas regularmente numeradas, prosseguindo sem solução de continuidade no volume subsequente.

§ 2º. Em nenhuma hipótese será seccionada peça processual com os documentos que a acompanham, podendo, neste caso, o volume ser encerrado com mais ou menos de 200 (duzentas) folhas.

Art. 6º. É vedado o lançamento nos autos de cotas marginais ou interlineares ou o uso de sublinhar palavras ou expressões, devendo o Oficial de Promotoria, ao constatar tais irregularidades, comunicá-las ao Promotor de Justiça.

Art. 7º. As certidões, as requisições, as cartas precatórias, os ofícios, os termos de conclusão, de juntada e de data e os demais atos e termos serão elaborados por processamento de dados e seguirão os modelos estabelecidos no Anexo desta Resolução, devendo conter, de forma legível e a fim de permitir rápida identificação, o nome, o número de matrícula, o cargo ou função e a rubrica do Oficial de Promotoria que os lavrou.

Parágrafo único. Não se juntará nenhum documento ou petição nos autos, sem o respectivo termo de juntada.

Art. 8º. Inexistindo prazo expressamente determinado, as requisições e notificações serão encaminhadas em até 5 (cinco) dias. Quando se cuidar de notificação para comparecimento em audiência, o aviso de recebimento de correspondência deve ser devolvido e juntado aos autos até 10 (dez) dias antes da data designada, caso não haja determinação do Promotor de Justiça em sentido diverso.

Parágrafo único. A notificação deve conter a indicação do dia, da hora e do local para comparecimento, bem como a natureza do procedimento e do fato investigado, com a advertência de que o não atendimento poderá ensejar condução coercitiva pela Polícia Civil ou Militar (art. 26, inc. I, alínea "a", da Lei Federal nº 8.625/93 e art. 104, inc. I, alínea "a", da Lei Complementar Estadual nº 734/93), nos termos do disposto no artigo 38 da Resolução nº. 484/06-CPJ

Seção I
Da atuação nos procedimentos

Art. 9º. Incumbe ao Oficial de Promotoria a manutenção, a guarda, a escrituração, os registros e a regularidade formal dos autos.

§ 1º. Ressalvados os casos urgentes, o Oficial de Promotoria deve, no prazo de 72 (setenta e duas) horas, abrir conclusão de quaisquer autos protocolizados na Promotoria para análise do órgão do Ministério Público.

§ 2º. Exceto nos casos urgentes, é de 5 (cinco) dias o prazo para executar as determinações do Promotor de Justiça

§ 3º. Nenhuma diligência ou ato deverá ser realizado sem determinação expressa do presidente da investigação, ressalvando-se atos de mero expediente, desde que estabelecidos em Portaria expedida pelo Promotor de Justiça.

§ 4º. O procedimento não deve ficar sem andamento por mais de 30 (trinta) dias no aguardo do cumprimento de diligências, cumprindo ao Oficial de Promotoria promover a conclusão ao Promotor de Justiça para as providências cabíveis.

§ 5º. Nenhum procedimento deve permanecer paralisado além dos prazos fixados nesta Resolução, salvo determinação expressa em sentido contrário, devidamente registrada nos autos.

Seção II
Da entrada e saída de autos da Secretaria da Promotoria de Justiça

Art. 10. A remessa dos procedimentos ao Promotor de Justiça será registrada no livro carga, devendo todos os campos ser preenchidos de maneira legível com a indicação das datas de recebimento e devolução dos autos.

§ 1º. O Oficial de Promotoria enviará os autos ao Promotor de Justiça no dia em que assinar o termo de conclusão, não sendo permitida, sob qualquer pretexto, a permanência de autos na secretaria com tais termos.

§ 2º. O Oficial de Promotoria certificará por termo de data o recebimento dos autos remetidos à conclusão.

Art. 11. O Oficial de Promotoria deverá registrar no livro carga: **I** – a remessa de representações, peças de informação e autos de inquéritos civis, procedimentos preparatórios de inquéritos civis ou procedimentos administrativos para Promotores de Justiça integrantes de Grupos de Atuação Especial que oficiam na mesma sede da Promotoria de Justiça; **II** – a retirada de autos por advogados;

§ 1º. O registro do encaminhamento e da devolução de representação, peças de informaçào e autos de inquéritos civis, procedimentos preparatórios de inquéritos civis ou procedimentos administrativos para os Promotores de Justiça que oficiam fora da sede da Promotoria de Justiça, designados em Grupos de Atuação Especial ou designados para auxilio será feito no livro carga da Promotoria de Justiça de origem ou em relação de remessa.

§ 2º. A relação de remessa deve conter o número dos autos, a indicação da Promotoria de Justiça de origem e a identificação do destinatário. Após seu recebimento, o Oficial de Promotoria da Promotoria de Justiça destinatária deverá datá-la, assiná-la e devolvê-la à origem.

§ 3º. A remessa de autos de inquéritos civis, procedimentos preparatórios de inquéritos civis ou procedimentos administrativos para assistente técnico do Ministério Público observará, no que couber, o disposto no § 2º deste artigo.

Seção III

Da recepção, registro de documentos e providências preliminares

Art. 12. Todos os documentos recebidos no Ministério Público noticiando lesão ou ameaça de lesão a interesses difusos, coletivos, individuais homogêneos e individuais indisponíveis, sob a forma de representação ou peça de informação, independentemente de despacho, serão imediatamente anotados no livro de registro de protocolo geral.

§ 1º. O registro no livro de protocolo geral obedecerá a ordem cronológica de chegada à Promotoria de Justiça devendo o Oficial de Promotoria, sob pena de responsabilidade, efetuá- lo em 48 horas.

§ 2º. Havendo apenas um Promotor de Justiça com atribuição para análise e conhecimento do caso, os documentos devem ser a ele encaminhados imediatamente.

§ 3º. Havendo mais de um Promotor de Justiça com atribuição para análise e conhecimento do caso, os documentos serão encaminhados ao Promotor de Justiça Secretário da Promotoria de Justiça para distribuição em 72 (setenta e duas) horas e, posteriormente, encaminhados ao Promotor de Justiça a quem foram distribuídos.

§ 4º. A distribuição deve atender ao que dispuser o ato de implantação da Promotoria de Justiça ou de criação do Grupo de Atuação Especial.

§ 5º. Recebido o expediente na secretaria da Promotoria de Justiça, devidamente despachado, o Oficial de Promotoria deverá registrá-lo nos sistemas eletrônicos de gestão de procedimentos, seguindo a ordem cronológica, autuá-lo e cumprir as determinações do Promotor de Justiça na forma do artigo 14 desta Resolução.

§ 6º. Na autuação das representações, das peças de informação e dos procedimentos devem constar os nomes do representante e representado, o objeto da investigação, o número do registro no sistema eletrônico respectivo e o número de registro no Centro de Apoio Operacional Cível e da Tutela Coletiva.

§ 7º. Havendo determinação do Promotor de Justiça, o Oficial de Promotoria deverá autuar o procedimento administrativo iniciado a partir da ficha de atendimento, seguindo as regras desta Resolução e as previstas na Resolução nº 619/09-PGJ-CGMP.

§ 8º. A autuação de todos os procedimentos administrativos deve conter, sempre que disponíveis, as informações indicadas no "Modelo 1" do Anexo desta Resolução.

Seção IV

Das obrigações do Oficial de Promotoria após a instauração do procedimento administrativo

Art. 13. Os registros nos sistemas eletrônicos devem ser feitos no prazo de 72 (setenta e duas) horas.

Art. 14. Nos procedimentos o Oficial de Promotoria deverá: **I** – havendo determinação para complementação da representação: **a)** notificar o representante para prestar informações complementares no prazo de 10 (dez) dias;

b) certificar o decurso do prazo se a representação não for complementada pelo seu autor, abrindo-se em seguida conclusão ao Promotor de Justiça; **II** – havendo indeferimento da representação, notificar o representante com cópia da decisão e cientificá-lo do prazo de 10 (dez) dias para a interposição de recurso ao Conselho Superior do Ministério Público; **III** – havendo interposição de recurso: **a)*(suprimido pelo inc. IV, do art.5º da Resolução 665/2010)***

b) juntar aos autos a petição e as razões recursais e promover a conclusão ao Promotor de Justiça para reexame do decidido; **c)** mantida a decisão recorrida, o Oficial de Promotoria providenciará, por meio de ofício, a remessa dos autos ao Conselho Superior do Ministério Público, no prazo de três dias, sob pena de responsabilidade funcional.

IV – decorrido o prazo recursal, deverá ser lançada a certidão respectiva e os autos remetidos à conclusão do Promotor de Justiça para, configurado o disposto no artigo 9º, § 1º da Lei 7.347/85, serem encaminhados, no prazo de 3 (três) dias, ao Conselho Superior do Ministério Público ou remetidos ao arquivo.

V – nas hipóteses do art. 17 da Resolução nº 484/06-CPJ, após despacho do Promotor de Justiça, o Oficial de Promotoria deverá comunicar ao interessado o teor da decisão, por meio eletrônico ou por telefone, certificando-se no procedimento.

Art. 15. Instaurado o inquérito civil, o Oficial de Promotoria deverá promover a autuação, nos termos do art. 18 da Resolução nº 484/06–CPJ, atualizar os registros e digitalizar a portaria nos sistemas eletrônicos, bem como: **I** – cientificar o representante; **II** – juntar aos autos cópia da publicação da instauração do inquérito civil;

III – notificar o interessado da instauração do inquérito civil, por ordem do presidente da investigação; **IV** – adotar providências para que os documentos sigilosos sejam envelopados, lacrados e rubricados pelo Promotor de Justiça que presidir o procedimento investigatório, se possível na presença do interessado ou responsável, com vista à preservação do sigilo, na forma do art. 69, da Resolução nº 484/06-CPJ.

§ 1º. O recurso interposto pelo investigado será juntado aos autos e o Oficial de Promotoria deverá anotar a ocorrência nos sistemas eletrônicos e abrir conclusão ao presidente da investigação.

§ 2º. Não havendo retratação pelo presidente da investigação, os autos serão encaminhados, no prazo de 3 (três) dias, ao Conselho Superior do Ministério Público, sob pena de responsabilidade funcional.

§ 3º. Decorrido o prazo para interposição de recurso, o Oficial de Promotoria deverá certificá- lo nos autos e abrir conclusão.

Art. 16. Havendo instauração de procedimento preparatório de inquérito civil, o Oficial de Promotoria deverá observar o disposto no art. 15 e parágrafos desta Resolução.

Art. 17. Na hipótese de instauração de inquérito civil ou procedimento investigatório por determinação do Procurador-Geral de Justiça ou do Conselho Superior do Ministério Público, além das providências indicadas no art. 15 e parágrafos desta Resolução, o Oficial de Promotoria deverá encaminhar cópia da portaria àquelas autoridades, conforme o caso.

Art. 18. Na hipótese prevista no artigo 103, § 2º, da Lei Complementar Estadual nº 734/93 (representação por desrespeito aos direitos assegurados na Constituição Federal ou Estadual), além das providências de caráter geral, deve ser comunicado ao representante por ofício o seu recebimento, expondo-lhe as medidas adotadas, no prazo máximo de 30 (trinta) dias.

Art. 19. Os prazos para interposição de recursos fluirão da data da ciência da decisão, se a notificação for pessoal; da juntada aos autos do aviso de recebimento, se a notificação for pelo correio, ou da data da juntada aos autos da publicação no Diário Oficial da instauração do inquérito civil (art. 8º, I, da Resolução nº 484/06–CPJ), valendo o evento que acontecer primeiramente (art. 121, § 3º, da Resolução nº 484/06–CPJ).

Seção V
Dos impedimentos e suspeição

Art. 20. Oposta exceção de suspeição ou de impedimento do Promotor de Justiça presidente do procedimento investigatório, o Oficial de Promotoria, depois de autuá-la em apartado, efetuará o registro no sistema eletrônico e a apensará aos autos principais, abrindo-se conclusão ao Promotor de Justiça no prazo de 48 (quarenta e oito) horas.

Parágrafo único. Aplica-se a esta Seção, no que couber, as regras previstas nos arts. 25 e seguintes da Resolução nº 484/06–CPJ.

Seção VI
Da instrução e da prorrogação dos procedimentos

Art. 21. Os autos dos procedimentos permanecerão sob os cuidados do Oficial de Promotoria que velará pelo cumprimento das diligências nos prazos previstos nesta Resolução.

§ 1º. No caso de descumprimento de qualquer diligência, o Oficial de Promotoria certificará a ocorrência nos autos e abrirá conclusão para deliberação do Promotor de Justiça.

§ 2º. Na hipótese em que houver reiteração da diligência não atendida, o fato deverá constar do novo ofício, da notificação ou da requisição, anotando-se as advertências legais.

§ 3º. Atendidas as diligências, o Oficial de Promotoria deverá promover a conclusão dos autos ao Promotor de Justiça.

§ 4º. Havendo necessidade de realização de diligência em outra comarca e determinada a expedição de carta precatória, com caráter itinerante (art. 106, § 3º da Lei Complementar Estadual nº 734/93 e arts. 76 a 78 da Resolução nº 484/06-CPJ), o Oficial de Promotoria providenciará a sua expedição e encaminhamento no prazo de 5 (cinco) dias, salvo nos casos de urgência, quando poderá ser transmitida por telegrama, "fac-símile", correio eletrônico, telefone ou outro meio, certificando-se nos autos.

§ 5º. A carta precatória será confeccionada em 2 (duas) vias, indicando-se o Promotor de Justiça deprecado e a diligência pretendida. Será encerrada com a assinatura da autoridade deprecante e instruída com cópia da portaria e demais documentos necessários à compreensão do seu conteúdo.

§ 6º. Na hipótese de carta precatória recebida por telefone, o Oficial de Promotoria deverá lavrar certidão do recebimento da comunicação, que deverá detalhar os requisitos do parágrafo anterior, transcrevendo-se, por extrato, a portaria de instauração.

§ 7º. A carta precatória deverá ser cumprida no prazo de 30 dias a contar de seu recebimento, salvo se, justificadamente, for fixado prazo menor.

Art. 22. O Oficial de Promotoria deverá, ao final do prazo de 180 (cento e oitenta) dias ou de prazo menor assinado pelo presidente da investigação, promover os autos do inquérito civil à conclusão para os fins do artigo 24 da Resolução nº. 484/06-CPJ.

Art. 23. O Oficial de Promotoria deverá efetuar os registros de movimentação dos autos nos sistemas eletrônicos e digitalizar as peças obrigatórias, enumeradas no Aviso nº 11/09-CGMP, e a ata de audiência pública e os votos e deliberação do Conselho Superior do Ministério Público relativos à promoção de arquivamento ou homologação de compromisso de ajustamento de conduta.

Seção VII

Das audiências e reuniões

Art. 24. Incumbe ao Oficial de Promotoria secretariar as audiências e reuniões designadas pelo Promotor de Justiça para instrução dos procedimentos administrativos.

§ 1º. No prazo de até dez dias anteriores às audiências, o Oficial de Promotoria deverá verificar se todas as providências para intimação de depoentes e interessados foram tomadas, comunicando eventual irregularidade ou omissão imediatamente ao Promotor de Justiça.

§ 2º. Aqueles que forem ouvidos deverão ser qualificados, mediante indicação de nome, filiação, nacionalidade, data e local de nascimento, estado civil, profissão, endereço residencial e do local onde exerce a profissão, número do respectivo registro geral ou de outro documento hábil de identificação, observando-se, no que couber, as normas previstas no art. 6º, da Resolução nº 595/2009-PGJ, de 26 de junho de 2009.

§ 3º. O termo de audiência deve ser subscrito pelo representante do Ministério Público que presidiu o ato; pelo investigado, se presente; pelo declarante ou depoente; pelo advogado, se presente, e pelo Oficial de Promotoria.

§ 4º. Das reuniões realizadas deverá ser lavrada ata ou elaborada ficha resumo contendo os dados previstos no artigo 2º do Ato (N) nº 1/06-CGMP.

Seção VIII

Da atuação quando do arquivamento dos procedimentos

Art. 25. O Oficial de Promotoria certificará em termo a data do recebimento dos autos com promoção de arquivamento. Após consertados, os autos serão encaminhados ao Conselho Superior do Ministério Público, no prazo de três dias, nos termos do art. 110, § 1º da Lei nº 734/93 e do art. 100, da Resolução nº. 484/06-CPJ.

Parágrafo único. O mesmo procedimento deve ser adotado nos casos de celebração de compromisso definitivo ou preliminar de ajustamento (art. 87 da Resolução nº. 484/06-CPJ).

Art. 26. Homologada a promoção de arquivamento ou o compromisso de ajustamento, o Oficial de Promotoria deve certificar o recebimento dos autos na Secretaria da Promotoria de Justiça e abrir conclusão ao Promotor de Justiça, anotando-se a ocorrência nos sistemas eletrônicos.

Parágrafo único. É vedado ao Oficial de Promotoria promover a remessa dos autos ao arquivo sem determinação expressa do Promotor de Justiça.

Art. 27. Se o Conselho Superior do Ministério Público devolver os autos do procedimento de investigação para realização de diligências, os autos serão conclusos para deliberação do Promotor de Justiça, anotando-se nos sistemas eletrônicos.

Parágrafo único. Na hipótese da rejeição da promoção do arquivamento e designação de outro órgão do Ministério Público pelo Procurador-Geral de Justiça (art. 110, § 3º, da Lei Complementar Estadual nº 734/93), os autos serão conclusos ao Promotor de Justiça designado, registrando-se a ocorrência nos sistemas eletrônicos e anotando-se na autuação a designação do Promotor de Justiça.

CAPÍTULO III
DAS AUDIÊNCIAS PÚBLICAS

Art. 28. Designada audiência pública (artigo 3º, da Resolução nº 484/06-CPJ), o Oficial de Promotoria, no prazo de 5 (cinco) dias, deverá: **I** – expedir o edital de convocação do qual constará a data, o horário e o local da reunião, o objetivo, a forma de cadastramento dos expositores e de participação dos interessados presentes, dentre outras informações a critério do Promotor de Justiça; **II** – providenciar as comunicações devidas, cuidando para que os comprovantes de recebimentos sejam juntados aos autos com antecedência mínima de 10 (dez) dias úteis.

Parágrafo único. Publicado o edital, o Oficial de Promotoria certificará a sua tempestividade e afixará cópia na sede da Promotoria de Justiça com antecedência mínima de 10 (dez) dias úteis.

Art. 29. Realizada a audiência pública, será lavrada ata circunstanciada, no prazo de 5 (cinco) dias.

§ 1º. A ata e seu extrato serão encaminhados ao Procurador-Geral de Justiça para conhecimento, no prazo de 5 (cinco) dias contados da data da sua lavratura, certificando-se nos autos.

§ 2º. A ata, por seu extrato, será publicada no Diário Oficial do Estado e afixada na sede da Promotoria de Justiça, em prazo assinalado pelo Promotor de Justiça, certificando-se nos autos.

§ 3º. Na hipótese de realização de audiência pública antes da instauração do inquérito civil, os atos necessários à organização e realização devem ser arquivados em pasta ou autos próprios.

Audiência pública (Artigos 28 e 29 Res 664/2010)

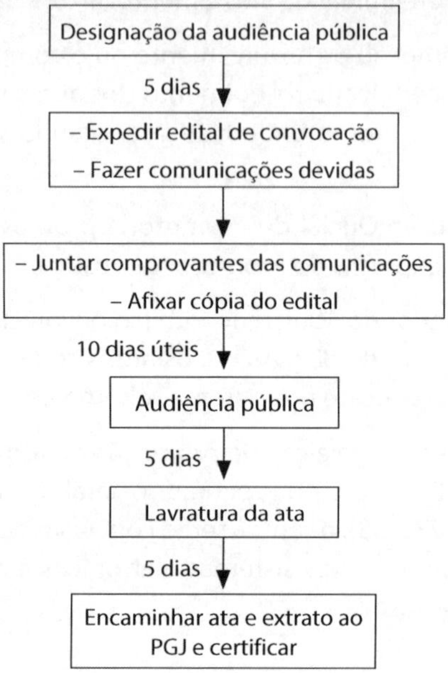

– Extrato da ata deve ser publicado, no prazo marcado pelo Promotor

CAPITULO IV
DO SIGILO DAS INVESTIGAÇÕES

Art. 30. Na hipótese de sigilo, o Oficial de Promotoria, sob pena de responsabilidade funcional, deverá se certificar desta ocorrência e de seu alcance antes de prestar informações, expedir certidões ou entregar os autos para consulta de terceiros.

§ 1º. Nos autos em que foi decretado o sigilo, a consulta é restrita ao investigado pessoalmente ou a procurador com poderes específicos.

§ 2º. O Oficial de Promotoria, sob pena de responsabilidade funcional, zelará pela guarda e conservação dos documentos sigilosos, lacrados na forma do artigo 69 da Resolução nº 484/06–CPJ, que somente poderão ser examinados pelo investigado ou seu procurador mediante requerimento escrito e autorização do presidente da investigação.

§ 3º. Na autuação deve ser anotada a decretação do sigilo, assim como nos sistemas eletrônicos

CAPÍTULO V
DAS PROVIDÊNCIAS RELATIVAS AO AJUIZAMENTO DA AÇÃO CIVIL PÚBLICA

Art. 31. Recebidos os autos com petição inicial de ação civil pública, o Oficial de Promotoria deverá: **I** – anexar cópia da petição inicial na capa do primeiro volume dos autos do procedimento e, no prazo de 48 horas, salvo se outro prazo for fixado pelo presidente da investigação, encaminhar todos os volumes para distribuição no juízo indicado;

II – providenciar, a critério do presidente da investigação, a extração de cópia da petição inicial da ação civil pública, bem como das principais peças dos autos para fins de controle e acompanhamento ou formação de autos suplementares; **III** – efetuar o registro nos sistemas eletrônicos e digitalizar a petição inicial para fins de publicação; **IV** – comunicar o ajuizamento da ação civil pública, com indicação da vara e do número do processo, ao Centro de Apoio Operacional, encaminhando cópia da petição inicial.

V – atualizar os registros no livro de registro dos procedimentos que não estejam registrados nos sistemas eletrônicos.

CAPÍTULO VI
DAS CERTIDÕES E DA EXTRAÇÃO DE CÓPIAS

Art. 32. A expedição de certidão e a extração de cópias dos autos dependem de prévio requerimento escrito e autorização do presidente a investigação, competindo ao Oficial de Promotoria executá-los, observadas as demais disposições da Resolução nº 484/06–CPJ.

§ 1º. O Oficial de Promotoria deverá certificar nos autos a expedição de certidão ou a extração de cópias, bem como juntar aos autos cópia da guia de recolhimento da taxa respectiva, quando cabível.

§ 2º. O exame de autos por terceiros será permitido apenas na secretaria da Promotoria de Justiça.

Art. 33. As certidões serão expedidas no prazo máximo de 15 (quinze) dias, com base nas informações constantes dos autos, dos livros de registro da Promotoria de Justiça ou dos sistemas eletrônicos.

CAPÍTULO VII
DAS RECOMENDAÇÕES FINAIS E DA VIGÊNCIA

Art. 34. Sempre que necessário e havendo dificuldade no cumprimento das diligências determinadas, o Oficial de Promotoria deverá mencionar a ocorrência nos autos e abrir conclusão ao Promotor de Justiça para que solicite, se o caso, apoio administrativo e operacional à Diretoria Geral, ao Centro de Apoio Operacional ou a outros órgãos do Ministério Público.

Art. 35. É dever do Oficial de Promotoria manter relatório circunstanciado e atualizado do acervo dos feitos em andamento na Promotoria, procedendo a sua entrega formal ao Promotor de Justiça que assumir a Promotoria de Justiça a qualquer título.

Parágrafo único. O relatório deve conter breve resumo e a fase em que se encontra cada procedimento, para os fins do disposto no Aviso 4/99–CGMP.

Art. 36. Esta Resolução entrará em vigor no prazo de 30 (trinta) dias da data da sua publicação, revogadas as disposições contrárias e, em especial, o Ato (N) 212/99–PGJCGMP-CSMP, de 04 de novembro de 1999.

São Paulo, 8 de outubro de 2010.

FERNANDO GRELLA VIEIRA

Procurador-Geral de Justiça

Presidente do Conselho Superior do Ministério Público

ANTONIO DE PADUA BERTONE PEREIRA

Corregedor-Geral do Ministério Público

3. RESOLUÇÃO Nº 1.342/2021-CPJ, DE 1º DE JULHO DE 2021

Disciplina a notícia de fato, o inquérito civil, o procedimento preparatório, a expedição de recomendações, a realização de audiência pública, a celebração de compromissos de ajustamento de conduta e dá outras providências.

O COLÉGIO DE PROCURADORES DE JUSTIÇA, por meio de seu **ÓRGÃO ESPECIAL**, no uso da atribuição que lhe é conferida pelo artigo 105 da Lei Complementar Estadual nº 734, de 26 de novembro de 1993: **Considerando** que a Lei Orgânica do Ministério Público de São Paulo conferiu ao Órgão Especial do Colégio de Procuradores de Justiça atribuição para editar resolução disciplinando o inquérito civil; **Considerando** a necessidade de consolidar, numa única resolução, as normas internas que regem o inquérito civil, de forma a adequar as investigações na área dos interesses difusos, coletivos e individuais homogêneos à atual estrutura da Instituição; **Considerando**, por fim, a necessidade de uniformizar os procedimentos extrajudiciais investigativos à vista dos princípios que regem a Administração Pública e dos direitos e garantias individuais; **Resolve:**

TÍTULO I
DISPOSIÇÕES PRELIMINARES
Capítulo I
Do âmbito de aplicação e das definições

Art. 1º. Esta resolução disciplina a notícia de fato, o inquérito civil e os demais meios de investigação da atribuição do Ministério Público, na área dos interesses difusos, coletivos e individuais homogêneos, as audiências públicas, os compromissos de ajustamento de conduta e as recomendações.

Parágrafo único. Todos os meios de investigação devem, obrigatória e independentemente da denominação que se lhes atribua, ser regidos por esta resolução.

Art. 2º. A Notícia de Fato é qualquer demanda dirigida aos órgãos da atividade-fim do Ministério Público, submetida à apreciação das Procuradorias e Promotorias de Justiça, conforme as atribuições das respectivas áreas de atuação, podendo ser formulada presencialmente ou não, entendendo-se como tal a realização de atendimentos e o recebimento de notícias, documentos, requerimentos ou representações.

Art. 3º. O inquérito civil é investigação administrativa, de caráter inquisitorial, unilateral e facultativo, instaurado e presidido pelo Ministério Público e destinado a apurar

a ocorrência de danos efetivos ou potenciais a direitos ou interesses difusos, coletivos ou individuais homogêneos ou outros que lhe incumba defender, servindo como preparação para o exercício das atribuições inerentes às suas funções institucionais.

Parágrafo único. O inquérito civil não é condição de procedibilidade para o ajuizamento das ações a cargo do Ministério Público, nem para a concretização das demais medidas de sua atribuição própria.

Art. 4º. As audiências públicas são instrumentos para coleta de provas, dados, informações ou esclarecimentos em inquérito civil, ou com a finalidade de zelar para que os Poderes Públicos e os serviços de relevância pública e social obedeçam aos direitos assegurados nas Constituições Federal e Estadual e no ordenamento jurídico.

Parágrafo único. A audiência pública será organizada e presidida pelo Ministério Público, precedida da publicidade devida.

Art. 5º. O compromisso de ajustamento de conduta é instrumento de garantia dos direitos e interesses difusos e coletivos, individuais homogêneos e outros direitos de cuja defesa está incumbido o Ministério Público, com natureza de negócio jurídico que tem por finalidade a adequação da conduta às exigências legais e constitucionais, com eficácia de título executivo extrajudicial.

Art. 6º. A recomendação é instrumento de atuação extrajudicial do Ministério Público por intermédio do qual este expõe, em ato formal, razões fáticas e jurídicas sobre determinada questão, com o objetivo de persuadir o destinatário a praticar ou deixar de praticar determinados atos em benefício da melhoria dos serviços públicos e de relevância pública ou do respeito aos interesses, direitos e bens defendidos pela instituição, atuando, assim, como instrumento de prevenção de responsabilidades ou correção de condutas.

Capítulo II
Dos princípios fundamentais da atividade investigatória do Ministério Público

Art. 7º. A atividade investigatória do Ministério Público rege-se pelos princípios gerais da atividade administrativa, pelos direitos e garantias individuais e pelos princípios especiais que regulam o Ministério Público, obedecendo notadamente:

obedecendo notadamente:

I – ao respeito aos direitos fundamentais da pessoa humana;

II – à atuação segundo os parâmetros da vocação e da ética institucional, observando-se o decoro, a boa-fé e a imparcialidade;

III – à independência funcional;

IV – à facultatividade, unilateralidade e ao caráter inquisitorial;

V – à formação de convicção para o exercício responsável do direito de ação ou para a tomada das demais medidas de sua atribuição no seu complexo de funções institucionais, relacionadas com:

a) a defesa da ordem jurídica, do Estado Democrático de Direito e dos interesses sociais e individuais indisponíveis;

b) a proteção dos interesses difusos, coletivos e individuais homogêneos;

c) o zelo pelo efetivo respeito dos Poderes Públicos e dos serviços de relevância pública aos direitos assegurados no ordenamento jurídico e a promoção das medidas necessárias à sua garantia;

d) outras funções previstas em lei;

VI – à exclusividade e indelegabilidade da instauração, direção, instrução e conclusão, nos termos do disposto nesta resolução e na legislação específica;

VII – à motivação das decisões e, quando cabível, das diligências;

VIII – à revisão das decisões e deliberações emitidas, nos termos do disposto nesta resolução e na legislação específica;

IX – à publicidade oficial para fins de conhecimento público, ressalvadas as exceções disciplinadas no ordenamento jurídico para tutela do interesse público, da segurança da sociedade e do Estado e da intimidade e da privacidade;

X – à distribuição ao membro do Ministério Público dotado de atribuição legal fixada por critérios objetivos prévios;

XI – à celeridade, eficiência, razoabilidade e proporcionalidade na tramitação e na solução;

XII – ao impulso oficial, sem prejuízo do direito de petição e da colaboração de qualquer pessoa física ou jurídica;

XIII – à adoção de formas ou formalidades simples, no que couber, suficientes para propiciar adequado grau de certeza, segurança e respeito aos direitos das pessoas, e à observância de formalidades essenciais à garantia dos direitos individuais.

XIV – à resolutividade na atuação funcional, entendida como aquela por meio da qual o membro do Ministério Público, no âmbito de suas atribuições, contribui decisivamente para prevenir ou solucionar, de modo efetivo, o conflito, o problema ou a controvérsia envolvendo a concretização de direitos ou interesses para cuja defesa e proteção é legitimado o Ministério Público, bem como para prevenir, inibir ou reparar adequadamente a lesão ou ameaça a esses direitos ou interesses e efetivar as sanções aplicadas judicialmente em face dos correspondentes ilícitos, assegurando-lhes a máxima efetividade possível por meio do uso regular dos instrumentos que lhe são disponibilizados.

Art. 8º. A publicidade consistirá na divulgação oficial com o exclusivo fim de conhecimento público mediante publicação de extratos na imprensa oficial e, facultativamente, em meios cibernéticos ou eletrônicos, dela devendo constar:

I – as portarias de instauração e os atos de conclusão;

II – a indicação do objeto da investigação e sua necessidade e, se possível, dos interessados.

§ 1º. Sem prejuízo desses meios de publicidade, outros poderão ser utilizados, inclusive para possibilitar a colaboração de pessoas físicas ou jurídicas interessadas no objeto da investigação ou em sua instrução, conforme disposto nesta resolução e na legislação específica.

§ 2º. A publicidade também consistirá:

I – na expedição de certidões ou na prestação de informações ao interessado, no prazo de 15 (quinze) dias;

II – na concessão de exame dos autos, na secretaria, bem como extração de cópias, mediante o prévio pagamento dos emolumentos fixados;

III – no fornecimento ao investigado, às suas expensas, de cópia do termo de declarações por ele prestadas, ou de ato do qual tenha participado pessoalmente, ainda que a investigação seja sigilosa.

§ 3º. Os atos e peças da investigação são públicos, nos termos e limites desta resolução e da legislação específica, salvo:

I – disposição legal em contrário;

II – como medida de conveniência para eficiência das investigações ou como garantia da ordem pública, decretadas em decisão motivada;

III – em razão da proteção jurídica da privacidade e da intimidade, em especial do sigilo fiscal, bancário, financeiro, comercial ou industrial e, conforme o caso, dos dados pessoais ou sensíveis.

§ 4º. A restrição à publicidade deverá ser decretada em decisão motivada, para fins do interesse público, e poderá ser, conforme o caso, limitada a determinadas pessoas, provas, informações, dados, períodos ou fases, cessando quando extinta a causa jurídica que a motivou.

§ 5º. O membro do Ministério Público é pessoalmente responsável, nos termos da lei, pela determinação da preservação e decretação do sigilo e pelo uso adequado das informações sigilosas obtidas para fins de interesse público.

§ 6º. A expedição de certidões ou a prestação de informações deverão observar o disposto nos §§ 3º e 4º deste artigo, sendo:

I – vedado o acesso a dados sensíveis ligados à esfera da intimidade e privacidade das pessoas;

II – condicionado o acesso às demais informações sigilosas a legítimo interesse e demais requisitos da legislação específica.

§ 7º. Na consecução das finalidades da Instituição e considerando o princípio da unidade do Ministério Público, os dados de natureza sigilosa poderão ser enviados a outro membro do Ministério Público, observado o § 5º deste artigo.

§ 8º. O membro do Ministério Público poderá prestar informações, inclusive aos meios de comunicação social, a respeito das providências adotadas para apuração de fatos em tese ilícitos, abstendo-se, contudo, de externar ou antecipar juízos de valor a respeito de apurações ainda não concluídas.

Art. 9º. A atribuição do membro do Ministério Público deverá obedecer às regras ordinárias de distribuição de serviços, recaindo naquele que for dotado de atribuição legal fixada por critérios objetivos prévios, salvo:

I - nos casos de substituição por falta, impedimento, suspeição, afastamento temporário ou vacância;

II - por designação de outro membro à vista da recusa de homologação de promoção de arquivamento ou de provimento de recurso contra o indeferimento de representação;

III - por ato excepcional e fundamentado do Procurador-Geral de Justiça, condicionado à prévia autorização do Conselho Superior do Ministério Público;

IV - nos casos de concordância do titular da atribuição;

V - nos demais casos previstos em lei.

§ 1º. Havendo conflito de atribuições, negativo ou positivo, este deverá ser suscitado nos próprios autos ao Procurador-Geral de Justiça, que o decidirá em 30 (trinta) dias.

§ 2º. Em caso de necessidade de prática de atos urgentes, o Procurador-Geral de Justiça designará um dos membros do Ministério Público até solução definitiva do conflito.

Art. 10. A colaboração de pessoas legitimamente interessadas para a instauração ou instrução da investigação será concedida, em especial, a:

I - pessoas físicas ou jurídicas, direta ou indiretamente interessadas, ou no

exercício do direito de petição;

II - órgãos e entidades públicas da Administração Pública

TÍTULO II
DA INSTAURAÇÃO DOS PROCEDIMENTOS
Capítulo I
Da notícia de fato

Art. 11. A notícia de fato deverá ser registrada no SIS-MP Integrado, nos termos da Resolução nº 665/2010-PGJ-CGMP, e distribuída livre e aleatoriamente entre os integrantes da Promotoria de Justiça com atribuição para apreciá-la.

§ 1º. Ainda que iniciada de ofício ou recepcionada diretamente pelo membro do Ministério Público, por meio de documento ou atendimento pessoal, neste caso reduzida a termo, a notícia de fato deverá ser objeto de livre distribuição.

§ 2º. Quando o fato noticiado for objeto de procedimento em curso ou processo judicial, ou que com eles guarde conexão, a notícia de fato será distribuída por prevenção, em despacho devidamente motivado.

§ 3º. Se aquele a quem for encaminhada a notícia de fato entender que a atribuição para a apreciar é de outro membro do Ministério Público promoverá a sua remessa a este, comunicando o noticiante e procedendo a regularização do envio junto ao SIS-MP Integrado.

§ 4º. Havendo conflito de atribuições, negativo ou positivo, este deverá ser suscitado nos próprios autos ao Procurador-Geral de Justiça, que o decidirá em 30 (trinta) dias.

§ 5º. Havendo declínio de atribuição em prol de Ministério Público diverso, os autos deverão ser remetidos ao Conselho Superior do Ministério Público, no prazo de 3 (três) dias, para apreciação.

Art. 12. A notícia de fato será apreciada no prazo de 30 (trinta) dias, a contar do seu recebimento, prorrogável uma vez, fundamentadamente, por até 90 (noventa) dias.

Parágrafo único. No prazo do *caput*, o membro do Ministério Público poderá colher informações preliminares imprescindíveis para deliberar sobre a instauração do procedimento próprio, sendo vedada a expedição de requisições ou a realização de conduções coercitivas.

Art. 13. A Notícia de Fato será arquivada quando:

I – o fato narrado não configurar lesão ou ameaça de lesão aos interesses ou direitos tutelados pelo Ministério Público ou for incompreensível;

II – o fato narrado já tiver sido objeto de investigação ou de ação judicial ou já se encontrar solucionado;

III – a lesão ao bem jurídico tutelado for manifestamente insignificante, nos termos de jurisprudência consolidada ou orientação do Conselho Superior;

IV – for desprovida de elementos de prova ou de informação mínimos para o início de uma apuração, e o noticiante não atender à intimação para complementá-la;

Parágrafo único. A notícia anônima não será arquivada se o noticiante fornecer os elementos de prova ou de informação mínimos para o início de uma apuração, mencionados no item IV deste artigo.

Art. 14. No caso de arquivamento, o noticiante será cientificado da decisão, preferencialmente por correio eletrônico, cabendo recurso no prazo de 10 (dez) dias.

§ 1º. A cientificação é facultativa no caso de a notícia de fato ter sido encaminhada ao Ministério Público em face de dever de ofício.

§ 2º. O recurso será protocolado na secretaria do órgão que a arquivou e juntado à notícia de fato, que deverá ser remetida, no prazo de 3 (três) dias, ao Conselho Superior do Ministério Público para apreciação, caso não haja reconsideração.

Art. 15. Não havendo recurso, a notícia de fato será arquivada na unidade que a apreciou, registrando-se no sistema respectivo, em ordem cronológica, ficando a documentação à disposição dos órgãos correcionais, salvo se a notícia de fato estiver instruída com peças de informação, hipótese em que os autos deverão ser remetidos para o Conselho Superior do Ministério Público no prazo de 3 (três) dias.

Parágrafo único. A notícia de fato será considerada acompanhada de peças de informação quando o teor delas for suficiente, por si só, para comunicar fato lesivo ou que enseje risco concreto de lesão a interesses transindividuais, independentemente do teor da representação, nos moldes dos arts. 6º e 7º da nº 7.347, de 24 de julho de 1985.

Art. 16. O membro do Ministério Público, ao verificar que o fato requer apuração ou acompanhamento, ou, ainda, vencido o prazo do *caput* do art. 12 desta Resolução, instaurará o procedimento próprio.

Capítulo II

Do procedimento preparatório do inquérito civil

Art. 17. De ofício ou mediante notícia de fato, e sempre que necessário para formar seu convencimento, o membro do Ministério Público dotado de atribuição poderá determinar providências preparatórias à instauração do inquérito civil, observados os critérios de distribuição a que alude o art. 11.

§ 1º. O expediente será instaurado e registrado, no SIS MP Integrado, como procedimento preparatório, observando-se, no que couber, o disposto no artigo 18 desta Resolução.

§ 2º. O procedimento preparatório deverá ser concluído no prazo de 90 (noventa) dias, prorrogável por igual prazo, uma única vez, em caso de motivo justificável.

§ 3º. Encerrado o prazo, com ou sem atendimento das providências preparatórias, o membro do Ministério Público poderá:

I - promover o arquivamento, encaminhando os autos ao Conselho Superior do Ministério Público, na forma do Capítulo IV do Título V desta resolução;

II - promover a ação civil pública;

III - instaurar inquérito civil.

§ 4º. Em nenhuma hipótese o procedimento preparatório tramitará por prazo superior a 180 (cento e oitenta) dias

Capítulo III

Do inquérito civil e sua instauração

Art. 18. O inquérito civil poderá ser instaurado:

I - de ofício, pelo membro do Ministério Público dotado de atribuição ao tomar ciência de fato determinado, respeitadas as regras de distribuição previstas no art. 11, bem como a atribuição originária do Procurador-Geral de Justiça.

II - em razão de notícia de fato, regularmente distribuída, desde que o noticiante forneça, por meio legalmente permitido, informações sobre o fato e seu provável autor, bem como a qualificação mínima que permita sua identificação e localização;

III - por determinação do Procurador-Geral de Justiça, nos termos da lei, ou do Conselho Superior do Ministério Público ao prover recurso contra a não-instauração de inquérito civil ou desacolher a promoção de arquivamento de procedimento preparatório.

Parágrafo único. A notícia anônima não implicará ausência de providências, desde que obedecidos aos requisitos constantes no inciso II deste artigo.

Art. 19. O inquérito civil será instaurado por portaria, numerada em ordem sequencial pelo respectivo registro no SIS MP Integrado e autuada, observando-se, no que couber, o disposto no artigo 11 quanto ao registro e a regra de distribuição, devendo conter:

I – a ementa;

II – a descrição do fato objeto do inquérito civil e a correspondente fundamentação legal que legitima a ação do Ministério Público;

III – o nome e a qualificação possível da pessoa jurídica e/ou física a quem o fato é atribuído;

IV – a data, o local da instauração e a determinação das diligências iniciais, se isso não for prejudicial à investigação;

V – a determinação para cientificação do noticiante, se conhecido, a afixação de cópia da portaria em local de costume, sua disponibilização no SIS MP Integrado e no portal da Instituição, se não houver prejuízo para a investigação.

VI – a determinação para cientificação do(s) investigado(s) da decisão de instauração do inquérito civil, observadas as disposições do artigo 8º.

Art. 20. Da instauração do inquérito civil caberá recurso ao Conselho Superior do Ministério Público, nos termos desta resolução, devendo constar da notificação do investigado o respectivo prazo.

Art. 21. As notícias ou comunicações que se refiram a fatos conexos, cujo liame seja reconhecido em despacho motivado, previnem a atribuição do membro do Ministério Público, devendo este promover, se for o caso, o aditamento da portaria ou a extração de peças para a instauração de outro procedimento, respeitadas as normas atinentes à divisão de atribuições.

Parágrafo único. Havendo conflito de atribuições, negativo ou positivo, este deverá ser suscitado nos próprios autos ao Procurador-Geral de Justiça, que o decidirá em 30 (trinta) dias.

Capítulo IV
Do prazo de conclusão

Art. 22. O inquérito civil deverá ser concluído no prazo de um ano, prorrogável quando necessário, cabendo ao órgão de execução motivar, de forma fundamentada e justificada, a pertinência das diligências ainda necessárias.

§1º. A motivação referida no "caput" deverá necessariamente ser precedida de um relatório circunstanciado acerca das providências já tomadas e daquelas ainda em curso.

§ 2º. O despacho de prorrogação de prazo do inquérito civil, ressalvada a hipótese do artigo 23, § 2º, da Lei n. 8.429/92, deverá, a partir da segunda prorrogação após 30 de outubro de 2021, ser submetido por ofício ou através de plataforma digital própria ao Conselho Superior do Ministério Público, acompanhado de cópia dos despachos motivados das prorrogações anteriores. **(Nova Redação dada, conforme Resolução nº 1.524/2022-CPJ, de 06/10/2022).**

§ 3º. O Conselho Superior do Ministério Público poderá requisitar o encaminhamento do inquérito civil, caso entenda necessária a providência para melhor alicerçar a sua análise, hipótese em que a remessa deverá ocorrer no prazo de 3 (três) dias.

§ 4º. Não se convencendo da justificativa apresentada para a prorrogação, o Conselho Superior deliberará a respeito e, verificada possível prática de infração disciplinar, comunicará o fato à Corregedoria-Geral do Ministério Público.

Capítulo V
Das incompatibilidades

Art. 23. O presidente do inquérito civil, havendo causa suficiente, declarará, em qualquer momento, seu impedimento ou sua suspeição.

Art. 24. Em qualquer momento da tramitação da investigação, o interessado poderá arguir o impedimento ou a suspeição do presidente do inquérito civil.

Parágrafo único. Considera-se interessado aquele em face de quem pode ser proposta a ação civil pública.

Art. 25. A arguição de suspeição ou impedimento, para ser conhecida, deve ser formulada em peça própria, acompanhada das razões e instruída com prova do fato constitutivo do alegado.

Art. 26. Recebidas as razões e eventuais provas, serão elas autuadas em apartado.

Art. 27. O presidente do inquérito civil lançará nos autos da exceção, no prazo de 5 (cinco) dias, manifestação fundamentada na qual:

I – recusará a suspeição ou impedimento, remetendo os autos, em 3 (três) dias,

ao Procurador-Geral de Justiça para deliberação; ou

II – concordará com a alegação, remetendo os autos, imediatamente, ao seu substituto automático.

Parágrafo único. No caso do inciso I deste artigo, o Procurador-Geral de Justiça poderá, sendo relevante a fundamentação da arguição de suspeição ou impedimento, suspender o andamento do inquérito civil até pronunciamento definitivo, comunicando-se ao presidente.

Art. 28. Aplicam-se as disposições deste capítulo, no que couber, aos procedimentos preparatórios de inquérito civil e notícias de fato.

TÍTULO III
DA INSTRUÇÃO
Capítulo I
Disposições gerais

Art. 29. A investigação dos fatos constantes da portaria será feita por todos os meios admitidos em direito e as provas colhidas serão juntadas aos autos em ordem cronológica e devidamente numeradas em ordem crescente.

§ 1º. Admite-se o uso de gravações, filmagens e registros eletrônicos dos atos do inquérito civil.

§ 2º. Não se admitirá a juntada aos autos de prova obtida por meio ilícito.

Art. 30. Todas as diligências realizadas serão documentadas mediante termo ou auto circunstanciado, assinado pelos participantes do ato e pelo presidente do inquérito civil, se presente.

§ 1º. As declarações e depoimentos serão tomados por termo pelo membro do Ministério Público, juntando-os aos autos do procedimento, devidamente assinados pelo Promotor de Justiça, pelo investigado e seu advogado, se presentes, pelo depoente ou declarante, salvo se estes não puderem ou se recusarem a assinar, hipótese em que deverão ser colhidas assinaturas de duas testemunhas.

§ 2º. As gravações, filmagens e registros eletrônicos poderão ser oportunamente transcritos.

§ 3º. Será mantida em arquivo próprio, devidamente registrada, cópia das gravações digitais dos atos procedimentais.

Art. 31. O presidente poderá designar servidor do Ministério Público para secretariar o procedimento ou, na sua falta, pessoa idônea, mediante compromisso firmado nos autos.

Art. 32. Se no curso da instrução surgirem novos fatos que comportem investigação, poderá o presidente aditar a portaria ou, ainda, investigá-los em separado, nos termos desta Resolução.

§ 1º. O aditamento da portaria será anotado na capa dos autos, observando-se as regras de registro e publicidade previstas nesta Resolução.

§ 2º. A instauração de novo inquérito civil será certificada nos autos e registrada no SIS MP Integrado.

Art. 33. Terão preferência as diligências que devam ser feitas em procedimentos relativos a fatos cuja prescrição esteja mais próxima.

Parágrafo único. A data da prescrição será anotada no SIS MP Integrado e na capa dos autos, de forma visível.

Art. 34. Nenhuma diligência ou ato serão realizados sem determinação expressa do membro do Ministério Público que estiver presidindo a investigação.

Art. 35. Os Centros de Apoio Operacional, órgãos auxiliares da atividade funcional do Ministério Público, que integram o Gabinete do Procurador-Geral de Justiça, prestarão apoio administrativo e operacional para a realização dos atos do inquérito civil.

Art. 36. O presidente poderá expedir portaria interna em que constem os atos de mero expediente que o Oficial de Promotoria realizará independentemente de determinação expressa.

Parágrafo único. Não constitui ato de mero expediente a determinação de remessa dos autos para reexame do Conselho Superior do Ministério Público.

Capítulo II
Das notificações

Art. 37. O presidente poderá expedir notificações, das quais deverão obrigatoriamente constar:

I - o objeto da notificação;

II - a natureza do procedimento e do fato investigado;

III - a data, o local e a hora em que será realizado o ato;

IV - eventuais consequências advindas do não atendimento. **Art. 38.** Se o descumprimento da notificação implicar condução coercitiva, esta só poderá ser determinada se houver prova do recebimento pessoal da notificação.

Parágrafo único. Se o destinatário da notificação for agente público, considerar-se-á recebida a notificação se protocolada na repartição em que tenha exercício.

Art. 39. As notificações serão expedidas com antecedência razoável para a realização do ato.

Parágrafo único. Não se admite que a notificação seja feita em período inferior a 24 (vinte e quatro) horas da realização do ato.

Art. 40. Não se fará notificação, salvo em caso de urgência:

I - a quem estiver assistindo qualquer culto religioso;

II - ao cônjuge ou a qualquer parente do morto, consanguíneo ou afim, em linha reta ou na linha colateral em segundo grau, no dia do falecimento até o encerramento dos funerais.

Art. 41. Não se fará a notificação aos doentes, enquanto grave o seu estado, e quando se verificar que o notificando é portador de deficiência mental que o impossibilite de entender a natureza do ato.

Parágrafo único. A gravidade da doença e a deficiência mental que impossibilite entender a natureza do ato serão comprovadas por atestado médico na oportunidade da notificação ou em até 5 (cinco) dias úteis.

Art. 42. A notificação será encaminhada pelo Procurador-Geral de Justiça, no prazo de 10 (dez) dias, se tiver por destinatários o Presidente da República, o Vice-Presidente da República, o Governador do Estado, Senadores, Deputados Federais e Estaduais, Ministros de Estado, Conselheiros do Conselho Nacional de Justiça ou do Conselho Nacional do Ministério Público, Desembargadores, Conselheiros dos Tribunais de Contas do Estado ou do Município, Secretários de Estado ou Chefes de missão diplomática de caráter permanente.

Art. 43. O Procurador-Geral de Justiça encaminhará a notificação sem valorar seu conteúdo, mas poderá deixar de enviá-la se:

I- não contiver os requisitos legais, na forma indicada nesta resolução; **II**- não empregar o tratamento protocolar devido ao destinatário.

Art. 44. A recusa de encaminhamento será comunicada ao presidente para a retificação necessária.

Art. 45. Se a notificação tiver por destinatário servidor público civil ou militar, o presidente o requisitará ao chefe da repartição ou ao comando do corpo a que servir.

Capítulo III
Das requisições

Art. 46. Na instrução do inquérito civil o presidente poderá requisitar informações, exames, perícias e documentos de autoridades federais, estaduais e municipais, bem como dos órgãos e entidades da administração direta, indireta ou fundacional de qualquer dos Poderes da União, dos Estados, do Distrito Federal e dos Municípios.

Art. 47. O presidente poderá, também, requisitar informações e documentos a entidades privadas e, quando a lei assim o permitir, a pessoas físicas.

Art. 48. As requisições serão cumpridas gratuitamente.

Art. 49. A requisição será sempre escrita, fundamentada e conterá: **I** – a providência requisitada e a forma e o local da prestação;

II – prazo razoável de atendimento;

III – as consequências do não atendimento.

IV – o objeto da investigação.

§ 1º. Se o destinatário for agente público, considerar-se-á recebida a requisição se protocolada na repartição em que tenha exercício.

§ 2º. A requisição será acompanhada de cópia da portaria que instaurou o procedimento ou indicará o endereço eletrônico oficial em que tal peça estará disponível para visualização.

§ 3º. A requisição será encaminhada pelo Procurador-Geral de Justiça, no prazo de 10 dias, se tiver por destinatário qualquer das autoridades indicadas no art. 42, aplicando-se o disposto nos arts. 43 e 44, todos desta Resolução.

Art. 50. A requisição não atendida poderá ser, em caráter excepcional, reiterada por uma única vez.

Art. 51. Não atendida a requisição ou sua eventual reiteração, o presidente adotará imediatamente as providências necessárias para a aplicação das sanções decorrentes de lei, sem prejuízo das medidas judiciais cabíveis.

Art. 52. O Presidente poderá valer-se de mera solicitação às pessoas referidas no art. 42 para a obtenção de informações ou providências, fixando prazo razoável para atendimento.

Parágrafo único. A solicitação não poderá conter advertência ou expressão que, direta ou indiretamente, caracterize requisição.

Art. 53. A solicitação será encaminhada diretamente ao destinatário pelo presidente da investigação.

Art. 54. Aplicam-se às solicitações as disposições dos artigos 48 e 49, desta Resolução.

Art. 55. Não atendida a solicitação ou sua eventual reiteração, a informação ou providência deverá ser requisitada, observando-se o disposto no art. 42 desta Resolução.

Capítulo IV

Das inspeções e vistorias

Art. 56. O presidente poderá realizar inspeções necessárias à investigação do fato, lavrando-se auto circunstanciado.

Art. 57. O presidente poderá determinar vistorias, indicando os pontos que entenda devam ser verificados.

Art. 58. Se a vistoria for feita por servidor do Ministério Público, será lavrado auto circunstanciado.

Capítulo V

Das audiências públicas

Art. 59. Audiências públicas são reuniões organizadas e presididas pelo Ministério Público, abertas a qualquer do povo, para discussão de situações das quais decorra ou possa decorrer lesão a interesses difusos, coletivos e individuais homogêneos.

§ 1º. As audiências públicas têm por finalidade coletar, junto à sociedade e ao Poder Público, elementos que embasem decisão do órgão do Ministério Público quanto à matéria objeto da convocação.

§ 2º. Os órgãos do Ministério Público podem realizar audiências públicas no curso de inquérito civil ou antes de sua instauração.

Art. 60. As audiências públicas serão precedidas da expedição de edital de convocação do qual constará, no mínimo, a data, o horário e o local da reunião, o objetivo e a forma de cadastramento dos expositores e da participação dos presentes.

Art. 61. Ao edital de convocação será dada a publicidade possível, sendo obrigatória sua publicação no Diário Oficial do Estado e sua afixação na sede da Promotoria de Justiça, com antecedência mínima de 10 (dez) dias úteis.

Parágrafo único. Serão inseridos em campo próprio da página oficial do Ministério Público, com antecedência mínima de 10 (dez) dias úteis, todos os editais de convocação de audiências públicas a serem realizadas.

Art. 62. Da audiência será lavrada ata circunstanciada, no prazo de 5 (cinco) dias, a contar de sua realização.

§ 1º. A ata e seu extrato serão encaminhados ao Procurador-Geral de Justiça ou a quem este indicar, no prazo de 5 (cinco) dias após sua lavratura, para fins de conhecimento, providências e publicação.

§ 2º. A ata, por extrato, será afixada na sede da Promotoria de Justiça e será publicada no Diário Oficial do Estado.

Art. 63. Se o objeto da audiência pública consistir em fato da atribuição de mais de um Promotor de Justiça, o órgão do Ministério Público que teve a iniciativa do ato comunicará sua realização aos demais membros do Ministério Público, com antecedência mínima de 10 (dez) dias úteis.

Parágrafo único. O órgão do Ministério Público, sempre que possível, comunicará a realização da audiência pública aos demais legitimados para o ajuizamento de ação civil pública, às instituições públicas ou privadas que possam contribuir com a matéria objeto da convocação e aos representantes do grupo, categoria ou classe de lesados.

Art. 64. O resultado da audiência pública não vinculará a atuação do órgão do Ministério Público.

Capítulo VI
Da prova documental

Art. 65. Serão juntados aos autos os documentos obtidos pelo Ministério Público e aqueles apresentados pelo investigado, por testemunhas e por qualquer do povo.

Parágrafo único. Deverão ser certificados nos autos, se conhecidos, o nome e a qualificação daquele que apresentar o documento, bem como a data de seu recebimento na Promotoria de Justiça.

Art. 66. As cópias de documentos serão juntadas aos autos independentemente de autenticação, salvo se:

I – relativas à capacidade para firmar compromisso de ajustamento de conduta;

II – o presidente entender necessária a autenticação.

Parágrafo único. Quando o documento original ou cópia já estiver nos autos, eventuais novas cópias serão autuadas em apenso denominado "Cópias repetidas", ou arquivadas em pasta própria, certificando a ocorrência nos autos.

Art. 67. Para facilidade de manuseio ou exame, poderá ser formado apenso destinado a capear documentos ou cópias, certificando-se tal ocorrência nos autos principais.

Parágrafo único. Na capa do apenso deverá haver menção expressa ao seu conteúdo.

Art. 68. Os documentos sigilosos serão envelopados, lacrados e rubricados pelo presidente, se possível na presença do interessado ou responsável, com vista à preservação do sigilo.

Parágrafo único. Os documentos resguardados por sigilo legal deverão ser autuados em apenso.

Capítulo VII
Da prova testemunhal

Art. 69. As testemunhas serão ouvidas pelo presidente do procedimento investigatório, em dia e hora previamente agendados.

§ 1º. A critério do presidente, a testemunha poderá ser ouvida independentemente de prévio agendamento.

§ 2º. Estando a testemunha na comarca e não sendo possível sua presença na sede da Promotoria de Justiça, por doença, deficiência física ou outra causa, poderá ser ouvida onde se encontre, a critério do presidente.

Art. 70. As testemunhas que tenham a prerrogativa de ser ouvidas em data, hora e local previamente ajustados serão contatadas pelo presidente para a realização do ato, certificando-se nos autos.

§ 1º. Não sendo possível o contato pessoal ou o ajuste, o presidente oficiará à testemunha com sugestão de local, data e hora para oitiva.

§ 2º. Não obtendo resposta ou se esta for considerada desarrazoada, o presidente comunicará o fato ao Procurador-Geral de Justiça para as providências cabíveis.

§ 3º. O Procurador-Geral de Justiça comunicará ao presidente a data, hora e local em que o ato deva ser realizado. Se o local ajustado se situar fora do prédio que servir de sede da Promotoria de Justiça, a pedido do presidente poderá ser designado outro membro do Ministério Público para a oitiva.

Capítulo VIII
Da prova pericial

Art. 71. As perícias serão realizadas por servidores do Ministério Público ou por servidores públicos da União, Estado ou Município e respectivas administrações indiretas, por universidades públicas, por entidades de pesquisa técnica e científica, oficiais ou subvencionadas pelo Poder Público, ou por aquelas que tenham convênio com a Instituição para esta finalidade.

Parágrafo único. Poderá ser convencionada a produção antecipada de provas, na forma do artigo 381, inciso II, c.c o artigo 190, ambos do Código de Processo Civil, desde que custeada pelo investigado, não estando o Promotor de Justiça adstrito ao resultado da perícia, podendo formar sua convicção com outros elementos ou fatos provados no curso da investigação.

Art. 72. Da requisição de perícia constará, obrigatoriamente, o ponto sobre o qual deva incidir.

Parágrafo único. Sendo conveniente, o presidente elaborará quesitos.

Capítulo IX
Da oitiva do investigado

Art. 73. A pessoa que, em tese, possa figurar no polo passivo de eventual ação civil pública a ser proposta poderá ser convidada a prestar declarações ou oferecer subsídios para esclarecimento dos fatos, sem prejuízo da natureza inquisitiva do inquérito.

Art. 74. Independentemente de convite, poderá o investigado apresentar razões e documentos, que serão juntados aos autos, bem como indicar provas, cuja realização ficará a critério do presidente.

Capítulo X
Das cartas precatórias

Art. 75. Será expedida carta precatória para a colheita de prova em outra comarca.

§ 1º. Nas comarcas contíguas e de fácil comunicação, a expedição de carta precatória só será feita se assim entender o presidente.

§ 2º. Se a testemunha não tiver domicílio na comarca, sua oitiva será deprecada, salvo se comparecer espontaneamente na sede da Promotoria de Justiça.

Art. 76. Da carta precatória constarão:

I – a indicação do Promotor de Justiça deprecado;

II – a menção da diligência que lhe constitui o objeto;

III – o encerramento, com a assinatura do Promotor de Justiça.

Art. 77. A carta precatória será instruída com cópia da portaria de instauração e demais documentos necessários à compreensão de seu conteúdo.

Art. 78. Em caso de urgência, a carta precatória poderá ser transmitida por via eletrônica ou qualquer outro meio, inclusive por telefone.

Parágrafo único. Se transmitida por telefone, o Promotor de Justiça deprecado mandará lavrar certidão da comunicação e, incontinenti, determinará a realização do ato.

Art. 79. Independem de carta precatória as diligências que devam ser realizadas pelos Centros de Apoio Operacional.

Art. 80. O cumprimento de carta precatória só pode ser recusado se não estiver revestida dos requisitos mencionados nesta resolução.

§ 1º. A carta precatória deverá ser cumprida no prazo de 30 (trinta) dias, a contar de seu recebimento.

§ 2º. Em caso de urgência, devidamente justificado, o presidente poderá fixar prazo menor para cumprimento.

Art. 81. A dúvida quanto à autenticidade da carta precatória será dirimida pelo Promotor de Justiça deprecado, que só a devolverá se constatada não ser autêntica.

Parágrafo único. A carta precatória terá caráter itinerante.

Art. 82. A carta precatória, prevista nos artigos 75 e seguintes desta Resolução, pode ser substituída pelo sistema de videoconferência.

Parágrafo único. Nos casos referidos no *caput* deste artigo, o membro do Ministério Público solicitará ao órgão ministerial local as providências necessárias para viabilizar o ato instrutório.

TÍTULO IV
DO COMPROMISSO DE AJUSTAMENTO DE CONDUTA
Capítulo I
Disposições gerais

Art. 83. Desde que o fato esteja devidamente esclarecido em qualquer fase do inquérito civil ou no curso de ação civil pública, o presidente do inquérito civil poderá tomar dos interessados compromisso de ajustamento para adequação de sua conduta às exigências legais, impondo-lhe o cumprimento das obrigações necessárias à prevenção, cessação ou reparação do dano.

§ 1º. O compromisso de ajustamento de conduta é título executivo extrajudicial e, para sua plena eficácia, deverá revestir-se da característica de liquidez, estipulando obrigação certa, quanto à sua existência, e determinada, quanto ao seu objeto.

§ 2º. Como garantia do cumprimento da obrigação principal, deverão ser estipuladas multas cominatórias, especificando a sua forma de incidência.

§ 3º. O disposto no § 2º deste artigo não impede o cumprimento imediato da obrigação.

§ 4º. A eficácia do compromisso ficará condicionada à homologação da promoção de arquivamento do inquérito civil pelo Conselho Superior do Ministério Público.

§ 5º. A celebração de compromisso de ajustamento de conduta não impede que outro, desde que mais abrangente, seja celebrado por quaisquer legitimados.

§ 6º. Poderão ser inseridas convenções processuais como cláusulas do compromisso de ajustamento de conduta, desde que não coloquem em risco a satisfação do direito material e não se mostrem prejudiciais à tutela processual da coletividade.

§ 7º. A multa cominatória é exigível a partir do descumprimento do compromisso de ajustamento de conduta, independentemente do cumprimento da obrigação principal.

§ 8º. A qualidade de título executivo extrajudicial do compromisso de ajustamento de conduta permitirá a promoção direta de execução por titular de direito nele amparado, nos limites de seu interesse.

Capítulo II
Da formalização

Art. 84. O compromisso será formalizado pelo presidente, por termo nos autos, com observância das exigências legais para a celebração de acordos.

§ 1º. O compromisso será assinado pelo membro do Ministério Público e pelo compromitente, cuidando-se para que este esteja devidamente qualificado e, quando for o caso, legalmente representado nos autos.

§ 2º. É vedada a dispensa, total ou parcial, das obrigações reclamadas para a efetiva satisfação do interesse ou direito lesado, devendo a convenção com o responsável restringir-se às condições e estipulações de cumprimento das obrigações.

§ 3º. Do termo de compromisso constará, obrigatoriamente, a seguinte cláusula: *"Este compromisso produzirá efeitos legais depois de homologado o arquivamento do respectivo inquérito civil pelo Conselho Superior do Ministério Público"*.

Art. 85. O termo de compromisso deverá ser elaborado em pelo menos duas vias, devidamente assinadas e rubricadas pelo presidente do inquérito civil e pelo compromitente, devendo a segunda via ficar arquivada em pasta própria, juntamente com cópias, autenticadas por Oficial de Promotoria, dos documentos comprobatórios da qualidade e representatividade legal do compromitente.

Art. 86. Após a celebração do compromisso de ajustamento, o presidente do inquérito civil, no prazo de 10 (dez) dias, lançará nos autos promoção de arquivamento, nos termos do artigo 91 desta resolução, para cumprimento do disposto no artigo 112, parágrafo único, da Lei Complementar Estadual nº 734, de 26 de novembro de 1993.

§ 1º. Homologado o arquivamento, os autos do inquérito civil serão restituídos ao órgão do Ministério Público de origem, que providenciará a imediata notificação do compromitente para o cumprimento das obrigações na forma e nos prazos avençados.

§ 2º. O acompanhamento periódico da execução deverá ser feito em procedimento próprio, previsto na Resolução nº 934/15-PGJ-CPJ-CGMP, de 15 de outubro de 2015, registrando-se no SIS MP Integrado o arquivamento do respectivo inquérito civil.

Art. 87. Quando houver necessidade da celebração de compromisso de ajustamento com característica de ajuste preliminar ou de convenção processual autônoma, que não dispensem o prosseguimento de diligências para uma solução definitiva ou mais completa da questão, o membro do Ministério Público poderá celebrá-los, justificadamente, encaminhando os autos, no prazo de 3 (três) dias, ao Conselho Superior do Ministério Público para homologação somente do compromisso ou da convenção processual, autorizando o prosseguimento das investigações.

Art. 88. Havendo ação civil pública em andamento, o compromisso será formalizado no processo respectivo, para eventual homologação por sentença, não intervindo o Conselho Superior do Ministério Público, salvo nos casos previstos no art. 10, §§ 1º e 2º da Resolução nº 1.193/2020-CPJ.

Capítulo III

Da novação

Art. 89. Em caráter excepcional, poderá ser celebrada a novação, nos termos da lei civil, caso em que o presidente do inquérito civil deverá, justificadamente:

I – submetê-lo à homologação pelo Conselho Superior do Ministério Público, na hipótese de compromisso de ajustamento preliminar ou de convenção processual autônoma, nos termos do artigo 87 desta Resolução;

II – promover novo arquivamento do inquérito civil, na hipótese de compromisso de ajustamento definitivo, nos termos do artigo 86 desta Resolução;

III – observar, no que couber, o disposto no Capítulo II deste Título.

TÍTULO V
DO ENCERRAMENTO
CAPÍTULO I
DISPOSIÇÕES GERAIS

Art. 90. O inquérito civil será encerrado, depois de esgotadas todas as diligências a que se destinava, mediante:

I – propositura de ação civil pública;

II – arquivamento.

Parágrafo único. A celebração de compromisso de ajustamento, desde que não se caracterize como ajuste preliminar previsto no art. 87 desta Resolução, implicará no arquivamento definitivo do inquérito civil, observando-se o disposto no art. 86, § 2º, desta resolução.

Art. 91. O encerramento do inquérito civil, em quaisquer das hipóteses referidas no artigo anterior, não constitui ato de mero expediente, e deverá ser determinado sempre de forma fundamentada.

Art. 92. Quando a ação civil pública não abranger todos os fatos e pessoas mencionadas na portaria inicial do inquérito civil, será promovido, em decisão fundamentada, o arquivamento em relação a eles, enviando-se cópia dos autos ao Conselho Superior do Ministério Público para o reexame necessário, no prazo de 3 (três) dias.

Capítulo II
Da propositura da ação civil pública

Art. 93. Os autos principais do inquérito civil instruirão a ação civil pública.

§ 1º. No órgão do Ministério Público será mantida cópia da petição inicial da ação civil pública e, a critério do presidente, das principais peças dos autos do inquérito civil.

§ 2º. Os apensos relativos às cópias repetidas de documentos, referidos no parágrafo único do artigo 67 desta Resolução, deverão permanecer no arquivo do órgão do Ministério Público.

Capítulo III
Das recomendações

Art. 94. No exercício da tutela dos interesses difusos, coletivos e individuais homogêneos, poderá o presidente do inquérito civil expedir recomendação, sem caráter coercitivo, com o objetivo de persuadir o destinatário a praticar ou deixar de praticar determinados atos em benefício da melhoria dos serviços públicos e de relevância pública ou do respeito aos interesses, direitos e bens defendidos pela Instituição.

Parágrafo único. É vedada a expedição de recomendação como medida substitutiva ao compromisso de ajustamento de conduta ou à ação civil pública.

Art. 95. O presidente do inquérito civil poderá recomendar aos órgãos ou entidades competentes a adoção de medidas destinadas à efetividade dos direitos assegurados nas Constituições Federal e Estadual, bem como para que sejam tomadas, em prazo razoável, as providências legais, no âmbito de seu poder de polícia, a fim de assegurar o respeito a interesses sociais e individuais indisponíveis, tratados coletivamente.

Art. 96. O membro do Ministério Público, com ou sem a realização de audiências públicas, também poderá expedir recomendações aos órgãos ou entidades competentes, sugerindo a edição de normas, a alteração da legislação em vigor ou a adoção de medidas destinadas à efetividade dos direitos assegurados nas Constituições Federal e Estadual, ou prevenção ou controle de irregularidades.

Art. 97. A recomendação conterá a indicação de prazo razoável para a adoção das providências cabíveis, indicando-as de forma clara e objetiva.

Art. 98. O membro do Ministério Público poderá requisitar ao destinatário a adequada e imediata divulgação da recomendação expedida, incluindo sua afixação em local de fácil acesso ao público, se necessária à efetividade da recomendação.

Art. 99. O membro do Ministério Público poderá requisitar, em prazo razoável, resposta por escrito sobre o atendimento ou não da recomendação, bem como instar os destinatários a respondê-la de modo fundamentado.

Parágrafo único. Havendo resposta fundamentada de não atendimento, ainda que não requisitada, impõe-se ao membro do Ministério Público que expediu a recomendação apreciá- la fundamentadamente.

Art. 100. Na hipótese de desatendimento à recomendação, de falta de resposta ou de resposta considerada inconsistente, o membro do Ministério Público adotará as medidas cabíveis à obtenção do resultado pretendido com a expedição da recomendação.

§ 1º No intuito de evitar a judicialização e fornecer ao destinatário todas as informações úteis à formação de seu convencimento quanto ao atendimento da recomendação, poderá o membro do Ministério Público, ao expedir a recomendação, indicar as medidas que entende cabíveis, em tese, no caso de desatendimento da recomendação, desde que incluídas em sua esfera de atribuições.

§ 2º Na hipótese do parágrafo anterior, o membro do Ministério Público não adotará as medidas indicadas antes de transcorrido o prazo fixado para resposta, exceto se fato novo determinar a urgência dessa adoção.

§ 3º A efetiva adoção das medidas indicadas na recomendação como cabíveis em tese pressupõe a apreciação fundamentada da resposta de que trata o parágrafo único do artigo anterior.

Capítulo IV
Do arquivamento

Art. 101. O inquérito civil e o procedimento preparatório do inquérito civil serão arquivados de forma fundamentada:

I – diante da inexistência de fundamento para a propositura da ação civil pública ou para as medidas previstas no capítulo anterior, depois de esgotadas todas as diligências;

II – na hipótese de a ação civil pública ou as recomendações expedidas não abrangerem todos os fatos referidos na portaria de instauração do inquérito civil;

III – quando celebrado compromisso de ajustamento definitivo.

Parágrafo único. Se a investigação versar sobre mais de um fato e a ação civil pública proposta referir-se apenas a um ou alguns deles, os demais fatos deverão ser objeto de promoção de arquivamento, se for o caso, observando-se, no que couber, o disposto neste Capítulo.

Artigo 102. Sob pena de falta grave, os autos principais, com a promoção de arquivamento, deverão ser remetidos no prazo de 3 (três) dias contados da data da promoção, mediante comprovante, ao Conselho Superior do Ministério Público.

§ 1º. A promoção de arquivamento será submetida, na forma do regimento interno, a exame e deliberação do Conselho Superior do Ministério Público em sessão pública, salvo se houver sigilo, que poderá:

I – homologá-la;

II – determinar o ajuizamento da ação civil pública;

III – determinar a conversão do julgamento em diligência, com o prosseguimento no inquérito civil já instaurado, indicando de forma expressa as diligências necessárias.

§ 2º. Até a sessão do Conselho Superior do Ministério Público que apreciará a promoção de arquivamento, as pessoas colegitimadas poderão apresentar razões escritas ou documentos, que serão juntados aos autos do procedimento investigatório.

§ 3º. Se o Conselho Superior do Ministério Público deixar de homologar a promoção de arquivamento, comunicará o fato, desde logo, ao Procurador-Geral de Justiça, para a designação de outro órgão do Ministério Público para o ajuizamento da ação ou o prosseguimento das investigações.

§ 4º. A designação, salvo motivo justificado, deverá recair no substituto automático do membro impedido ou, na impossibilidade de fazê-lo, sobre membro do Ministério Público com atribuição para, em tese, oficiar no caso, segundo as regras ordinárias de distribuição de serviço.

§ 5º. Na hipótese de não homologação do arquivamento proposto pelo Procurador-Geral de Justiça, os autos serão remetidos ao seu substituto legal.

§ 6º. Não ocorrendo a remessa no prazo previsto no "caput" deste artigo, o Conselho Superior do Ministério Público, de ofício ou a pedido de qualquer interessado, requisitará os autos do inquérito civil ou das peças de informação, para exame e deliberação.

Art. 103. Convertido o julgamento em diligência, reabre-se ao Promotor de Justiça que tinha promovido o arquivamento do inquérito civil ou das peças de informação a oportunidade de reapreciar o caso, podendo manter sua posição favorável ao arquivamento ou propor a ação civil pública, como lhe pareça mais adequado. Neste último caso, será desnecessária a remessa dos autos ao Conselho Superior, bastando comunicar, por ofício, o ajuizamento da ação.

Art. 104. Na hipótese prevista na primeira parte do inciso II do artigo 101, o controle do arquivamento será exercido pelo Conselho Superior do Ministério Público, na forma de seu regimento interno, atendidas pelo membro do Ministério Público as prescrições do artigo 90, ambos desta Resolução.

Art. 105. Na hipótese referida no inciso III do artigo 101, o controle do arquivamento será exercido pelo Conselho Superior do Ministério Público, na forma de seu regimento interno, atendidas pelo membro do Ministério Público as prescrições dos artigos 86 e 90, ambos desta Resolução.

INQUÉRITO CIVIL
– É investigação administrativa, de caráter inquisitorial, unilateral e facultativo, instaurado e presidido pelo Ministério Público e destinado a apurar a ocorrência de danos efetivos ou potenciais a direitos ou interesses difusos, coletivos ou individuais homogêneos ou outros que lhe incumba defender, servindo como preparação para o exercício das atribuições inerentes às suas funções institucionais. Não é condição de procedibilidade para o ajuizamento das ações a cargo do Ministério Público, nem para a concretização das demais medidas de sua atribuição própria. Instauração Prazo de conclusão: Um ano, prorrogável.
Instauração
– De ofício – Em razão de notícia de fato – Por determinação do Procurador-Geral de Justiça.
Instrução
A investigação dos fatos constantes da portaria será feita por todos os meios admitidos em direito e as provas colhidas serão juntadas aos autos. Não se admitirá a juntada aos autos de prova obtida por meio ilícito. Admite-se o uso de gravações, filmagens e registros eletrônicos dos atos do inquérito civil. Inspeções, vistorias, prova documental, prova testemunhal, prova pericial, oitiva do investigado...
Encerramento
Será encerrado, depois de esgotadas todas as diligências a que se destinava, mediante: – Propositura de ação civil pública (os autos principais do inquérito civil instruirão a ação civil pública) – Arquivamento.
Arquivamento
– Diante da inexistência de fundamento para a propositura da ação civil pública ou expedição de recomendação – Quando a ação civil pública ou as recomendações expedidas não abrangerem todos os fatos referidos na portaria de instauração do inquérito civil; – Quando celebrado compromisso de ajustamento definitivo. ("Art. 5º. O compromisso de ajustamento de conduta é instrumento de garantia dos direitos e interesses difusos e coletivos, individuais homogêneos e outros direitos de cuja defesa está incumbido o Ministério Público, com natureza de negócio jurídico que tem por finalidade a adequação da conduta às exigências legais e constitucionais, com eficácia de título executivo extrajudicial") – Sob pena de falta grave, os autos principais, com a promoção de arquivamento, deverão ser remetidos no prazo de 3 dias contados da data da promoção, mediante comprovante, ao Conselho Superior do Ministério Público, que deliberará a respeito e poderá: a) Homologá-la; b) Determinar o ajuizamento da ação civil pública; c) Determinar a conversão do julgamento em diligência, com o prosseguimento no inquérito civil já instaurado, indicando de forma expressa as diligências necessárias.

Capítulo V
Do desarquivamento

Art. 106. Depois de homologada, pelo Conselho Superior do Ministério Público, a promoção de arquivamento do inquérito civil ou do procedimento preparatório, o membro do Ministério Público poderá proceder a novas investigações se de outras provas ou fatos conexos tiver notícia, bem como se surgirem novos dados técnicos ou jurídicos.

Art. 107. O desarquivamento de inquérito civil deverá ser feito por decisão na qual seja indicado o fundamento de fato ou de direito que determinar o início de novas investigações, comunicando-se o fato ao Centro de Apoio Operacional respectivo, procedendo-se à anotação junto ao SIS MP Integrado.

§ 1º. O desarquivamento do inquérito civil, diante de novas provas ou para investigar fato novo relevante, poderá ocorrer no prazo máximo de 6 (seis) meses após o arquivamento. Decorrido o prazo, será instaurado novo inquérito civil, sem prejuízo das provas já colhidas.

§ 2º. Em qualquer das situações previstas no parágrafo anterior, a atribuição será do órgão do Ministério Público que promoveu o arquivamento do inquérito civil.

TÍTULO VI
DA PUBLICIDADE NA TRAMITAÇÃO
Capítulo I
Disposições gerais

Art. 108. A publicidade na tramitação do inquérito civil será feita, nos termos do § 2º do artigo 104 da Lei Complementar Estadual nº. 734, de 26 de novembro de 1993, mediante a publicação de relatórios pelos Centros de Apoio Operacional.

Parágrafo único. Os relatórios conterão:

I – as portarias de inquéritos civis ou procedimentos preparatórios instaurados;

II – os arquivamentos;

III – as ações civis públicas ajuizadas, com menção dos números dos registros e das varas para as quais foram distribuídas;

IV – os requisitos previstos no inciso II do artigo 8º desta resolução.

Art. 109. Os relatórios serão publicados em, no máximo, 5 (cinco) dias contados do recebimento da comunicação.

Art. 110. A publicidade na tramitação dos inquéritos civis, procedimentos preparatórios e representações no Conselho Superior do Ministério Público serão feitos na forma prevista em seu regimento interno.

Art. 111. A publicidade por qualquer dos meios previstos neste título observará o disposto no § 6º do artigo 8º desta Resolução.

Art. 112. Os requerimentos de expedição de certidão e de extração de cópias sobre os fatos investigados serão encaminhados ao Presidente do procedimento.

Parágrafo único. As certidões serão expedidas no prazo máximo de 15 (quinze) dias, contados do protocolo do respectivo requerimento, nos termos do artigo 8º, § 2º, I, desta Resolução, que deverá mandar expedi-los no prazo de até 15 (quinze) dias.

Art. 113. O pedido de certidão deverá ser formulado por escrito, admitindo-se que seja reduzido por termo pela secretaria do órgão do Ministério Público.

Art. 114. Serão juntados aos autos o pedido e a cópia da certidão expedida, ressalvada a hipótese de sigilo da matéria, quando deverão ser arquivados em pasta própria.

Art. 115. Se a certidão tiver por objeto registro do órgão do Ministério Público, o pedido será arquivado em pasta própria, acompanhado de cópia da certidão.

Art. 116. As informações serão prestadas:

I – verbalmente, aos interessados que compareçam na sede do órgão de execução;

II – pela entrega de cópias requeridas, após o pagamento dos emolumentos, nos termos do inciso II do § 2º do artigo 8º.

Capítulo III
Do exame e da vista dos autos

Art. 117. O pedido de exame dos autos na secretaria do órgão do Ministério Público poderá ser formulado por qualquer pessoa, verbalmente ou por escrito.

Parágrafo único. Se escrito, o seu deferimento será comunicado ao requerente, lavrando-se certidão nos autos.

Art. 118. O pedido de vista dos autos, mediante requerimento fundamentado, poderá ser feito pelo interessado ou procurador legalmente constituído, dependendo de deferimento total ou parcial do presidente do inquérito civil, ficando vedada a retirada dos autos da secretaria.

Art. 119. Ressalvadas as hipóteses de sigilo, poderá ser deferida a extração de cópias, sempre às expensas do interessado, observando-se as devidas cautelas quanto ao deslocamento e à posse dos autos.

TÍTULO VII
DOS RECURSOS

Capítulo I
Do recurso contra o indeferimento da notícia de fato

Art. 120. Da decisão do membro do Ministério Público que arquivar, fundamentadamente, a notícia de fato, caberá recurso ao Conselho Superior do Ministério Público, no prazo de 10 (dez) dias, contados da data da juntada aos autos do comprovante da ciência dada ao noticiante.

§ 1º. Se não houver comprovante da entrega da notificação, o prazo será contado da data da ciência inequívoca do noticiante.

§ 2º. O recurso deverá vir acompanhado das respectivas razões, sob pena de não recebimento, e será interposto perante o membro do Ministério Público oficiante.

§ 3º. O dia e a hora da entrega do recurso e das respectivas razões deverão ser certificados nos autos, entregando-se recibo ao recorrente.

§ 4º. O recurso será juntado aos autos, dele se fazendo anotação no SIS MP integrado.

Art. 121. Do arquivamento da notícia de fato deverá ser dada ciência ao noticiante, juntando-se aos autos o respectivo comprovante.

§ 1º A cientificação é facultativa no caso de a notícia de fato ter sido encaminhada ao Ministério Público em face de dever de ofício.

§ 2º. Da decisão de arquivamento deverá constar que o noticiante poderá recorrer ao Conselho Superior do Ministério Público no prazo de 10 (dez) dias.

§ 3º. Se a ciência for dada mediante notificação, nela deverão constar os mesmos requisitos previstos no artigo anterior.

Art. 122. O Promotor de Justiça ou o Procurador-Geral de Justiça, na condição de presidente do inquérito civil, no prazo de 5 (cinco) dias, poderá reconsiderar a decisão recorrida.

Parágrafo único. Mantida a decisão, de forma fundamentada, os autos serão encaminhados, no prazo de 3 (três) dias, ao Conselho Superior do Ministério Público, com despacho fundamentado.

Capítulo II
Do recurso contra a instauração do inquérito civil

Art. 123. Da instauração do inquérito civil caberá recurso do interessado, com efeito suspensivo, ao Conselho Superior do Ministério Público.

§ 1º. Considera-se interessado aquele em face de quem poderá ser ajuizada a ação civil pública.

§ 2º. Deverá ser juntada aos autos cópia da publicação da instauração do inquérito civil, prevista no inciso I do artigo 8º desta Resolução.

§ 3º. O prazo para a interposição do recurso será de 5 (cinco) dias, contados da juntada da cópia da publicação mencionada no parágrafo anterior ou da data da ciência, pelo interessado, da instauração do inquérito civil, valendo o evento que acontecer primeiramente.

Art. 124. O recurso deverá ser acompanhado das respectivas razões, sob pena de indeferimento, e será interposto perante o membro do Ministério Público oficiante.

§ 1º. O recurso e as respectivas razões serão juntados aos autos, dele se fazendo registro no SIS MP Integrado.

§ 2º. Serão certificados nos autos o dia e a hora da entrega do recurso e das respectivas razões, dando-se recibo ao recorrente.

Art. 125. O presidente do inquérito civil, no prazo de 5 (cinco) dias, lançará nos autos do procedimento manifestação de sustentação do ato impugnado.

Art. 126. O presidente do inquérito civil não poderá negar seguimento ao recurso, ainda que intempestivo.

Art. 127. O recurso subirá nos próprios autos do inquérito civil, que deverão ser remetidos ao Conselho Superior do Ministério Público no prazo de 3 (três) dias.

TÍTULO VIII
DISPOSIÇÕES FINAIS
Capítulo I
Dos registros, das anotações e das comunicações

Art. 128. Os membros do Ministério Público que tenham por atribuição a instauração de inquérito civil manterão os registros atualizados junto ao SIS MP Integrado, conforme previsto nesta Resolução, na forma estabelecida pela Corregedoria-Geral do Ministério Público.

Art. 129. As comunicações e correspondências referentes a requisições, notificações, intimações e cartas precatórias serão preferencialmente realizadas por meio eletrônico.

Art. 130. Serão encaminhadas, por meio eletrônico, ao Centro de Apoio Operacional respectivo, dentre outras especificadas em Ato próprio, as seguintes peças:

I – das portarias de instauração de inquérito civil ou de procedimento preparatório deste último;

II – das notícias de fato e eventuais decisões de arquivamento;

III – de promoções de arquivamento de inquéritos civis ou procedimentos preparatórios;

IV – de petições iniciais de ação civil pública, com a indicação do número que tomou o feito e a vara a que foi distribuído;

V – das medidas tomadas na forma do artigo 113 da Lei Complementar Estadual nº. 734, de 26 de novembro de 1993;

VI – de recomendações;

VII– de reabertura de inquérito civil;

VIII – de sentenças;

IX – de recursos, ainda que não se refiram à decisão final da causa;

X – de termos de compromisso de ajustamento de conduta, mesmo que lavrados no curso de ação judicial;

XI – de trânsito em julgado de sentença final, quando ocorrer em primeiro grau de jurisdição;

XII– de certidão de cumprimento integral de compromisso de ajustamento de conduta ou de decisão judicial.

Capítulo II
Da vigência

Art. 131. Esta resolução entrará em vigor em 30 (trinta) dias a contar da data de sua publicação, revogadas as disposições em contrário, em especial a Resolução nº 484/2006- CPJ.

§ 1º. (Revogada pela Resolução nº 1.524/2022-CPJ, de 06/10/2022).

§ 2º. (Revogada pela Resolução nº 1.524/2022-CPJ, de 06/10/2022).

São Paulo, 1º de julho de 2021.

MÁRIO LUIZ SARRUBBO

Procurador-Geral de Justiça e

Presidente do Colégio de Procuradores de Justiça

4. ESTATUTO DOS FUNCIONÁRIOS PÚBLICOS CIVIS DO ESTADO DE SÃO PAULO – LEI ESTADUAL Nº 10.261/68, DE 28 DE OUTUBRO DE 1968: ARTS. 241 A 263

TÍTULO VI
DOS DEVERES, DAS PROIBIÇÕES E DAS RESPONSABILIDADES
CAPÍTULO I
Dos Deveres e das Proibições
SEÇÃO I
Dos Deveres

Artigo 241 – São deveres do funcionário:

I – ser assíduo e pontual;

II – cumprir as ordens superiores, representando quando forem manifestamente ilegais;

III – desempenhar com zelo e presteza os trabalhos de que for incumbido;

IV – guardar sigilo sobre os assuntos da repartição e, especialmente, sobre despachos, decisões ou providências;

V – representar aos superiores sobre todas as irregularidades de que tiver conhecimento no exercício de suas funções;

VI – tratar com urbanidade as pessoas;(NR)

VII – residir no local onde exerce o cargo ou, onde autorizado;

VIII – providenciar para que esteja sempre em ordem, no assentamento individual, a sua declaração de família;

IX – zelar pela economia do material do Estado e pela conservação do que for confiado à sua guarda ou utilização;

X – apresentar-se convenientemente trajado em serviço ou com uniforme determinado, quando for o caso;

XI – atender prontamente, com preferência sobre qualquer outro serviço, às requisições de papéis, documentos, informações ou providências que lhe forem feitas pelas autoridades judiciárias ou administrativas, para defesa do Estado, em Juízo;

XII – cooperar e manter espírito de solidariedade com os companheiros de trabalho,

XIII – estar em dia com as leis, regulamentos, regimentos, instruções e ordens de serviço que digam respeito às suas funções; e

XIV – proceder na vida pública e privada na forma que dignifique a função pública.

SEÇÃO II
Das Proibições

Artigo 242 – Ao funcionário é proibido:

I – Revogado.

II – retirar, sem prévia permissão da autoridade competente, qualquer documento ou objeto existente na repartição;

III – entreter-se, durante as horas de trabalho, em palestras, leituras ou outras atividades estranhas ao serviço;

IV – deixar de comparecer ao serviço sem causa justificada;

V – tratar de interesses particulares na repartição;

VI – promover manifestações de apreço ou desapreço dentro da repartição, ou tornar-se solidário com elas;

VII – exercer comércio entre os companheiros de serviço, promover ou subscrever listas de donativos dentro da repartição; e

VIII – empregar material do serviço público em serviço particular.

Artigo 243 – É proibido ainda, ao funcionário:

I – fazer contratos de natureza comercial e industrial com o Governo, por si, ou como representante de outrem;

II – participar da gerência ou administração de empresas bancárias ou industriais, ou de sociedades comerciais, que mantenham relações comerciais ou administrativas com o Governo do Estado, sejam por este subvencionadas ou estejam diretamente relacionadas com a finalidade da repartição ou serviço em que esteja lotado.

ATENÇÃO! não se enquadra na proibição a participação do funcionário em sociedades em que o Estado seja acionista, bem assim na direção ou gerência de cooperativas e associações de classe, ou como seu sócio (parágrafo único);

III – requerer ou promover a concessão de privilégios, garantias de juros ou outros favores semelhantes, federais, estaduais ou municipais, exceto privilégio de invenção própria;

IV – exercer, mesmo fora das horas de trabalho, emprego ou função em empresas, estabelecimentos ou instituições que tenham relações com o Governo, em matéria que se relacione com a finalidade da repartição ou serviço em que esteja lotado.

ATENÇÃO! Conforme o art. 243-A, essa proibição não se aplica ao funcionário de órgão ou entidade concedente de estágio que atuar como professor orientador; porém, deverá evitar qualquer conflito de interesses e estará sujeito, inclusive, aos deveres de:

1 - comunicar, ao superior hierárquico, qualquer circunstância, suspeição ou fato impeditivo de sua participação em decisão a ser tomada no âmbito da unidade administrativa;

2 - abster-se de atuar nos processos ou procedimentos em que houver interesse da instituição de ensino.

V - aceitar representação de Estado estrangeiro, sem autorização do Presidente da República;

VI – comerciar ou ter parte em sociedades comerciais nas condições mencionadas no item II deste artigo, podendo, em qualquer caso, ser acionista, quotista ou comanditário.

ATENÇÃO! não se enquadra na proibição a participação do funcionário em sociedades em que o Estado seja acionista, bem assim na direção ou gerência de cooperativas e associações de classe, ou como seu sócio (parágrafo único).

VII – incitar greves ou a elas aderir, ou praticar atos de sabotagem contra o serviço público;

ATENÇÃO! O art. 37, VII, da Constituição Federal assegura ao servidor público o direito de greve, nos termos e limites definidos em lei.

VIII – praticar a usura;

IX – constituir-se procurador de partes ou servir de intermediário perante qualquer repartição pública, exceto quando se tratar de interesse de cônjuge ou parente até segundo grau;

X – receber estipêndios de firmas fornecedoras ou de entidades fiscalizadas, no País, ou no estrangeiro, mesmo quando estiver em missão referente à compra de material ou fiscalização de qualquer natureza;

XI – valer-se de sua qualidade de funcionário para desempenhar atividade estranha às funções ou para lograr, direta ou indiretamente, qualquer proveito; e

XII – fundar sindicato de funcionários ou deles fazer parte.

ATENÇÃO! O art. 37, VI, da Constituição Federal garante ao servidor o direito à livre associação sindical.

(...)

Artigo 244 – É vedado ao funcionário trabalhar sob as ordens imediatas de parentes, até segundo grau, salvo quando se tratar de função de confiança e livre escolha, não podendo exceder a 2 (dois) o número de auxiliares nessas condições.

CAPÍTULO II
Das Responsabilidades

Artigo 245 – O **funcionário é responsável** por todos os prejuízos que, nessa qualidade, causar à Fazenda Estadual, por dolo ou culpa, devidamente apurados.

Parágrafo único – Caracteriza-se especialmente a responsabilidade:

I – pela **sonegação de valores e objetos** confiados à sua guarda ou responsabilidade, ou por não prestar contas, ou por não as tomar, na forma e no prazo estabelecidos nas leis, regulamentos, regimentos, instruções e ordens de serviço;

II – pelas **faltas, danos, avarias e quaisquer outros prejuízos que sofrerem os bens e os materiais** sob sua guarda, ou sujeitos a seu exame ou fiscalização;

III – pela **falta ou inexatidão** das necessárias averbações nas notas de despacho, guias e outros documentos da receita, ou que tenham com eles relação; e

IV – por **qualquer erro de cálculo ou redução contra a Fazenda Estadual**. Neste caso, **não tendo havido má-fé, será aplicada a pena de repreensão e, na reincidência, a de suspensão.**

Artigo 246 – O funcionário que adquirir materiais em desacordo com disposições legais e regulamentares, será responsabilizado pelo respectivo custo, sem prejuízo das penalidades disciplinares cabíveis, podendo-se proceder ao desconto no seu vencimento ou remuneração.

Artigo 247 – Nos casos de indenização à Fazenda Estadual, o funcionário será obrigado a repor, de uma só vez, a importância do prejuízo causado em virtude de alcance, desfalque, remissão ou omissão em efetuar recolhimento ou entrada nos prazos legais.

Artigo 248 – Fora dos casos incluídos no artigo anterior, a importância da indenização poderá ser descontada do vencimento ou remuneração não excedendo o desconto à 10ª (décima) parte do valor destes.

(...)

ATENÇÃO! a) nos casos de alcance, desfalque, remissão ou omissão em efetuar recolhimento ou entrada nos prazos legais: reposição deve ser feita de uma só vez; b) nas demais hipóteses, pode parcelar desde que não ultrapasse 10% do vencimento ou remuneração.

Artigo 249 – Será igualmente responsabilizado o funcionário que, fora dos casos expressamente previstos nas leis, regulamentos ou regimentos, cometer a pessoas estranhas às repartições, o desempenho de encargos que lhe competirem ou aos seus subordinados.

Artigo 250 – A responsabilidade administrativa não exime o funcionário da responsabilidade civil ou criminal que no caso couber, nem o pagamento da indenização a que ficar obrigado, na forma dos arts. 247 e 248, o exame da pena disciplinar em que incorrer.

§ 1º – A responsabilidade administrativa é independente da civil e da criminal. (NR)

§ 2º – Será reintegrado ao serviço público, no cargo que ocupava e com todos os direitos e vantagens devidas, o servidor absolvido pela Justiça, mediante simples comprovação do trânsito em julgado de decisão que negue a existência de sua autoria ou do fato que deu origem à sua demissão. (NR)

§ 3º – O processo administrativo só poderá ser sobrestado para aguardar decisão judicial por despacho motivado da autoridade competente para aplicar a pena. (NR)

TÍTULO VII

Das Penalidades, da Extinção da Punibilidade, das Providências Preliminares, das Práticas Autocompositivas, do Termo de Ajustamento de Conduta e da Suspensão Condicional da Sindicância. (NR)

CAPÍTULO I

Das Penalidades e de sua Aplicação

Artigo 251 – São penas disciplinares:

I – repreensão;

II – suspensão;

III – multa;

IV – demissão;

V – demissão a bem do serviço público; e

VI – cassação de aposentadoria ou disponibilidade

Artigo 252 – Na aplicação das penas disciplinares serão consideradas a natureza e a gravidade da infração e os danos que dela provierem para o serviço público.

Artigo 263 – Deverão constar do assentamento individual do funcionário todas as penas que lhe forem impostas.

Repreensão (art. 253)
– Aplicada por escrito,
Cabimento:
– **Indisciplina**
– **Falta de cumprimento dos deveres**

Suspensão (art. 254)
– Máximo de 90 dias
– Funcionário suspenso perderá todas as vantagens e direitos decorrentes do exercício do cargo
– A autoridade que aplicar a pena de suspensão pode convertê-la em pena de multa, no valor de 50% por dia de vencimento ou remuneração, sendo o funcionário, nesse caso, obrigado a permanecer em serviço
Cabimento:
– **Falta grave**
– **Reincidência**

Artigo 262 – O funcionário que, sem justa causa, deixar de atender a qualquer exigência para cujo cumprimento seja marcado prazo certo, terá suspenso o pagamento de seu vencimento ou remuneração até que satisfaça essa exigência.

Parágrafo único – Aplica-se aos aposentados ou em disponibilidade o disposto neste artigo.

Multa (art. 255)
– Aplicada na forma e nos casos expressamente previstos em lei ou regulamento

Demissão (art. 256)
– O ato que demitir o funcionário mencionará sempre a disposição legal em que se fundamenta (art. 258)
Cabimento:
– **Procedimento irregular, de natureza grave**;
– **Ineficiência no serviço**: só será aplicada quando verificada a impossibilidade de readaptação.
– **Aplicação indevida de dinheiros públicos**, e
– **Inassiduidade**: é a ausência ao serviço, sem causa justificável, por mais de 15 dias consecutivos, ou por mais de 20 dias úteis intercalados, durante 1 ano. Para configurar a inassiduidade em razão da ausência ao serviço por mais de 15 dias consecutivos, aplica-se o seguinte: 1 – serão computados os sábados, os domingos, os feriados e os pontos facultativos subsequentes à primeira falta; 2 – se o funcionário cumprir a jornada de trabalho sob regime de plantão, além dos sábados, dos domingos, dos feriados e dos pontos facultativos, serão computados os dias de folga subsequentes aos plantões a que tenha faltado.

Demissão a bem do serviço público (art. 257)
– O ato que demitir o funcionário mencionará sempre a disposição legal em que se fundamenta (art. 258)
Cabimento: quando o funcionário
– For convencido de **incontinência pública e escandalosa e de vício de jogos proibidos**;
– Praticar ato definido como **crime contra a administração pública, a fé pública e a Fazenda Estadual, ou previsto nas leis relativas à segurança e à defesa nacional**;
– **Revelar segredos** de que tenha conhecimento em razão do cargo, desde que o faça dolosamente e com prejuízo para o Estado ou particulares;
– Praticar **insubordinação grave**;
– Praticar, em serviço, **ofensas físicas** contra funcionários ou particulares, salvo se em legítima defesa;
– **Lesar o patrimônio ou os cofres públicos**;
– **Receber ou solicitar propinas, comissões, presentes ou vantagens** de qualquer espécie, diretamente ou por intermédio de outrem, ainda que fora de suas funções mas em razão delas;
– **Pedir, por empréstimo, dinheiro ou quaisquer valores** a pessoas que tratem de interesses ou o tenham na repartição, ou estejam sujeitos à sua fiscalização;
– Exercer **advocacia administrativa**; e
– Apresentar com dolo **declaração falsa em matéria de salário-família**, sem prejuízo da responsabilidade civil e de procedimento criminal, que no caso couber.
– Praticar ato definido como **crime hediondo, tortura, tráfico ilícito de entorpecentes e drogas afins e terrorismo**;
– Praticar ato definido como **crime contra o Sistema Financeiro, ou de lavagem ou ocultação de bens, direitos ou valores**;
– Praticar ato definido em lei como de **improbidade**.

Cassação de aposentadoria ou disponibilidade (art. 259)
Cabimento: quando o inativo
– **Praticou, quando em atividade, falta grave para a qual é prevista a pena de demissão ou de demissão a bem do serviço público;**
– **Aceitou ilegalmente cargo ou função pública;**
– **Aceitou representação de Estado estrangeiro sem prévia autorização do Presidente da República; e**
– **Praticou a usura em qualquer de suas formas.**

Competência para aplicar as penalidades (art. 260)	
Qualquer uma das penas	Governador Secretários de Estado Procurador Geral do Estado Superintendentes de Autarquia
Até suspensão	Chefes de Gabinete
Até suspensão de 60 dias	Coordenadores
Até suspensão de 30 dias	Diretores de Departamento e Divisão
Havendo mais de um infrator e diversidade de sanções, a competência será da autoridade responsável pela imposição da penalidade mais grave	

Prescrição (art. 261)	
Extingue-se a punibilidade pela prescrição	
Falta sujeita às penas de repreensão, suspensão ou multa	2 anos
Falta sujeita às penas de demissão, de demissão a bem do serviço público e de cassação da aposentadoria ou disponibilidade	5 anos
Falta prevista em lei como infração penal	no prazo de prescrição em abstrato da pena criminal, **se for superior a 5 anos**
No caso de desclassificação da infração: prazo será o da pena efetivamente aplicada; No caso de mitigação ou atenuação: prazo será o da pena em tese cabível.	
Termo inicial A prescrição começa a correr: a) do dia em que a falta for cometida; b) nas faltas continuadas ou permanentes, do dia em que tenha cessado a continuação ou a permanência.	
Interrupção da prescrição Portaria que instaura sindicância Portaria que instaura processo administrativo	
Suspensão da prescrição A prescrição não corre: – Enquanto sobrestado o processo administrativo para aguardar decisão judicial; – Enquanto insubsistente o vínculo funcional que venha a ser restabelecido. – Durante a suspensão da sindicância; – No curso das práticas autocompositivas; – Durante o prazo estabelecido para o cumprimento do Termo de Ajustamento de Conduta.	
Efeitos do reconhecimento da prescrição – A autoridade julgadora determinará o registro do fato nos assentamentos individuais do servidor. – A decisão que reconhecer a existência de prescrição deverá desde logo determinar, quando for o caso, as providências necessárias à apuração da responsabilidade pela sua ocorrência.	

Direito Processual Civil

Luciano Alves Rossato

ITEM DO EDITAL	REVISÃO FINAL
Art. 3º CPC	Item 1
Art. 176 – 181, CPC – Ministério Público	Item 2
Art. 218-235, CPC – Prazos.	Item 3
Lei nº 13.140/2015 – art. 1º, 2º e 3º.	Item 4
Resolução nº 118/2014 – CNMP	Item 5
Resolução nº 225/2016 – CNJ	Item 6
Resolução nº 125/2010 – CNJ	Item 7

1. ART. 3º, CPC

1.1. Princípio do acesso à justiça

O princípio do acesso à justiça foi positivado no inciso XXXV, do art. 5º, do Texto Fundamental, garantindo-se que "a lei não excluirá da apreciação do Poder Judiciário lesão ou ameaça a direito".

O Código de Processo Civil repetiu a fórmula de que "não se excluirá da apreciação jurisdicional ameaça ou lesão a direito".

Com efeito, a adequada leitura do art. 3º demonstra que o acesso à justiça não se encerra apenas como direito à ordem jurídica justa por meio de acesso aos tribunais.

1.2. Justiça coexistencial

Pelo novo modelo, garante-se o acesso **à justiça coexistencial**, em que a solução adjudicada pela autoridade judiciária é o último remédio, a ser ministrado apenas se adequado ao caso.

Nesse sentido, o acesso à Justiça não se efetivará por apenas uma via, mas por várias alternativas, abrindo-se muitas portas que objetivam o acesso à efetivação de direitos. Fala-se, então, em **tribunal multiportas**, em que a efetivação de direitos pode ser obtida pela conciliação, mediação e a arbitragem , valendo-se do meio que for adequado para o caso concreto.

1.3. Meios adequados de solução dos conflitos

Existem vários meios adequados de solução dos conflitos, podendo ser citados: a mediação, a conciliação e a arbitragem. Todos os métodos devem ser estimulados por juízes, advogados, defensores públicos e membros do Ministério Público, inclusive no curso do processo judicial.

2. ART. 176 A 181 – MINISTÉRIO PÚBLICO

2.1. Previsão Constitucional

A Constituição Federal de 1988 foi responsável pelo fortalecimento da iniciativa do Ministério Público nas áreas civil e criminal, atribuindo-lhe, ainda, a incumbência específica de promover a defesa dos interesses sociais (art. 127 CF).

Entende-se por interesse social aqueles cuja tutela, em uma ordem jurídica específica, é oportuna para que a sociedade possa progredir material e moralmente.

O Ministério Público atuará na defesa da ordem jurídica, do regime democrático e dos interesses e direitos sociais e individuais indisponíveis, conforme determina a Constituição Federal, a sua Lei Orgânica e o art. 176 do CPC.

São princípios institucionais do Ministério Público: a unidade, a indivisibilidade e a independência funcional (art. 127, § 1º CF). A estes, podem ser somados: princípio constitucional do promotor natural, princípio infraconstitucional do livre exercício da ação penal, princípio infraconstitucional da irresponsabilidade e princípio infraconstitucional da irrecusabilidade.

2.2. Atuação do Ministério Público no Processo Civil

Poderá atuar no processo civil como parte ou como fiscal da ordem jurídica.

Nesse passo, poderá ajuizar ações com fundamento na Constituição Federal (como, por exemplo, a representação para impugnação de mandato eletivo (art. 14, § 10, c.c. art. 22, I, da LC 64/90), dissídio coletivo (art. 1124, § 3º), ação civil pública para a proteção do patrimônio público e social, do meio ambiente e de outros interesses difusos e coletivos (art. 129, III)).

Também poderá a ação ser fundada no Código Civil, como poderá ocorrer no pedido de declaração de ausência e nomeação de curador (art. 22), ação de nulidade ou de anulação de atos jurídicos (CC, art. 168).

O Código de Processo Civil também dá suporte para o ajuizamento de ações, como poderá ocorrer na ação rescisória, no pedido de abertura de inventário, no procedimento de jurisdição voluntária etc.

Atuará como fiscal da ordem jurídica nas hipóteses previstas na Constituição e na lei e, também nos processos: i) que envolvam interesse público ou social; ii) interesse de incapaz; iii) litígios coletivos pela posse de terra rural ou urbana.

É de se ter atenção com a mudança ocorrida. O Ministério Público não mais atuará nas causas de divórcio, por exemplo, se não existir interesse de incapaz. Além disso, a participação da Fazenda Pública (pessoa jurídica de direito público) não importa na necessidade de participação do MP.

O Ministério Público, no exercício de suas funções, contará com determinadas prerrogativas. Dessa maneira, gozará de prazo em dobro para manifestar-se nos autos e fará jus à intimação pessoal.

No exercício de suas funções, o Ministério Público poderá instaurar inquéritos civis e outras medidas e procedimentos administrativos pertinentes e, para instruí-los, entre outras providências, requisitar informações, exames periciais e documentos de autoridades federais, estaduais e municipais, bem como dos órgãos e entidades da administração direta, indireta ou fundacional, de qualquer dos Poderes da União, dos Estados, do Distrito Federal e dos Municípios, bem como, promover inspeções e diligências investigatórias junto às autoridades, órgãos e entidades a que se refere a alínea anterior e, ainda, requisitar informações e documentos a entidades privadas, para instruir procedimentos ou processo em que oficie.

2.3. Responsabilidade civil do Ministério Público

O Ministério Público será civil e regressivamente responsável quando agir com dolo ou fraude no exercício de suas funções

RESPONSABILIDADE REGRESSIVA DO MEMBRO DO MINISTÉRIO PÚBLICO.

2.4. Impedimento e Suspeição de membro do Ministério Público

Aplicam-se ao membro do Ministério Público os motivos de impedimento e de suspeição previstos para o juiz.

A parte interessada deverá arguir o impedimento ou a suspeição, em petição fundamentada e devidamente instruída, na primeira oportunidade em que lhe couber falar nos autos.

O juiz mandará processar o incidente em separado e sem suspensão do processo, ouvindo o arguido no prazo de 15 (quinze) dias e facultando a produção de prova, quando necessária.

3. ART. 218 A 235. PRAZOS

3.1. Regras gerais sobre os prazos processuais

A lei prescreverá os prazos em que serão realizados os atos processuais. Prazo pode ser entendido como o período de tempo entre um termo inicial e um termo final.

Se a lei não fizer previsão do prazo, o juiz o fixará, levando em consideração a sua complexidade.

No silêncio da lei e do juiz, os prazos serão de cinco dias para a prática dos atos processuais. As intimações, por sua vez, no silêncio da lei e da ordem judicial, obrigarão a comparecimento após decorridas 48 horas.

Como novidade considerável, o Código de Processo Civil determinou que conta-se **os prazos processuais somente em dias úteis**. Note-se que tal previsão não se aplica a outros prazos que não os processuais.

Atenção:

Contagem dos prazos processuais somente em dias úteis!

Suspende-se o prazo processual no período de 20 de dezembro a 20 de janeiro, inclusive, o que não retira a necessidade de exercício da atribuição pelos juízes, membros do MP, Defensoria Pública, Advocacia Pública e os auxiliares da Justiça.

Entende-se por prazo peremptório, em conformidade com o CPC, aqueles nos quais o juiz não poderá diminuir sem a concordância das partes.

> Atenção:
> Nova definição do prazo peremptório: aquele que não poderá ser reduzido sem a concordância das partes.

Verifica-se que o juiz poderá dilatar quaisquer prazos, ainda que processuais, como ocorre com o prazo para oferecimento de contestação. Ele poderá ser aumentado por decisão judicial. Porém, para diminuí-lo, deverá o magistrado contar com a concordância das partes.

Na esteira do princípio da preclusão, o CPC repetiu que, decorrido o prazo, extingue-se o direito de praticar ou de emendá-lo.

Para todos os fins, os prazos serão contados excluindo o dia do começo e incluindo o dia do vencimento. Tais dias serão prorrogados para o primeiro dia útil seguinte, se coincidirem com dia em que o expediente forense for encerrado antes ou iniciado depois da hora normal ou houver indisponibilidade da comunicação eletrônica.

Se a intimação do ato processual se der pelo *Diário da Justiça eletrônico*, considera-se data de publicação o primeiro dia útil seguinte ao da disponibilização da informação.

O magistrado contará com prazo impróprio para a prática de atos processuais. Sua inobservância não acarretará consequência processual, mas disciplinar. Dessa maneira, deverá o juiz proferir os despachos em cinco dias, as decisões interlocutórias em dez dias e as sentenças em trinta dias.

O escrivão, por sua vez, deverá remeter os autos conclusos no prazo de um dia e executar os atos processuais em cinco dias.

O Código disciplina o dia do começo do prazo, que será, salvo disposição em sentido contrário:

I. a data de juntada aos autos do aviso de recebimento, quando a citação ou a intimação for pelo correio;

II. a data de juntada aos autos do mandado cumprido, quando a citação ou a intimação for por oficial de Justiça;

III. a data de ocorrência da citação ou da intimação, quando ela se der por ato do escrivão ou do chefe de secretaria;

IV. o dia útil seguinte ao fim da dilação assinada pelo juiz, quando a citação ou a intimação for por edital;

V. o dia útil seguinte à consulta ao teor da citação ou da intimação ou ao término do prazo para que a consulta se dê, quando a citação ou a intimação for eletrônica;

VI. a data de juntada do comunicado de que trata o art. 232 (comunicação de cumprimento da carta precatória) ou, não havendo esse, a data de juntada da carta aos autos de origem devidamente cumprida, quando a citação ou a intimação se realizar em cumprimento de carta;

VII. a data de publicação, quando a intimação se der pelo *Diário da Justiça* impresso ou eletrônico;

VIII. o dia da carga, quando a intimação se der por meio da retirada dos autos, em carga, do cartório ou da secretaria; e,

IX – **o quinto dia útil seguinte à confirmação, na forma prevista na mensagem de citação, do recebimento da citação realizada por meio eletrônico.**

↓

ATENÇÃO À ÚLTIMA HIPÓTESE MENCIONADA, QUE FOI INSERIDA PELA LEI 14.195/2021:

O prazo da intimação será contado individualmente. De outro lado, no caso de citação, o prazo se iniciará com a última das datas, ressalvado se houver pedido de dispensa da realização da audiência de conciliação ou de mediação, quando então será contado de cada protocolo de petição.

3.2. Preclusão

A preclusão comporta as seguintes espécies: i) temporal; ii) lógica; iii) consumativa; iv) elástica.

MODALIDADE DE PRECLUSÃO	EXTENSÃO/ SIGNIFICADO
Temporal	Decorre do escoamento do prazo para a prática do ato processual, com o que se extingue o direito de praticá-lo ou de emendá-lo. Deve ser levada em consideração a possibilidade de verificar a justa causa decorrente de evento alheio à vontade da parte e que a impediu de praticar o ato por si ou por mandatário.
Lógica	Decorre da prática de ato incompatível com o anterior. Ex.: pagamento da obrigação reconhecida em sentença condenatória. Tem-se a preclusão lógica em relação à possibilidade de interpor recurso.
Consumativa	Decorre da prática do ato processual. Uma vez praticado, não poderá ser renovado. Se oferecida contestação, não poderá ser posteriormente apresentada outra defesa. Se interposto recurso de apelação, não poderá ser ampliado o objeto recursal. Isso não significa vedar-se o aperfeiçoamento do ato processual em decorrência do princípio do máximo aproveitamento dos atos processuais e da primazia do julgamento do mérito.
Elástica	Decorre da necessidade de aguardar para verificar se determinado ato será praticado em período posterior. Ex.: impugnação de questão incidental decidida por meio de decisão interlocutória quando da interposição do recurso de apelação, em que será necessário apresentar preliminar nas razões recursais. Se esta não for apresentada, tem-se a preclusão.

3.3. Contagem diferenciada de prazos

Em certas hipóteses o prazo processual será contado de forma **diferenciada**. Podem ser citados: i) para os litisconsortes com diversos procuradores; ii) para o Ministério Público, Defensor Público e integrantes da Advocacia Pública.

3.3.1. Litisconsortes com diversos procuradores

Serão litisconsortes aqueles que litigarem lado a lado em um dos polos da ação. Tais pessoas podem contar com um único advogado, ou cada um deles poderá ter o patrocínio de um causídico. Neste último caso, têm-se os litisconsortes com diversos procuradores, que contarão com o prazo em dobro para a prática de atos processuais desde que preenchidos determinados requisitos, resumidos no quadro a seguir.

Requisitos para a contagem em dobro do prazo para os litisconsortes com diversos procuradores:
i) serem os advogados dos litisconsortes integrantes de escritórios de advocacia distintos;
ii) que não se trate de processo eletrônico.
A contagem em dobro cessará se, havendo apenas dois réus, for oferecida defesa apenas por um deles.

3.3.2. Ministério Público, Defensoria Pública e a Advocacia Pública

Contarão os integrantes dessas instituições com o prazo em dobro para a prática de atos processuais, salvo aqueles que lhes for previsto de forma específica.

3.4. Contagem dos Prazos Processuais

Salvo disposição em contrário, os prazos serão contados excluindo o dia do começo e incluindo o dia do vencimento.

Os dias do começo e do vencimento do prazo serão protraídos para o primeiro dia útil seguinte, se coincidirem com dia em que o expediente forense for encerrado antes ou iniciado depois da hora normal ou houver indisponibilidade da comunicação eletrônica.

Considera-se como data de publicação o primeiro dia útil seguinte ao da disponibilização da informação no Diário da Justiça eletrônico.

A contagem do prazo terá início no primeiro dia útil que seguir ao da publicação.

3.5. Prazo para o juiz proferir seus atos

I – os despachos no prazo de 5 (cinco) dias;

II – as decisões interlocutórias no prazo de 10 (dez) dias;

III – as sentenças no prazo de 30 (trinta) dias.

Em qualquer grau de jurisdição, havendo motivo justificado, pode o juiz exceder, por igual tempo, os prazos a que está submetido.

Qualquer parte, o Ministério Público ou a Defensoria Pública poderá representar ao corregedor do tribunal ou ao Conselho Nacional de Justiça contra juiz ou relator que injustificadamente exceder os prazos previstos em lei, regulamento ou regimento interno.

Distribuída a representação ao órgão competente e ouvido previamente o juiz, não sendo caso de arquivamento liminar, será instaurado procedimento para apuração da responsabilidade, com intimação do representado por meio eletrônico para, querendo, apresentar justificativa no prazo de 15 (quinze) dias.

Sem prejuízo das sanções administrativas cabíveis, em até 48 (quarenta e oito) horas após a apresentação ou não da justificativa de que trata o § 1º, se for o caso, o corregedor do tribunal ou o relator no Conselho Nacional de Justiça determinará a intimação do representado por meio eletrônico para que, em 10 (dez) dias, pratique o ato.

Mantida a inércia, os autos serão remetidos ao substituto legal do juiz ou do relator contra o qual se representou para decisão em 10 (dez) dias.

3.6. Prazo para o serventuário

Incumbirá ao serventuário remeter os autos conclusos no prazo de 1 (um) dia e executar os atos processuais no prazo de 5 (cinco) dias, contado da data em que:

I – houver concluído o ato processual anterior, se lhe foi imposto pela lei;

II – tiver ciência da ordem, quando determinada pelo juiz.

3.7. Verificação dos Prazos e das Penalidades

Incumbe ao juiz verificar se o serventuário excedeu, sem motivo legítimo, os prazos estabelecidos em lei.

Constatada a falta, o juiz ordenará a instauração de processo administrativo, na forma da lei.

Qualquer das partes, o Ministério Público ou a Defensoria Pública poderá representar ao juiz contra o serventuário que injustificadamente exceder os prazos previstos em lei.

3.8. Restituição de autos

Os advogados públicos ou privados, o defensor público e o membro do Ministério Público devem restituir os autos no prazo do ato a ser praticado.

É lícito a qualquer interessado exigir os autos do advogado que exceder prazo legal.

Se, intimado, o advogado não devolver os autos no prazo de 3 (três) dias, perderá o direito à vista fora de cartório e incorrerá em multa correspondente à metade do salário-mínimo.

Verificada a falta, o juiz comunicará o fato à seção local da Ordem dos Advogados do Brasil para procedimento disciplinar e imposição de multa.

Se a situação envolver membro do Ministério Público, da Defensoria Pública ou da Advocacia Pública, a multa, se for o caso, será aplicada ao agente público responsável pelo ato.

Verificada a falta, o juiz comunicará o fato ao órgão competente responsável pela instauração de procedimento disciplinar contra o membro que atuou no feito.

4. LEI Nº 13.140/2015 – ARTIGOS 1º, 2º E 3º

4.1. Meios adequados de resolução de conflitos

A mediação e a conciliação constituem-se em meios de solução adequada dos conflitos, ao lado de outras formas. Note-se que não é mais adequado dizer-se *meios alternativos* de solução de conflitos, mas *meios adequados* de solução de conflitos.

A Lei nº 13.140/2015 dispõe sobre a mediação entre particulares como meio de solução de controvérsias e sobre a autocomposição de conflitos no âmbito da administração pública.

4.2. Conceito de mediação

Conceito de mediação: a atividade técnica exercida por terceiro imparcial sem poder decisório, que, escolhido ou aceito pelas partes, as auxilia e estimula a identificar ou desenvolver soluções consensuais para a controvérsia. Ninguém será obrigado a permanecer em procedimento de mediação.

4.3. Princípios que regem a mediação

A mediação será orientada pelos seguintes princípios: I – imparcialidade do mediador; II – isonomia entre as partes; III – oralidade; IV – informalidade; V – autonomia da vontade das partes; VI – busca do consenso; VII – confidencialidade; VIII – boa-fé.

4.4. Objeto de mediação

Pode ser objeto de mediação o conflito que verse sobre direitos disponíveis ou sobre direitos indisponíveis que admitam transação. A mediação pode versar sobre todo o conflito ou parte dele.

O consenso das partes envolvendo direitos indisponíveis, mas transigíveis, deve ser homologado em juízo, exigida a oitiva do Ministério Público.

5. RESOLUÇÃO Nº 118, DE 1/12/2014, DO CNMP – DISPÕE SOBRE A POLÍTICA NACIONAL DE INCENTIVO À AUTOCOMPOSIÇÃO NO ÂMBITO DO MINISTÉRIO PÚBLICO

5.1. Política Nacional de Incentivo à Autocomposição no âmbito do Ministério Público

A Resolução nº 118/2014, do CNMP, instituiu a Política Nacional de Incentivo à Autocomposição no âmbito do Ministério Público.

Ao Ministério Público brasileiro incumbe implementar e adotar mecanismos de autocomposição, como a negociação, a mediação, a conciliação, o processo restaurativo e as convenções processuais, bem assim prestar atendimento e orientação ao cidadão sobre tais mecanismos.

5.2. Implementação da Política Nacional

Para a implementação da Política Nacional serão observados: I – a formação e o treinamento de membros e, no que for cabível, de servidores; II – o acompanhamento estatístico específico que considere o resultado da atuação institucional na resolução das controvérsias e conflitos para cuja resolução possam contribuir seus membros e servidores; III – a revisão periódica e o aperfeiçoamento da Política Nacional e dos seus respectivos programas; IV – a valorização do protagonismo institucional na obtenção de resultados socialmente relevantes que promovam a justiça de modo célere e efetivo.

5.3. Conselho Nacional do Ministério Público

O Conselho Nacional do Ministério Público, com as unidades e ramos dos Ministérios Públicos, promoverá a organização dos respectivos mecanismos.

6. RESOLUÇÃO Nº 225, DE 31/05/2016, CNJ – DISPÕE SOBRE A POLÍTICA NACIONAL DE JUSTIÇA RESTAURATIVA. ART. 1º, 2, 4, 7 E 8

6.1. Justiça Restaurativa

A Justiça Restaurativa constitui-se como um conjunto ordenado e sistêmico de princípios, métodos, técnicas e atividades próprias, que visa à conscientização sobre os fatores relacionais, institucionais e sociais motivadores de conflitos e violência, e por meio do qual os conflitos que geram dano, concreto ou abstrato, são solucionados de modo estruturado na seguinte forma:

I – é necessária a participação do ofensor, e, quando houver, da vítima, bem como, das suas famílias e dos demais envolvidos no fato danoso, com a presença dos representantes da comunidade direta ou indiretamente atingida pelo fato e de um ou mais facilitadores restaurativos;

II – as práticas restaurativas serão coordenadas por facilitadores restaurativos capacitados em técnicas autocompositivas e consensuais de solução de conflitos próprias da Justiça Restaurativa, podendo ser servidor do tribunal, agente público, voluntário ou indicado por entidades parceiras;

III – as práticas restaurativas terão como foco a satisfação das necessidades de todos os envolvidos, a responsabilização ativa daqueles que contribuíram direta ou indiretamente para a ocorrência do fato danoso e o empoderamento da comunidade, destacando a necessidade da reparação do dano e da recomposição do tecido social rompido pelo conflito e as suas implicações para o futuro.

A aplicação de procedimento restaurativo pode ocorrer de forma alternativa ou concorrente com o processo convencional, devendo suas implicações ser consideradas, caso a caso, à luz do correspondente sistema processual e objetivando sempre as melhores soluções para as partes envolvidas e a comunidade.

6.2. Definições

Expressão	Definição
Prática Restaurativa	forma diferenciada de tratar as situações citadas no caput e incisos do art. 1º.
Procedimento Restaurativo	conjunto de atividades e etapas a serem promovidas objetivando a composição das situações a que se refere o caput do art. 1º.
Caso	quaisquer das situações elencadas no caput deste artigo, apresentadas para solução por intermédio de práticas restaurativas;
Sessão Restaurativa	todo e qualquer encontro, inclusive os preparatórios ou de acompanhamento, entre as pessoas diretamente envolvidas nos fatos a que se refere o caput deste artigo;
Enfoque Restaurativo	abordagem diferenciada das situações descritas no caput deste artigo, ou dos contextos a elas relacionados, compreendendo os seguintes elementos: a) participação dos envolvidos, das famílias e das comunidades; b) atenção às necessidades legítimas da vítima e do ofensor; c) reparação dos danos sofridos; d) compartilhamento de responsabilidades e obrigações entre ofensor, vítima, famílias e comunidade para superação das causas e consequências do ocorrido.

6.3. Princípios orientadores da Justiça Restaurativa

São princípios que orientam a Justiça Restaurativa: a corresponsabilidade, a reparação dos danos, o atendimento às necessidades de todos os envolvidos, a informalidade, a voluntariedade, a imparcialidade, a participação, o empoderamento, a consensualidade, a confidencialidade, a celeridade e a urbanidade.

Para que o conflito seja trabalhado no âmbito da Justiça Restaurativa, é necessário que as partes reconheçam, ainda que em ambiente confidencial incomunicável com a instrução penal, como verdadeiros os fatos essenciais, sem que isso implique admissão de culpa em eventual retorno do conflito ao processo judicial.

6.4. Prévio consentimento

É condição fundamental para que ocorra a prática restaurativa, o prévio consentimento, livre e espontâneo, de todos os seus participantes, assegurada a retratação a qualquer tempo, até a homologação do procedimento restaurativo.

6.5. Prévia informação

Os participantes devem ser informados sobre o procedimento e sobre as possíveis consequências de sua participação, bem como do seu direito de solicitar orientação jurídica em qualquer estágio do procedimento.

6.6. Tratamento digno

Todos os participantes deverão ser tratados de forma justa e digna, sendo assegurado o mútuo respeito entre as partes, as quais serão auxiliadas a construir, a partir da reflexão e da assunção de responsabilidades, uma solução cabível e eficaz visando sempre o futuro.

O acordo decorrente do procedimento restaurativo deve ser formulado a partir da livre atuação e expressão da vontade de todos os participantes, e os seus termos, aceitos voluntariamente, conterão obrigações razoáveis e proporcionais, que respeitem a dignidade de todos os envolvidos.

6.7. Atuação da Rede

O programa será implementado com a participação de rede constituída por todos os órgãos do Poder Judiciário e por entidades públicas e privadas parceiras, inclusive universidades e instituições de ensino, cabendo ao Conselho Nacional de Justiça:

I – assegurar que a atuação de servidores, inclusive indicados por instituições parceiras, na Justiça Restaurativa seja não compulsória e devidamente reconhecida para fins de cômputo da carga horária, e que o exercício das funções de facilitador voluntário seja considerado como tempo de experiência nos concursos para ingresso na Magistratura;

II – buscar a cooperação dos órgãos públicos competentes e das instituições públicas e privadas da área de ensino, para a criação de disciplinas que propiciem o surgimento da cultura de não-violência e para que nas Escolas Judiciais e da Magistratura, bem como nas capacitações de servidores e nos cursos de formação inicial e continuada, haja módulo voltado à Justiça Restaurativa;

III – estabelecer interlocução com a Ordem dos Advogados do Brasil, as Defensorias Públicas, as Procuradorias, o Ministério Público e as demais instituições relacionadas, estimulando a participação na Justiça Restaurativa e valorizando a atuação na prevenção dos litígios.

6.8. Encaminhamento de procedimentos e processos judiciais

Poderão ser encaminhados procedimentos e processos judiciais, em qualquer fase de sua tramitação, pelo juiz, de ofício ou a requerimento do Ministério Público, da Defensoria Pública, das partes, dos seus Advogados e dos Setores Técnicos de Psicologia e Serviço Social.

A autoridade policial poderá sugerir, no Termo Circunstanciado ou no relatório do Inquérito Policial, o encaminhamento do conflito ao procedimento restaurativo.

6.9. Sessões Coordenadas

Os procedimentos restaurativos consistem em sessões coordenadas, realizadas com a participação dos envolvidos de forma voluntária, das famílias, juntamente com a Rede de Garantia de Direito local e com a participação da comunidade para que, a partir da solução obtida, possa ser evitada a recidiva do fato danoso, vedada qualquer forma de coação ou a emissão de intimação judicial para as sessões.

6.10. Atuação do facilitador restaurativo

O facilitador restaurativo coordenará os trabalhos de escuta e diálogo entre os envolvidos, por meio da utilização de métodos consensuais na forma autocompositiva de resolução de conflitos, próprias da Justiça Restaurativa, devendo ressaltar durante os procedimentos restaurativos:

I – o sigilo, a confidencialidade e a voluntariedade da sessão;

II – o entendimento das causas que contribuíram para o conflito;

III – as consequências que o conflito gerou e ainda poderá gerar;

IV – o valor social da norma violada pelo conflito.

O facilitador restaurativo é responsável por criar ambiente propício para que os envolvidos promovam a pactuação da reparação do dano e das medidas necessárias para que não haja recidiva do conflito, mediante atendimento das necessidades dos participantes das sessões restaurativas.

6.11. Homologação

Ao final da sessão restaurativa, caso não seja necessário designar outra sessão, poderá ser assinado acordo que, após ouvido o Ministério Público, será homologado pelo magistrado responsável, preenchidos os requisitos legais.

Deverá ser juntada aos autos do processo breve memória da sessão, que consistirá na anotação dos nomes das pessoas que estiveram presentes e do plano de ação com os acordos estabelecidos, preservados os princípios do sigilo e da confidencialidade, exceção feita apenas a alguma ressalva expressamente acordada entre as partes, exigida por lei, ou a situações que possam colocar em risco a segurança dos participantes.

6.12. Não obtenção da composição

Não obtido êxito na composição, fica vedada a utilização de tal insucesso como causa para a majoração de eventual sanção penal ou, ainda, de qualquer informação obtida no âmbito da Justiça Restaurativa como prova.

Independentemente do êxito na autocomposição, poderá ser proposto plano de ação com orientações, sugestões e encaminhamentos que visem à não recidiva do fato danoso, observados o sigilo, a confidencialidade e a voluntariedade da adesão dos envolvidos no referido plano.

7. RESOLUÇÃO Nº 125, DE 29 DE NOVEMBRO DE 2010, CNJ. ARTIGOS 1º, 2, 5, 8, 9, 10 E 11

7.1. Política Judiciária Nacional de tratamento adequado dos conflitos de interesses no âmbito do Poder Judiciário

Foi instituída a Política Judiciária Nacional de Tratamento Adequado dos Conflitos de Interesses, tendente a assegurar a todos o direito à solução dos conflitos por meios adequados à sua natureza e peculiaridade.

Aos órgãos judiciários incumbe, nos termos do art. 334 do Código de Processo Civil de 2015, combinado com o art. 27 da Lei 13.140, de 26 de junho de 2015 (Lei de Mediação), antes da solução adjudicada mediante sentença, oferecer outros mecanismos de soluções de controvérsias, em especial os chamados meios consensuais, como a mediação e a conciliação, bem assim prestar atendimento e orientação ao cidadão.

7.2. Implementação da Política Judiciária Nacional de Tratamento Adequado dos Conflitos de Interesses

Na implementação da Política Judiciária Nacional de Tratamento Adequado dos Conflitos de Interesses, com vista à boa qualidade dos serviços e à disseminação da cultura de pacificação social, serão observados: I – centralização das estruturas judiciárias; II – adequada formação e treinamento de servidores, conciliadores e mediadores; III – acompanhamento estatístico específico.

O programa será implementado com a participação de rede constituída por todos os órgãos do Poder Judiciário e por entidades públicas e privadas parceiras, inclusive universidades e instituições de ensino.

7.3. Centros Judiciários de Solução de Conflitos e Cidadania

Os tribunais deverão criar os Centros Judiciários de Solução de Conflitos e Cidadania (Centros ou Cejuscs), unidades do Poder Judiciário, preferencialmente, responsáveis pela realização ou gestão das sessões e audiências de conciliação e mediação que estejam a cargo de conciliadores e mediadores, bem como pelo atendimento e orientação ao cidadão.

As sessões de conciliação e mediação pré-processuais deverão ser realizadas nos Centros, podendo as sessões de conciliação e mediação judiciais, excepcionalmente, serem realizadas nos próprios juízos, juizados ou varas designadas, desde que o sejam por conciliadores e mediadores cadastrados pelo Tribunal (inciso VII do art. 7º) e supervisionados pelo juiz coordenador do Centro.

7.4. Juiz Coordenador do Centro Judiciário de Solução de Conflitos e Cidadania

Os Centros contarão com um juiz coordenador e, se necessário, com um adjunto, aos quais caberá:

I – administrar o Centro;

II – homologar os acordos entabulados;

III – supervisionar o serviço de conciliadores e mediadores.

Cada unidade dos Centros deverá obrigatoriamente abranger setor de solução de conflitos pré-processual, de solução de conflitos processual e de cidadania.

Nos Centros poderão atuar membros do Ministério Público, defensores públicos, procuradores e/ou advogados.

Direito Penal

Danilo da Cunha Sousa

Oficial de Promotoria – Ministério Público de São Paulo	
Itens do Edital	**Tópico do Livro**
Arts. 293 e 294, CP.	1.1.
Arts. 296 a 301 e 305, CP.	1.2
Arts. 311-A.	1.3
Arts. 312 a 317; 319 a 326, CP.	2.2.
Arts. 327, CP.	2.1
Arts. 328 a 333 e 337, CP	2.3
Arts. 339 a 344; 347. 357 e 359, CP	2.4

DICAS

1. DOS CRIMES CONTRA A FÉ PÚBLICA

- Nos crimes contra a fé-pública, tutela-se a presunção de veracidade que se emana dos documentos.

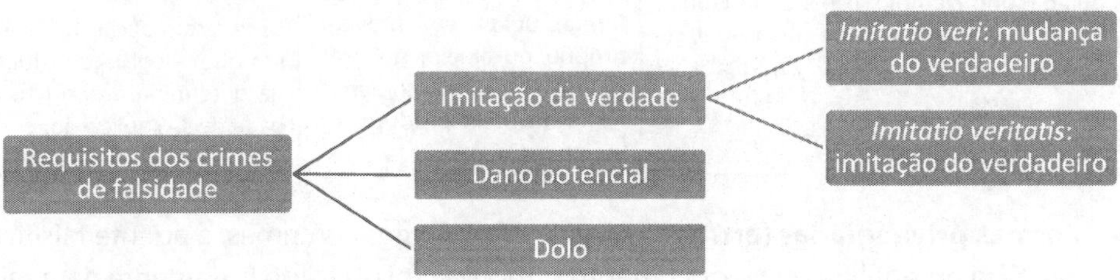

1.1. Falsificação de papéis públicos

1.1.1 Falsificação de papéis públicos (art. 293, CP)

- **Conceito de papel público:** são os de feitura atribuída privativamente à administração do Estado ou a entidade de direito público cujos objetivos particulares são realizados no interesse da coletividade e que se ajustam ao programa funcional do Poder Público (Júlio Fabbrini Mirabete. *Manual de Direito Penal*. v. 3. p. 223).

Há inúmeros papéis públicos, mas o crime só se caracterizará se a falsidade recair sobre um daqueles enumerados pelo art. 293, CP:	**I – selo destinado a controle tributário, papel selado ou qualquer papel de emissão legal destinado à arrecadação de tributo;** **II – papel de crédito público que não seja moeda de curso legal;** **III – cautela de penhor, caderneta de depósito de caixa econômica ou de outro estabelecimento mantido por entidade de direito público;** **IV – talão, recibo, guia, alvará ou qualquer outro documento relativo a arrecadação de rendas públicas ou a depósito ou caução por que o poder público seja responsável;** **V – bilhete, passe ou conhecimento de empresa de transporte administrada pela União, por Estado ou por Município:**

- Quem falsifica vale postal incide na figura penal prevista no art. 47 da Lei nº 6.538/78, que revogou tacitamente o art. 293, III, CP.
- Trata-se de **crime comum**, porque pode ser cometido por qualquer pessoa. Se o agente é **funcionário público**, e comete o crime prevalecendo-se do cargo, **aumenta-se a pena de sexta parte (art. 295, CP)**.
- Trata-se de **crime formal**, que se consuma com a falsificação, independentemente, de se causar prejuízo à qualquer pessoa.
- **Pena – reclusão, de dois a oito anos, e multa.**

<table>
<tr><td rowspan="3">Formas equiparadas: incide nas mesmas penas o agente que:

Observação: o agente só responde pela figura equiparada do art. 293, § 1º, CP, se não foi o autor da falsificação prevista no art. 293, "caput", CP. Ou seja, se o autor da falsificação, guarda, por exemplo, o papel de crédito público que não seja moeda de curso legal, ele responde apenas pela figura do "caput".</td><td colspan="2">I – usa, guarda, possui ou detém qualquer dos papéis falsificados a que se refere este artigo</td></tr>
<tr><td colspan="2">II – importa, exporta, adquire, vende, troca, cede, empresta, guarda, fornece ou restitui à circulação selo falsificado destinado a controle tributário</td></tr>
<tr><td>III- importa, exporta, adquire, vende, expõe à venda, mantém em depósito, guarda, troca, cede, empresta, fornece, porta ou, de qualquer forma, utiliza em proveito próprio ou alheio, no exercício de atividade comercial ou industrial, produto ou mercadoria:</td><td>a) em que tenha sido aplicado selo que se destine a controle tributário, falsificado;
b) sem selo oficial, nos casos em que a legislação tributária determina a obrigatoriedade de sua aplicação.</td></tr>
</table>

- **Formas privilegiadas (art. 293, §§ 2º e 3§, CP):** nesses crimes, o agente falsifica o carimbo ou sinal de que o documento público já foi utilizado licitamente para reutilizá-lo ilicitamente.

  Pena – de um a quatro anos, e multa.
- Quem usa ou restitui à circulação, **embora recebido de boa-fé**, qualquer dos **papéis falsificados ou alterados**, a que se referem o art. 293, CP, e o seu § 2º, **depois de conhecer a falsidade ou alteração**, incorre na **pena de detenção, de seis meses a dois anos, ou multa**.

1.1.2. Petrechos de falsificação (art. 294, CP)

- **Conduta:** Fabricar, adquirir, fornecer, possuir ou guardar **objeto especialmente destinado à falsificação** de qualquer dos papéis referidos no artigo anterior.
- Trata-se de **crime comum**, porque pode ser cometido por qualquer pessoa. Se o agente é **funcionário público**, e comete o crime prevalecendo-se do cargo, **aumenta-se a pena de sexta parte (art. 295, CP)**.

- O objeto deve ser destinado à falsificação, embora possa ter outra utilidade. Para se apurar se tal objeto pode ser usado para falsificar os documentos públicos, se exige **perícia**.

1.2. DA FALSIDADE DOCUMENTAL

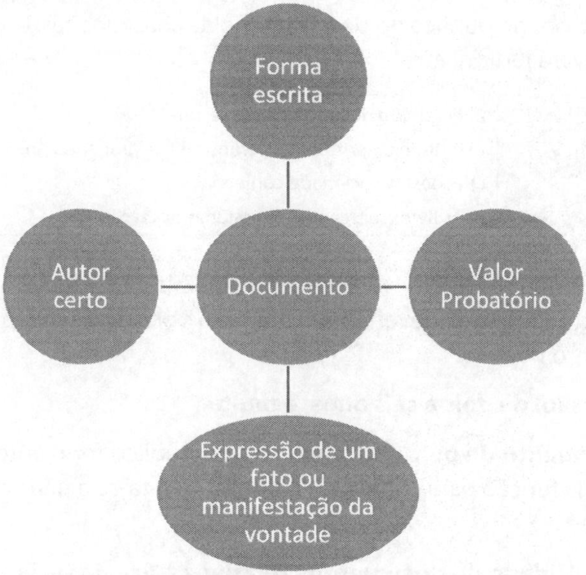

Não são considerados documentos
Escrito a lápis
Fotografias isoladas
Fotocópia não autenticada
Falsificação grosseira, facilmente perceptível

1.2.1. Falsificação do selo ou sinal público (art. 296, CP)

- **Conduta:**

Falsificar, fabricando-os ou alterando-os:	I – selo público destinado a autenticar atos oficiais da União, de Estado ou de Município; II – selo ou sinal atribuído por lei a entidade de direito público, ou a autoridade, ou sinal público de tabelião:

- Trata-se de crime comum, que pode ser praticado por qualquer pessoa. Se o agente é funcionário público, e comete o crime prevalecendo-se do cargo, aumenta-se a pena de sexta parte.

Pena – reclusão, de dois a seis anos, e multa.

1.2.2. Falsidade material (arts. 297 e 298, CP)

- **Falsidade material:** o documento ou parte dele é falso em sua estrutura. Significa formar um documento materialmente ou alterá-lo. Por exemplo, uma gráfica produz espelho de CNH ou alguém rasura um contrato.
- **Falsidade de documento público:** (art. 297, CP). **Documento público:** é o elaborado por funcionário público no desempenho de suas funções: escritura pública, RG, CPF, CTPS, alvará judicial etc.

Documentos públicos por equiparação	a) emanado de entidade paraestatal, b) o título ao portador ou transmissível por endosso, c) ações da sociedade comercial, d) os livros mercantis e o testamento particular.

- **O particular** pode ser sujeito ativo do crime de falsidade de documento público, se fazer um documento que deveria ser elaborado por funcionário público ou adultera um documento público.

  Pena – reclusão, de dois a seis anos, e multa.
- **Causa de aumento de pena:** se o funcionário público for o autor da falsificação e se valer de sua função para cometer o crime, aumenta-se a pena de sexta parte. (art. 297, § 1º, CP).
- **Crimes de falsidade de documentos relativos à Previdência Social:** art. 297, §§ 3º e 4º, CP: na verdade, seriam falsidade ideológica, já que o que é falso é o conteúdo do documento, o fato que expressa. Mas, por falta de técnica de legislador, foi incluído no art. 297, tendo as mesmas penas deste, portanto.
- **Falsidade de documento particular:** (art. 298, CP): documento particular tem conceito residual, ou seja, é aquele que não é elaborado por funcionário público no exercício de suas funções ou não é equiparado pela lei.
- A cópia autenticada de um documento particular continua particular. No entanto, se a falsificação recair precisamente sobre a autenticação, haverá falsificação de documento público.
- **Documento particular por equiparação.** Cartão de débito ou de crédito

  Pena – reclusão, de um a cinco anos, e multa.

1.2.3. Falsidade ideológica (art. 299, CP)

- **Falsidade Ideológica:** (art. 299, CP) o documento é materialmente verdadeiro, emanado de quem tenha legitimidade para fazê-lo, mas **o conteúdo que expressa é falso**.

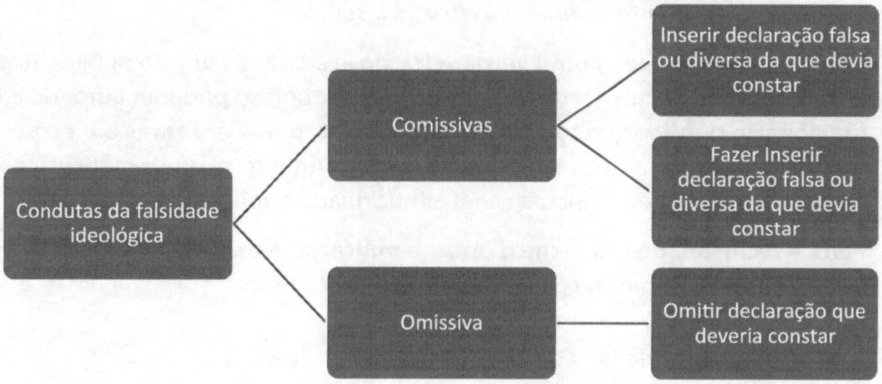

- Na falsidade ideológica, o documento pode ser público ou particular, conforme o art. 299, CP. Porém, a pena é maior se for público.

  Pena – reclusão, de um a cinco anos, e multa, se o documento é público, e reclusão de um a três anos, e multa, de quinhentos mil réis a cinco contos de réis, se o documento é particular.

  Causa de aumento de pena: Se o agente é **funcionário público**, e comete o crime prevalecendo-se do cargo, ou se a falsificação ou alteração é de **assentamento de registro civil, aumenta-se a pena de sexta parte**.

- O autor do documento pode não responder pelo crime, se não for ciente da declaração falsa. Por exemplo, "A" passou uma informação falsa a um funcionário público que produz uma certidão com esses dados falsos, sem saber desse fato. Somente"A" responde pelo crime.

- Somente haverá crime de falsidade ideológica se o autor agir com um fim especial: **prejudicar direito, criar obrigação ou alterar a verdade sobre fato juridicamente relevante**.

- Na falsidade material, **é imprescindível o exame de corpo de delito**; enquanto falsidade ideológica não pode ser provado por perícia, já que, nesse caso, o documento é materialmente verdadeiro.

Falsidade Material	Falsidade Ideológica
Fabricação de espelho de RG em uma gráfica não autorizada para emiti-lo	Funcionário Público tem um espelho de RG verdadeiro em suas mãos e, com atribuição para preenchê-lo, acrescenta dados falsos
Particular tem espelho em branco de um RG verdadeiro e o preenche com dados falsos ou mesmo verdadeiro	Particular fornece dados inverídicos ao funcionário público que tem atribuição para emitir RG

1.2.4. Falso reconhecimento de firma ou letra (art. 300, CP)

- **Conduta: Reconhecer, como verdadeira**, no exercício de função pública, **firma ou letra que o não seja:** • Trata-se de crime próprio, pois só pode ser autor do crime o **funcionário público** que tem **atribuição para reconhecer firmas ou letras**, como o tabelião de notas, o Oficial de Registro Civil etc. Admite-se que o particular cometa o crime, desde que em concurso com o funcionário público.

  Pena - reclusão, de um a cinco anos, e multa, se o documento é público; e de um a três anos, e multa, se o documento é particular.

1.2.5. Certidão ou atestado ideologicamente falso (art. 301, CP)

- **Conduta: Atestar ou certificar falsamente**, em razão de função pública, fato ou circunstância que habilite alguém a obter cargo público, isenção de ônus ou de serviço de caráter público, ou qualquer outra vantagem:
- Trata-se de modalidade específica de **falsidade ideológica**, em que o agente atesta ou certifica fato ou circunstância que sabe não ser verdadeira.
- Trata-se de **crime próprio**, pois só pode ser cometido por funcionário público, mas, nesse crime especificamente, não se exige que o agente se valha das facilidades da função.
- Por exemplo, para ingressar em determinado público, é preciso a comprovação de antecedentes criminais idôneos. O funcionário público, com atribuição de emitir a certidão, atesta que a pessoa não tem condenação transitada em julgado, quando, em verdade, tem

Finalidade do atestado ou certidão	habilitar alguém a obter cargo público, isenção de ônus ou de serviço de caráter público, ou qualquer outra vantagem: deve ser vantagem relacionada ao setor público

Pena – detenção, de dois meses a um ano.

Forma qualificada: Se o crime é praticado com o fim de lucro, aplica-se, além da pena privativa de liberdade, a de multa (art. 301, § 2º, CP).

1.2.6. Falsidade material de atestado ou certidão (art. 301, § 1º, CP)

- **Conduta: Falsificar, no todo ou em parte, atestado ou certidão, ou alterar o teor de certidão ou de atestado verdadeiro**, para prova de fato ou circunstância que habilite alguém a obter cargo público, isenção de ônus ou de serviço de caráter público, ou qualquer outra vantagem:
- Trata-se de modalidade específica de **falsidade material**.
- Trata-se de **crime comum**, que pode ser praticado por qualquer pessoa.

Pena – detenção, de três meses a dois anos.

Forma qualificada: Se o crime é praticado com o fim de lucro, aplica-se, além da pena privativa de liberdade, a de multa (art. 301, § 2º, CP).

1.2.7. Supressão de documento público (art. 305, CP)

- **Conceito: Destruir, suprimir ou ocultar, em benefício próprio ou de outrem, ou em prejuízo alheio, documento público ou particular verdadeiro, de que não podia dispor**
- Trata-se de **crime comum**, que pode ser praticado por qualquer pessoa.
- **Elemento subjetivo do tipo penal:** além do dolo, exige-se que a conduta tenha uma finalidade especifícial: **beneficiar o próprio agente ou outrem ou causar prejuízo a outra pessoa.**
- Se o documento suprimido for facilmente substituível, como por traslados ou escritura pública, **não há o crime.**

1.3. DAS FRAUDES EM CERTAMES DE INTERESSE PÚBLICO

Art. 311-A, CP, Fraudes em certames de interesse público

- Conduta criminosa: **Utilizar** ou **divulgar**, indevidamente, com o fim de beneficiar a si ou a outrem, ou de comprometer a credibilidade do certame, conteúdo sigiloso dos certames públicos a seguir enumerados.
- Condutas equiparadas: quem **permite ou facilita**, por qualquer meio, o acesso de pessoas não autorizadas às informações mencionadas.

Certames	I – concurso público; II – avaliação ou exame públicos; III – processo seletivo para ingresso no ensino superior; IV – exame ou processo seletivo previstos em lei.

- **Finalidade especial:** beneficiar a si ou a outrem, ou de comprometer a credibilidade do certame.
- Exemplo: alguém divulga as questões ou o gabarito do concurso antes de sua realização.
- A partir desse tipo penal, a chamada "cola", como a eletrônica, passou a ser considerada crime.
- Trata-se de crime formal, pois não se exige o efetivo benefício ou prejuízo à credibilidade do certame. Basta a conduta que vise um ou outro objetivo..

Pena – reclusão, de 1 (um) a 4 (quatro) anos, e multa.

- **Forma qualificada:** Se da ação ou omissão resulta **dano à administração pública:** Pena – reclusão, de 2 (dois) a 6 (seis) anos, e multa.
- **Causa de aumento de pena:** Aumenta-se a pena de 1/3 (um terço) se o fato é cometido por funcionário público.

2. DOS CRIMES CONTRA A ADMINISTRAÇÃO PÚBLICA

2.1. Conceito de Funcionário Público (art. 327, CP)

- Para fins penais, há um conceito de funcionário público próprio, previsto no art. 327 do Código Penal. Conceito esse que não se limita aos crimes previstos no Código, mas se estende à legislação extravagante, como a Lei nº 8.137/1990.
- O conceito abarca quem exerce transitoriamente ou sem remuneração cargo, emprego ou função. É o caso dos jurados do Tribunal do Júri.
- O modo de investidura no serviço público é indiferente. Pode ser por meio de concurso público (servidor de carreira), de eleição (prefeitos, vereadores, vice-prefeitos etc.) ou de livre nomeação (Ministros de Estado).
- Não importa se se trata de agente político (como membro de um dos Poderes ou do Ministério Público), servidor público estatutário, celetista ou ocupante de função pública.
- Estagiário no serviço público: é considerado funcionário público para efeitos penais (STJ – RHC 21951/MT – Rel. Min. Félix Fisher. DJ. 02/09/2008).
- Para fins penais: o art. 327, caput, do Código Penal, se aplica tanto às hipóteses em que o funcionário público é autor do crime (por exemplo, concussão, excesso de exação, corrupção passiva), quanto às hipóteses em que é vítima ao lado do Estado, da infração penal (por exemplo, desacato, desobediência e resistência). (STJ – HC nº 52.989/AC, Rel. Min. Félix Fisher, DJ. 23/05/2006)
- Funcionário público por equiparação: Art. 327, § 1º, do Código Penal.
- A expressão entidade paraestatal do art. 327, § 1º, do Código Penal, deve ser interpretada ampliativamente e deve abranger: autarquias, fundações públicas, sociedades de economia mista, empresas públicas, entidades do sistema S (SESI, SENAI, SENAC) etc.
- São equiparados a funcionários públicos os empregados das pessoas jurídicas de direito privado que mantêm contratos de concessão, permissão, autorização e convênios com o Poder Público, desde que o objeto desse contrato seja uma atividade típica da Administração Pública, como a prestação de serviços de saúde por uma Santa Casa.

Princípio da insignificância em crimes contra a Administração Pública

- **Súmula 599 do STJ:** não se aplica o princípio da insignificância em crimes contra a Administração Pública.
- Porém, o próprio STJ já afastou a incidência dessa Súmula em caso concreto, como no caso em que o prejuízo da Administração de aproximadamente R$ 25,00.
- E a jurisprudência do STF é firme no entendimento de que é possível o reconhecimento de insignificância em crime de descaminho
- Aplica-se o princípio da insignificância ao crime de descaminho quando o montante do tributo não recolhido for inferior ao limite de R$ 20.000,00 — valor estipulado pelo art. 20, Lei 10.522/2002 (1), atualizado pelas portarias 75 e 130/2012, do Ministério da Fazenda. Com base nesse entendimento, a Segunda Turma concedeu ordem de "habeas corpus" para declarar a atipicidade da conduta prevista no art. 334, do Código Penal (CP) (2) e trancar a ação penal. No caso, o paciente introduziu mercadorias estrangeiras no território nacional, sem o recolhimento dos tributos devidos, calculados em R$ 19.750,41. (1) Lei 10.522/2002: "Art. 20. Serão arquivados, sem baixa na distribuição, mediante requerimento do Procurador da Fazenda Nacional, os autos das execuções fiscais de débitos inscritos como Dívida Ativa da União pela Procuradoria-Geral da Fazenda Nacional ou por ela cobrados, de valor consolidado igual ou inferior a R$ 10.000,00 (dez mil reais) ". (2) CP: "Art. 334. Iludir, no todo ou em parte, o pagamento de direito ou imposto devido pela entrada, pela saída ou pelo consumo de mercadoria: Pena – reclusão, de 1 (um) a 4 (quatro) anos". (STF – Informativo nº 898).

2.2. Crimes praticados por funcionário público contra a Administração Pública em Geral (arts. 312 a 317; 319 a 326, CP)

- Todos os crimes previstos entre o art. 312 e o art. 326, CP, são **crimes próprios**, ou seja, o autor do crime deve ser **funcionário público** na forma do art. 327, CP.
- **O particular** pode praticar tais crimes, desde que em concurso de agentes com o funcionário público.
- **Causa especial de aumento de pena:** funcionário público ocupante de **cargos em comissão ou de função de direção ou assessoramento**.

Arts. 312 e 313, CP: PECULATO

- **Peculato** (arts. 312 e 313 do Código Penal). Peculato é um crime praticado por funcionário público e que visa tutelar o patrimônio da Administração e, excepcionalmente, atinge um bem particular, quando este está sob a posse ou a detenção do

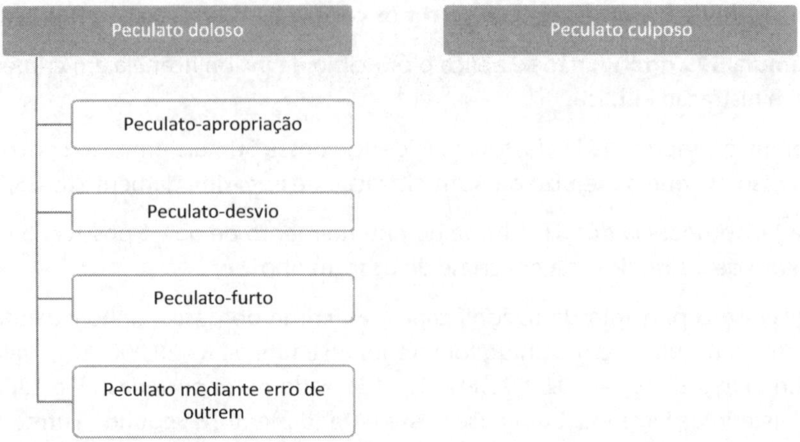

- **Peculato-apropriação:** art. 312, *caput*, 1ª parte, do Código Penal: o funcionário público, em razão da função que ocupa, tem **a posse lícita do bem público, mas passa a agir como se dono fosse do bem.** Por exemplo, o funcionário público tem a posse do computador em que trabalha e, então, resolve levá-lo para casa, dele se apropriando.

- **Peculato-desvio:** art. 312, *caput*, 2ª parte: o funcionário público, em razão da função que ocupa, **tem a posse lícita do bem público, mas desvia a sua aplicação em proveito próprio ou alheio.** Por exemplo, há uma verba destinada ao pagamento pela construção da praça pública, mas o funcionário público desvia em seu favor tal verba.

- 1. "No delito de peculato-desvio, previsto no art. 312, caput (segunda figura) do Código Penal, o dolo é representado pela consciência e vontade de empregar a coisa para fim diverso daquele determinado, aliado ao elemento subjetivo do injusto, consistente no especial fim de agir, que é a obtenção do proveito próprio ou alheio" (REsp 1257003/RJ, Rel. Ministro ROGERIO SCHIETTI CRUZ, Rel. p/ Acórdão Ministro NEFI CORDEIRO, SEXTA TURMA, julgado em 20/11/2014, DJe 12/12/2014).

- Se o desvio da verba for em benefício da própria Administração Pública, não há o crime de peculato-desvio, podendo-se configurar o crime de emprego irregular de verbas ou rendas públicas (artigo 315 do CP). segundo entendimento da jurisprudência do STJ.

- **Peculato-furto ou peculato impróprio:** art. 312, § 1º, do Código Penal: o funcionário público, valendo-se das facilidades de sua função, subtrai (furta) ou concorre (auxilia, induz ou instigue) outrem a subtrair, para si ou para outrem, o bem da Administração Pública ou que esteja sob sua posse ou detenção.

- Nesse caso, o bem não está na posse ou detenção do funcionário-público (como ocorre no peculato-apropriação). Por exemplo, o segurança de um Banco estatal subtrai o dinheiro do caixa da agência, em que trabalha.

- **Peculato mediante erro de outrem (art. 313, CP):** agindo em erro, um particular entrega à Administração Pública um bem de expressão econômica, o funcionário público percebe o erro, mas mantém o particular nesse estado, e, ainda, se apropria do bem.
- Exemplo: agindo em erro, o particular paga R$ 2.000,00 (dois mil reais), relativa a uma multa administrativa, quando o valor seria de R$ 1.000,00 (mil reais). O funcionário público percebe o erro, mas mantém o particular dessa forma, e se apropria dos R$ 1.000,00 (mil reais).
- **Peculato culposo:** Art. 312, § 2º, do Código Penal: o agente age com culpa (negligência, imprudência ou imperícia), e, de sua conduta culposa, uma terceira pessoa se aproveita para praticar um crime contra a Administração Pública, como um furto ou um peculato, etc.

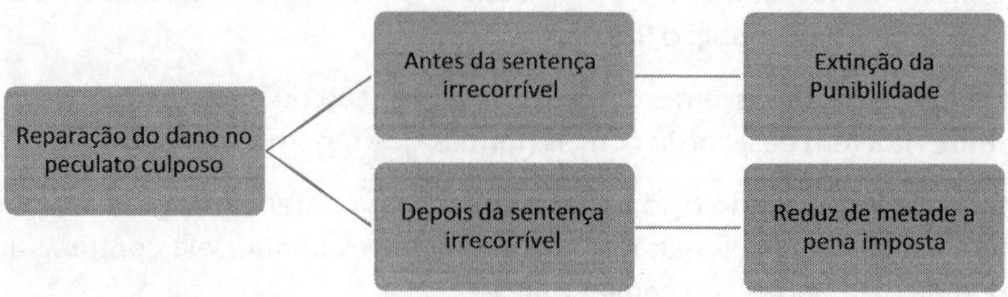

- **NO PECULATO DOLOSO, A REPARAÇÃO DO DANO NÃO EXTINGUE A PUNIBILIDADE.**

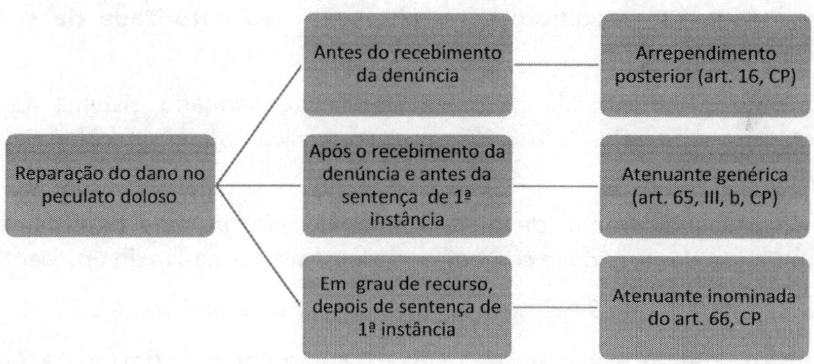

- **Peculato de uso:** ocorre na hipótese de o funcionário público se apropriar, desviar ou subtrair o bem público, mas com a nítida intenção de restituí-lo à Administração Pública e, assim, procede. Nesse caso, não há crime de peculato, porque se exige prejuízo de ordem patrimonial à Administração Pública (STJ – HC nº 94.168/MG. Rel. Min. Jane Silva. DJ. 01º.04.2008).
- **Peculato de uso:** na doutrina, há entendimento de que, se o funcionário público utiliza a coisa móvel em destinação diversa da prevista em lei, ainda que tenha a intenção de restituir a coisa Administração pública, comete o crime de peculato-desvio. Há outro entendimento doutrinário de que o peculato-desvio só é punível se a coisa usada for fungível. Com isso, o uso momentâneo de coisa infungível é atípico.

- **Penas nos crimes de peculato.**

Peculato apropriação, desvio e furto	Pena – reclusão, de dois a doze anos, e multa.
Peculato culposo	Pena – detenção, de três meses a um ano.
Peculato mediante erro de outro	Pena – reclusão, de um a quatro anos, e multa.

Art. 313-A, CP, Inserção de dados falsos em sistema de informações.

- **Conduta criminosa:** Inserir ou facilitar, o funcionário autorizado, a inserção de dados falsos, alterar ou excluir indevidamente dados corretos nos sistemas informatizados ou bancos de dados da Administração Pública com o fim de obter vantagem indevida para si ou para outrem ou para causar dano.
- O sujeito ativo, além de ser funcionário público, deve ser autorizado de acordo com lei a inserir dados, alterar ou excluir dados nos sistemas informatizados ou bancos de dados da Administração Pública.
- os dados inseridos devem ser **falsos** ou a alteração ou exclusão de dados corretos for **indevida** (em desacordo com as normas que regem a matéria).
- **Finalidade especial do tipo penal:** o agente visa obter **vantagem indevida** (pode ser de qualquer natureza, não só econômica, desde que seja contrária ao direito) para si ou para outrem ou **causar dano**.
- **Pena: reclusão, de 2 (dois) a 12 (doze) anos, e multa.**

Art. 313-B, CP, Modificação ou alteração não autorizada de sistema de informações

- **Conduta criminosa:** Modificar ou alterar, o funcionário, sistema de informações ou programa de informática sem autorização ou solicitação de autoridade competente.
- A alteração é do sistema de informação ou do *software*, feita indevidamente, sem autorização da autoridade competente (elemento normativo do tipo penal).
- **Pena: detenção, de 3 (três) meses a 2 (dois) anos, e multa.**
- **Causa de aumento de pena: as penas são aumentadas de um terço até a metade se da modificação ou alteração resulta dano para a Administração Pública ou para o administrado.**

Art. 314, CP, Extravio, sonegação ou inutilização de livro ou documento

- Conduta criminosa: **Extraviar** livro oficial ou qualquer documento, de que tem a guarda em razão do cargo; **sonegá-lo ou inutilizá-lo**, total ou parcialmente.
- Objeto material: Livro Oficial pertence à Administração Pública, como, por exemplo, o livro de rol de culpados do Tribunal do Júri. O documento pode ser particular.
- Em ambas as hipóteses, o funcionário público tem a guarda em razão da função.

- **Pena: reclusão, de um a quatro anos, se o fato não constitui crime mais grave.**

Art. 315, CP, Emprego irregular de verbas ou rendas públicas

- Conduta criminosa: **Dar** às verbas ou rendas públicas aplicação diversa da estabelecida em lei.
- O sujeito ativo do presente crime, além de ser funcionário público, tem que ter a atribuição de destinar verbas ou rendas públicas.
- Algumas verbas públicas têm destinação vinculada em lei. Assim, o agente que, em vez de aplicar a verba destinada à saúde, aplica-a na educação.
- O Prefeito Municipal que pratica essa conduta incide no crime previsto no art. 1º, III, Decreto-Lei nº 201/1967.
- Distingue-se do peculato-desvio, porque, neste, o agente desvia a verba pública em seu proveito ou de terceiro, enquanto no crime do art. 315, CP, a verba é aplicada em favor da Administração Pública, mas em desacordo com a Lei.
- **Pena: detenção, de um a três meses, ou multa.**

Art. 316, CP, CONCUSSÃO

- Conduta criminosa: **Exigir**, para si ou para outrem, direta ou indiretamente, ainda que fora da função ou antes de assumi-la, mas em razão dela, vantagem indevida.
- **Concussão:** O funcionário público faz uma **exigência** ao particular, em que há uma **ameaça**, ao menos implicitamente, para receber vantagem indevida.
- Exemplo: o agente florestal **exige** do poluidor uma quantia em dinheiro para si, para deixar de aplicar a multa.
- O agente deve se valer da condição de funcionário público, mesmo que não esteja no seu exercício, como se nomeado, mas não empossado, ou ainda no caso de aposentado, **mas sua conduta é sempre em razão da função**.
- O crime se consuma com a **exigência**, independentemente da efetiva vantagem pretendida pelo agente. Trata-se de **crime formal**.
- A vantagem pode ser econômica ou de outra natureza, mas sempre tem que ser **vantagem indevida**.
- A vantagem pode ser em favor do próprio funcionário público ou de terceiro.
- **Pena – reclusão, de 2 (dois) a 12 (doze) anos, e multa. (**Pena estabelecida pela Lei Anticrime)

Art. 316, §§ 1º e 2º, CP, EXCESSO DE EXAÇÃO

- Conduta criminosa: Se o funcionário **exige** tributo ou contribuição social que **sabe ou deveria saber indevido**, ou, **quando devido**, emprega na cobrança meio **vexatório ou gravoso**, que a lei não autoriza.

- **Excesso de exação:** art. 316, § 1º, do Código Penal: Crime relacionado à cobrança de tributos.
- Há duas figuras. Na primeira delas, o funcionário sabe ou devia saber que o tributo é indevido, mas mesmo assim exige o seu pagamento.
- Na segunda delas, o tributo é devido, mas o funcionário público expõe o devedor a uma cobrança vexatória ou gravosa, por meio não previsto em lei.
- A cobrança de tributo não deixa de ser meio invasivo, mas está delimitada nos termos da lei. O crime ocorre se o funcionário aplica meio vexatório não previsto em lei.
- **Pena: reclusão, de 3 (três) a 8 (oito) anos, e multa.**
- Há modalidade especial de excesso de exação previsto: art. 316, § 2º, do Código Penal: o funcionário público desvia a quantia recebida indevidamente em proveito próprio ou alheio.
- **Pena: reclusão, de dois a doze anos, e multa.**

Art. 317, CP, Corrupção passiva

- Conduta criminosa: **Solicitar** ou **receber**, para si ou para outrem, direta ou indiretamente, ainda que fora da função ou antes de assumi-la, mas em razão dela, vantagem indevida, ou **aceitar** promessa de tal vantagem.
- **Corrupção passiva:** o funcionário público **solicita, recebe ou aceita promessa** de vantagem indevida.
- Na concussão, o agente **exige** a vantagem indevida, enquanto, na corrupção passiva, há mera **solicitação**.
- **Não é necessário que o funcionário público receba a vantagem indevida**, basta que solicite ou aceite a promessa de recompensa, para a configuração do crime de corrupção passiva, já que se trata de **crime formal**.
- O agente deve se valer da condição de funcionário público, mesmo que não esteja no seu exercício, como se nomeado, mas não empossado, ou ainda no caso de aposentado, **mas sua conduta é sempre em razão da função**.
- A vantagem pode ser econômica ou de outra natureza, mas sempre tem que ser vantagem indevida.
- A vantagem pode ser em favor do próprio funcionário público, como particular.
- **Pena: reclusão, de 2 (dois) a 12 (doze) anos, e multa.**
- **Causa de aumento de pena:** art. 317, § 1º, CP: A pena é aumentada de **um terço**, se, em consequência da vantagem ou promessa, o funcionário **retarda ou deixa de praticar** qualquer **ato de ofício** ou o **pratica infringindo dever funcional**.

- **Corrupção privilegiada:** art. 317, § 2º, CP: Se o funcionário **pratica, deixa de praticar ou retarda ato de ofício**, com infração de dever funcional, cedendo a **pedido ou influência de outrem**.
- Na corrupção privilegiada, o funcionário público não solicita, recebe vantagem indevida ou aceita promessa de indevida vantagem. Ele age em desconformidade com a lei ao atender a pedido ou influência de outrem.
- **Pena: detenção, de três meses a um ano, ou multa.**

Art. 319, CP, PREVARICAÇÃO

- Conduta criminosa: **Retardar** ou **deixar de praticar**, indevidamente, ato de ofício, ou praticá-lo contra disposição expressa de lei, para satisfazer interesse ou sentimento pessoal.
- **Prevaricação:** se o funcionário público agir de forma contrária ao que determina a lei, comete crime de prevaricação, desde que vise a satisfazer interesse ou sentimento pessoal.
- No caso de dúvida ou erro na interpretação da lei, o funcionário público não responde por prevaricação, pois se trata de conduta meramente culposa.
- Além de querer não observar o que estabelece em lei, o funcionário público age **para satisfazer interesse ou sentimento pessoal**, como o ódio, a afeição, a teimosia, o capricho, a contemplação, benefício patrimonial indireto, etc.
- **Pena: detenção, de três meses a um ano, e multa.**

Art. 319-A, CP, PREVARICAÇÃO IMPRÓPRIA OU ESPECIAL

- Conduta criminosa: **Deixar** o Diretor de Penitenciária e/ou agente público, de **cumprir seu dever** de vedar ao preso o acesso a aparelho telefônico, de rádio ou similar, que permita a comunicação com outros presos ou com o ambiente externo.
- Além da qualidade de funcionário público, o autor do crime deve ser **DIRETOR DE PENITENCIÁRIA e/ou agente público** que tenha a atribuição de impedir a comunicação de pessoas presas.
- Trata-se de crime omissivo próprio, pois a conduta descrita no tipo penal é negativa: "deixar de...".
- O preso pode se comunicar com o mundo exterior, como, por exemplo, visitas, cartas, mas não pode por telefone e, diante de vários casos de telefone celular no interior dos presídios, cuja entrada decorria de conduta de agentes penitenciários, houve por bem o legislador prever o crime em tela.
- Para a configuração do crime, basta que haja a entrada dos objetos descritos no tipo penal no interior do presídio; não é preciso que o preso use o aparelho. Essa entrada deve decorrer da omissão dolosa do agente público.
- **Pena: detenção, de 3 (três) meses a 1 (um) ano.**

Art. 320, CP, Condescendência criminosa

- Conduta criminosa: **Deixar** o funcionário, por indulgência, **de responsabilizar** subordinado que cometeu infração no exercício do cargo ou, quando lhe falte competência, não levar o fato ao conhecimento da autoridade competente.
- **Condescendência criminosa:** art. 320, CP: o superior hierárquico, por indulgência, deixa de tomar as medidas legais cabíveis contra o funcionário público subordinado que cometeu uma infração administrativa.
- **Indulgência:** piedade, clemência, é o motivo que leva o autor a não punir o funcionário público faltoso.
- Trata-se de tipo penal especial em relação ao crime de prevaricação.
- **Pena: detenção, de quinze dias a um mês, ou multa.**

Art. 321, CP, advocacia administrativa

- Conduta criminosa: **Patrocinar**, direta ou indiretamente, interesse privado perante a administração pública, valendo-se da qualidade de funcionário.
- Patrocinar significa defender, advogar.
- Nesse crime, o funcionário público defende perante a Administração interesse de um particular, caracterizando conflito de interesses evidente.
- Trata-se de crime formal, caracterizando-se ainda que o particular não obtenha o interesse patrocinado pelo funcionário público perante a Administração Pública.
- **Pena: detenção, de um a três mês, ou multa.**
- **Pena: detenção, de três meses a um ano, além da multa,** se o interesse é ilegítimo, como cancelamento de imposto que é devido.

Art. 322, CP, VIOLÊNCIA ARBITRÁRIA

- Conduta criminosa: **Praticar** violência, no exercício de função ou a pretexto de exercê-la:
- Há entendimento de que esse artigo foi revogado tacitamente pela Lei de Abuso de Autoridade. Mas, como ele consta do edital, temos as seguintes dicas,
- Nesse crime, o funcionário público extrapola o estrito cumprimento do dever legal e pratica **violência** no exercício da função ou a pretexto de exercê-la.
- Por vezes, o agente do Estado deve se valer de violência para praticar o seu ato, como o policial para prender alguém que contra ele ou terceiro representa ameaça, mas, se exceder nessa violência, comete o crime em tela.
- **Pena: detenção, seis meses a três anos, além da pena correspondente à violência.**

Art. 323 CP, ABANDONO DE FUNÇÃO

- Conduta criminosa: **Abandonar** cargo público, fora dos casos permitidos em lei.

- Abandonar significa renunciar, afastar-se, retirar-se, do cargo por **tempo relevante** e em hipótese **não autorizada em lei**.
- Não se configura o crime, se o abandono for por causa autorizada em lei, como férias, licenças, etc.
- Não precisa haver prejuízo concreto à Administração Pública, se ocorrer, há a forma qualificada com pena mais gravosa.
- Também há pena mais gravosa se o abandono for em região de fronteira, dado os interesses de proteger a soberania do Estado nessas regiões, como atuação da Polícia Federal e da Receita Federal.
- **Pena: detenção, de quinze dias a um mês, ou multa.**
- **Pena: detenção, de três meses a um ano, e multa**, se do abandono houver prejuízo para a Administração Pública.
- **Pena: detenção, de um a três anos, e multa, se o abandono ocorrer em região de fronteira.**

Art. 324, CP, Exercício funcional ilegalmente antecipado ou prolongado

- Conduta criminosa: **Entrar** no exercício de função pública antes de satisfeitas as exigências legais, **ou continuar a exercê-la**, sem autorização, depois de saber oficialmente que foi exonerado, removido, substituído ou suspenso:
- Nesse crime, o agente entra em exercício antes de tomar posse ou continua em exercício mesmo depois de exonerado, removido, substituído ou suspenso.
- **Pena: detenção, de quinze dias a um mês, ou multa.**

Art. 325, CP, Violação de sigilo funcional

- Conduta criminosa: **Revelar** fato de que tem ciência em razão do cargo e que deva permanecer em segredo, ou **facilitar-lhe** a revelação.
- Nesse crime, deve haver perigo ao interesse público protegido pelo segredo para a configuração do crime.
- A consumação ocorre quando o terceiro toma conhecimento do fato que estava sob segredo.
- Se o funcionário público revela fato que oficialmente esteja sob sigilo, mas que já fora revelado por outrem anteriormente, não comete o crime em tela.

Condutas equiparadas	I – permite ou facilita, mediante atribuição, fornecimento e empréstimo de senha ou qualquer outra forma, o acesso de pessoas não autorizadas a sistemas de informações ou banco de dados da Administração Pública;
	II – se utiliza, indevidamente, do acesso restrito.

- **Pena: detenção, de seis meses a dois anos, ou multa, se o fato não constitui crime mais grave.**

- **Pena: reclusão, de 2 (dois) a 6 (seis) anos, e multa, e da quebra do sigilo, houver dano à Administração Pública.**

Art. 326, CP, Violação do sigilo de proposta de concorrência

- **Devassar** o sigilo de proposta de concorrência pública, ou **proporcionar** a terceiro o ensejo de devassá-lo.
- **Pena: Detenção, de três meses a um ano, e multa.**
- Atualmente, esse tipo penal está previsto no art. 337-J, CP, introduzido pela Nova Lei de Licitações: Devassar o sigilo de proposta apresentada em processo licitatório ou proporcionar a terceiro o ensejo de devassá-lo.
- **Pena: detenção, de 2 (dois) anos a 3 (três) anos, e multa.**

2.3. Crimes praticados por particular contra a Administração Pública em Geral (arts. 328 a 333, 337, CP)

- Todos os crimes previstos entre o art. 328 e o art. 337-D, CP, são **crimes comuns**, porque não se exige qualquer qualidade especial do sujeito ativo.
- **O funcionário público** pode cometer crime dessa natureza, se estiver na sua condição de particular. Assim, por exemplo, pode o policial civil praticar crime de desobediência.

Art. 328, CP, USURPAÇÃO DE FUNÇÃO PÚBLICA

- Conduta criminosa: Usurpar o exercício de função pública.
- Usurpar: o particular pratica ato público como se fosse funcionário público.
- O funcionário público que pratica ato que não é de sua atribuição, mas de outro funcionário, comete o crime de usurpação.
- **Pena: detenção, de três meses a dois anos, e multa.**
- **Pena: reclusão, de dois a cinco anos, e multa**. Se do fato, o autor do crime obtém vantagem. Não só vantagem de natureza patrimonial, como de outra natureza. Essa vantagem pode ser devida ou indevida.

Art. 329, CP, RESISTÊNCIA

- Conduta criminosa: **Opor-se** à execução de ato legal, mediante violência ou ameaça a funcionário competente para executá-lo ou a quem lhe esteja prestando auxílio.
- **Resistência:** Para a caracterização do crime de resistência, o sujeito ativo deve se voltar contra **ato legal** da Administração Pública, isto é, ato praticado formal e materialmente nos termos da lei.
- **Se o ato** for injusto e lítico, a oposição do particular mediante violência ou ameaça configura o crime de resistência.
- O agente deve resistir mediante **violência ou ameaça**.

- O ato de resistência deve ser voltado contra **o funcionário público competente** para a sua prática ou contra **o particular** que, porventura, o esteja a **auxiliá-lo**.
- Exemplo: o funcionário da empresa pública de fornecimento de água vai cortar o fornecimento por falta de pagamento, mas o particular resiste mediante violência ou ameaça.
- **Resistência passiva (*vis civilis* ou atitude ghândica):** o particular se opõe à conduta do funcionário público, sem violência ou ameaça, como ocorre no caso de deitar-se no solo da via pública e resistir à prisão). Não há o crime de resistência.
- O crime se consuma mesmo que o ato administrativo seja realizado.
- Caso o ato não se realize, há uma qualificadora.
- **Pena: detenção, de dois meses a dois anos.**
- **Pena: reclusão, de um a três anos. Se o ato, em razão da resistência, não se executa:**

Art. 330, CP, Desobediência

- Conduta criminosa: **Desobedecer** a ordem legal de funcionário público.
- **Desobediência:** O particular deixa de cumprir uma ordem legal, emanada de funcionário público que tenha competência para dar tal ordem.
- Pode o funcionário público praticar crime de desobediência, desde que não se dê em descumprimento hierarquia interna, hipótese em que não há o crime em tela, podendo configurar mera infração administrativa ou, no máximo, prevaricação (STJ – ROHC nº 12.780/MS. Rel. Min. Félix Fisher. DJ. 27.05.2003).
- Na desobediência, **não há violência ou ameaça**.
- **Pena: detenção, de quinze dias a seis meses, e multa.**

Art. 331, CP, Desacato

- Conduta criminosa: **Desacatar** funcionário público no exercício da função ou em razão dela
- **Desacato:** o agente, por qualquer meio, como palavras, gestos ou escritos, humilha, ofende, desprestigia o funcionário público no exercício ou em função dele.
- O que se tutela é a dignidade da função pública, ou seja, há crime ainda que o servidor não se sinta ofendido subjetivamente.
- Se a ofensa for feita ao funcionário público ausente, haverá crime de injúria qualificada.
- A discussão exaltada entre o particular e o funcionário público **não** tipifica o crime de desacato (STJ – REsp. 13.946/PR. Rel. Min. Cid Flaquer Scartezzini. DJ. 24.06.1992).
- O Supremo Tribunal Federal declarou inconstitucional o art. 7º, § 2 ª, do Estatuto da Ordem dos Advogados do Brasil (Lei nº 8.906/1994), que tornava imune o advogado

que cometia desacato no exercício de sua função (ADI nº 1127/DF. Rel. Original. Min. Marco Aurélio. Rel. para Acórdão. Min. Ricardo Lewandowski. DJ. 17.05.2006).

- **Embriaguez:** há entendimento de que a embriaguez, ainda que voluntária, exclui o dolo do agente de desacatar, de ofender a dignidade do serviço público. De outro lado, há entendimento de que se aplica a regra geral do art. 28, II, CP, no sentido de que a embriaguez não exclui o crime.
- **Pena: detenção, de seis meses a dois anos, ou multa.**

Art. 332, CP, TRÁFICO DE INFLUÊNCIA

- Conduta criminosa: **Solicitar, exigir, cobrar ou obter**, para si ou para outrem, vantagem ou promessa de vantagem, a pretexto de influir em ato praticado por funcionário público no exercício da função.
- O autor do fato pode ter ou não qualquer influência sobre o funcionário público, que o crime se consuma.
- Na verdade, essa suposta influência é mero pretexto para o agente obter a indevida vantagem, que pode ser patrimonial ou de outra natureza.
- Trata-se de crime formal, que se consuma no momento em que o agente pratica um dos verbos da conduta típica.
- Não precisa que o agente peça a influência ao funcionário público.
- **Pena: reclusão, de 2 (dois) a 5 (cinco) anos, e multa.**
- **Causa de aumento de pena:** A pena é aumentada da **metade**, se o agente **alega ou insinua** que a vantagem é também destinada ao funcionário.
- Para a incidência da causa de aumento, não é preciso que o funcionário público esteja de fato em conluio com o autor do fato. Basto alegação ou insinuação nesse sentido.

Art. 333, CP, CORRUPÇÃO ATIVA

- Conduta criminosa: **Oferecer** ou **prometer** vantagem indevida a funcionário público, para determiná-lo a praticar, omitir ou retardar ato de ofício.
- **Corrupção ativa:** o particular oferece ou promete a vantagem indevida.
- Trata-se de exceção à teoria monista, pois o funcionário público responde por corrupção passiva, enquanto o particular por corrupção ativa.

Corrupção ativa	Corrupção passiva
-------------------	Solicitar
Oferecer	Receber
Prometer	Aceitar promessa.

ATENÇÃO!

Se o funcionário público tomar a iniciativa e solicitar a vantagem econômica, o particular não responde por corrupção ativa, mesmo que efetue o pagamento.

- **Finalidade específica:** o oferecimento ou a promessa de vantagem indevida tem o fim específico de determinar o funcionário público a praticar, omitir ou retardar ato de ofício.
- Trata-se de **crime formal**, basta o oferecimento ou a promessa. Independe que o funcionário público deixe de praticar o ato de ofício.
- **Pena: reclusão, de 2 (dois) a 12 (doze) anos, e multa.**
- **Causa de aumento de pena:** A pena é aumentada de **um terço**, se, em razão da vantagem ou promessa, o funcionário **retarda ou omite ato de ofício**, ou o **pratica infringindo dever funcional**.
- Incide a causa de aumento de pena, se, em decorrência do oferecimento ou promessa, o funcionário público toma conduta contrária ao seu dever legal.

Art. 337, CP, Subtração ou inutilização de livro ou documento

- Conduta criminosa: **Subtrair**, ou **inutilizar**, total ou parcialmente, livro oficial, processo ou documento confiado à custódia de funcionário, em razão de ofício, ou de particular em serviço público.
- Na subtração, não basta que o livro oficial seja tirado do lugar. É preciso que o agente tome a coisa para si, a leve consigo, tome posse do livro.
- Na inutilização, não basta o simples risco ou a simples rasura, o livro ou documento deve se tornar inútil, não podendo mais ser usado para o seu devido fim.
- **Pena: reclusão, de dois a cinco anos, se o fato não constitui crime mais grave.**

2.4. Crimes contra a Administração da Justiça (arts. 339 a 344; 347; 357 e 359, CP)

- Os crimes desse capítulo tutelam a correta prestação jurisdicional.

Art. 339, CP, DENUNCIAÇÃO CALUNIOSA

- Conduta criminosa: **Dar causa** à instauração de inquérito policial, de procedimento investigatório criminal, de processo judicial, de processo administrativo disciplinar, de inquérito civil ou de ação de improbidade administrativa contra alguém, imputando-lhe crime, infração ético-disciplinar ou ato ímprobo de que o sabe inocente.

Procedimentos	inquérito policial, procedimento investigatório criminal, processo judicial, processo administrativo disciplinar, inquérito civil ou; ação de improbidade administrativa

- O crime se consuma com o início das investigações, mesmo que não haja um dos procedimentos explicitados no tipo penal, formalmente instaurado.
- O crime ocorre se o fato não ocorreu e o agente, além de mentir quanto ao fato, imputa a alguém a autoria.
- O crime ocorre se o fato ocorreu e o agente imputa falsamente a alguém a autoria.
- O envio de carta anônima dando notícia de um crime e apontando falsamente a autoria delitiva configura crime de denunciação caluniosa, se a partir dela se iniciam as investigações.
- **Pena: reclusão, de dois a oito anos, e multa.**
- **Causa de aumento de pena:** A pena é aumentada de **sexta parte**, se o agente se serve de **anonimato** ou **de nome suposto**.
- **Causa de diminuição de pena:** A pena é diminuída de **metade**, se a imputação é de prática de **contravenção.**

Art. 340, CP, COMUNICAÇÃO FALSA DE CRIME

- Conduta criminosa: **Provocar** a ação de autoridade, comunicando-lhe a ocorrência de crime ou de contravenção que sabe não se ter verificado.
- Nesse crime, o agente não imputa o fato a alguém, mas comunica à autoridade policial que houve um **crime ou contravenção penal, que não ocorreu**.
- O crime não está na simples comunicação, mas se consuma quando a autoridade inicia qualquer ato de investigação, ainda que não inquérito policial, se tem a consumação do crime.
- **Pena: detenção, de um a seis meses, ou multa.**

Art. 341, CP, Autoacusação falsa

- Conduta criminosa: **Acusar-se**, perante a autoridade, de crime inexistente ou praticado por outrem.
- Nesse caso, o agente se acusa falsamente como autor de um **crime**, que não ocorreu, se ocorreu, foi praticado por outra pessoa.
- **Pena: detenção, de três meses a dois anos, ou multa.**

Art. 342, CP, Falso testemunho ou falsa perícia

- Conduta criminosa: **Fazer** afirmação falsa, ou **negar** ou **calar** a verdade como testemunha, perito, contador, tradutor ou intérprete em processo judicial, ou administrativo, inquérito policial, ou em juízo arbitral.

Sujeitos ativos	Testemunha; Perito; Contador; Tradutor; Intérprete

- O Superior Tribunal de Justiça firmou compreensão de que, apesar do crime de falso testemunho ser de mão própria, pode haver a participação do advogado no seu cometimento.

- A impetrante foi denunciada por ter, como testemunha, supostamente mentido em processo criminal no qual figura como réu seu marido. A Turma entendeu que, para a caracterização do crime de falso testemunho, não é necessário o compromisso da testemunha. Porém, no caso, como a testemunha possui fortes laços afetivos com o réu (esposa), **não se pode exigir que ela diga a verdade, justamente em desfavor da pessoa pela qual nutre afeição, colocando em risco até mesmo a própria unidade familiar. Assim, por não haver ilicitude na conduta, a Turma concedeu a ordem para trancar a ação penal. Precedentes citados: HC 20.924-SP, DJ 7/4/2003, e REsp 198.426-MG, DJ 5/11/2001. HC 92.836-SP, Rel. Min. Maria Thereza de Assis Moura, julgado em 27/4/2010**.

- Se a **vítima** mentir em Juízo, **não** comete crime de falso testemunho, porque, pela lei processual penal, ela não é testemunha.

- Condutas comissivas: **Fazer** a afirmação falsa ou **negar** a verdade.

- Conduta omissiva: **Calar** a verdade.

- **Fato juridicamente relevante:** só o crime se o falso recair sobre fato relevante para o deslinde da causa. Se o fato for irrelevante para a formação de convencimento da Autoridade Policial ou Judicial, não há potencialidade lesiva à Administração da Justiça.

- É pacífico o entendimento de que o crime de falso testemunho é formal, consumando-se no momento em que é feita a afirmação falsa sobre fato juridicamente relevante, razão pela qual não é necessária a prolação de sentença condenatória no processo em que o depoimento foi prestado para que o delito se configure, exatamente como na espécie. Doutrina. Jurisprudência (STJ – AgRg no RHC 122081/MG – Rel. Min. Jorge Mussi. DJ. 18/02/2020).

- **Se** o falso é cometido no cumprimento de carta precatória, o Juízo deprecado é o competente para o julgamento do crime, pois o crime se consumou nesse local.

- **Pena: reclusão, de 2 (dois) a 4 (quatro) anos, e multa.**

- **Causa de aumento de pena:** As penas aumentam-se de **um sexto a um terço**, se o crime é praticado **mediante suborno** ou se cometido com o fim de obter prova destinada a produzir efeito em **processo penal**, ou em **processo civil** em que for parte **entidade da administração pública direta ou indireta**.

- **Retratação:** o fato deixa de ser punível se, <u>**antes da sentença**</u> **no processo em que ocorreu o ilícito**, o agente se retrata ou declara a verdade.

Art. 343, CP, CORRUPÇÃO ATIVA DE TESTEMUNHA OU PERITO

- Conduta criminosa: **Dar, oferecer ou promoter** dinheiro ou qualquer outra vantagem a testemunha, perito, contador, tradutor ou intérprete, para fazer afirmação falsa, negar ou calar a verdade em depoimento, perícia, cálculos, tradução ou interpretação.

- A vantagem pode ser econômica ou de outra natureza.
- Não é preciso que a testemunha ou outro destinatário receba a vantagem basta que haja oferecimento ou promessa.
- Finalidade especial: a corrupção é para que o destinatário faça afirmação falsa, negar ou calar a verdade em depoimento, perícia, cálculos, tradução ou interpretação.
- **Pena: reclusão, de três a quatro anos, e multa.**
- **Causa de aumento de pena:** As penas aumentam-se de **um sexto a um terço**, se o crime é cometido com o fim de obter prova destinada a produzir efeito **em processo penal** ou **em processo civil** em que for parte entidade da **administração pública direta ou indireta**.

Art. 344, CP, Coação no curso do processo

- Conduta criminosa: **Usar** de violência ou grave ameaça, com o fim de favorecer interesse próprio ou alheio, contra autoridade, parte, ou qualquer outra pessoa que funciona ou é chamada a intervir em processo judicial, policial ou administrativo, ou em juízo arbitral.
- Meio de coação: **violência ou grave ameaça**.
- Finalidade especial: **favorecer interesse próprio ou alheio**

Vítimas	Autoridade; Parte; Qualquer outra pessoa que funciona ou é chamada a intervir

- **Pena: reclusão, de um a quatro anos, e multa, além da pena correspondente à violência.**
- Causa de aumento de pena: A pena aumenta-se de 1/3 (um terço) até a metade se o processo envolver crime contra a dignidade sexual

Art. 347, CP, Fraude processual

- Conduta criminosa: **Inovar** artificiosamente, na pendência de processo civil ou administrativo, o estado de lugar, de coisa ou de pessoa, com o fim de induzir a erro o juiz ou o perito.

Tipo penal	a) a conduta consiste em inovar (mudar, alterar), b) artificiosamente (mediante artifício ou ardil); c) o estado de lugar, de coisa ou de pessoa; d) com o fim de induzir a erro o juiz ou o perito.

- **Pena: detenção, de três meses a dois anos, e multa.**
- **Causa de aumento de pena:** Se a inovação se destina a produzir efeito em **processo penal**, ainda que não iniciado, as penas aplicam-se em **dobro**.

Inovação artificial em processo civil ou administrativo	Inovação artificial em processo penal
O processo já deve ter se iniciado (pendência)	A inovação pode ocorrer mesmo antes de iniciado o processo

Art. 357, CP, Exploração de prestígio

- Conduta criminosa: **Solicitar ou receber** dinheiro ou qualquer outra utilidade, a pretexto de influir em juiz, jurado, órgão do Ministério Público, funcionário de justiça, perito, tradutor, intérprete ou testemunha:
- Esse crime se assemelha ao de tráfico de influência. A diferença é que a suposta influência vai recair sobre **juiz, jurado, órgão do Ministério Público, funcionário de justiça, perito, tradutor, intérprete ou testemunha**.
- **Pena: reclusão, de um a cinco anos, e multa.**
- **Causa de aumento de pena:** As penas aumentam-se de **um terço**, se o agente alega ou insinua que o dinheiro ou utilidade também se destina a qualquer das pessoas referidas neste artigo.

Art. 359, CP, Desobediência a decisão judicial sobre perda ou suspensão de direito

- Conduta criminosa: **Exercer** função, atividade, direito, autoridade ou múnus, de que foi suspenso ou privado por decisão judicial.
- Há ordem judicial que proíbe ou suspende a pessoa de praticar função atividade, direito, autoridade ou múnus.
- O crime ocorre caso o agente desobedece a essa ordem judicial.
- **Pena: detenção, de três meses a dois anos, ou multa.**

Direito Processual Penal

Danilo da Cunha Sousa

Oficial de Promotoria – Ministério Público de São Paulo	
Itens do Edital	**Tópico do Livro**
Arts. 24, §§ 1º e 2º, 25; 27, CPP.	1
Art. 28 e §§ 1º e 2º, CP.	2
Art. 28-A, incisos e §§, CPP.	3
Arts. 40 a 42; 46, §§ 1º e 2º; 47, CPP.	4
Arts. 257 e 258, CPP.	5
Lei n. 9.099/95	6
Resolução nº 1.364/2021 – PGJ-CPJ	3.1 e 7

1. DA AÇÃO PENAL (ARTS. 24 E §§ 1º E 2º; 25 E 27)

Quando uma pessoa comete um crime, surge para o Estado a pretensão punitiva, ou seja, a pretensão de punir essa pessoa. Mas, para que se possa aplicar a pena, é preciso um processo que deve tramitar pelo Poder Judiciário.

O Poder Judiciário deve ser provocado para que se tenha início um processo. A ação penal vem a ser justamente o direito que tem o seu titular para provocar o Poder Judiciário.

E quem é o titular da ação penal. Em regra, o Ministério Público (ação penal pública). Excepcionalmente, o ofendido (ação penal privada).

Quadro resumido sobre ação penal:

Natureza	Legitimidade ativa	Condição Específica	Exemplos
Pública Incondicionada	Ministério Público	Não tem	É a regra: homicídio, furto etc.
Pública Condicionada à Representação do Ofendido	Ministério Público	Representação do ofendido ou representante legal	Ameaça
Pública Condicionada à Requisição do Ministério da Justiça	Ministério Público	Requisição do Ministério da Justiça	Crimes contra a honra do Presidente da República
Privada	Ofendido ou seu representante	Não tem	Crimes contra a honra em geral
Privada Subsidiária da Pública	Ofendido ou seu representante	Inércia do Ministério Público	Qualquer crime de ação pública
Privada Personalíssima	Exclusiva do ofendido	Não tem	Única hipótese: art. 236, CP.

Condições da ação penal	a. Legitimidade ativa: é o autor da ação penal (Ministério Público, em regra; excepcionalmente, o ofendido); b. Legitimidade passiva: é autor do crime, aquele contra quem o Estado pretende exercer a pretensão punitiva; c. Interesse de agir: necessidade de intervenção do Judiciário para satisfação da pretensão punitiva e com a escolha da via adequada; d. Justa causa: a inicial da ação penal deve ser acompanhada pelo mínimo de prova a indicar a viabilidade da ação penal, ao final, ser julgada procedente.

DA AÇÃO PENAL PÚBLICA

- A ação penal pública é aquela em que o autor da ação é o Ministério Público, conforme dispõe o art. 129, I, CF/88.

Princípios da ação penal pública	1. **Princípio da obrigatoriedade**: o Ministério Público tem o dever de promover a ação penal ao ter notícia do crime e caso não existam obstáculos que o impeça de atuar. Assim, verificando ser a conduta típica, ilícita e culpável, o Ministério Público estará obrigado a oferecer a denúncia. 2. **Princípio da indisponibilidade**: uma vez proposta a ação penal, o MP não pode desistir de seu prosseguimento; 3. **Oficialidade:** a ação penal está a cargo do Ministério Público, órgão estatal; 4. **(In)divisibilidade** posição majoritária na doutrina: **indivisibilidade**: o MP deve oferecer denúncia contra todos os autores do crime, segundo os indícios colhidos até o momento da propositura da ação. **STF e STJ**: a jurisprudência é no sentido de que vige o princípio da **divisibilidade**, pois o MP pode oferecer denúncia contra um acusado em um momento e contra outro em momento posterior ao surgirem novas provas.

Jurisprudência do STF: 5.3. Princípio da divisibilidade da ação penal pública incondicionada. Não obrigatoriedade da denúncia contra todos os infratores em idêntico tempo e ato processual (RHC 126423 AgR/MG)

Modalidades de ação penal pública	a) Ação penal pública incondicionada; b) Ação penal pública condicionada à representação do ofendido; c) Ação penal pública condicionada à requisição do Ministro da Justiça

- Na ação **penal pública incondicionada**, o Ministério Público age, independentemente de manifestação de vontade da vítima. Ou seja, ele pode oferecer a denúncia, desde que presentes os requisitos legais, ainda que a vítima manifeste que não está de acordo com a propositura da ação.
- A regra no sistema jurídico brasileiro é que a ação penal é de natureza pública incondicionada. Assim, no silêncio da lei, essa é a natureza da ação penal. Caso a ação penal tenha outra natureza, deve haver previsão expressa na lei.
- Exemplo: o art. 157 do CP não especifica a natureza da ação penal para o crime de roubo. Portanto, esse crime é de ação penal pública incondicionada. Por outro lado, o art. 147, CP, prevê a representação para o crime de ameaça, logo a ação penal é pública condicionada à representação.
- Seja qual for o crime, quando praticado em detrimento do patrimônio ou interesse da União, Estado e Município, a ação penal será pública.
- No caso de ação penal pública incondicionada, qualquer do povo pode dar notícia do crime por escrito ao membro do Ministério Público.
- Na ação **penal pública condicionada à representação,** há condição específica de procedibilidade: a representação do ofendido ou de seu representante legal. Com efeito, o Ministério Público só pode iniciar a ação penal pela denúncia, desde que haja manifestação do ofendido nesse sentido, o que se materializa por meio da representação.

- Ofendido é a vítima do crime. Caso seja ele incapaz, a representação deve ser oferecida por seu representante legal, que, em regra, é o pai e a mãe.

  Jurisprudência do STJ: A controvérsia disposta nos autos versa acerca da possibilidade de terceiro (avó, no caso), que não seja representante legal, possa representar – no interesse da vítima – na ação penal pública condicionada, em razão da **prescindibilidade de rigores formais** para o ato, no caso de crime sexual contra menor de idade praticado antes da vigência da Lei n. 12.015/2009 – arts. 214 c/c o 224, a, e 226, II, do Código Penal. 2. Doutrina e jurisprudência são uniformes no sentido de que a representação **prescinde de qualquer formalidade**, sendo suficiente a demonstração do interesse da vítima ou seu representante em autorizar a persecução criminal. 3. A **representação tem mais caráter material do que formal, admitindo-se a iniciativa de outras pessoas ligadas à vítima**: avós, tios, irmãos, pais de criação, pessoas encarregadas da guarda, entre outras. 4. Percebe-se que a renúncia contida nos autos, deveu-se a fatores outros, totalmente alheios ao interesse da vítima, sendo imperioso prestigiar-se a legítima pretensão jurídica esboçada, in casu, pela avó da criança, em defesa dos direitos desta (AgRg no REsp nº 1.618.438/MG. Rel. Min. Sebastião Reis Júnior. DJ. 04/05/2017).

- O prazo para o ofendido ou seu representante legal oferecer a representação é de seis meses a partir do momento em que se tem conhecimento de quem foi o autor do crime, sob pena de decadência.

- Em caso de morte do ofendido, há sucessão para pessoas que passam a ter interesse em representar.

Morte ou ausência declarada do ofendido (legitimidade para oferecer representação)	• **C**ônjuge; • **A**scendente; • **D**escendente; • **I**rmão.

- A representação tem caráter **objetivo**, ou seja, se refere ao fato, não aos autores dele.

- O ofendido pode se retratar à representação, em regra, até o **oferecimento** da denúncia.

- Na Lei Maria da Penha, em crimes de violência doméstica contra a mulher, a retratação pode acontecer até o **recebimento** da denúncia, necessitando-se de audiência específica para tanto.

- A outra modalidade de ação penal pública condicionada é aquela que depende de **requisição do Ministro da Justiça**, como, por exemplo, nos crimes contra a honra do Presidente da República.

- Tanto a representação do ofendido, quanto a requisição do Ministro da Justiça, não vinculam o Ministério Público, que pode não oferecer denúncia, se achar que não há prova da materialidade delitiva ou de indícios suficientes de autoria.

2. ARQUIVAMENTO DO INQUÉRITO POLICIAL OU DE OUTROS ELEMENTOS INFORMATIVOS DE IGUAL NATUREZA (ART. 28, §§ 1º E 2º, CPP)

- O Pacote Anticrime (Lei n. 13.964/2019) modificou o sistema de arquivamento do inquérito policial. Porém, na ADI n. 6.298MC/DF, de Relatoria do Ministro Luiz Fux, a vigência da nova redação do art. 28 foi suspensa. Desse modo, atualmente, prevalece a redação originária do CPP

a. Sistemática do arquivamento de acordo com o Pacote Anticrime

- Essa sistemática foi introduzida pelo Pacote Anticrime. Mas, teve a vigência suspensa pelo Min. Luiz Fux. Contudo, interpretação do Edital nos leva a entender que essa sistemática é a que vai ser exigida no concurso público.

  ANTENÇÃO: O inquérito policial **jamais é arquivado pela AUTORIDADE POLICIAL.**

- O órgão de execução do Ministério Público promove o arquivamento do Inquérito Policial, caso entenda que não seja o caso de oferecer denúncia, como, por exemplo, se entender que o fato está prescrito ou que o fato é atípico ou que não indícios de autoria delitiva.
- Promovido o arquivamento do inquérito policial, os autos são enviados ao órgão Superior do Ministério Público, nos termos da Lei Orgânica da Instituição.
- O membro do Ministério Público que arquivar o IP deve dar ciência à vítima, ao investigado e à autoridade policial.
- Caso discorde do arquivamento, a vítima ou seu representante legal pode pedir a revisão da medida ao órgão superior do Ministério Público, no prazo de trinta dias.
- Com ou sem pedido de revisão pela vítima, o Órgão Superior do Ministério Público poderá homologar o arquivamento, requisitar novas diligências ou designar outro membro institucional para oferecer denúncia.
- Nas ações penais relativas a crimes praticados em detrimento da União, Estados e Municípios, a revisão do arquivamento do inquérito policial poderá ser provocada pela chefia do órgão a quem couber a sua representação judicial.
- A promoção de arquivamento será comunicada, por meio eletrônico, às vítimas ou a seus representantes legais para fins do artigo 28, § 1° do Código de Processo Penal (art. 20, § 1º, Resolução 1.364/2021).
- Serão também comunicados por meio eletrônico os investigados e, para fins de registro, a autoridade policial e o órgão jurisdicional competente. (art. 20, § 2º, Resolução 1.364/2021).
- Estando o investigado preso, a comunicação ao órgão jurisdicional deverá ser feita no prazo de 24 (vinte e quatro) horas. (art. 20, § 3º, Resolução 1.364/2021).

- Inviabilizada a comunicação eletrônica das vítimas, seus representantes legais ou investigados, poderá ser feita por edital publicado no sítio eletrônico do Ministério Público ou outro meio oficial de divulgação de seus atos, na forma de regulamentação própria. (art. 20, § 4º, Resolução 1.364/2021).

B. Sistemática da redação original do CPP

- Essa sistemática se encontra em vigência, porque, na ADI n. 6.298/DF, em liminar, o Min. Luiz Fux suspendeu a vigência do novo art. 28 do CPP, dado pela Lei n. 13.964/2019). Mas, a interpretação do edital nos leva a entender que será cobrada a nova sistemática. Por cautela, comentamos a antiga forma.

  ANTENÇÃO: O inquérito policial **jamais é arquivado pela AUTORIDADE POLICIAL.**

- Nos termos do art. 28 do CPP, o Ministério Público se manifesta pelo arquivamento do Inquérito Policial e o juiz pode ou não homologar o arquivamento.
- Caso não haja homologação do inquérito policial, o juiz envia os Autos ao Procurador Geral do Ministério Público, no caso dos Ministérios Públicos Estaduais, ou à Câmara de Coordenação e Revisão, no caso do Ministério Público Federal.
- **Art. 28, CPP**: não homologação do inquérito policial pelo juiz: atividade jurisdicional anômala, porque se trata de fiscalização da atuação do Ministério Público em relação ao **princípio da obrigatoriedade da ação penal pública**.

Se o juiz discordar do arquivamento, ele envia os Autos ao Procurador-Geral do Ministério Público, que pode tomar três condutas:	a. Mantém o arquivamento; b. Requisita a produção de novas provas; c. Designa outro Promotor de Justiça para apresentar denúncia. O membro designado não pode se recusar a oferecer denúncia, pois age em nome do Procurador-Geral

3. DO ACORDO DE NÃO PERSCUÇÃO PENAL (ANPP – ART. 28-A, INCISOS E §§, DO CPP)

- O acordo de não persecução penal foi introduzido no ordenamento jurídico brasileiro pelo Pacote Anticrime (Lei nº 13.964/2019).

Requisitos para ANPP	a) Não é o caso de arquivamento do inquérito policial; b) Confissão formal e circunstanciada da prática da infração penal pelo investigado; c) infração penal sem violência ou grave ameaça e com pena mínima inferior a 4 (quatro) anos. Para efeitos da pena mínima aplicada, devem ser consideradas as causas de aumento e diminuição de pena. d) A medida é necessária e suficiente para reprovação e prevenção do crime.

Fatos que impedem o ANPP	I – se for cabível transação penal de competência dos Juizados Especiais Criminais, nos termos da lei; II – se o investigado for reincidente ou se houver elementos probatórios que indiquem conduta criminal habitual, reiterada ou profissional, exceto se insignificantes as infrações penais pretéritas; III – ter sido o agente beneficiado nos 5 (cinco) anos anteriores ao cometimento da infração, em acordo de não persecução penal, transação penal ou suspensão condicional do processo; e IV – nos crimes praticados no âmbito de violência doméstica ou familiar, ou praticados contra a mulher por razões da condição de sexo feminino, em favor do agressor.
Condições ajustadas cumulativa e alternativamente no ANPP	I – reparar o dano ou restituir a coisa à vítima, exceto na impossibilidade de fazê-lo; II – renunciar voluntariamente a bens e direitos indicados pelo Ministério Público como instrumentos, produto ou proveito do crime; III – prestar serviço à comunidade ou a entidades públicas por período correspondente à pena mínima cominada ao delito diminuída de um a dois terços, em local a ser indicado pelo juízo da execução, na forma do art. 46 do Decreto-Lei nº 2.848, de 7 de dezembro de 1940 (Código Penal); IV – pagar prestação pecuniária, a ser estipulada nos termos do art. 45 do Decreto-Lei nº 2.848, de 7 de dezembro de 1940 (Código Penal), a entidade pública ou de interesse social, a ser indicada pelo juízo da execução, que tenha, preferencialmente, como função proteger bens jurídicos iguais ou semelhantes aos aparentemente lesados pelo delito; ou V – cumprir, por prazo determinado, outra condição indicada pelo Ministério Público, desde que proporcional e compatível com a infração penal imputada.

- O ANPP será formalizado por escrito e será firmado pelo membro do Ministério Público, pelo investigado e por seu defensor.
- Para a homologação do anpp, será realizada audiência na qual o juiz deverá verificar a sua voluntariedade, por meio da oitiva do investigado na presença do seu defensor, e sua legalidade.
- O juiz pode se recusar a homologar o ANPP, se não presentes os requisitos legais ou se considerar inadequadas, insuficientes ou abusivas as condições dispostas no acordo.
- Descumpridas quaisquer das condições estipuladas no acordo de não persecução penal, o Ministério Público deverá comunicar ao juízo, para fins de sua rescisão e posterior oferecimento de denúncia. Cumprido integralmente o acordo de não persecução penal, o juízo competente decretará a extinção de punibilidade.
- No caso de recusa, por parte do Ministério Público, em propor o acordo de não persecução penal, o investigado poderá requerer a remessa dos autos a órgão superior, na forma do art. 28, §1º do CPP.
- De acordo com entendimento do STF É POSSÍVEL que o acordo de não persecução penal seja aplicado a fatos ocorridos antes do início de sua vigência, com o Pacote Anticrime (Lei nº 13.964/2019), desde que ainda não tenha sido recebida a denúncia pelo Juiz da causa (ARE 139741).

De acordo com a jurisprudência do STJ (HC 657165/RJ), o ANPP:	**A) Não é um direito subjetivo do acusado;** **B) Não é uma mera faculdade do Ministério Público.** **C) É um PODER-DEVER DO MINISTÉRIO PÚBLICO e, portanto, presentes os requisitos legais, deve ser oferecido ao acusado.** **D) O Ministério Público tem discricionariedade regrada para celebração do ANPP, ou seja, deve fundamentar expressamente o motivo pelo qual ofereceu ou deixou de oferecer o acordo.**

3.1. O ANPP E A RESOLUÇÃO N. 1.364/2021– PGJ-CPJ

- A Resolução n. 1.364/2021 – PGJ-CPJ regulamento o procedimento de investigação criminal presidido pelo Ministério Público, conforme será visto no item 7.
- Nessa resolução, há dispositivos que tratam do ANPP que repetem o disposto no art. 28-A do CPP ou que os complementam.

Normas complementares de ANPP na Resolução n. 1.364/2021 – PGJ-CPJ	**a) Não há obrigatoriedade de o órgão de execução do Ministério Público notificar o(a) investigado(a) que não confessou formalmente a prática da infração penal durante a investigação e que sua defesa técnica não tenha sinalizado quanto à pretensão daquele em fazê-lo.** **b) Buscando efetivar a reparação dos danos civis causados às vítimas hipossuficientes, o Ministério Público, quando necessário, deve encaminhá-las, mediante comunicação formal, a serviços gratuitos de atendimento jurídico.** **c) O órgão de execução do Ministério Público pode, diante do caso concreto, fixar o valor mínimo do dano moral.** **d) O capítulo do ANPP relativo à composição de danos civis poderá ser pactuado com caráter de autonomia, constituindo título executivo de natureza cível apto à execução, mesmo na hipótese de posterior descumprimento do acordo.** **e) No APP, pode ser fixado que a fiança paga pelo investigado pode ser revertida em favor da vítima, como parte da composição dos danos civis.** **f) O descumprimento do acordo de não persecução penal pelo investigado também poderá ser utilizado pelo Ministério Público como justificativa para o eventual não oferecimento de suspensão condicional do processo.** **g) Na recusa do Ministério Público em propor o acordo de não persecução penal, a denúncia deve ser oferecida e o(a) investigado(a) poderá requerer o reexame ao órgão superior do MP, no prazo da resposta prevista no art. 396-A do Código de Processo Penal, sob pena de preclusão.**

4. DENÚNCIA (PETIÇÃO INICIAL DA AÇÃO PENAL – ARTS. 40 A 42; 46, §§ 1º E 2º, 47)

- Recebido o inquérito policial, o MP, se entender que estão presentes os requisitos legais, principalmente, a prova da materialidade do crime (ou seja, prova de que houve um fato criminoso) e indícios suficientes de autoria (ou seja, indícios de que determinada pessoa cometeu esse fato criminoso), deve dar início à ação penal, o que ele faz por meio de uma peça processual: a denúncia.

- Não somente o inquérito policial, pode ser a base da denúncia. Outras formas semelhantes, como o procedimento investigatório criminal (PIC), instaurado pelo próprio Ministério Público, ou documentos que a Autoridade Judiciária envia obrigatoriamente ao Ministério Público ao tomar conhecimento de um fato criminoso (art. 40, CPP), também são fonte para denúncia.
- Denúncia: é a peça inicial da ação penal pública.
- Queixa-crime: é a peça inicial da ação penal privada. Para o advogado apresentar a queixa-crime, deve ter poderes especiais para tanto.

Requisitos formais da peça inicial, sob pena de inépcia	• a exposição do fato criminoso, com todas as suas circunstâncias; • a qualificação do acusado ou esclarecimentos pelos quais se possa dentifica-lo; • a classificação do crime e; • quando necessário, o rol das testemunhas.

- Não presentes esses requisitos é o caso de rejeição de denúncia ou queixa-crime pelo Juiz.
- O Ministério Público não poderá desistir da ação penal.

Prazo para oferecimento da denúncia	**RÉU PRESO: 5 DIAS**	**RÉUS SOLTO OU AFIANÇADO: 15 DIAS**

- O prazo para oferecimento da denúncia é contado da data em que o órgão do Ministério Público receber os autos do inquérito policial ou da peça de informação semelhante ou a representação em seu gabinete.
- Se o Ministério Público entender que necessita de novos elementos de prova para esclarecer os fatos, poderá requisitá-los diretamente, de quaisquer autoridades ou funcionários que devam ou possam fornecê-los.
- No caso de queixa-crime (ação penal privada), o Ministério Público pode promover o aditamento no prazo de três dias. Caso não faça isso, presume-se que entendeu que não se faz necessário o aditamento.
- Como o titular da ação penal privada propriamente dita ou exclusiva é o ofendido, o aditamento pelo MP deve recair sobre elementos secundários da queixa, como fatos que possam influenciar na aplicação da pena. Não pode o MP acrescentar novos acusados na queixa-crime ou novos fatos.

Atenção: no aditamento, o MP não atua como autor da ação penal privada, mas como custos legis.

5. O MINISTÉRIO PÚBLICO NO PROCESSO PENAL (ARTS. 257 E 258, CPP)

Funções do Ministério Público no processo penal	I – promover, privativamente, a ação penal pública, na forma estabelecida neste Código; II – fiscalizar a execução da lei

- A promoção da ação penal é ato privativo do Ministério Público, mas não exclusivo, porque a Lei prevê hipóteses em que a legitimidade para a propositura da ação é do ofendido (ação penal privada).
- Seja na ação penal pública, quando é autor da ação), seja na ação penal privada, a atuação do Ministério Público é como fiscal da lei, ou custos legis.
- Também, no processo penal, o Ministério Público atuará na defesa da ordem jurídica, do regime democrático e dos interesses sociais e individuais indisponíveis (art. 127, CP).
- Assim, o MP não pode desistir da ação penal, mas tem o dever de pedir a absolvição do acusado ao final do processo, se entender que não há provas suficientes da acusação.
- O membro do Ministério público também deve atuar com imparcialidade.

Para se garantir a imparcialidade. os órgãos do Ministério Público não funcionarão nos processos em que:	o juiz ou qualquer das partes for seu cônjuge (ou companheiro), ou parente, consanguíneo ou afim, em linha reta ou colateral, até o terceiro grau, inclusive, e a eles se estendem, no que lhes for aplicável, as prescrições relativas à suspeição e aos impedimentos dos juízes.

Casos de impedimento do juiz (aplicáveis ao órgão de execução do Ministério Público)	I – tiver funcionado seu cônjuge (ou companheiro) ou parente, consanguíneo ou afim, em linha reta ou colateral até o terceiro grau, inclusive, como defensor ou advogado, órgão do Ministério Público, autoridade policial, auxiliar da justiça ou perito; II – ele próprio houver desempenhado qualquer dessas funções ou servido como testemunha; III – tiver funcionado como juiz de outra instância, pronunciando-se, de fato ou de direito, sobre a questão; IV – ele próprio ou seu cônjuge ou parente, consanguíneo ou afim em linha reta ou colateral até o terceiro grau, inclusive, for parte ou diretamente interessado no feito.

Casos de suspeição do juiz (aplicáveis ao órgão de execução do Ministério Público)	I – se for amigo íntimo ou inimigo capital de qualquer deles; II – se ele, seu cônjuge, ascendente ou descendente, estiver respondendo a processo por fato análogo, sobre cujo caráter criminoso haja controvérsia; III – se ele, seu cônjuge, ou parente, consangüíneo, ou afim, até o terceiro grau, inclusive, sustentar demanda ou responder a processo que tenha de ser julgado por qualquer das partes; IV – se tiver aconselhado qualquer das partes; V – se for credor ou devedor, tutor ou curador, de qualquer das partes; VI – se for sócio, acionista ou administrador de sociedade interessada no processo.

6. LEI Nº 9.099/1995 (JUIZADOS ESPECIAIS CRIMINAIS)

- O Juizado Especial Criminal, provido por juízes togados ou togados e leigos, tem competência para a conciliação, o julgamento e a execução das infrações penais de menor potencial ofensivo, respeitadas as regras de conexão e continência.
- Admite-se a transação penal em **infrações de menor potencial ofensivo** (as contravenções penais e os crimes a que a lei comine pena máxima não superior a 2 (dois) anos, cumulada ou não com multa).
- Na reunião de processos, perante o juízo comum ou o tribunal do júri, decorrentes da aplicação das regras de conexão e continência, deverão ser observados os institutos da transação penal e da composição dos danos civis.
- Em caso de crime de ação penal pública incondicionada ou havendo representação do ofendido, o MP pode oferecer a transação penal, com a aplicação imediata de pena restritiva de direitos ou multa.
- Nas hipóteses de ser a pena de multa a única aplicável, o Juiz poderá reduzi-la até a metade.
- A sentença homologatória da transação penal, em que se aplica pena restritiva de direitos ou multa, **não gera maus antecedentes** e não forma título executivo na esfera cível.

Não se admite a transação penal, se presente ao menos um dos seguintes fatos	• ter sido o autor da infração condenado, pela prática de crime, à pena privativa de liberdade, por sentença definitiva; • ter sido o agente beneficiado anteriormente, no prazo de cinco anos, pela aplicação de pena restritiva ou multa, nos termos deste artigo; • não indicarem os antecedentes, a conduta social e a personalidade do agente, bem como os motivos e as circunstâncias, ser necessária e suficiente a adoção da medida.

- A sentença judicial que homologa a transação penal gera coisa formal. No entanto, não faz coisa julgada material e, se o agente descumprir os termos da transação, a ação penal é reiniciada (STF – RE. nº 602.072/RS – Rel. Min. Cezar Peluso. DJ. 19.11.2009 – Com repercussão geral reconhecida pelo Pleno).

- Nas Disposições Finais, a Lei nº 9.099/95 trata da **suspensão condicional do processo**.
- Os crimes que estão sujeitas à suspensão condicional do processo não são apurados no JECRIM, mas no Juízo Comum.

Requisitos da suspensão condicional do processo	• pena **mínima cominada** for igual ou inferior a um ano; • o acusado não esteja sendo processado ou não tenha sido condenado por outro crime; • demais requisitos da suspensão da pena (art. 77, CP).

- A suspensão do processo terá um prazo de dois a quatro anos (período de prova) e, nesse período, pode ser revogado, se o agente voltar a ser processado ou não reparar o dano, salvo, nesse caso, de apresentar justificativa.
- O Juiz, após a aceitação da proposta pelo acusado e seu defensor, recebe a denúncia, se for o caso, e promove a suspensão do processo e, durante o período de prova, o acusado deve ser submetido às seguintes condições, além daquelas que o juiz possa eventualmente entender necessárias ao caso concreto.

Condições a serem observadas pelo acusado durante o período de prova	I – reparação do dano, salvo impossibilidade de fazê-lo; II – proibição de frequentar determinados lugares; III – proibição de ausentar-se da comarca onde reside, sem autorização do Juiz; IV – comparecimento pessoal e obrigatório a juízo, mensalmente, para informar e justificar suas atividades.

- Durante a suspensão do processo, a PRESCRIÇÃO PENAL também permanece suspensa.
- Como se trata de uma figura do direito penal negocial, o acusado não é obrigado a aceitar a proposta de suspensão condicional do processo. Se ele não aceitar, o processo segue normalmente em seus atos posteiores.
- **TEMAS 920 de Recursos repetitivos do STJ:** Recurso especial processado sob o regime previsto no art. 543-C, § 2º, do CPC, c/c o art. 3º do CPP, e na Resolução n. 8/2008 do STJ. PRIMEIRA TESE: Se descumpridas as condições impostas durante o período de prova da suspensão condicional do processo, o benefício poderá ser revogado, mesmo se já ultrapassado o prazo legal, desde que referente a fato ocorrido durante sua vigência. [...] 2. Da exegese do § 4º do art. 89 da Lei n. 9.099/1995 ("a suspensão poderá ser revogada se o acusado vier a ser processado, no curso do prazo, por contravenção, ou descumprir qualquer outra condição imposta), constata-se ser viável a revogação da suspensão condicional do processo ante o descumprimento, durante o período de prova, de condição imposta, mesmo após o fim do prazo legal.

- **TEMAS 930 de Recursos repetitivos do STJ:** Não há óbice a que se estabeleçam, no prudente uso da faculdade judicial disposta no art. 89, § 2º, da Lei n. 9.099/1995, obrigações equivalentes, do ponto de vista prático, a sanções penais (tais como a prestação de serviços comunitários ou a prestação pecuniária), mas que, para os fins do sursis processual, se apresentam tão somente como condições para sua incidência.

7. RESOLUÇÃO N. 1.364/2021-PGJ-CPJ

- O procedimento processual penal (persecução penal) em regra se divide em duas fases: a) fase investigatória, inquisitória ou preliminar; b) fase judicial.
- A fase inquisitorial visa a colheita de elementos de prova para que embasam o Ministério Público para oferecer a denúncia e, assim, iniciar a fase judicial.
- A fase inquisitorial é dispensável, pois o Ministério Público pode oferecer a denúncia sem tal fase, se já possui convicção suficiente para tanto.
- Mas, caso necessária, a fase inquisitorial, em regra, se dá por meio de inquérito policial, presidido pela Autoridade Policial (Delegado de Polícia).
- Existem outras formas de investigação, como as Comissões Parlamentares de Inquérito e o procedimento investigatório criminal (PIC).
- O PIC é procedimento sumário, desburocratizado, de natureza administrativa e investigatória, instaurado e presidido pelo próprio Ministério Público, com o fim de investigar a ocorrência de infrações penais de iniciativa do próprio MP.
- O PIC decorre do reconhecimento pelo STF dos poderes de investigação do MP, decorrentes do fato de que ele, MP, é o titular da ação penal.
- A RESOLUÇÃO N. 1.364/2021-PGJ-CP regulamenta no âmbito do MPSP o PIC.

<table>
<tr><td rowspan="5">Ao receber a notícia de um possível fato criminoso, o membro do Ministério Público poderá</td><td>I – promover a ação penal cabível;</td></tr>
<tr><td>II – instaurar procedimento investigatório criminal;</td></tr>
<tr><td>III – encaminhar as peças para o Juizado Especial Criminal, caso a infração seja de menor potencial ofensivo;</td></tr>
<tr><td>IV – promover fundamentadamente o respectivo arquivamento;</td></tr>
<tr><td>V – requisitar a instauração de inquérito policial, indicando, sempre que possível, a sua capitulação legal e as diligências necessárias à elucidação dos fatos, sem prejuízo daquelas que vierem a ser realizadas por iniciativa da autoridade policial competente.</td></tr>
</table>

- O Ministério Público poderá instaurar o PIC de ofício ou mediante representações, requerimentos, petições e peças de informação que lhe sejam encaminhadas.
- A tramitação, a comunicação e a transmissão de peças do procedimento investigatório criminal deverão ocorrer, preferencialmente, por meio eletrônico.
- O membro do Ministério Público, no exercício de suas atribuições criminais, deverá dar andamento, no prazo de 30 dias a contar de seu recebimento, às representa-

ções, requerimentos, petições e peças de informação que lhe sejam encaminhadas, podendo ser prorrogado, fundamentadamente, por até 90 dias, nos casos em que sejam necessárias diligências preliminares..

- O PIC poderá ser instaurado, por meio de atuação conjunta entre Ministérios Públicos dos Estados, da União e de outros países.
- Nenhuma autoridade pública ou agente de pessoa jurídica no exercício de função pública poderá opor ao Ministério Público, sob qualquer pretexto, a exceção de sigilo, sem prejuízo da subsistência do caráter sigiloso da informação, do registro, do dado ou do documento que lhe seja fornecido, ressalvadas as hipóteses de reserva constitucional de jurisdição.
- As requisições do Ministério Público devem ser atendidas no prazo razoável de até 10 dias úteis para atendimento, prorrogável mediante solicitação justificada.

Autoridades cujas notificações devem ser feitas pelo Procurador Geral de Justiça ou outro órgão com tal atribuição delegada pelo PGJ	Presidente da República, Vice-Presidente da República, membro do Congresso Nacional, Ministro do Supremo Tribunal Federal, Ministro de Estado, Ministro de Tribunal Superior, Ministro do Tribunal de Contas da União chefe de missão diplomática de caráter permanente, Governador do Estado, membros do Poder Legislativo Desembargadores

- A colheita de informações e depoimentos deverá ser feita preferencialmente de forma oral, mediante a gravação audiovisual, com o fim de obter maior fidelidade das informações prestadas.
- O autor do fato investigado poderá apresentar, querendo, as informações que considerar adequadas, facultado o acompanhamento por defensor.
- O defensor poderá examinar, mesmo sem procuração, autos de pic, findos ou em andamento, ainda que conclusos ao presidente, podendo copiar peças e tomar apontamentos, em meio físico ou digital.
- O PIC deverá ser concluído no prazo de 90 dias, permitidas, por igual período, prorrogações sucessivas, por decisão fundamentada do membro do Ministério Público responsável pela sua condução.
- Os atos e peças do PIC são públicos, salvo disposição legal em contrário ou por razões de interesse público ou social, defesa da intimidade ou conveniência da investigação, mediante despacho fundamentado.
- Nos procedimentos de acolhimento, oitiva e atenção à vítima, o membro do Ministério Público diligenciará para que a ela seja assegurada a possibilidade de pres-

tar declarações e informações em geral, eventualmente sugerir diligências, indicar meios de prova e deduzir alegações, que deverão ser avaliadas fundamentadamente pelo Ministério Público.

- A criança ou o adolescente, vítima ou testemunha de crime, será resguardado de qualquer contato, ainda que visual, com o suposto autor, investigado ou acusado, ou com outra pessoa que represente ameaça, coação ou constrangimento, devendo sua oitiva observar o disposto na Lei n°13.431/17.

EDITORA JusPODIVM
www.editorajuspodivm.com.br

Impresso por:

Docuprint
CNPJ 01.036.332/0001-99

JUS2590